쉽게 배우고 바로 써 먹는
실전 엑셀
비밀 노트

쉽게 배우고 바로 써 먹는

실전 엑셀
비밀 노트

김진찬 지음

실전 엑셀 비밀 노트
ⓒ김진찬 2019

초판 1쇄 인쇄 : 2019년 6월 13일
초판 1쇄 발행 : 2019년 6월 17일

지 은 이 : 김진찬
펴 낸 이 : 유혜규
디 자 인 : 김연옥

펴낸곳 : 지와수
주소 : 서울 서초구 잠원동 35-29 대광빌딩 302호
전화 : 02-584-8489 팩스 : 0505-115-8489
전자우편 : nasanaha@naver.com
출판등록 : 2002-383호
지와수 블로그 : http://jiandsoobook.co.kr

ISBN : 978-89-97947-13-3 13000

* 책 값은 뒤표지에 있습니다.
* 잘못된 책은 바꿔드립니다.
* 이 책의 전부 또는 일부 내용을 재사용하려면 반드시 사전에
  저작권자와 지와수 양측의 서면 동의를 받아야 합니다.

* 이 도서의 국립중앙도서관 출판예정도서목록(CIP)은
  서지정보유통지원시스템 홈페이지(http://seoji.nl.go.kr)와
  국가자료공동목록시스템(http://www.nl.go.kr/kolisnet)에서
  이용하실 수 있습니다. (CIP제어번호 : CIP2019021239)

프롤로그

진짜 실무 엑셀은 아무도 가르쳐주지 않는다

오피스 프로그램 중 가장 많이 쓰는 프로그램은 두말할 것도 없이 '엑셀'일 것이다. 직장인이라면 부서 막론하고 엑셀을 써야 할 일이 태반이고, 사업을 하는 사람들도 원가나 수익을 계산하고, 사업계획서를 작성할 때 엑셀을 다룰 줄 알아야 한다.

하지만 안타깝게도 회사에서는 엑셀을 구입해 제공할 뿐, 엑셀 사용법 같은 것은 아무도 가르쳐주지 않는다. OJT(On the Job Training, 직무간 훈련)라는 신입 또는 전입직원에 대한 교육이 있기는 하지만, 어디까지나 업무에 대한 교육일 뿐이다.

게다가 산더미 같은 업무를 앞에 놓고 엑셀 사용법을 배우고 연구할 시간 같은 것은 없다. 그럼에도 엑셀을 써야만 하니 퇴근 후나 주말에 시간을 내서 어떻게든 엑셀을 공부하려 하지만 이 또한 쉽지 않다. '실무 엑셀'이란 타이틀이 붙은 책이나 유튜브에 올라와 있는 엑셀 강좌들은 수두룩하지만 책이나 동영상 강좌를 보고 실무 엑셀을 공부하기란 결코 쉬운 일이 아니다. 그 많은 기능이나 함수를 익히기도 어렵고, 설령 부단한 노력으로 어느 정도 기본적인 기능이나 함수에 익숙해졌다 해도 실무에서 적용하려 하면 어디서부터 어떻게 해야 할지 막막해지는 경우가 대부분이기 때문이다.

실무 현장에서 엑셀을 사용하는 방식은 책이나 인터넷에서 블로거들이 주장하는 것과는 많이 다르다. 네이버나 티스토리에는 각종 함수와 고난이도 엑셀 강좌가 많이 올라와 있는데, 실제로는 사용하기 힘들거나 지나치게 어려운 내용이 많다. 당연히 실무에서는 이런 함수나 기능들은 안 쓴다. 손이 더 많이 가고 귀찮을지언정 단순하고, 빠르고, 쉬운 기능을 쓰게 된다.

예를 들어 엑셀에는 '배열수식'이란 기능이 있는데, 두 가지 이상의 조건을 만족하는 값을 처리해준다. 〈Ctrl〉+〈Shift〉+〈Enter〉 키를 동시에 입력하는 방식의 기법으로, 일반적인 수식을 IF() 함수처럼 쓸 수 있게 해준다. 그룹별 순위를 매길 때 쓰인다고 하는데, 실무에서 이런 거 안 쓴다.

또한 엑셀 버전이 올라가면서 새로운 기능이나 함수가 추가되는데 실무에서는 이런 것들은 사용해서는 안 된다. 엑셀 XP 정도만 되더라도 웬만한 기능이나 함수는 다 포함되어 있고, 대부분의 신 기능/함수들은 기존 기능들을 조합해서 다 구현할 수 있다. 어차피 타 부서에 자료를 송부하거나 프레젠테이션 발표를 할 경우, 호환성이 높은 하위 버전으로 저장하거나 PDF 파일로 변환해야 하며, 이 과정에서 최신 기능이나 함수는 모두 손실되어 사라져버린다. 실무에서 최신 기능과 함수를 사용하는 것은 시간과 노력의 낭비일 뿐이다.

진짜 실무 엑셀은 엑셀을 얼마나 많이 아는가보다 얼마나 잘 활용할 수 있는가가 중요하다. 엑셀 함수는 이미 2010 버전을 기준으로 400여 개가 훌쩍 넘었는데, 실무에서 주로 사용하는 함수는 많아야 40개 미만이다. 많은 함수를 익히기보다 자주 쓰는 기능이나 함수 몇 개를 마르고 닳도록 달달 익히는 것이 실무에서는 훨씬 효과적이다. 이것이 이십 년 동안 회사에서 실무 엑셀을 했던 필자가 내린 결론이다.

실무 엑셀을 잘하려면 엑셀은 어디까지나 도구일 뿐이라는 것을 잊어서는 안 된다. 꼭 알아야 할 엑셀의 기능이나 함수를 익히는 것도 중요하지만 업무를 제대로 파악하는 것이 더 중요하다. 업무의 핵심이 무엇이고, 그 업무를 처리하기 위해서는 어떤 기능이나 함수를 사용하는 것이 효과적인지를 고민하는 습관을 들여야 한다. 그래서 5장 실무 엑셀 예제 편에서는 업무의 목표를 설정하는 것부터 소개했다. 시작이 어긋나면 아무리 엑셀을 많이 알아봤자 시행착오 끝에 처음부터 업무를 다시 시작해야 하는 비극적인 결말이 기다릴 뿐이다.

필연적으로 실무에서 엑셀을 다루어야 함에도 마땅히 배울 방법이 없어 고민하는 분들이 안타까워 이 책을 썼다. 수십 년 동안 다양한 방법으로 엑셀을 써보면서 터득한 핵심 노하우를 알기 쉽게 정리하기 위해 노력했다. 엑셀을 최대한 빠르고, 효율적으로 배워서 실무에서 바로 활용할 수 있는 방법 위주로 설명했으니 늘 곁에 두고 필요할 때마다 꺼내보면 좋겠다. 아무리 익혀야 할 기능과 함수를 최소화했어도 한 번 보고 실무 도사가 될 수는 없다. 여러 번 반복해서 보고 실무에 적용하다 보면 어느새 능숙하고, 효과적으로 엑셀을 쓰고 있는 자신을 만나게 될 것이다.

2019. 6월
김 진 찬

이 책을 읽기 전에 잠깐!

1. 어떤 버전이든 다 OK

엑셀은 현재 2019 버전까지 나와 있는 상태다. 하지만 이 책은 어떤 버전을 사용하든 상관없다. 엑셀이라면 공통적으로 포함된 기능이나 함수만을 소개했기 때문이다. 버전별로 메뉴명이 조금씩 다를 수는 있지만 이 또한 직관적으로 알아볼 수 있으므로 큰 문제가 되지 않는다.

2. 화면에 보이는 수식 이해하기

이 책은 직관적으로 해당 셀의 수식을 보여주기 위해 결과값 바로 옆 혹은 아래 셀에 수식이 보이도록 배치했다. 아래 화면에서 '=A1+A2'는 B1 셀에 입력된 수식이고, B1 셀에 보이는 '3'이 결과값이다.

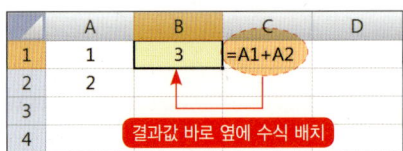

3. 엑셀 기능 및 함수 활용 핵심요약카드

엑셀 기능 및 함수의 기본 사용법과 활용방법은 핵심요약카드 형식으로 만들었다. 핵심요약카드의 내용을 담은 엑셀 화면도 함께 보여주지만 결과만을 보여주는 엑셀 화면으로는 직관적인 이해를 하기가 어렵다. 처음 실무 엑셀을 공부할 때도, 실제 실무를 하면서 막힐 때도 핵심요약카드가 큰 도움이 될 것이다.

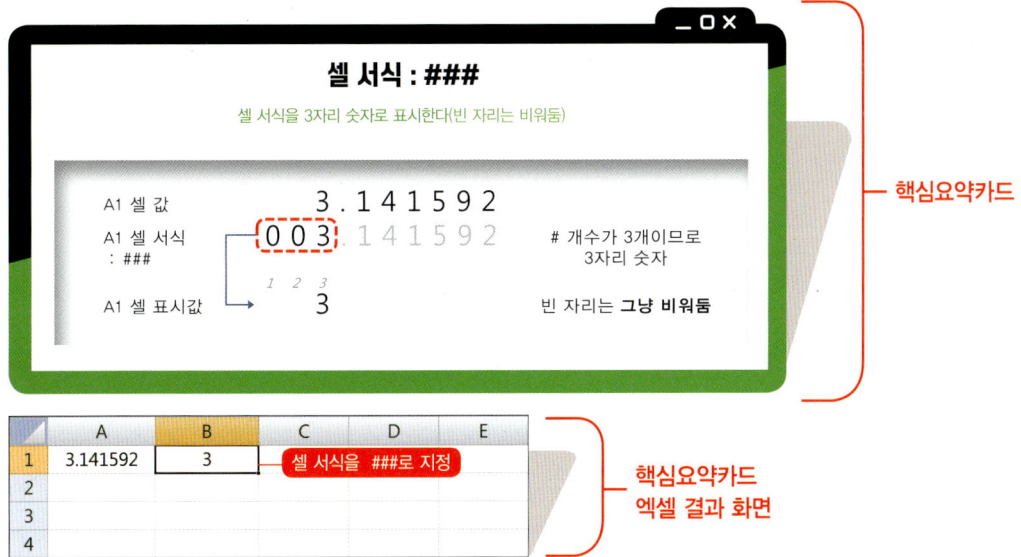

4. 예제와 결과 파일 제공

5장 실무 예제 편뿐만 아니라 이 책에서 소개하는 예제 파일은 지와수 블로그에서 다운로드할 수 있다. 예제 파일을 열어보면 예제 파일과 결과 파일이 함께 있으니 따라해보고, 결과가 같은지 비교해보면 된다.

 예제 파일이 있는 곳
지와수 블로그 : http://jiandsoobook.co.kr 〈자료 창고〉 메뉴

차례

프롤로그_ 진짜 실무 엑셀은 아무도 가르쳐주지 않는다 8
이 책을 읽기 전에 잠깐! 10

1장 실무에서의 엑셀은 달라야 한다

01. 엑셀은 엑셀답게 쓸 때 가장 빛난다 22
엑셀 없이 숫자 계산하지 마라 22
기준에 맞는 대상 찾는 데는 엑셀이 최고 22
기준에 맞는 대상 분석에도 역시 엑셀이다 23

02. 실무에서 엑셀을 다루는 좋은 습관 25
몇 개 기능을 달달 익혀 집중적으로 활용한다 25
단순 기능을 조합해 사용한다 26
변수는 2개 이하로 설정한다 27
세로 스크롤을 우선으로 한다 27
단순 타이핑을 최소화한다 28
TIP 실무에서 엑셀을 쓸 때 조심해야 할 나쁜 습관 29

03. 엑셀 실무 원칙 3가지, 단순하게/빠르게/쉽게! 30
원칙 하나, 단순하게 30
원칙 둘, 빠르게 30
원칙 셋, 쉽게 31

2장 달달 익혀야 할 엑셀 기본 기능

01. 절대 셀 참조, 엑셀에서도 $는 절대적 힘을 갖는다 34
상대 셀 참조를 절대 셀 참조로 바꾸는 치트 키, 〈F4〉 34

'행'만 혹은 '열'만 절대 셀 참조 가능 35
실무 활용_애니메이션별 인기 캐릭터 상위 5명은 누구? 37

02. 문자열 처리, 010을 문자로 사수하는 법 41
아포스트로피('), 숫자를 문자로 취급하는 기호 41
실무 활용_각 연도별로 지원한 품목 따로 정리하기 42

03. 채우기 핸들, 시간은 반으로, 정확도는 2배로 만드는 마법 44
셀 복사해 채워 넣기 44
연속 데이터 채우기 46
여러 개 셀 지정해 채우기 47
더블 클릭 채우기 49
실무 활용_순서 유지하며 지방 재정 자립도 상/하위 5개 고르기 51
TIP 채우기 핸들 사용할 때 주의! 45
TIP 서식만 채우기 vs 서식없이 채우기 49

04. 셀 서식, 보기 좋은 셀이 효율도 좋다 55
셀 서식, 값은 그대로 화면 모양만 지정 55
셀 서식 특수 기호, 0과 #의 차이 57
조건별 셀 서식에는 세미콜론(;) 60
특수 조건에 따라 셀 서식 지정하기 61
실무 활용①_적자일 때 빨간색으로 표시하기 62
실무 활용②_+와 − 표시 붙이기 65
실무 활용③_공백 활용 67
TIP TEXT() 함수로 표시 형식 바꿀 때 조심 56
TIP 회계 서식 버튼 69

05. 값 복사, 간단하게 클릭하고, 간편하게 관리하기 70
값 복사 기본 사용법 70
값 복사를 쓸 때 첫 줄은 제외 71
문자열로 처리한 숫자를 다시 숫자로 돌릴 때도 값 복사 73

06. 바꾸기, 소리 없는 강자, 만능 치트 키 75
서식 유지하면서 수식/함수 수정 75
숫자만 바꾸기는 No! 76
특정 문자열이나 숫자, 빈 칸으로 바꿔 없애기 78

차 례

문자/숫자/기호 삽입 ·· 79
지저분한 화면 깔끔하게 바꾸기 ··· 81
실무 활용_근로소득세율 수정하기 ·· 82

07. 특수 기호, 다리는 길수록 좋고, 기호는 짧을수록 좋다 ········· 85
제곱기호(^) ·· 85
실무 활용①_제곱근 구하기 ··· 86
실무 활용②_제곱기호로 숫자 줄여 표현하기 ···························· 89
연결 연산자(&) ·· 91
실무 활용①_분할된 각종 코드 복원 ··· 91
실무 활용②_동일한 이름/코드 구분 ··· 92

08. 사칙 연산, 버려야 할 나쁜 습관 3가지 ································ 94
버려야 할 나쁜 습관①_덧셈 나열 ·· 94
버려야 할 나쁜 습관②_뺄셈 ·· 95
버려야 할 나쁜 습관③_나눗셈 ··· 96

3장 엑셀 필수 함수 베스트 5

01. SUM(), 엑셀에서도 '썸'은 항상 옳다 ································· 100
SUM() 함수를 사용하면 수식이 간결하다 ······························· 100
SUM()과 함께라면 행/열 추가와 삭제도 마음대로 ··················· 102
뺄셈을 넣어도 SUM()은 문제없다 ·· 103
실무 활용①_+1 범위 지정 ··· 103
실무 활용②_정렬 연계 ··· 106
실무 활용③_셀을 정렬하면 안 될 때 뺄셈이 제격 ···················· 107
실무 활용④_SUM()과 IF()로 다중 조건 만족시키는 셀 찾기 ···· 108
TIP COUNTIF() 함수의 한계 ·· 110

02. IF(), 만약의 상황은 가능한 한 최소화하는 것이 좋다 ········· 113
IF() 함수 기본 사용법 ··· 113
조건이 2개 이상일 때 ··· 114
실무 활용①_0과 1 대입 ·· 115
실무 활용②_다중 조건 ··· 117
실무 활용③_조건/결과 분리 ··· 118

실무 활용④_필수 조건과 다른 조건이 함께일 경우 소수 활용 120
실무 활용⑤_조건 연산 124
TIP 다중 조건 처리 공식 123

03. CHOOSE(), 3개 이상 복잡한 조건에 '딱'인 함수 126
CHOOSE() 함수, 순서대로 값을 대응시키는 것이 기본 126
SUM() + IF() + CHOOSE()의 마법 129
실무 활용_해외 직구 면세 조건 130

04. MID(), 소환술의 실현, 원하는 부분만 불러오기 135
MID() 함수 기본 사용법 135
실무 활용①_재고/부품/상품 코드 추출 136
실무 활용②_기준시점 표시/점검 138

05. VLOOKUP(), 어디엔가 있을 짝을 찾고 계신다면 140
VLOOKUP() 기본 사용법 140
실무 활용①_상품/제품 코드 변환 146
실무 활용②_성적/세율 해당 값 찾기 152
TIP VLOOKUP() 함수를 사용하기 위한 전제조건 142
TIP VLOOKUP() 함수를 사용할 때 주의해야 할 3가지 145
TIP 방대한 자료 불러오기 149
TIP VLOOKUP() 함수의 근삿값 옵션을 쓸 때 조심해야 할 두가지 155

4장 알아두면 유용한 엑셀 함수

01. 논리 함수, 단언컨대 논리는 가장 강력한 무기다 160
등호(=) 160
부등식(〈〉) 162
부등호(〉 또는 〈) 164
AND() 165
OR() 167
NOT() 168
ISERROR() 169
실무 활용_정기 모임 회비 계산 171

차 례

02. 통계 함수, 알아두면 쓸데 많은 신비한 통계 함수 ... 176

MAX() ... 176
법인세 부과 / 등록면허세 부과할 때 최저한 세액 설정 / 금융소득 종합과세 할 때 최대치 설정 / 보금자리 론 / 증권사 최소 수수료

MIN() ... 181
마일리지 추가 적립 / 과락 여부 판별

MEDIAN() ... 184
IF() 함수를 이용한 국민연금 납부액 계산 / CHOOSE() 함수를 이용한 국민연금 납부액 계산 / MEDIAN() 함수를 이용한 국민연금 납부액 계산

RANK() ... 188
변형 등수 매기기_동률 시 / 규칙적 그룹별 순위 매기기 / 일부만 규칙성이 없는 경우 / 불규칙적 그룹별 순위 구하기

COUNT() ... 199
COUNTA() / COUNTBLANK() / COUNTIF() / COUNTIFS() / COUNTIF() 함수로 9급 공무원 시험 과락 여부 점검 / COUNTBLANK() 함수로 국회의원 표결 불참자 파악 / COUNTA() 함수로 최댓값/최솟값 제외

03. 찾기/참조 함수 MATCH & INDEX, 엑셀계의 Ctrl+F ... 208

INDEX() ... 208
MATCH() ... 209
MATCH() & INDEX() ... 211
TIP 다중찾기 함수 비교 ... 213

04. 문자열 함수, 문제가 생겼을 때는 '문자'로 풀어보자 ... 214

LEFT() ... 214
RIGHT() ... 215
CONCATENATE() ... 216
LEN() ... 218
LEN() 함수로 도메인 어드레스 현황 정리하기

SEARCH() ... 221
SEARCH() 함수로 성남시에 있는 학생 파악하기 / SEARCH()+MID()로 성남시에 있는 학생 파악하기

TEXT() ... 225
TEXT() 함수로 주식 종목코드 정리하기

05. 수학 함수, 수학은 원래 필요한 만큼만 알아두면 된다 ... 229

ROUND() 계열 함수군 ... 229

ROUND() / ROUNDUP() / ROUNDDOWN() / ROUND() 계열 함수 활용 /
ROUNDUP()으로 환율 계산하기 / ROUNDDOWN()으로 항공 마일리지 계산

AVERAGE() 240
ABS() 241
SQRT() 243
TIP 실무에서 ROUND() 함수를 쓰지 않는 이유 236

5장 실무 엑셀 경험하고 익히기

꼭 지켜야 할 업무 처리 4단계 246
1단계_보고서 목표 설정 246
2단계_기능/함수 선택 247
3단계_제한 조건 반영 247
4단계_검증 247

예제 01. 인사고과 점수변환 248

> 관련 항목 : 구간/값 차등 조건식
> 관련 함수 : RANK(), VLOOKUP(), COUNTIF(), CHOOSE()

1단계_보고서 목표 설정, 직원 간 순위 매기기 248
2단계_기능/함수 선택, RANK(), VLOOKUP() 249
3단계_제한 조건 반영, COUNTIF(), CHOOSE() 250
4단계_검증 253

예제 02. 배기량별 자동차세 계산 254

> 관련 항목 : 유형별 자동차세 산출
> 관련 함수 : IF(), SUM(), VLOOKUP(), CHOOSE(), MIN(), ROUNDDOWN()

1단계_보고서 목표 설정, 유형별 자동차세 산출 255
2단계_기능/함수 선택, IF(), SUM(), VLOOKUP(), CHOOSE() 255
3단계_제한 조건 반영, MIN(), ROUNDDOWN() 260
4단계_검증 262

예제 03. 20XX년 근로소득세 연말정산 263

> 관련 항목 : 복합 구간/값 차등 조건식
> 관련 함수 : VLOOKUP(), ROUNDDOWN()

차례

    1단계_보고서 목표 설정, 20XX년 근로소득세 연말정산 263
    2단계_기능/함수 선택, VLOOKUP() 264
    3단계_제한 조건 반영, ROUNDDOWN() 269
    4단계_검증 272
    TIP 바뀌는 항목 vs 바뀌지 않는 항목 배치 269

예제 04. 주택용 전기요금 273

> 관련 항목 : 복합 구간/값 차등 조건식
> 관련 함수 : VLOOKUP(), SUM(), ROUNDDOWN(), ROUND(), MAX()

    1단계_보고서 목표 설정, 전기사용량에 따른 주택용 전기요금 예상 273
    2단계_기능/함수 선택, VLOOKUP(), SUM() 273
    3단계_제한 조건 반영, ROUNDDOWN(), ROUND(), MAX() 278
    4단계_검증 281

예제 05. 법인세 계산하기 282

> 관련 항목 : 복합 구간/값 차등 조건식
> 관련 함수 : VLOOKUP(), SUM(), ROUNDDOWN()

    1단계_보고서 목표 설정, 법인세 계산 282
    2단계_기능/함수 선택, VLOOKUP(), SUM() 283
    3단계_제한 조건 반영, ROUNDDOWN() 285
    4단계_검증 287

예제 06. 20XX년 근로소득세 원천징수 288

> 관련 항목 : 구간/값 조건식
> 관련 함수 : VLOOKUP()

    1단계_보고서 목표 설정, 월 급여 원천 징수액 계산 289
    2단계_기능/함수 선택, VLOOKUP() 290
    3단계_제한 조건 반영, 비과세 항목 제외 291
    4단계_검증 293

예제 07. 주식종목별 시가분석 294

> 관련 항목 : 값/값 조건식
> 관련 함수 : VLOOKUP()

    1단계_보고서 목표 설정 설정, 종목별 주가 조회 294
    2단계_기능/함수 선택, VLOOKUP() 295

3단계_조건 변경 296
4단계_검증 297

예제 08. 의장대 선발 298

> 관련 항목 : 최저/최고 값 설정된 조건식
> 관련 함수 : MEDIAN(), IF(), SUM(), RANK()

1단계_보고서 목표 설정, 지원 자격 동시 만족 점검 298
2단계_기능/함수 선택, MEDIAN(), IF(), SUM() 299
3단계_제한 조건 반영, RANK() 300
4단계_검증 302

예제 09. 20XX년 국민연금 보험료 계산하기 303

> 관련 항목 : 최저/최고 값 설정된 조건식
> 관련 함수 : MEDIAN(), IF(), ROUNDDOWN()

1단계_보고서 목표 설정, 20XX년 국민연금 보험료 계산 303
2단계_기능/함수 선택, MEDIAN(), IF() 303
3단계_제한 조건 반영, ROUNDDOWN() 306
4단계_검증 306

예제 10. 9급 공무원 시험 합격자 선정 307

> 관련 항목 : 최저 값만 설정된 조건식
> 관련 함수 : SUM(), IF(), MIN(), MAX(), RANK(), COUNTIF(), OR()

1단계_보고서 목표 설정, 9급 공무원 시험 합격자 선정 307
2단계_기능/함수 선택, SUM(), IF(), MIN(), MAX(), RANK() 308
3단계_제한 조건 반영, COUNTIF(), OR() 314
4단계_검증 317

색인 318

1장
실무에서의 엑셀은 달라야 한다

직장인들이 가장 많이 쓰는 프로그램은 단연 '마이크로소프트 엑셀'이다. 꼭 회계 팀이 아니더라도 엑셀을 이용해 각종 자료의 숫자를 계산해 원하는 값을 구해야 하는 경우는 수도 없이 많다. 정도의 차이만 있을 뿐, 거의 전 부서에서 엑셀을 사용한다고 해도 과언이 아니다.

직급도 상관없다. 물론 위로 갈수록 엑셀보다는 파워포인트를 쓸 일이 많지만 종종 엑셀을 써야 할 일이 생긴다. 하급자가 작성한 자료를 검증하거나 중요한 자료의 숫자를 확인하려면 엑셀을 쓰지 않을 수가 없다.

이처럼 엑셀은 실무에서 광범위하게 사용되기 때문에 많은 사람이 엑셀을 공부하지만 안타깝게도 실무에서 엑셀을 효과적으로 활용하는 사람은 별로 많지 않다. 여러 가지 이유가 있겠지만 기본 매뉴얼을 익히듯이 엑셀을 공부한 탓이 크다. 실무에서 엑셀을 제대로 활용하고 싶다면 엑셀에 접근하는 방식부터 달라야 한다. 많은 기능을 익히려 하기보다 실무에 꼭 필요한 기능이나 함수를 이해하고, 어떻게 적용하는지를 아는 것이 중요하다.

 엑셀은 엑셀답게 쓸 때 가장 빛난다

엑셀로 처리할 수 있는 기능은 수도 없이 많다. 파워포인트의 프레젠테이션 기능과 워드의 문서작성 기능까지 일부 통합되어 있고, 심지어는 페인터와 같은 그림 그리기 기능까지 갖고 있다. 엑셀로 그린 그림을 보면 마치 전문 페인팅 툴로 그린 것 같은 착각이 들 정도로 훌륭하다.

하지만 더 훌륭한 전문 프로그램이 있는데, 굳이 엑셀로 다 하려는 것은 어리석은 일이다. 엑셀로 그림을 그릴 수 있다고 해도 전문 페인팅 툴에 비해서는 기능/성능이 모두 부족하기 때문이다. 다른 분야도 마찬가지이다. 경영진 보고를 위한 문서는 파워포인트, 세련된 문서작성은 워드의 영역, 그림 그리기 및 보정은 일러스트레이터와 포토샵의 영역이므로 엑셀로 대체하려는 쓸데없는 노력을 해서는 안 된다.

엑셀로는 엑셀로 가장 잘할 수 있는 일을 해야 한다. 다른 프로그램으로 대체할 수 없는 엑셀의 역할은 크게 보면 ①숫자 계산, ②기준에 맞는 대상 찾기(조건), ③기준에 맞는 대상에 대한 분석(통계) 등 3가지 정도이며, 다른 기능들은 모두 부가적인 것들이다.

엑셀 없이 숫자 계산하지 마라

학교 성적에 따른 평점/학점 부여, 급여, 세금, 이자, 대출 원리금 등을 계산할 때 엑셀을 주로 쓴다. 전자계산기는 한 번에 한 개의 계산만 가능하지만, 엑셀과 같은 스프레드시트는 동시에 수백 개 이상의 복잡한 계산이나 다른 계산식의 결과 값을 참조하는 중첩된 수식까지도 동시에 계산할 수 있다.

참고로 가장 세련된 최신 공학용 전자계산기조차 가장 오래된 스프레드시트보다 기능이 떨어진다. 스프레드시트는 '항목'과 '값'을 함께 표시할 수 있기 때문에 단순하게 숫자만을 표시하는 전자계산기보다 편리하고 강력하다. 다시 말하면 항목과 값을 함께 표시해야 하는 경우는 스프레드시트를 써야 한다.

기준에 맞는 대상 찾는 데는 엑셀이 최고

어떤 조건을 지정하고 그에 해당하는 대상을 찾을 때도 엑셀이 제격이다. 숫자를 계산할 목적으로 계산한 수천 개 이상의 방대한 자료라고 해도 성명이나 주민등록번호처럼 조건을 지정해주면 바로 해당 값을 찾아준다. 만일 계산식을 수정하면 실시간으로 연동되어 값이 바뀌기 때문에 DB와 같은 전문 자료 관리 프로그램보다 유용하다.

계산해야 할 대상이 많아지면, 조건에 해당하는 항목의 값만을 찾거나 따로 정리하는 작업도 중요해진다. 예를 들어 '뽀롱뽀롱 뽀로로반에서 중간고사 국어성적이 90점 이상인 사람은 누구?'라거나 '뽀로로의 2018년 중간고사 국어성적은 몇 점?'과 같은 작업을 처리할 때 쓴다.

기준에 맞는 대상 분석에도 역시 엑셀이다

어떤 조건을 지정하고 그에 해당하는 대상을 찾은 후 그 숫자를 분석할 때도 엑셀을 쓴다. 즉 기준에 맞는 대상이 얼마나 되는지, 대상의 평균값을 구하는 등의 2차 계산, 유의미한 의미가 있는지 등을 도출하는 용도 등으로 사용한다. 숫자를 다뤄야만 하는 통계 분석에서 매우 강력한 성능을 발휘한다.

> 중간고사 국어성적이 90점 이상인 학생의 수는?
> 기말고사 국어성적이 80점 이상인 학생의 수는?
> 3학년말 전 종목 평균 90점 이상인 학생 비율?

실무에서는 이상의 3가지 목적이 아니라면 엑셀을 사용해서는 안 된다. 엑셀로 구현 가능한 나머지 기능들, 즉 보고서 작성, 차트 그리기, 그림 삽입, 자동화(VBA 또는 매크로) 등은 어디까지나 앞서 언급한 3가지 기능을 보조해주는 부가 기능에 불과하다.

예를 들어 엑셀을 실무에서 사용할 때 가장 불필요한 기능은 차트 그리기이다. 얼핏 보기에는 각종 숫자로 표시된 자료들을 막대그래프나 원형그래프로 시각화해서 표시해주기 때문에 자주 쓰일 것 같지만, 실무에서는 거의 사용되지 않는다.

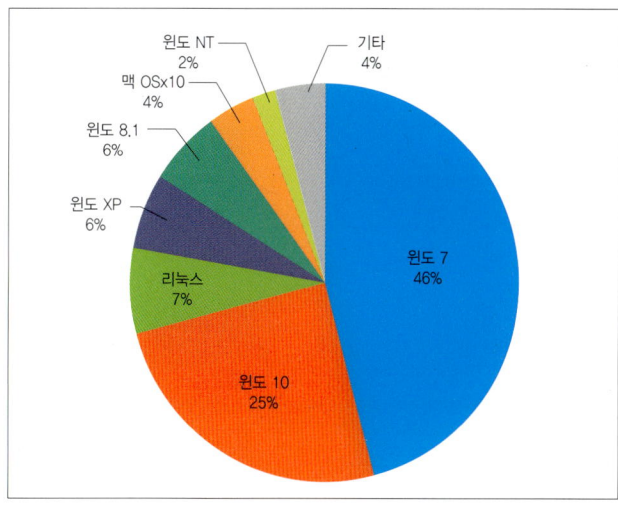

엑셀로 만든 차트 예제.
공간을 지나치게 많이 차지하고
시인성이 나쁘다

엑셀의 차트 그리기 기능은 실제 표시되는 차트 영역에 비해 너무 많은 공간을 차지한다. 또한 고지식하게 있는 그대로 숫자를 표시하기 때문에 시인성이 나쁘다. 실무에서 경영진 보고를 위한 자료는 프레젠테이션이나 서면 보고할 때도 이해하기 쉽도록 극단적으로 시인성을 강조한다. 매직 그래프(실제 차트보다 수치 차이를 왜곡해서 강조한 그래프)라든가 특정 문자열을 진하게 표시하거나, 특정 숫자만 크게 표시하는 식으로 보고서를 작성하는 경우가 아주 흔하다. 심지어 그 보고서를 수십 차례 이상 수정하기까지 한다. 엑셀이 제공하는 차트 기능으로는 도저히 이런 요구사항을 만족시키지 못한다. 기업체 보고서에서 엑셀의 차트 기능은 무시해도 좋을 수준으로 극히 제한적으로만 사용된다.

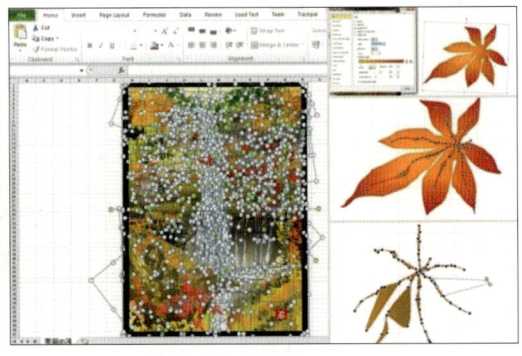

엑셀로 그린 그림. 놀라운 수준이지만 전문 페인팅 툴을 두고 굳이 엑셀로 그림을 그릴 필요는 없다.

 실무에서 엑셀을 다루는 좋은 습관

한 때 '요리를 글로 배웠어요'라는 광고가 화제가 된 적이 있다. 이론과 현실의 괴리를 나타내주는 상징과도 같은 캐치프레이즈였다. 근래에는 유튜브와 같은 동영상 서비스가 보편화되어 이런 현상들이 줄어들긴 했지만, 실제로 실무를 경험하지 못하고 이론만으로 가르치는 현상만은 여전하다. 인터넷의 엑셀 강좌나 시판 중인 엑셀 서적 내용 중에서 많은 부분은 실무에서는 불필요하다.

실무에서 엑셀은 단순하고, 빠르고, 배우기 쉽고, 수정하기 쉬워야 한다. 다시 말하지만 회사에서 엑셀 사용법을 별도로 교육하는 경우는 없다. 기껏해야 상사나 동료가 업무를 인수인계하는 형태로 조금 가르쳐 주는 정도일 뿐이다. 설령 본인의 역량이 매우 뛰어나더라도 주위에서 이해하지 못하므로, 항상 상호 의사소통을 염두에 둔 형태로 하향 평준화해서 업무를 처리해야 한다.

예를 들어 A라는 직원이 엑셀의 최신 버전에만 포함된 함수나 잘 알려지지 않은 테크닉으로 업무를 진행하다가 퇴사했다고 가정하자. 후임이 A만큼의 엑셀 실력이 없다면 인계받은 자료를 이해할 수 없어서 난감하다. 이 경우 상당한 시행착오를 거쳐야하므로 소속 부서장은 짜증이 날 수 밖에 없다. 당연히 회사에서도 그런 업무처리를 선호하지 않는다. 어려운 엑셀 기능을 굳이 익혀서 욕먹어 가면서 실무에 사용할 필요는 없다.

몇 개 기능을 달달 익혀 집중적으로 활용한다

실무에서 엑셀을 사용할 때는 몇 개 기능만이라도 확실히 배운 다음, 그 기능들 위주로 집중적으로 사용하는 방식을 권장한다. 어떤 업무를 처리할 때 '여기에 쓸 수 있는 기능이 뭐였더라'하고 한참 고민하는 것보다 다소 비효율적일지라도 즉시 떠올릴 수 있는 방법을 써야 한다. 극단적으로 말하자면 한참 고민해서 방법을 찾는 것보다 단순하게 타이핑하는 쪽이 낫다는 이야기이다.

관공서나 기업체의 상사들은 대부분 기다려주지 않는다. 고민해서 방법을 찾는 모습보다 뭔가를 하고 있는 모습을 더 높이 평가한다. 따라서 즉각적으로 사용할 수 있는 단순한 기능을 숙지해서 업무에 계속 사용하고, 고난이도 기능은 단순한 기능을 조합해서 쓰는 방법으로 대응해야 한다. 기억의 한구석에서 끄집어내야 하는 익숙하지 못한 함수나 기능은 실무에서 사용해서는 안 된다.

인간의 기억력 용량과 활용에는 한계가 있다. 유기적인 연관성이 없다면 인간은 수십 개 이상의 기능을 동시에 효율적으로 관리하거나 활용하지 못한다. 즉, 엑셀에서 제공하는 함수나 기능이 아무리 많아도 실질적으로 활용할 수 있는 숫자는 수십 개를 넘지 못한다는 이야기이다(참고로 엑셀 2010 버전의 함수 숫자는 총 410개였다).

더욱이 편리하고 강력한 함수일수록 용도나 활용 방법이 광범위하다. 일부 블로거들이 '직장인의 업무 시간을 단축~'이라든가 '엑셀 초보자를 위한~'이라는 식으로 기본 문법만 소개하는 IF()나 VLOOKUP() 함수는 그 활용법만 수십에서 수백 가지에 달한다. 몇 줄로 설명을 마칠 성질의 함수가 아니다.

가뜩이나 많이 외우지도 못하는데, 기본 문법 외우기에만 급급해서는 실무에서 써먹을 수 없다. '총을 쏠 줄 안다'와 '명사수'는 똑같이 방아쇠를 당기는 행위더라도 하늘과 땅 만큼의 커다란 차이가 있는 것처럼, 실무에서 그저 많이 아는 것은 아무런 의미가 없다. 몇 가지 기능 밖에 모르더라도 자유자재로 구사하는 것이 중요하다.

단순 기능을 조합해 사용한다

'파레토의 법칙'이란 것이 있다. 통칭 20:80 법칙이라고 부르는데, 상위 20%가 전체 생산의 80%를 해낸다는 법칙을 말한다. 예를 들어 꿀벌의 경우 어떤 경우에도 20% 정도만 부지런히 일한다. 설령 5개의 꿀벌 집단에서 20%에 해당하는 부지런한 꿀벌만 골라내서 한 개의 집단을 만들어도 똑같은 현상이 벌어진다(회사 사장들은 이 현상을 결코 인정하지 않고, 인정하고 싶지 않아 한다).

파레토 법칙은 거의 모든 경우에 해당되며, 엑셀 실무에서도 마찬가지이다. 엑셀에서 400개가 넘는 함수 중 실무에서 자주 사용되는 것은 아무리 많아도 100개를 넘지 못한다. 따라서 이것저것 많이 배우기보다는 사용빈도가 높은 일부 함수만 확실히 익혀두고, 나머지 기능은 기존 함수 여러 개를 조합해서 쓰는 방법이 매우 효과적이다.

참고로 이 방식은 이미 인텔 CPU 기술에서 사용되고 있는데, 현대 CPU 고속화의 핵심 기술인 RISC(Reduced Instruction Set Computer, 축소 명령어 집합 컴퓨터)는 명령어의 20%가 전체 작업의 80%를 차지하는 현상에 착안해서 만들어진 것이다. 자주 사용하는 20% 명령어만으로 단순화해서 CPU를 만들고, 나머지 80% 해당분은 기존 명령어를 실시간으로 조합해서 만들어 쓴다. 이 방법으로 현대의 CPU는 처리속도를 비약적으로 높였다. 이 현상은 엑셀에서도 동일하며, 단순한 기능과 그 조합만으로 대부분의 업무를 처리할 수 있다. 복잡한 한 개의 함수/기능을 쓰는 것보다 훨씬 효과적이며, 수정이 쉽고 변형이 용이하다.

변수는 2개 이하로 설정한다

실무에서 엑셀을 사용할 때는 어떤 기준/조건을 가급적 2개 이하로 설정하는 것이 좋다. 예를 들면 다음과 같다.

	A	B	C
1		국어성적 평균	
2	뽀롱뽀롱 뽀로로반		
3			
4			

2변수 : ○

	A	B	C
1		중간고사	기말고사
2		국어성적 평균	국어성적 평균
3	뽀롱뽀롱 뽀로로반		
4			

3변수 : ×

엑셀은 가로와 세로 방향으로 숫자를 입력할 수 있는 전자 계산표이다(2차원). 만일 기준이 3개 이상이 되면 가로 또는 세로 방향에 행이나 열을 추가시켜서 자료를 정리해야 하므로 시인성이 나빠지고 작업 효율도 떨어지게 된다.

세로 스크롤을 우선으로 한다

엑셀에 자료를 입력하는 기본은 위에서 아래 방향이다. 실무에서는 소수의 예외적인 상황을 제외하면, 항상 위에서 아래쪽으로 입력된 자료를 다룬다.

> **첫째,** 이벤트 숫자가 한정된 변수는 가로 방향으로 입력한다(대전제).
> **둘째,** 자료의 숫자가 많은 변수는 가급적 세로 방향으로 입력한다.

예를 들어 학교의 시험 횟수는 한정되어 있다. 1년을 기준으로 2학기, 각 학기당 중간/기말고사가 있다면 총 4회의 이벤트가 최대이다. 반면 학생 숫자는 훨씬 많고, 전학/자퇴/퇴학 등의 이유로 변동도 잦다. 만일 가로 방향으로 학생 이름을 배치하면 여러모로 불편해진다. 가로 방향보다 세로 방향으로 더 많은 자료를 입력할 수 있고(최대치 가로 16,384열, 세로 1,048,576행), 무엇보다 마우스에는 가로 방향 스크롤 휠이 없다.

과목수가 많아질 경우에도 위에서 아래 방향으로 자료를 작성해야 할까? 정답은 '그렇다'이다. 애매할 경우에는 항상 찾아야 할 자료의 키워드를 판단 기준으로 삼으면 된다. 보통 누군가의 이름을 기준으로 성적을 찾는 것이 일반적이므로 이름을 세로, 과목을 가로에 배치한다. 중간고사 국어성적 90점이 넘는 사람이 몇 명인지는 의미가 있지만, 그 사람이 누구인가는 중요하지 않기 때문이다. 더욱이 엑셀 함수 대부분은 위에서 아래 방향 기준으로 사용하는 것을 전제로 만들어진 것들이다.

단순 타이핑을 최소화한다

실무에서 엑셀을 다룰 때 가장 일반적이면서 지루한 작업이 소위 펀칭(Punching)이라고 부르는 단순 타이핑 작업이다. 펀칭은 셀에 숫자를 키보드로 집어넣는 것을 의미한다. 실무에서 두꺼운 서류뭉치를 왼손에 들고, 오른손으로 직원 이름 옆에 급여나 출장비, 성적 등을 키보드로 입력하는 행위라고 생각하면 된다. 실무에서 펀칭 작업은 복사와 함께 잡무의 대부분을 차지한다. 따라서 펀칭 작업의 비중과 시간을 줄이는 것이 실무에서 작업 효율을 높이는 지름길이다.

대부분의 회사는 업무 대부분이 전산화가 되어있기 때문에 자료를 온라인으로 조회하거나 다운로드 받을 수 있는 형태로 제공한다. 따라서 회사 업무는 이미 생성된 자료를 이런 저런 형태로 바꾸거나 분석하여 정리 또는 보고서로 만드는 작업, 즉 자료의 2차 가공인 경우가 많다.

하지만 다수의 직원들은 전산화의 효과를 제대로 활용하지 못하고, 창을 2개 열어놓고 화면을 보면서 다시 타이핑하거나, 심지어 종이로 인쇄한 다음 그 종이를 보면서 다시 타이핑하기까지 한다. 상사의 오더는 시시각각 변하는 반면, 전산 시스템은 사용빈도가 높은 것들 위주로 만들어져 있기 때문에 전산화된 자료를 활용하기 어려워서 발생하는 현상이다.

펀칭작업을 한다는 것은 자료를 이미 보고 있다는 것인데, 이미 볼 수 있는 자료를 다시 옮기는 것은 시간 낭비이다. 사내 전산망이나 인트라넷으로 구성된 자료라면 다음 몇 가지 방법과 엑셀 기능을 조합해서 펀칭작업을 대체할 수 있다.

① 다운로드

많은 회사의 전산 시스템은 자료를 엑셀이나 CSV 포맷으로 다운로드 할 수 있는 기능을 제공한다. 이처럼 정형화된 자료의 경우, 엑셀의 불러오기 기능이나 문자열 함수, VLOOKUP() 함수를 써서 펀칭작업을 대신할 수 있다.

② 드래그 & 드롭

다운로드 기능이 없더라도 웹 브라우저를 이용하는 전산 시스템이라면 화면을 마우스로 드래그 & 드롭 형태로 복사하여 엑셀로 가져올 수 있다. 그런 다음 엑셀의 문자열 함수나 VLOOKUP() 함수를 쓰면 된다.

③ 화면 캡처

아주 구형인 흑백 단말 에뮬레이터를 쓰는 전산 시스템은 화면을 텍스트로 갈무리(캡처)하는 기능을 가지고 있다. 텍스트로 캡처한 자료를 엑셀의 불러오기로 읽어온 다음, 문자열 함수와 VLOOKUP() 함수를 쓴다.

④ OCR

이도 저도 다 안 된다면 OCR(Optical Character Recognition, 광학 문자 인식)을 쓰면 된다. 윈도우에서 〈Print Screen〉 키를 눌러서 화면을 캡처하여 그림 파일로 저장한 다음, 이를 OCR로 텍스트 파일로 가져온다. 언제나처럼 문자열 함수와 VLOOKUP() 함수가 도움이 된다.

실무에서 엑셀을 쓸 때 조심해야 할 나쁜 습관

직장인이 실무에서 마이크로소프트 엑셀을 다룰 때 흔히 저지르는 잘못은 크게 다음과 같은 세 가지를 들 수 있다.

첫째, 벤치마킹에 과다하게 의존한다.

엑셀을 다룰 때의 잘못이라기보다 우리나라 사람들의 습관적인 성향인데, 실무에서는 어떤 문제를 해결하기 위해 항상 다른 사례를 모방하여 문제를 해결하려고 든다. 벤치마킹은 확실히 효율적이고 검증된 문제 해결 방법이긴 하지만, 문제는 너무 간단한 것조차 보고 베끼려고 한다는 것이다. 회사에서는 보고 베낄 대상을 찾느라고 시간을 낭비하고, 그 방법조차 비효율적이어서 '시간낭비×2배'가 되는 경우가 흔하다. 나중에 그 사실을 깨닫고 '그냥 타이핑했어도 이미 업무를 끝냈겠다'고 자책하곤 한다. 그리고 일단 타이핑부터 하고 보는 '월화수목금금금'의 악순환에 빠져든다. 실무에서 벤치마킹이 필요한 경우라면 직속 상사가 미리 지침을 주기 마련이다. 상사가 별도의 지침을 주지 않았다면 벤치마킹 할 필요가 없는 경우이므로 자신의 역량으로 대응하는 것이 더 빠르고 효율적이다.

둘째, 문제를 해결하기 위해 새로운 함수/기능을 우선적으로 찾는다.

이 과정에서 목적과 수단을 혼동해서 '주객전도'가 벌어지게 되는데, 엑셀의 새로운 함수를 찾는 시간이 단순 타이핑하는 시간보다 더 길어진다. 비유를 하자면 '호두를 깨서 알맹이를 꺼내먹고 싶다'는 것이 목적인데, 좋은 호두까기 장비를 찾아 헤매느라고 시간을 다 쏟아 붓는 격이다. 호두를 깨는데 꼭 전용장비가 필요한 것은 아니다. 망치든 벽돌이든 펜치든 껍데기를 깰 수만 있으면 된다. 수백 개 이상의 호두를 까야 한다면 전용장비가 필요하겠지만, 그런 경우라면 회사에서 이미 별도로 전산화를 했을 것이다. 즉, 엑셀에서 새롭게 추가된 함수/기능을 찾아서 공부하기보다 기존의 기능/함수를 활용해서 문제를 해결하는 것이 옳은 방향이다.

셋째, 엑셀로 모든 것을 해결하려고 한다.

새내기는 물론 경력직에 이르기까지 직장인이 빠지기 쉬운 유혹이 바로 숙달된 프로그램을 이용하여 다른 프로그램을 대체하려는 것이다. 엑셀 숙련자가 경영진 보고용 프레젠테이션이나 품의서를 엑셀로 작성하는 식이다. 불가능한 것은 아니지만, 작업 효율이 매우 낮고 문서의 질도 좋지 않다. 예를 들어 포토샵으로 못하는 그래픽 작업은 없지만, 수백 장 사진의 좌측 여백만을 약간 잘라내는 식의 단순한 작업은 전용 자르기 프로그램 쪽이 훨씬 가볍고 처리도 빠르다.

대기업은 작업능률이 좋고, 쉽고, 수정이 용이한 업무처리를 선호한다. 회사에서 보고서에 포함된 어떤 그림을 급히 수정해야 한다고 가정해보자. 당신이 고 연봉 포토샵 전문가로서 고용된 것이 아니기 때문에 회사의 요구사항은 그림판으로 단순하고 빠르게 수정할 수 있는 정도면 충분할 것이다.

이처럼 요구에 맞는 업무처리를 위해서는 해당분야 용도로 만들어진 전문 프로그램을 활용하는 쪽이 빠르고 간편하다. 엑셀은 숫자를 다루는 프로그램이지 보고서 작성용 프로그램이 아니다. 만일 경영진 보고용 자료 작성이 목적이라면 그건 파워포인트의 영역이다.

엑셀 실무 원칙 3가지, 단순하게/빠르게/쉽게!

엑셀에는 프로그램을 사용하기 위해 자연스럽게 사용해야 하는 범용적인 기능과 어떤 특정한 목적을 위해서 만들어진 특수 기능, 즉 '함수'라는 두 가지 형태가 있다. 예를 들어 '바꾸기'는 엑셀이 아닌 워드나 파워포인트에서도 같은 기능이 구현되어 있지만, 제곱근을 구하는 SQRT() 같은 함수는 엑셀에만 있다. 참고로 말해두자면 실무에서 더 중요한 것은 범용적인 '기능'이며, '함수'는 보조적인 역할을 한다. 이 사실은 매우 중요한데, 고수일수록 기본 기능을 중요시하며 능숙하게 사용한다.

반면 함수(Function)는 한마디로 계산공식이라고 생각하면 된다. 삼각형의 빗변 크기를 구하는 피타고라스의 정리 같은 것을 생각하면 된다. 피타고라스의 정리를 몰라도 좀 귀찮기는 하지만 계산은 할 수 있다. 하지만 공식을 알면 매우 빠르고 정확하게 계산이 가능하다. 엑셀의 함수를 몰라도 엑셀을 쓸 수는 있지만, 함수를 쓰면 작업 능률은 매우 높아진다. 기억해야 할 것은 엑셀의 기본 기능이건 함수건 실무에서는 '단순하게, 빠르게, 쉽게'라는 세 가지 실무 원칙이다.

원칙 하나, 단순하게

복잡한 기능의 함수는 실무에서 거의 사용되지 않는다. 만일 기본 기능만으로 구현할 수 있는 것이라면 단순한 함수조차 사용하지 않는다. 따라서 실무에서는 SUM(), RANK(), COUNTA(), MAX(), MIN(), SQRT()와 같이 옵션조차 없는, 단순한 기능만을 갖는 함수들을 선호한다. 예를 들어 두 셀을 곱한 다음 합계를 구하는 SUMPRODUCT() 함수라든가 다중 조건을 적용하는 배열 함수 같은 복잡한 기능을 실무에서 쓰는 경우는 없다.

원칙 둘, 빠르게

실무에서는 빠른 처리가 가능한 쪽을 선호한다. 예를 들어 두 개 이상의 셀 내용을 합치는 기능은 다음의 세 가지가 있다.

```
&
CONCATENATE( )
CONCAT( )
```

실무에서는 이 셋 중에서 빠르게 타이핑 할 수 있는 & 기호를 많이 쓴다. 참고로 CONCAT() 함수는 CONCATENATE() 함수가 너무 길어서 최신 버전에서 이름만 바꿔서 추가된 것이다.

원칙 셋, 쉽게

실무에서는 배우기 쉽고, 수정하기 쉬운 함수를 많이 쓴다. 엑셀에서는 유사한 기능의 함수가 상당히 많은데, 소수점 이하를 버리는 함수만 3개나 있다.

```
ROUNDDOWN( )
TRUNC( )
INT( )
```

실무에서는 셋 중에서 ROUNDDOWN()을 쓴다. ROUND() 함수와 사용법이 완전히 동일해서 배우기가 쉽기 때문이다. 만일 배우기가 어렵거나 수정하기가 까다롭다면 기능이 강력해도 잘 안 쓴다. 예를 들어 표에서 원하는 값을 찾아주는 MATCH() & INDEX() 함수 조합은 매우 강력하고 편리하지만, 배우기가 어렵고 수식을 고치기도 까다로워서 거의 쓰이지 않는다.

엑셀로 어떤 결과를 얻어내는 방법은 여러 가지가 있지만, 회사 실무에서는 쉽고 빠르고 간결한 방법을 선택해야 한다. 가급적이면 연상하기 쉽고, 하나의 사용법을 익혀서 여러 개에 응용할 수 있도록 유사한 형태의 함수들을 활용하는 것이 좋다. 가장 단순한 사례를 예로 들어본다.

```
(1) SUM(A1:A5)
(2) A1 + A2 + A3 + A4 + A5
```

실무에서는 당연히 (1)번을 써야 한다. 참고로 엑셀에서 가장 많은 사람들이 사용하며 가장 시간을 많이 소비하는 기능은 소위 펀칭(Punching)이라는 단순한 숫자/문자 타이핑인데, 매우 비효율적이지만 단순하고 쉽기 때문에 이쪽을 선호하는 것이다. 어떤 신기능의 함수를 새롭게 배워서 실무에 활용하는 것보다 기본 기능과 기존 함수를 활용하는 것이 훨씬 효율적이다.

2장

달달 익혀야 할
엑셀 기본 기능

엑셀을 실무에서 능숙히 다루려면 기본 기능을 잘 활용해야 한다. 실무에서는 기본 기능을 얼마나 능숙하게 사용하는지에 따라 작업 효율이 매우 크게 차이가 난다. 엑셀은 기본 기능만으로도 매우 강력한 툴이지만, 대부분의 사람들은 그런 기본 기능들을 효과적으로 사용하지 못한다.

최근 디지털 시대가 되면서 많은 사람이 최신 버전, 최신 기능에 집착하는 경향이 있는데, 실무에서 대부분의 업무는 기본 기능 위주로 이루어진다. 업무를 처리할 때는 항상 간단하고, 빠르고, 쉬운 방법을 선택해야 한다. 최신 기술이나 잘 알려지지 않은 기능은 피하는 것이 좋다. 실무에서는 전문가만이 처리할 수 있는 그런 복잡하고 세밀한 업무는 없으므로 구 버전을 이용해도 충분하다.

엑셀의 기본 기능들을 잘 활용하면 수식/함수를 사용하는 것보다 훨씬 효과적이면서 쉽고 빠르게 업무를 처리할 수 있다. 엑셀에서 사용빈도가 높고 유용한 기능은 ①절대 셀 참조, ②문자열 처리, ③채우기 핸들, ④셀 서식, ⑤값 복사, ⑥바꾸기 등 6가지이다.

 절대 셀 참조, 엑셀에서도 $는 절대적 힘을 갖는다

엑셀은 어떤 셀에 입력되어 있는 수식이나 함수를 다른 셀에 복사해서 넣으면 계산식 자체는 그대로 유지되지만, 계산을 위해 참조하는 셀의 값은 위치를 반영하여 자동으로 바뀌는 특성이 있다. 이를 '상대 셀 참조'라고 부르는데, 일일이 셀 주소를 바꿔주지 않아도 되므로 편하게 쓰일 때가 많다. 하지만 참조하는 셀의 위치가 바뀌어서는 안 되는 경우도 있는데, 위치에 상관없이 항상 같은 셀의 값을 참조하는 기능을 '절대 셀 참조'라고 한다.

상대 셀 참조를 절대 셀 참조로 바꾸는 치트 키, <F4>

아래 예제를 보자. B1 셀에는 '=A1+A2'라는 수식이 입력되어 있는데, 이 셀을 복사해서 B4 셀에 붙여 넣으면 수식이 '=A4+A5'로 바뀐다.

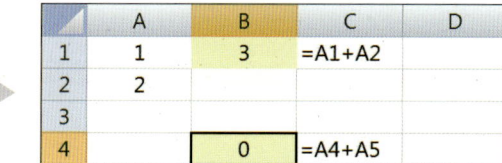

두 셀을 더하는 덧셈 수식(+)은 그대로이지만, 계산에 참조하는 셀이 각각 A1→A4, A2→A5 셀로 바뀌었다. 이처럼 셀을 다른 곳에 복사할 때 참조하는 셀의 위치가 자동으로 바뀌는 기능을 '상대 셀 참조'라고 한다.

B1 셀을 선택하고 <F2> 키를 누르면 아래 왼쪽 화면과 같이 편집모드로 바뀐다. 여기서 각 셀 바로 뒤에서 <F4> 키를 누르면 오른쪽 화면처럼 셀에 $ 마크가 붙는다.

<Enter> 키를 누른 다음 B1 셀을 B5 셀에 붙여 넣은 후 비교하면 B5 셀은 B1 셀과 동일한 수식, 100% 동일한 참조 셀 형태임을 알 수 있다. 이처럼 계산을 위해 참조하는 셀의 위치가 바뀌지 않

게 처리하는 것을 '절대 셀 참조'라고 부르며, $ 기호를 쓴다. 〈F4〉 키는 어떤 셀을 절대 셀 참조로 바꿔주는 핫 키이다.

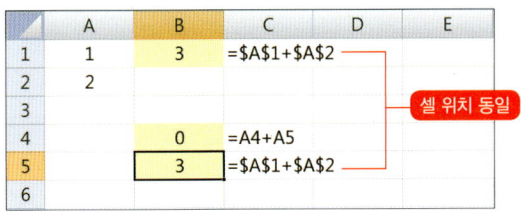

'행'만 혹은 '열'만 절대 셀 참조 가능

절대 셀 참조는 행과 열에 독립적으로 적용되므로, '행'만 절대 셀 참조로 처리하거나 '열'만 절대 셀 참조로 처리할 수도 있다. 수식이 한 쪽 방향으로만 규칙성을 가지도록 할 경우에 쓴다.

'행' 만 절대 셀 참조

A6 셀에 '=A$1+B$1'라는 수식을 입력한 후 채우기 핸들로 D6 셀까지 오른쪽으로 복사해보자. 행에만 절대 셀 참조 기호가 붙었기 때문에 가로 방향으로 복사하면 열 값의 수식이 바뀐 것을 확인할 수 있다.

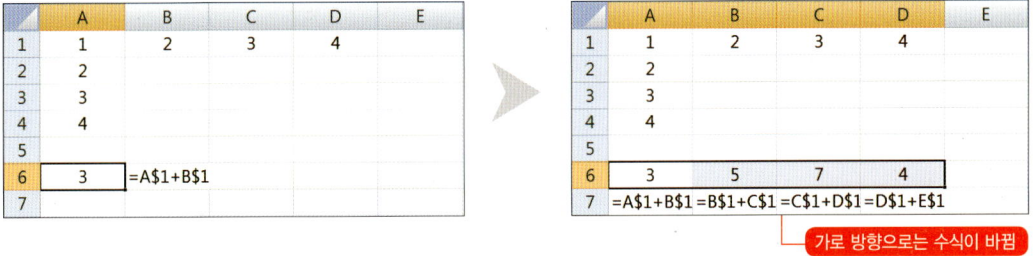

이번에는 채우기 핸들로 아래로 복사해보자. 행 값에만 절대 참조 기호($)가 붙었기 때문에 세로 방향으로 복사했을 때 수식이 바뀌지 않았음을 알 수 있다.

'열'만 절대 셀 참조

A6 셀에 열에만 절대 참조 기호($)를 붙인 '=$A1+$B1'라는 수식을 입력한 후 채우기 핸들로 D6 셀까지 오른쪽으로 복사해보자. 채우기 핸들로 오른쪽 방향으로 복사하면 이번에는 열 값은 수식이 바뀌지 않는다.

	A	B	C	D	E
1	1	2	3	4	
2	2				
3	3				
4	4				
5					
6	3	=$A1+$B1			
7					

➡

	A	B	C	D	E
1	1	2	3	4	
2	2				
3	3				
4	4				
5					
6	3	3	3	3	
7	=$A1+$B1	=$A1+$B1	=$A1+$B1	=$A1+$B1	
8					

— 가로 방향은 수식이 바뀌지 않음

이번에는 채우기 핸들로 아래 방향으로 복사해보자. 열만 절대 셀 참조를 했기 때문에 행 값 수식이 바뀐다.

	A	B	C	D	E
1	1	2	3	4	
2	2				
3	3				
4	4				
5					
6	3	=$A1+$B1			
7	2	=$A2+$B2			
8	3	=$A3+$B3			
9	4	=$A4+$B4	— 세로 방향은 수식이 바뀜		

상대 셀 참조는 보통 수식이나 함수를 다른 셀에 연속해서 복사해서 사용할 때 주로 사용한다. 반면 계산에 참조해야 하는 셀이 공통되는 경우는 중간에 값이 바뀌어서는 안 되므로 반드시 절대 셀 참조를 써야만 한다. 이처럼 공통 참조를 사용하는 대표적인 함수로는 VLOOKUP()이나 MATCH()가 있는데, 대개 한 개의 함수 안에서 상대 셀 참조와 절대 셀 참조를 병행해서 사용한다. 이미 다 알고 있는 내용일 수 있지만 굳이 이 기능을 다시 한 번 강조하는 이유는 상대 셀 참조와 절대 셀 참조 기능을 전환하는 테크닉이 실무에서 상당히 유용하게 활용되기 때문이다.

실무 활용_ 애니메이션별 인기 캐릭터 상위 5명은 누구?

상대 셀 및 절대 셀 참조를 전환하는 테크닉은 실무에서 자료가 부분적인 규칙성을 갖는 경우에 주로 사용한다. 자료 전체가 규칙성을 가진 경우라면 고민할 것도 없이 수식/함수를 적용하면 되지만, 부분적으로만 규칙성이 있는 경우는 각 부분마다 수식/함수를 다르게 적용해야 하므로 작업 효율이 많이 떨어진다. 상대/절대 셀 참조 전환은 이런 경우 매우 편리하게 쓰인다.

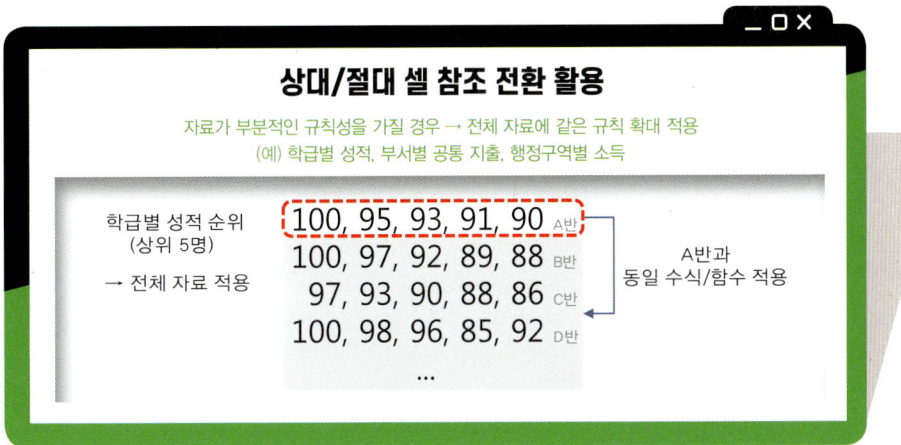

업무를 처리할 때 애매모호한 규칙성을 갖는 경우 상당히 골치가 아프다. 예를 들어 다음과 같은 '아동이 좋아하는 국산 애니메이션' 조사결과가 있다고 가정해보자. 각 애니메이션별로 선호도 상위 5개의 캐릭터를 정리한 것이라고 가정하고, 각 애니메이션별로 선호도 등수를 매겨보자(예제 파일: 2-1 애니메이션별 인기 캐릭터.xlsx).

	A	B	C
1	이름	소속	선호도
2	뽀로로	뽀롱뽀롱 뽀로로	90%
3	패티	뽀롱뽀롱 뽀로로	70%
4	에디	뽀롱뽀롱 뽀로로	72%
5	루피	뽀롱뽀롱 뽀로로	75%
6	크롱	뽀롱뽀롱 뽀로로	80%
7	코코몽	냉장고나라 코코몽	95%
8	아로미	냉장고나라 코코몽	83%
9	로보콩	냉장고나라 코코몽	91%
10	파닥	냉장고나라 코코몽	50%
11	케로	냉장고나라 코코몽	76%
12	콩순이	엉뚱발랄 콩순이	89%
13	콩콩이	엉뚱발랄 콩순이	78%
14	송이	엉뚱발랄 콩순이	72%
15	밤이	엉뚱발랄 콩순이	65%
16	새요	엉뚱발랄 콩순이	84%

01 일단 '뽀롱뽀롱 뽀로로' 캐릭터의 선호도에 대해 RANK() 함수로 등수를 매긴다. D2 셀에 '=RANK(C2,$C$2:$C$6)' 수식을 넣고 채우기 핸들로 D6 셀까지 복사하면 자동으로 등수가 표시된다.

	A	B	C	D	E	F	G
1	이름	소속	선호도				
2	뽀로로	뽀롱뽀롱 뽀로로	90%	1	=RANK(C2,$C$2:$C$6)		
3	패티	뽀롱뽀롱 뽀로로	70%	5	=RANK(C2,$C$2:$C$6)		
4	에디	뽀롱뽀롱 뽀로로	72%	4	=RANK(C2,$C$2:$C$6)		
5	루피	뽀롱뽀롱 뽀로로	75%	3	=RANK(C2,$C$2:$C$6)		
6	크롱	뽀롱뽀롱 뽀로로	80%	2	=RANK(C2,$C$2:$C$6)		
7	코코몽	냉장고나라 코코몽	95%				
8	아로미	냉장고나라 코코몽	83%				
9	로보콩	냉장고나라 코코몽	91%				
10	파닥	냉장고나라 코코몽	50%				
11	케로	냉장고나라 코코몽	76%				
12	콩순이	엉뚱발랄 콩순이	89%				
13	콩콩이	엉뚱발랄 콩순이	78%				
14	송이	엉뚱발랄 콩순이	72%				
15	밤이	엉뚱발랄 콩순이	65%				
16	새요	엉뚱발랄 콩순이	84%				

02 같은 방법으로 '냉장고나라 코코몽' 캐릭터의 선호도에 대해서 등수를 매긴다.

	A	B	C	D	E	F	G
1	이름	소속	선호도				
2	뽀로로	뽀롱뽀롱 뽀로로	90%	1			
3	패티	뽀롱뽀롱 뽀로로	70%	5			
4	에디	뽀롱뽀롱 뽀로로	72%	4			
5	루피	뽀롱뽀롱 뽀로로	75%	3			
6	크롱	뽀롱뽀롱 뽀로로	80%	2			
7	코코몽	냉장고나라 코코몽	95%	1	=RANK(C7,$C$7:$C$11)		
8	아로미	냉장고나라 코코몽	83%	3	=RANK(C8,$C$7:$C$11)		
9	로보콩	냉장고나라 코코몽	91%	2	=RANK(C9,$C$7:$C$11)		
10	파닥	냉장고나라 코코몽	50%	5	=RANK(C10,$C$7:$C$11)		
11	케로	냉장고나라 코코몽	76%	4	=RANK(C11,$C$7:$C$11)		
12	콩순이	엉뚱발랄 콩순이	89%				
13	콩콩이	엉뚱발랄 콩순이	78%				
14	송이	엉뚱발랄 콩순이	72%				
15	밤이	엉뚱발랄 콩순이	65%				
16	새요	엉뚱발랄 콩순이	84%				

03 마지막으로 '엉뚱발랄 콩순이' 캐릭터의 선호도에 대해서 등수를 매긴다.

	A	B	C	D	E	F	G
1	이름	소속	선호도				
2	뽀로로	뽀롱뽀롱 뽀로로	90%	1			
3	패티	뽀롱뽀롱 뽀로로	70%	5			
4	에디	뽀롱뽀롱 뽀로로	72%	4			
5	루피	뽀롱뽀롱 뽀로로	75%	3			
6	크롱	뽀롱뽀롱 뽀로로	80%	2			
7	코코몽	냉장고나라 코코몽	95%	1			
8	아로미	냉장고나라 코코몽	83%	3			
9	로보콩	냉장고나라 코코몽	91%	2			
10	파닥	냉장고나라 코코몽	50%	5			
11	케로	냉장고나라 코코몽	76%	4			
12	콩순이	엉뚱발랄 콩순이	89%	1	=RANK(C12,$C$12:$C$16)		
13	콩콩이	엉뚱발랄 콩순이	78%	3	=RANK(C13,$C$12:$C$16)		
14	송이	엉뚱발랄 콩순이	72%	4	=RANK(C14,$C$12:$C$16)		
15	밤이	엉뚱발랄 콩순이	65%	5	=RANK(C15,$C$12:$C$16)		
16	새요	엉뚱발랄 콩순이	84%	2	=RANK(C16,$C$12:$C$16)		
17							

04 소위 그룹별 등수 매기기는 앞의 과정과 같은 작업을 3번에 걸쳐서 반복하게 된다. 짧은 작업이라면 이렇게 해도 상관없지만, 유감스럽게도 실무에서는 저런 종류의 자료는 보통 수십/수백 개 이상의 그룹으로 구성된 경우가 많다. 그런 경우는 거의 노가다 수준으로 단순한 작업을 무한 반복해야 한다.

눈썰미가 있는 사람이라면 알아차렸겠지만, 앞의 자료는 나름 규칙성을 가지고 있다. 바로 '애니메이션별 인기 캐릭터 상위 5명'이다. 따라서 5단위로 RANK() 함수를 쓰면 되므로, 다음과 같은 테크닉을 쓸 수 있다. 일단 첫 번째 그룹의 등수를 매기는 과정은 상기 설명과 동일하다.

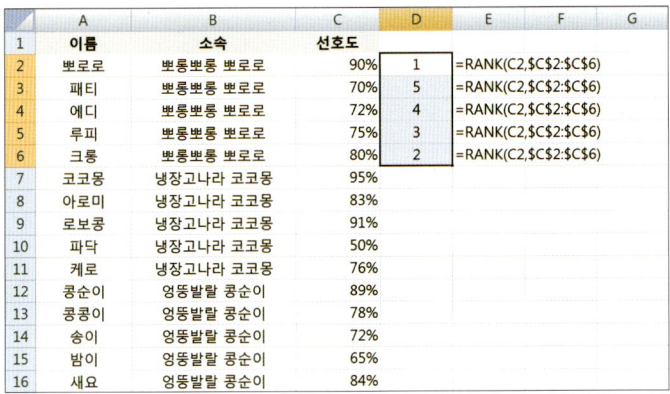

05 다음과 같이 바꾸기(메뉴에서 선택 또는 컨트롤 + H키)로 $ 문자를 공백으로 바꾼다.

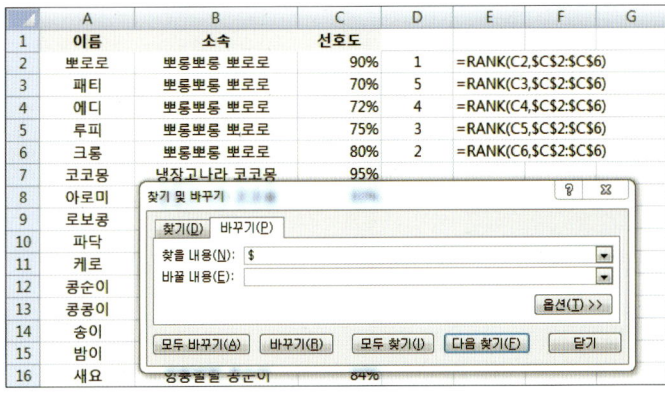

06 다음과 같이 지정한 범위의 모든 셀에서 $ 문자가 사라졌다. 따라서 '절대 셀 참조' → '상대 셀 참조'로 바뀐 것이다.

	A	B	C	D	E
1	이름	소속	선호도		
2	뽀로로	뽀롱뽀롱 뽀로로	90%	1	=RANK(C2,C2:C6)
3	패티	뽀롱뽀롱 뽀로로	70%	5	=RANK(C3,C2:C6)
4	에디	뽀롱뽀롱 뽀로로	72%	4	=RANK(C4,C2:C6)
5	루피	뽀롱뽀롱 뽀로로	75%	3	=RANK(C5,C2:C6)
6	크롱	뽀롱뽀롱 뽀로로	80%	2	=RANK(C6,C2:C6)
7	코코몽	냉장고나라 코코몽	95%		
8	아로미	냉장고나라 코코몽	83%		
9	로보콩	냉장고나라 코코몽	91%		
10	파닥	냉장고나라 코코몽	50%		
11	케로	냉장고나라 코코몽	76%		
12	콩순이	엉뚱발랄 콩순이	89%		
13	콩콩이	엉뚱발랄 콩순이	78%		
14	송이	엉뚱발랄 콩순이	72%		
15	밤이	엉뚱발랄 콩순이	65%		
16	새요	엉뚱발랄 콩순이	84%		

07 D2:D6까지 블록으로 지정한 다음 채우기 핸들(더블 클릭 채우기)로 끝까지 채운다. 모든 셀이 C2:C6, C7:C11, C12:C16과 같이 5개 단위로 등수가 매겨졌다.

RANK() 함수를 보면 5행 단위로 참조하는 셀의 위치가 바뀌었음을 알 수 있다. 만일 자료가 5행 단위의 규칙성을 가지고 있다면 수천 개 이상이라도 같은 방식으로 처리할 수 있기 때문에 작업 효율이 대폭 올라간다. 실무에서는 이 예제보다 규칙성이 더 애매모호한 경우가 많은데, 이런 경우는 다른 함수와 결합해서 복합 함수를 써야 한다. 이런 테크닉은 관련 함수에서 설명하고 여기서는 생략한다.

	A	B	C	D	E
1	이름	소속	선호도		
2	뽀로로	뽀롱뽀롱 뽀로로	90%	1	=RANK(C2,C2:C6)
3	패티	뽀롱뽀롱 뽀로로	70%	5	=RANK(C3,C2:C6)
4	에디	뽀롱뽀롱 뽀로로	72%	4	=RANK(C4,C2:C6)
5	루피	뽀롱뽀롱 뽀로로	75%	3	=RANK(C5,C2:C6)
6	크롱	뽀롱뽀롱 뽀로로	80%	2	=RANK(C6,C2:C6)
7	코코몽	냉장고나라 코코몽	95%	1	=RANK(C7,C7:C11)
8	아로미	냉장고나라 코코몽	83%	3	=RANK(C8,C7:C11)
9	로보콩	냉장고나라 코코몽	91%	2	=RANK(C9,C7:C11)
10	파닥	냉장고나라 코코몽	50%	5	=RANK(C10,C7:C11)
11	케로	냉장고나라 코코몽	76%	4	=RANK(C11,C7:C11)
12	콩순이	엉뚱발랄 콩순이	89%	1	=RANK(C12,C12:C16)
13	콩콩이	엉뚱발랄 콩순이	78%	3	=RANK(C13,C12:C16)
14	송이	엉뚱발랄 콩순이	72%	4	=RANK(C14,C12:C16)
15	밤이	엉뚱발랄 콩순이	65%	5	=RANK(C15,C12:C16)
16	새요	엉뚱발랄 콩순이	84%	2	=RANK(C16,C12:C16)
17					

문자열 처리, 010을 문자로 사수하는 법

엑셀은 기본적으로 숫자는 계산 가능, 문자는 계산 불가능한 것으로 취급한다. 하지만 전화번호나 주소, 생년월일, 날짜와 같은 숫자는 고유 식별을 위한 용도이므로 속성상 문자라고 보는 것이 타당하다. 이런 경우 숫자를 문자로 취급해 줄 필요가 있다. 그렇지 않으면 숫자로 착각해 계산하려 든다.

아포스트로피('), 숫자를 문자로 취급하는 기호

숫자를 문자로 바꾸는 것은 간단하다. 아포스트로피(') 기호만 붙이면 된다. 보통 'ㅇㅇㅇ' 형태로 인용할 때 사용하는 기호인데, 셀에 이 기호를 한 개만 입력하면 그 셀은 무조건 문자로 인식하게 된다.

	A	B	C	D
1	1	3	=A1+A2	
2	2			
3				
4				

상기 예제에서 B1 셀에 입력된 '=A1+A2' 수식의 등호 앞에 아포스트로피(') 기호를 붙인 후 〈Enter〉 키를 눌러보자. B1 셀의 수식 전체가 문자열로 취급되어 계산되지 않고 전체 입력된 값을 그냥 표시했음을 알 수 있다.

	A	B	C	D
1	1	'=A1+A2		
2	2			
3				
4				

	A	B	C	D
1	1	=A1+A2		
2	2			
3				
4				

엑셀에서 셀 첫 번째 입력된 아포스트로피(') 기호는 문자열 처리로 인식하기 때문에 그 기호 한 개만 입력하면 셀에는 아무 것도 표시되지 않는다. 따라서 아포스트로피(') 기호를 화면에 나타내려면 '' 형태로 두 번 겹쳐 써야만 한다.

이 또한 이미 알고 있는 분들이 많을 것이다. 그럼에도 굳이 다시 한 번 설명하는 이유는 숫자와 문자열 처리를 전환하는 테크닉이 실무에서 아주 유용하게 활용되기 때문이다.

실무 활용_ 각 연도별로 지원한 품목 따로 정리하기

문자열 처리는 계산되어서는 안 되는 식별용 숫자를 처리할 때 자주 사용하게 된다. 대표적인 것이 날짜인데, 계산과 식별 두 가지 목적이 병행해서 사용된다.

(1) **계산** : 내일은 며칠?
(2) **식별** : 생일은 언제?

(1)번의 경우는 '오늘 +1' 형태로 계산하게 되지만, (2)번의 경우는 해당 날짜 자체가 의미를 갖는 것이므로 숫자로 표시되더라도 계산하면 안 된다. 이처럼 계산해서는 안 되는 숫자를 처리할 때 문자열 처리 기능을 사용하면 된다.

01 예를 들어 다음과 같은 자선사업 장부에서 각 연도별로 지원한 품목만을 따로 정리하고 싶다고 가정해보자(예제 파일:2-2 연도별 지원 품목.xlsx). 나중에 설명할 LEFT() 함수를 써서 A2 셀에 입력된 글자 중에서 네 글자만 불러보자. 연도 E2셀에 '=LEFT(A2, 4)'를 입력하고 〈Enter〉 키를 누른다.

	A	B	C	D	E	F
1	접수일	신청품목	신청량	단위	연도	
2	2017-09-24	밀가루	100	kg	=LEFT(A2, 4)	
3	2017-10-24	라면	2	박스		
4	2018-03-24	쌀	160	kg		
5	2018-06-24	배추	120	포기		
6	2018-09-24	고추	1	kg		
7						

02 뜬금없이 E2 셀에 '4300'이란 숫자가 표시된다. 엑셀이 A2 셀에 입력된 '2017-09-24'란 값을 계산할 수 있는 날짜 데이터 값인 43002로 환산해서 처리했기 때문이다. 컴퓨터는 숫자를 계산하기 위해 만들어진 장치이므로 문자도 실제로는 숫자로 변환해서 처리한다. 위의 화면에서 보이는 엑셀에 입력된 '2017-09-24'란 날짜도 실제로는 컴퓨터에 입력된 숫자로 변환해서 처리하는데, '43003'은 '2017-09-25', 43004는 '2017-09-26'이란 날짜에 대응하는 식이다. 따라서 LEFT(A2, 4) 함수는 '2017-09-24'란 날짜 변환 값이 아니라 '43002'라는 입력된 값을 기준으로 왼쪽 네 글자를 가져오기 때문에 연도에 '2017'이 아닌 '4300'이란 숫자가 나타난 것이다.

	A	B	C	D	E	F
1	접수일	신청품목	신청량	단위	연도	
2	2017-09-24	밀가루	100	kg	4300	=LEFT(A2, 4)
3	2017-10-24	라면	2	박스		
4	2018-03-24	쌀	160	kg		
5	2018-06-24	배추	120	포기		
6	2018-09-24	고추	1	kg		
7						

03 이 경우 접수일 그 자체가 의미를 갖는 것이기 때문에 계산하면 안 되고 문자열 처리를 해야 한다. 각각의 숫자 앞에 아포스트로피(') 기호를 붙여서 문자열로 바꿔주면 E2 셀의 값이 4300 → 2017로 바뀌었음을 알 수 있다.

	A	B	C	D	E	F
1	접수일	신청품목	신청량	단위	연도	
2	'2017-09-24	밀가루	100	kg	2017	=LEFT(A2, 4)
3	2017-10-24	라면	2	박스		
4	2018-03-24	쌀	160	kg		
5	2018-06-24	배추	120	포기		
6	2018-09-24	고추	1	kg		
7						

엑셀은 '연도-월-일' 형태와 같이 날짜를 하이픈으로 연결해서 표시하면 모두 계산을 위한 숫자로 바꾸어서 처리한다. 이처럼 자료를 수치 데이터로 변환되지 않은 형태 그대로 활용해야만 할 경우 문자열 처리는 자주 사용된다. 그 밖에 문자열 변환을 활용해서 이미 입력된 함수를 수정하거나 분해해서 새롭게 작성할 때도 상당히 편리하게 쓰이며, 이 테크닉은 MID() 함수에서 다시 설명한다.

채우기 핸들, 시간은 반으로, 정확도는 2배로 만드는 마법

채우기 핸들은 어떤 셀에 수식, 문자가 입력되어 있을 때, 그 값을 인접한 셀에 복사해서 채워 넣는 기능을 말한다. 이 과정에서 오름차순이나 내림차순으로 수식이나 문자를 자동으로 입력할 수도 있고, 조금만 더 응용하면 더 복잡한 형태로 변형해서 입력하는 것도 가능하다. 실무에서 활용도가 매우 높은 필수 기능이므로 꼭 알아두어야 한다.

셀 복사해 채워 넣기

채우기 핸들을 사용하는 방법은 그리 어렵지 않다. 기본 사용법에 대해서 알아보자.

01 아래 화면의 A1 셀을 보면 남동쪽 방향에 조그마한 '검은 사각형'이 보일 것이다. 이것이 바로 '채우기 핸들' 마크이다.

02 그 검은 사각형에 마우스 커서를 가져가면 + 모양으로 모양이 바뀐다.

03 이 상태에서 마우스 왼쪽 버튼을 누른 상태에서 행 또는 열 방향으로 잡아당기면(Drag) 된다. 가로 방향인 D1 셀 쪽으로 잡아당기면 A1에 입력된 1이 B1~D1 셀까지 복사된다.

04 세로 방향인 A4 셀 쪽으로 당겨도 방향만 바뀔 뿐 A1 셀에 입력된 1이 복사된다.

채우기 핸들 사용할 때 주의!

채우기 핸들은 셀에 입력된 값은 물론, 서식과 함수까지 모조리 복사한다. 따라서 보고서에 서식이 부여되어 있는 경우에는 기존 서식을 망가뜨리므로 주의해야 한다.

〈채우기 핸들 사용 전 서식〉

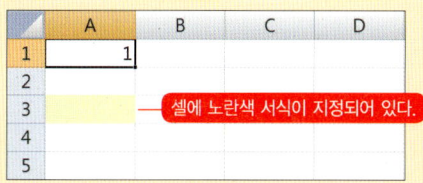

셀에 노란색 서식이 지정되어 있다.

〈채우기 핸들로 A4 방향으로 셀 복사 후〉

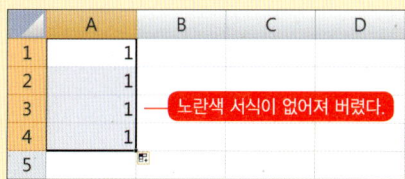

노란색 서식이 없어져 버렸다.

이런 문제 때문에 엑셀 신 버전은 '서식만 복사'하던가 '서식 빼고 복사'하는 기능도 포함되어 있지만 실무에서는 잘 안 쓴다. 이유는 '연속 데이터 채우기'를 설명하면서 소개한다.

연속 데이터 채우기

채우기 핸들은 셀을 복사하는 기능 이외에 오름차순, 또는 내림차순으로 숫자를 바꿔가면서 연속으로 채우는 기능도 갖고 있다.

01 채우기 핸들로 D1 셀까지 채우면 채우기 핸들 마크(검은 사각형) 주변에 테트리스 같은 기호가 보인다. 그 기호를 누르면 다음과 같은 팝업 메뉴가 나온다.

02 두 번째 '연속 데이터 채우기'를 클릭해 준다.

03 1, 2, 3, 4와 같이 오름차순으로 숫자가 하나씩 더해져서 자동으로 채워진다.

04 〈Ctrl〉 키를 누른 상태로 채우기 핸들을 써도 '자동 데이터 채우기'가 된다. 채우기 핸들 마크에 마우스 커서를 가져가서 + 모양으로 바뀐 상태에서 〈Ctrl〉 키를 누르면 다음과 같이 조그마한 + 마크가 하나 더 생긴다.

05 이 상태에서 D1 셀 방향으로 드래그하면 '연속 데이터 채우기'를 메뉴에서 선택했을 때와 똑같이 연속으로 데이터가 채워진다. 메뉴를 클릭하는 번거로움을 피할 수 있기 때문에 이 방법을 권장한다.

	A	B	C	D	E
1	1	2	3	4	
2					
3					
4					

참고로 실무에서는 채우기 핸들의 셀 복사 기능보다 연속 데이터 채우기를 훨씬 많이 쓴다. 단순하게 값을 복사하는 경우는 COPY & PASTE로도 대체할 수 있지만 연속 데이터 채우기는 다양한 형태로 변형할 수 있기 때문이다.

여러 개 셀 지정해 채우기

셀 2개 이상을 지정하면 매우 복잡한 형태의 채우기로도 쓸 수 있다.

01 A1 셀과 B1 셀에 내림차순 방향으로 숫자를 입력한 후 블록을 지정해보자.

	A	B	C	D	E
1	4	3			
2					
3					
4					

02 채우기 핸들로 가로방향으로 채운다. 내림차순으로 채워짐을 알 수 있다.

	A	B	C	D	E
1	4	3	2	1	
2					
3					
4					

03 3개 이상의 셀을 블록으로 지정하면 조금 더 복잡한 형태로도 채우기 핸들을 활용할 수 있다. A1, A2, A3 셀에 각각 1, 3, 5의 숫자를 입력한 후 블록을 지정해보자.

	A	B	C	D	E
1	1				
2	3				
3	5				
4					

04 채우기 핸들로 열 방향으로 채우면 오름차순으로 2씩 숫자가 늘어났다.

	A	B	C	D	E
1	1				
2	3				
3	5				
4	7				
5	9				
6	11				
7					

05 이번에는 반대로 A1, A2, A3 셀에 각각 5, 3, 1의 숫자를 입력한 후 블록을 지정해보자.

	A	B	C	D	E
1	5				
2	3				
3	1				
4					

06 채우기 핸들로 열 방향으로 채우면 다음과 같이 내림차순으로 값이 2씩 줄어들었다.

	A	B	C	D	E
1	5				
2	3				
3	1				
4	-1				
5	-3				
6	-5				
7					

이러한 채우기의 규칙성은 기본적으로 블록으로 지정된 범위에 입력된 셀 값 관계에 따라 달라진다. 엑셀은 셀 1개를 지정했을 때는 셀 복사, 셀 2개 이상 지정했을 때는 연속 데이터 채우기가 기본 값으로 작동하는데, ⟨Ctrl⟩ 키를 누르면 반대 쪽 옵션이 선택된다.

셀 1개   : 셀 복사   → (⟨Ctrl⟩ 키 누름) → 자동 데이터 채우기
셀 2개 이상 : 자동 데이터 채우기 → (⟨Ctrl⟩ 키 누름) → 셀 복사

# 서식만 채우기 vs 서식 없이 채우기

채우기 핸들 기능에는 '서식만 채우기'와 '서식 없이 채우기' 옵션이 있다. 실무에서는 수식이나 함수를 채우기 핸들로 채우는 업무가 대부분인데, 이 과정에서 기존에 입력된 서식이 망가지게 되므로 이런 옵션이 추가된 것이다.

서식만 채우기: 기존에 입력된 값/수식 유지
서식 없이 채우기: 셀 복사

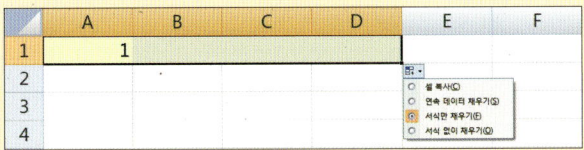

문제는 이 옵션들은 자동 데이터 채우기에서는 작동하지 않는다는 것이다. 두 옵션은 기존 수식을 유지하거나 셀 복사를 전제로 한 것인데, 이런 경우는 그냥 시트를 통째로 복사하는 쪽이 더 쉽다. 실무에서는 연속 데이터 채우기 사용 빈도가 훨씬 많기 때문에, 이 두 옵션은 거의 안 쓰인다.

더블 클릭 채우기

채우기 핸들을 조금 더 편리하게 사용해주는 기능이 더블 클릭 채우기이다. 더블 클릭 채우기는 채우기 핸들 마크를 더블 클릭하면 아래 방향으로 자동으로 값이나 수식을 채워주는 기능이다. 실무에서 수십 개 이상의 많은 자료에 동일한 수식이나 함수를 입력할 때 매우 편리하게 쓰인다.

사용법은 단순히 채우기 핸들 마크(검은 사각형)를 더블 클릭하면 된다. 단, 더블 클릭 채우기는 기본 채우기 핸들과는 달리 위에서 아래, 즉 세로 방향으로만 작동하며, 컨트롤 키 토글도 작동하지 않는다.

01 B1 셀에 A를 입력하고 채우기 핸들 마크를 더블 클릭해보자.

	A	B	C	D	E
1	1	A			
2	2				
3	3				
4	4				
5					

02 인접한 열의 제일 마지막까지 자동으로 데이터를 채운다. 더블 클릭 채우기는 인접한 셀 값을 기준으로 위에서 아래 방향으로 작동한다. 따라서 인접한 열의 마지막 셀이 비어있으면 더블 클릭 채우기는 직전 행에서 멈춘다. 예제의 경우 인접한 열이 A4 셀까지만 데이터가 입력되어 있기 때문에 B4 셀까지만 데이터가 채워진 것이다.

	A	B	C	D	E
1	1	A			
2	2	A			
3	3	A			
4	4	A			
5					

03 만일 인접한 열의 중간이 비어있다면 그 위치 직전에 멈추게 된다. 다음과 같이 A3 셀을 비워보자.

	A	B	C	D	E
1	1	A			
2	2				
3					
4	4				
5					

04 B1 셀의 채우기 핸들 마크를 더블 클릭한다. A3 셀이 비었기 때문에 직전인 B2 셀에서 멈췄음을 알 수 있다. 단, 더블 클릭 채우기가 멈추는 조건은 셀이 확실히 비어있을 경우이며, 사용자 셀 서식이나 TEXT() 함수로 셀이 비어있는 것처럼 보여도 실제로는 공백이나 안 보이는 값 등이 입력되어 있으면 계속 작동한다.

	A	B	C	D	E
1	1	A			
2	2	A			
3					
4	4				
5					

05 주의할 것은 더블 클릭 채우기를 쓰는 열에 미리 값이 입력된 셀이 있을 경우, 그 셀 직전에 멈춘다는 것이다. 다음 예제를 보자. B3 셀에 미리 값이 입력되어 있다.

	A	B	C	D	E
1	1	A			
2	2				
3	3	B			
4	4				
5					

06 B1 셀의 채우기 핸들 마크를 더블 클릭해보자. 더블 클릭 채우기는 B2 셀에서 멈췄음을 알 수 있다. 더블 클릭 채우기를 사용할 때는 인접한 열과 입력된 열 중간에 값이 입력되어 있는지를 먼저 확인할 필요가 있다.

	A	B	C	D	E
1	1	A			
2	2	A			
3	3	B			
4	4				
5					

실무에서는 채우기 핸들, 서식 복사, 바꾸기를 적절히 섞어서 사용하는 것이 좋다. 채우기 핸들은 숫자/함수를 자동으로 입력할 때 매우 편하지만, 서식을 망가뜨리는 단점으로 인해 무분별하게 사용하면 오히려 작업효율을 떨어뜨린다. 상사 보고서는 서식이 매우 중요한데, 채우기 핸들을 남발하면 망가진 서식을 복구하는 시간이 길어지기 때문이다.

실무 활용_ 순서 유지하며 지방 재정 자립도 상/하위 5개 고르기

채우기 핸들의 진정한 위력은 서식/포맷을 유지하면서 자료를 가공해야 할 때 진가를 발휘한다. 예를 들어 지방단체의 재정 자립도 자료 같은 경우, 중요한 것은 '재정 자립도'이지만, 막상 재정 자립도 순으로 정렬하는 경우란 없다. 십중팔구 서울특별시 → 경기도 → 5대 광역시 → (중략) → 제주특별자치도 순으로 정리하기 마련이다. 그 밖에 UN 안전보장 이사회 이사국이라든가 심지어 일반 기업체에서도 직책별로 우선 순위가 있기 마련이고, 유사 직책의 경우에는 직급 순으로 정리해야 하는 등 서류상 의전 순서는 실무에서 매우 중요시된다.

채우기 핸들 활용

서식/순서를 유지해야 하는 자료를 분석하거나 정렬할 때
(예) 지방 재정자립도 현황, UN 안전보장 이사회 이사국

지방 재정자립도
: 서식/순서 유지

년도	2011	2010	2009	2008	2007	2006	2005	2004	2003	2002	2001
서울시	90.3	85.8	92.0	88.3	90.5	94.3	96.1	95.5	95.9	95.6	95.6
경기도	72.5	72.8	75.9	76.3	74.9	75.2	76.2	78.8	78.0	76.5	78.0
인천광역시	69.3	70.4	74.2	71.0	69.8	69.2	70.0	75.9	74.6	39.3	77.7
울산광역시	69.1	67.2	67.7	69.9	68.4	65.7	69.9	69.6	71.6	67.1	76.4
대전광역시	57.2	56.3	59.3	66.4	72.1	72.8	75.0	74.4	73.6	73.6	74.9
부산광역시	56.4	57.6	58.3	60.5	62.9	70.2	73.4	75.6	74.9	69.7	74.4
대구광역시	53.5	56.3	54.7	59.5	63.9	70.7	73.9	73.2	76.4	69.2	75.3
광주광역시	47.5	47.5	48.3	52.6	54.2	57.5	60.6	59.8	63.0	61.6	63.6
경상남도	42.6	42.9	39.4	39.4	39.1	38.8	37.5	38.3	37.2	36.3	39.5
강원도	27.5	27.1	28.0	28.2	28.3	26.7	27.5	28.9	26.7	28.0	29.8
충청북도	32.7	33.7	33.3	34.2	33.3	31.3	31.7	31.3	31.4	32.9	36.5
충청남도	35.4	36.6	36.6	37.8	36.9	35.3	32.7	30.5	29.8	28.4	30.5
전라북도	24.5	24.6	23.6	22.6	23.5	23.9	25.1	25.9	25.6	26.3	27.7
전라남도	20.7	20.6	19.4	21.4	20.1	20.2	19.9	21.1	21.0	20.8	22.0
경상북도	28.1	29.3	27.7	28.7	28.9	27.8	29.6	29.4	29.2	30.1	31.3
제주특별자치도	25.1	26.1	25.2	26.3	26.4	33.8	39.3	34.7	37.4	36.6	33.6
전국평균	51.9	52.2	53.6	53.9	53.6	54.4	56.2	57.2	56.3	54.8	57.6

01 보통 실무자가 기초 자료를 2차 가공하면서 다시 서식/순서를 맞춰서 작업하는 것은 매우 귀찮고 손이 많이 가는 일이다. 다음 지방 자체단체의 재정 자립도 자료를 기초로 2002년 지방 재정 자립도 상위/하위 각각 5개를 골라내서 마킹을 다르게 할 경우를 가정해보자(예제 파일: 2-3 지방 재정 자립도.xlsx).

> ① 2002년 자치단체별 재정 자립도
> ② 상/하위 5개 선별

	A	B	C	D	E	F	G	H	I	J	K	L
1	년도	2011	2010	2009	2008	2007	2006	2005	2004	2003	2002	2001
2	서울시	90.3	85.8	92.0	88.3	90.5	94.3	96.1	95.5	95.9	95.6	95.6
3	경기도	72.5	72.8	75.9	76.3	74.9	75.2	76.2	78.8	78.0	76.5	78.0
4	인천광역시	69.3	70.4	74.2	71.0	69.8	69.2	70.0	75.9	74.6	39.3	77.7
5	울산광역시	69.1	67.2	67.7	69.9	68.4	65.7	69.9	69.6	71.6	67.1	76.4
6	대전광역시	57.2	56.3	59.3	66.4	72.1	72.8	75.0	74.4	73.6	73.6	74.9
7	부산광역시	56.4	57.6	58.3	60.5	62.9	70.2	73.4	75.6	74.9	69.7	74.4
8	대구광역시	53.5	56.3	54.7	59.5	63.9	70.7	73.9	73.2	76.4	69.2	75.3
9	광주광역시	47.5	47.5	48.3	52.6	54.2	57.5	60.6	59.8	63.0	61.6	63.6
10	경상남도	42.6	42.9	39.4	39.4	39.1	38.8	37.5	38.3	37.2	36.3	39.5
11	강원도	27.5	27.1	28.0	28.2	28.3	26.7	27.5	28.9	26.7	28.0	29.8
12	충청북도	32.7	33.7	33.3	34.2	33.3	31.3	31.7	31.3	31.4	32.9	36.5
13	충청남도	35.4	36.6	36.6	37.8	36.9	35.3	32.7	30.5	29.8	28.4	30.5
14	전라북도	24.5	24.6	23.6	22.6	23.5	23.9	25.1	25.9	25.6	26.3	27.7
15	전라남도	20.7	20.6	19.4	21.4	20.1	20.2	19.9	21.1	21.0	20.8	22.0
16	경상북도	28.1	29.3	27.7	28.7	28.9	27.8	29.6	29.4	29.2	30.1	31.3
17	제주특별자치도	25.1	26.1	25.2	26.3	26.4	33.8	39.3	34.7	37.4	36.6	33.6
18	전국평균	51.9	52.2	53.6	53.9	53.6	54.4	56.2	57.2	56.3	54.8	57.6

02 대개 2002년이 속해있는 K열을 기준으로 ①내림차순으로 정렬한 다음, ②상/하 5개 자치단체에 마킹을 하기 마련이다. 따라서 다음과 같은 형태가 된다.

	A	B	C	D	E	F	G	H	I	J	K	L
1	년도	2011	2010	2009	2008	2007	2006	2005	2004	2003	2002	2001
2	서울시	90.3	85.8	92.0	88.3	90.5	94.3	96.1	95.5	95.9	95.6	95.6
3	경기도	72.5	72.8	75.9	76.3	74.9	75.2	76.2	78.8	78.0	76.5	78.0
4	대전광역시	57.2	56.3	59.3	66.4	72.1	72.8	75.0	74.4	73.6	73.6	74.9
5	부산광역시	56.4	57.6	58.3	60.5	62.9	70.2	73.4	75.6	74.9	69.7	74.4
6	대구광역시	53.5	56.3	54.7	59.5	63.9	70.7	73.9	73.2	76.4	69.2	75.3
7	울산광역시	69.1	67.2	67.7	69.9	68.4	65.7	69.9	69.6	71.6	67.1	76.4
8	광주광역시	47.5	47.5	48.3	52.6	54.2	57.5	60.6	59.8	63.0	61.6	63.6
9	인천광역시	69.3	70.4	74.2	71.0	69.8	69.2	70.0	75.9	74.6	39.3	77.7
10	제주특별자치도	25.1	26.1	25.2	26.3	26.4	33.8	39.3	34.7	37.4	36.6	33.6
11	경상남도	42.6	42.9	39.4	39.4	39.1	38.8	37.5	38.3	37.2	36.3	39.5
12	충청북도	32.7	33.7	33.3	34.2	33.3	31.3	31.7	31.3	31.4	32.9	36.5
13	경상북도	28.1	29.3	27.7	28.7	28.9	27.8	29.6	29.4	29.2	30.1	31.3
14	충청남도	35.4	36.6	36.6	37.8	36.9	35.3	32.7	30.5	29.8	28.4	30.5
15	강원도	27.5	27.1	28.0	28.2	28.3	26.7	27.5	28.9	26.7	28.0	29.8
16	전라북도	24.5	24.6	23.6	22.6	23.5	23.9	25.1	25.9	25.6	26.3	27.7
17	전라남도	20.7	20.6	19.4	21.4	20.1	20.2	19.9	21.1	21.0	20.8	22.0
18	전국평균	51.9	52.2	53.6	53.9	53.6	54.4	56.2	57.2	56.3	54.8	57.6

03 실무에서만 사용하는 자료라면 이렇게 마무리를 해도 큰 문제가 없지만, 상사 보고서로 만들 경우에는 원래 보고서에 기재되어 있던 시도 순서대로 정리하는 작업을 추가로 해야 하는 경우가 많다. 상당히 귀찮고 짜증나는 작업이고, 심한 경우 본 작업보다 서식/순서 정렬하는 시간이 더 길어질 수도 있다. 이때 채우기 핸들을 잘 활용하면 이런 문제를 아주 쉽게 해결할 수 있다. 순서를 정렬하기 전에 한 가지 작업만 미리 해두면 된다. 채우기 핸들 기능을 이용해 M열에 1번부터 자동 데이터 채우기로 미리 채워둔다.

	A	B	C	D	E	F	G	H	I	J	K	L	M
1	년도	2011	2010	2009	2008	2007	2006	2005	2004	2003	2002	2001	
2	서울시	90.3	85.8	92.0	88.3	90.5	94.3	96.1	95.5	95.9	95.6	95.6	1
3	경기도	72.5	72.8	75.9	76.3	74.9	75.2	76.2	78.8	78.0	76.5	78.0	2
4	인천광역시	69.3	70.4	74.2	71.0	69.8	69.2	70.0	75.9	74.6	39.3	77.7	3
5	울산광역시	69.1	67.2	67.7	69.9	68.4	65.7	69.9	69.6	71.6	67.1	76.4	4
6	대전광역시	57.2	56.3	59.3	66.4	72.1	72.8	75.0	74.4	73.6	73.6	74.9	5
7	부산광역시	56.4	57.6	58.3	60.5	62.9	70.2	73.4	75.6	74.9	69.7	74.4	6
8	대구광역시	53.5	56.3	54.7	59.5	63.9	70.7	73.9	73.2	76.4	69.2	75.3	7
9	광주광역시	47.5	47.5	48.3	52.6	54.2	57.5	60.6	59.8	63.0	61.6	63.6	8
10	경상남도	42.6	42.9	39.4	39.4	39.1	38.8	37.5	38.3	37.2	36.3	39.5	9
11	강원도	27.5	27.1	28.0	28.2	28.3	26.7	27.5	28.9	26.7	28.0	29.8	10
12	충청북도	32.7	33.7	33.3	34.2	33.3	31.3	31.7	31.3	31.4	32.9	36.5	11
13	충청남도	35.4	36.6	36.6	37.8	36.9	35.3	32.7	30.5	29.8	28.4	30.5	12
14	전라북도	24.5	24.6	23.6	22.6	23.5	23.9	25.1	25.9	25.6	26.3	27.7	13
15	전라남도	20.7	20.6	19.4	21.4	20.1	20.2	19.9	21.1	21.0	20.8	22.0	14
16	경상북도	28.1	29.3	27.7	28.7	28.9	27.8	29.6	29.4	29.2	30.1	31.3	15
17	제주특별자치도	25.1	26.1	25.2	26.3	26.4	33.8	39.3	34.7	37.4	36.6	33.6	16
18	전국평균	51.9	52.2	53.6	53.9	53.6	54.4	56.2	57.2	56.3	54.8	57.6	

04 M열까지 포함하여 ①K열 기준으로 내림차순으로 정렬한 다음, ②상/하위 5개를 마킹한다.

	A	B	C	D	E	F	G	H	I	J	K	L	M
1	년도	2011	2010	2009	2008	2007	2006	2005	2004	2003	2002	2001	
2	서울시	90.3	85.8	92.0	88.3	90.5	94.3	96.1	95.5	95.9	95.6	95.6	1
3	경기도	72.5	72.8	75.9	76.3	74.9	75.2	76.2	78.8	78.0	76.5	78.0	2
4	대전광역시	57.2	56.3	59.3	66.4	72.1	72.8	75.0	74.4	73.6	73.6	74.9	5
5	부산광역시	56.4	57.6	58.3	60.5	62.9	70.2	73.4	75.6	74.9	69.7	74.4	6
6	대구광역시	53.5	56.3	54.7	59.5	63.9	70.7	73.9	73.2	76.4	69.2	75.3	7
7	울산광역시	69.1	67.2	67.7	69.9	68.4	65.7	69.9	69.6	71.6	67.1	76.4	4
8	광주광역시	47.5	47.5	48.3	52.6	54.2	57.5	60.6	59.8	63.0	61.6	63.6	8
9	인천광역시	69.3	70.4	74.2	71.0	69.8	69.2	70.0	75.9	74.6	39.3	77.7	3
10	제주특별자치도	25.1	26.1	25.2	26.3	26.4	33.8	39.3	34.7	37.4	36.6	33.6	16
11	경상남도	42.6	42.9	39.4	39.4	39.1	38.8	37.5	38.3	37.2	36.3	39.5	9
12	충청북도	32.7	33.7	33.3	34.2	33.3	31.3	31.7	31.3	31.4	32.9	36.5	11
13	경상북도	28.1	29.3	27.7	28.7	28.9	27.8	29.6	29.4	29.2	30.1	31.3	15
14	충청남도	35.4	36.6	36.6	37.8	36.9	35.3	32.7	30.5	29.8	28.4	30.5	12
15	강원도	27.5	27.1	28.0	28.2	28.3	26.7	27.5	28.9	26.7	28.0	29.8	10
16	전라북도	24.5	24.6	23.6	22.6	23.5	23.9	25.1	25.9	25.6	26.3	27.7	13
17	전라남도	20.7	20.6	19.4	21.4	20.1	20.2	19.9	21.1	21.0	20.8	22.0	14
18	전국평균	51.9	52.2	53.6	53.9	53.6	54.4	56.2	57.2	56.3	54.8	57.6	

05 원래 서식/순서대로 정렬하기 위해 M열 기준으로 오름차순으로 다시 정렬한다.

	A	B	C	D	E	F	G	H	I	J	K	L	M
1	년도	2011	2010	2009	2008	2007	2006	2005	2004	2003	2002	2001	
2	서울시	90.3	85.8	92.0	88.3	90.5	94.3	96.1	95.5	95.9	95.6	95.6	1
3	경기도	72.5	72.8	75.9	76.3	74.9	75.2	76.2	78.8	78.0	76.5	78.0	2
4	인천광역시	69.3	70.4	74.2	71.0	69.8	69.2	70.0	75.9	74.6	39.3	77.7	3
5	울산광역시	69.1	67.2	67.7	69.9	68.4	65.7	69.9	69.6	71.6	67.1	76.4	4
6	대전광역시	57.2	56.3	59.3	66.4	72.1	72.8	75.0	74.4	73.6	73.6	74.9	5
7	부산광역시	56.4	57.6	58.3	60.5	62.9	70.2	73.4	75.6	74.9	69.7	74.4	6
8	대구광역시	53.5	56.3	54.7	59.5	63.9	70.7	73.9	73.2	76.4	69.2	75.3	7
9	광주광역시	47.5	47.5	48.3	52.6	54.2	57.5	60.6	59.8	63.0	61.6	63.6	8
10	경상남도	42.6	42.9	39.4	39.4	39.1	38.8	37.5	38.3	37.2	36.3	39.5	9
11	강원도	27.5	27.1	28.0	28.2	28.3	26.7	27.5	28.9	26.7	28.0	29.8	10
12	충청북도	32.7	33.7	33.3	34.2	33.3	31.3	31.7	31.3	31.4	32.9	36.5	11
13	충청남도	35.4	36.6	36.6	37.8	36.9	35.3	32.7	30.5	29.8	28.4	30.5	12
14	전라북도	24.5	24.6	23.6	22.6	23.5	23.9	25.1	25.9	25.6	26.3	27.7	13
15	전라남도	20.7	20.6	19.4	21.4	20.1	20.2	19.9	21.1	21.0	20.8	22.0	14
16	경상북도	28.1	29.3	27.7	28.7	28.9	27.8	29.6	29.4	29.2	30.1	31.3	15
17	제주특별자치도	25.1	26.1	25.2	26.3	26.4	33.8	39.3	34.7	37.4	36.6	33.6	16
18	전국평균	51.9	52.2	53.6	53.9	53.6	54.4	56.2	57.2	56.3	54.8	57.6	

2002년 기준 상/하위 지방단체가 마킹된 상태로 원래 서식/순서대로 정렬되었다. 이 방법은 실무에서 매우 유용하게 쓰이는 테크닉으로 매우 쉽고, 빠르고, 효율적이므로 반드시 익혀둬야 한다. 정말 자주 편리하게 쓰인다.

실무에서는 대부분의 가공되지 않은 초기 자료는 최소한의 서식을 갖춘 채로 제공되는데, 그 서식의 규칙성을 유지해야 하는 경우가 많다. 의전 서열을 지켜야한다든가 조사가 지역별, 목표 수요층별로 각각 진행되어 최종 합산하는 경우가 대부분이기 때문이다. 이런 경우 채우기 핸들 테크닉은 매우 강력한 도구가 된다.

04 셀 서식, 보기 좋은 셀이 효율도 좋다

엑셀은 원래 계산을 위한 프로그램이지만 요즘에는 데이터베이스나 간단한 문서작성, 간이 프레젠테이션 기능까지 대체하는 추세이다. 그러다보니 엑셀을 시각적으로도 보기 좋게 만들어야 하는 경우가 있는데, 이때 유용하게 쓸 수 있는 기능이 '셀 서식'과 TEXT()와 같은 문자열 함수이다. 하지만 엑셀로 아무리 시각적으로 좋게 만들어도 파워포인트만큼 멋지고 가독성이 뛰어나지는 않다. 엑셀의 시각화 기능은 어디까지나 보조적인 기능에 불과하며, 만병통치약처럼 엑셀로 모든 경우에 대응하려고 생각해서는 안 된다.

셀 서식, 값은 그대로 화면 모양만 지정

셀 서식은 엑셀에서 숫자나 문자를 입력한 셀이 화면에 표시하는 모양을 지정해주는 기능을 말한다. 천 단위로 쉼표(,)를 찍거나 소수점, 백분율(%), 달러($)나 원화(₩) 표시 등이 여기에 해당한다. 대부분의 사람들이 엑셀을 쓰면서 모르는 사이에 이미 조금씩은 사용하고 있는 기능이다.

셀 서식은 화면에 보이는 모양만을 지정해주는 기능으로, 이미 입력되어 있는 숫자나 문자의 내용은 바뀌지 않는다. 아래 화면과 같이 A1 셀과 B1셀에 각각 '1000000'을 입력하고 B1 셀 서식을 숫자로 지정해서 각각 비교해 보면 그 차이를 알 수 있다.

우선 서식이 없는 A1 셀을 클릭해보자. 빨강 타원에서 볼 수 있듯이 A1 셀에 입력된 값은 그대로이다.

이번에는 서식이 있는 B1 셀을 클릭해보자. B1 셀에 입력된 값도 그대로이다. 즉, 화면에 보이는 B1 셀의 쉼표는 실제 입력된 값이 아니고 단순히 화면 표시만 달라진 것임을 알 수 있다.

이처럼 셀 서식은 셀의 모양을 보기 좋게 꾸미는 기능이다. 대부분의 경우 엑셀에서 이미 제공하는 셀 서식으로 충분하지만, 가끔 좀 모양을 다르게 해야 할 경우가 있다. 이런 경우를 위해 엑셀은 셀 서식을 사용자가 원하는 모양으로 바꾸는 기능을 제공하는데, 이를 '사용자 셀 서식'이라고 한다. 사용자 셀 서식은 셀에서 마우스 오른쪽 버튼 클릭 → 셀 서식 → 사용자 지정을 누르고 원하는 모양을 입력해주면 되는데, 정해진 문법과 특수 기호가 있다. 이 문법과 규칙은 TEXT() 함수에서도 공통적으로 쓰이므로 숙지까지는 아니더라도 뭘 의미하는지 정도는 알아둬야 한다.

TEXT() 함수로 표시 형식 바꿀 때 조심

셀 서식 외에도 TEXT() 함수로 표시 형식을 바꿀 수 있는데, 이 경우 입력된 숫자/문자의 모양과 내용 자체가 바뀌어 버리므로 조심해야 한다. A1 셀에 '1000000'을, B1 셀에 '=TEXT(A1, "$###,###")'을 넣어 보자. TEXT() 함수로 달러($) 표시와 쉼표(,)를 넣어서 표현했는데, 셀 서식 경우와는 달리 실제로 값이 바뀐다.

B1 셀을 값복사로 B2 셀에 붙여 넣어 보면 실제로 값이 바뀌었음을 확인할 수 있다.

셀 서식 특수 기호, 0과 #의 차이

다음 몇 가지는 사용자 셀 서식에서 사용하는 특수 기호인데, TEXT() 함수 등 엑셀에서 공통으로 사용하므로 알아두면 좋다. 단, 특수 기호를 제외한 나머지 문자나 일반 기호들, 달러($)라던가 쉼표(,) 같은 것들은 그대로 화면에 표시한다.

구분		내용	적용 예
#(숫자 자리수)	#	한 자리 숫자	3
	##	두 자리 숫자	3
	###	세 자리 숫자	3
0(숫자 자리 수)	0	한 자리 숫자(단, 비어있는 자리는 0으로 채움)	3
	00	두 자리 숫자(단, 비어있는 자리는 0으로 채움)	03
	000	세 자리 숫자(단, 비어있는 자리는 0으로 채움)	003

#와 0의 차이는 #은 자리 수가 모자라면 모자란 채로 그냥 표시하지만, 0은 모자란 곳에 0을 채워 넣는다는 것이다. 만일 숫자가 지정 서식 자리 수보다 많은 경우는 둘 다 그냥 표시한다.

참고로 셀 서식 기호에서 '0'은 빈자리의 0이라고 해서 실제 셀 값이 0이든, 셀이 비어있든 0으로 표시한다. 화면에 반드시 0을 표시해야 하는 경우 쓴다.

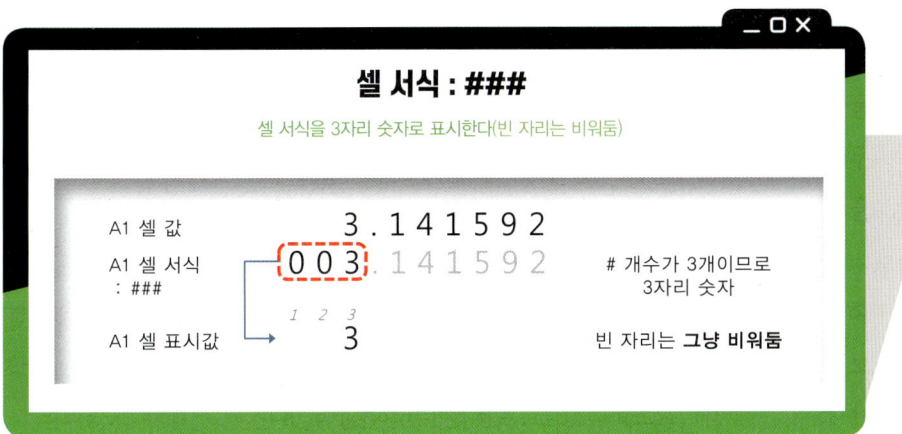

A1과 B1 셀에 똑같이 3.141592를 입력하고 B1 셀 서식을 ###로 지정해보자(셀 마우스 오른쪽 버튼 클릭 → 셀 서식 → 사용자 지정). # 기호를 썼기 때문에 소수점 없는 3자리 숫자로 나타내지만, 앞쪽 두 자리는 비어있기 때문에 그냥 빈 채로 표시한다.

이번에는 셀 서식 기호로 0을 사용해보자. #와는 달리 앞쪽 빈자리 두 개를 0으로 채운다. 셀 서식을 0을 사용하면 무조건 자리 수를 맞춰서 표시한다는 것을 알 수 있다.

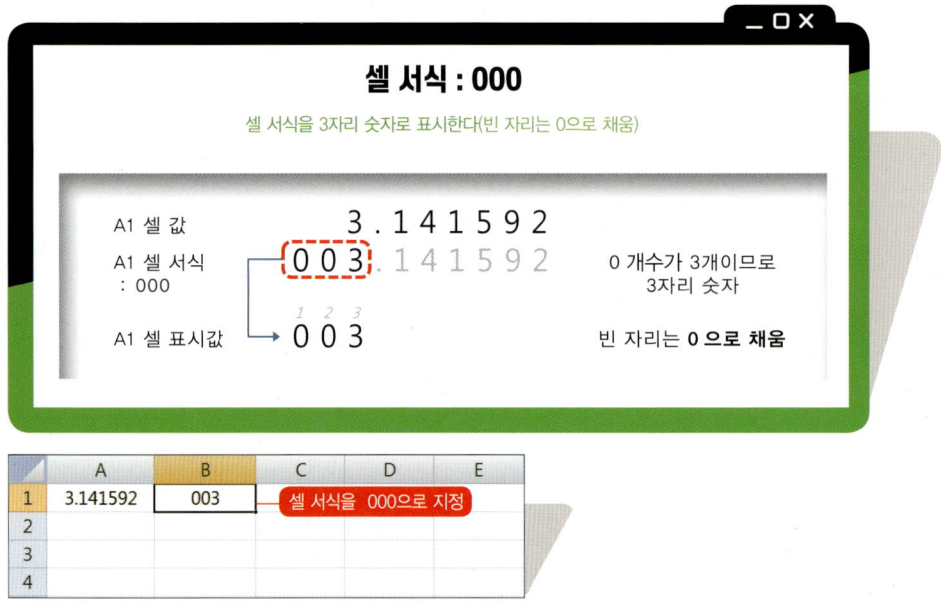

셀 서식으로 소수점 자리 수를 지정하는 경우 0과 #의 차이가 더욱 분명하게 나타난다.

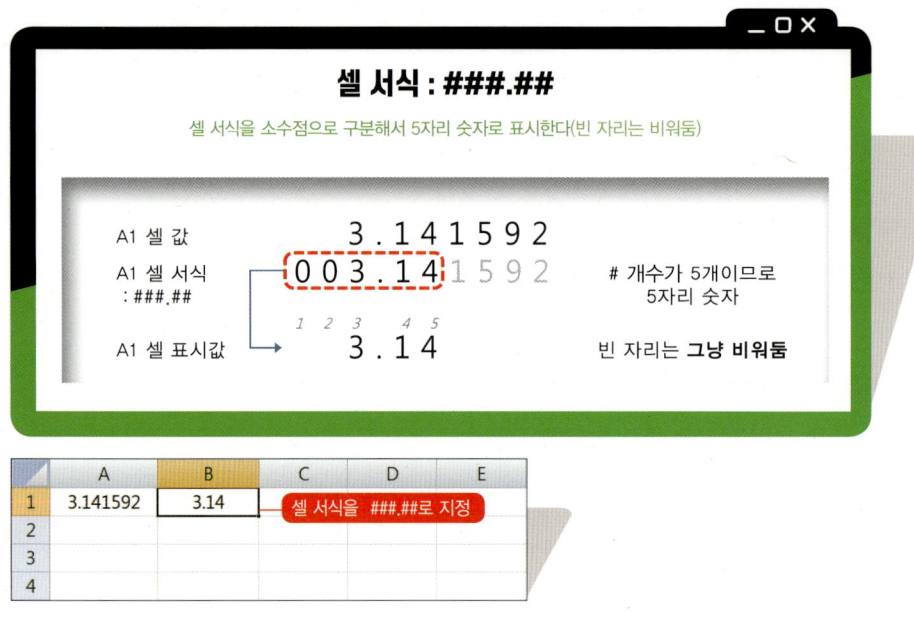

\# 기호를 썼기 때문에 소수점 두 자리까지 나타내지만, 앞쪽 두 자리는 비어있기 때문에 빈 채로 표시한다. 만일 소수점 두 번째 자리가 0일 경우는 비워서 표시하므로 다음과 같이 소수점 한자리로 줄여서 표시하게 된다.

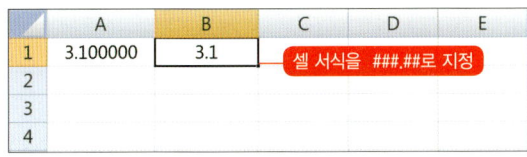

셀 서식 기호로 0을 사용할 경우와 비교를 해보면 두 셀 서식 기호의 차이를 쉽게 알 수 있다.

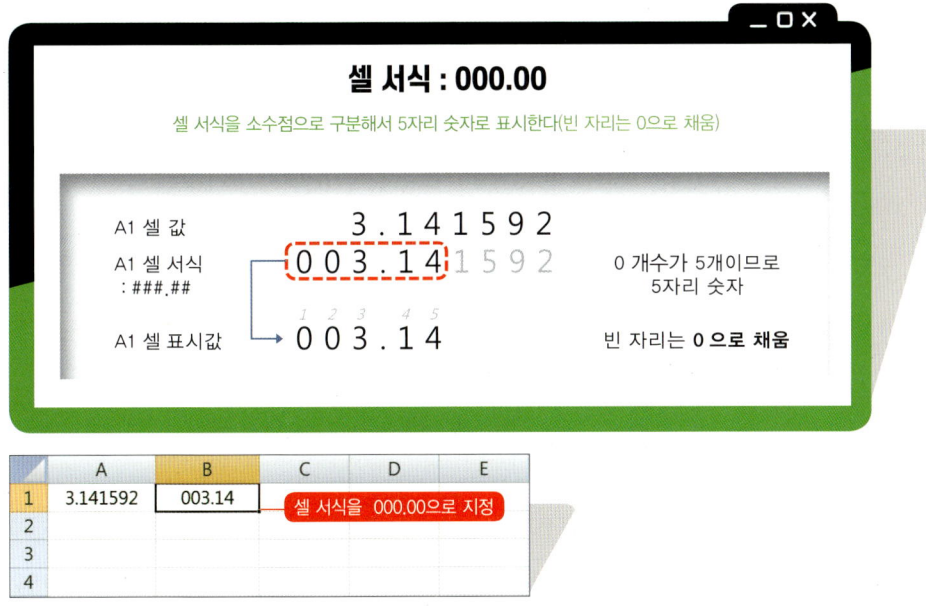

몇 가지 예제를 예로 들어보면 다음과 같이 된다.

셀 서식에 "###,###"처럼 중간에 따옴표를 넣으면 지정 위치에 쉼표(,)를 넣는다.

셀 서식에 "###.###"처럼 중간에 마침표(.)를 넣으면 다음과 같이 된다.

	A	B	C	D	E
1	10092	10092.	셀 서식을 ###.###으로 지정		
2		10092.000	셀 서식을 000.000으로 지정		
3					
4					

셀 서식에 "$###.00"처럼 달러($)와 마침표(.), 그리고 0을 함께 써주면 달러 화폐 표시가 된다.

	A	B	C	D	E
1	100.9	$100.90	셀 서식을 $##.00로 지정		
2					
3					
4					

조건별 셀 서식에는 세미콜론(;)

한 개의 셀에 조건에 따라 2개 이상의 셀 서식 모양을 적용해야 하는 경우도 있다. 이런 경우 세미콜론(;) 기호로 각 셀 서식을 나눠주면 된다. 단, 주의할 것은 순서에 따라서 정해진 규칙이 있다는 것이다. 첫 번째는 양수, 두 번째는 음수, 세 번째는 0, 네 번째는 문자에 대한 서식이 된다.

> 양수 ; 음수 ; 0 ; 문자

세미콜론으로 2개를 나눠서 사용자 셀 서식을 지정하면 양수, 음수에 대한 서식만 지정하는 것이 된다. 3개라면 순서대로 양수, 음수, 0에 대한 서식이 되며, 4개라면 양수, 음수, 0, 문자에 대한 서식이 된다.

조건 수	서식 지정
1개	모든 문자/숫자/기호
2개	양수 ; 음수
3개	양수 ; 음수 ; 0
4개	양수 ; 음수 ; 0 ; 문자

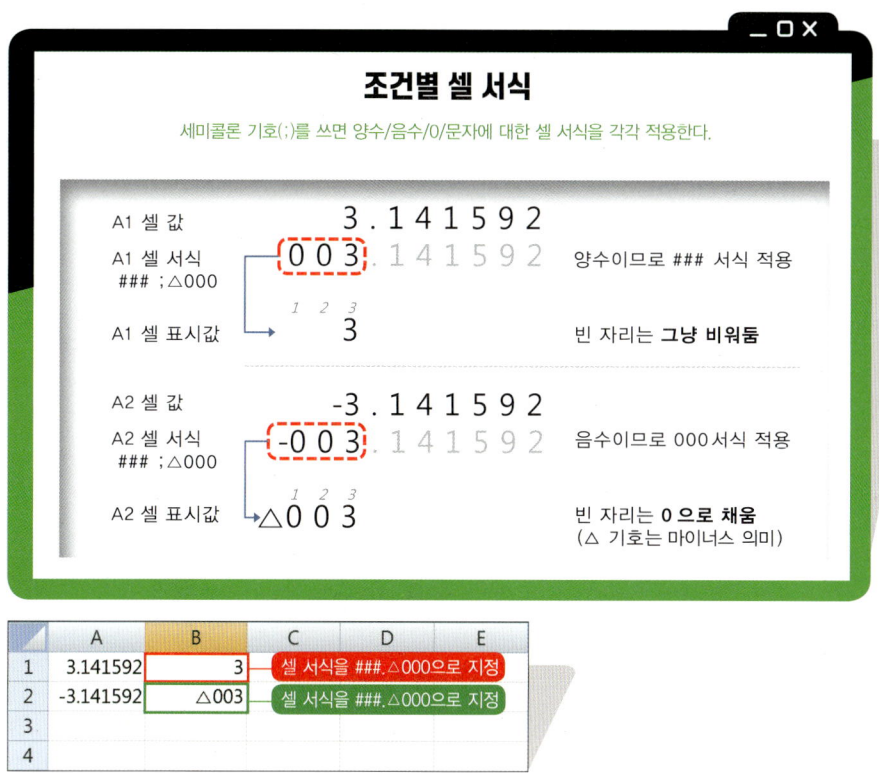

재무팀이나 회계팀에서는 보통 마이너스를 △로 표시(한글로 ㅁ키 누르고 한자 키 눌러 선택)

특수 조건에 따라 셀 서식 지정하기

특수 조건에 따라서 셀 서식이 달라지도록 하려면 '[조건]' 형태로 대괄호 기호 [ ]로 묶어주면 된다. 예를 들어 100을 초과한 숫자에 대한 셀 서식을 따로 지정하고 싶다면 셀 서식을 [>100]과 같이 특수 조건과 함께 셀 서식을 입력해주면 된다.

100 초과 숫자는 소수점을 표시하지 않을 경우

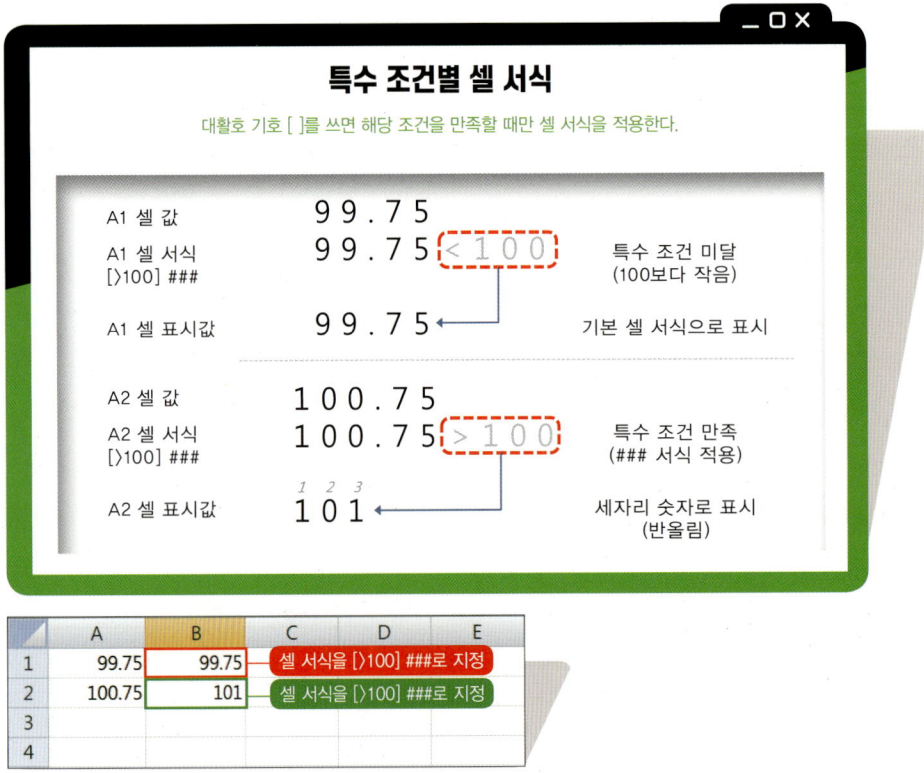

#과 0, 세미 콜론(;), 대괄호 이외에도 날짜와 시간을 표시하는 기호가 있지만, 실무에서는 거의 안 쓰기 때문에 설명은 생략한다.

실무 활용①_ 적자일 때 빨간색으로 표시하기

사실 셀 서식은 이미 입력된 자료를 조금 더 보기 좋게 만드는 부수적 기능에 불과하다. 따라서 셀 서식에 대해서 몰라도 업무를 처리하는 데 지장은 없다. 다만 셀 서식에서도 ① 적자이면 빨간색 표시(또는 흑자이면 파란색 표시), ② +와 - 표시 붙이기 두 가지 정도는 배워두면 실무에서 큰 도움이 된다.

다시 강조하지만, 셀 서식은 셀의 모양을 보기 좋게 꾸미는 기능일 뿐이다. 다만 실무에서 상사를 위한 보고서가 아니더라도 눈에 잘 들어오면 업무를 처리할 때 편리한 경우가 종종 있다. 예를 들어 나열된 숫자 중에 적자인 경우만 빨간색으로 표시해주면 시선을 확 잡아끌기 때문에 업무 효율이 대폭 올라간다.

다음의 두 사례를 비교해보자. ②번 예제처럼 무역수지가 적자일 때 빨간색과 마이너스(-) 기호를 함께 사용하여 표시해 주면 가독성이 좋아서 많은 도움이 된다. 실무에서 셀 서식은 이처럼 시각적 강조 효과를 강력하게 부여해야만 할 때 유용하게 쓰인다(예제파일 : 2-4-1.xlsx).

일본 연도별 무역수지 ①

	A	B
1	연도	무역수지(단위: 10억 달러)
2	1995년	73.1
3	1996년	21.8
4	1997년	46.3
5	1998년	73.2
6	1999년	70.6
7	2000년	68.6
8	2001년	26.6
9	2002년	53.5
10	2003년	71.7
11	2004년	91.2
12	2005년	64.6
13	2006년	54.7
14	2007년	73.7
15	2008년	8.4
16	2009년	18.8
17	2010년	65.5
18	2011년	-54.6
19	2012년	-117.2
20	2013년	-121.8
21	2014년	-106.4
22	2015년	-10.8
23	2016년	40
24	2017년	28.3

일본 연도별 무역수지 ②

	A	B
1	연도	무역수지(단위: 10억 달러)
2	1995년	73.1
3	1996년	21.8
4	1997년	46.3
5	1998년	73.2
6	1999년	70.6
7	2000년	68.6
8	2001년	26.6
9	2002년	53.5
10	2003년	71.7
11	2004년	91.2
12	2005년	64.6
13	2006년	54.7
14	2007년	73.7
15	2008년	8.4
16	2009년	18.8
17	2010년	65.5
18	2011년	-54.6
19	2012년	-117.2
20	2013년	-121.8
21	2014년	-106.4
22	2015년	-10.8
23	2016년	40
24	2017년	28.3

우측이 보기(시인성)가 더 좋다.

셀 서식 활용

시각적 강조 효과를 강력하게 부여해서 시인성/가독성을 높일 때
(예) 흑자/적자, 각종 수치의 증감 등의 변동 사항

일본 연도별 무역수지

연도	무역수지
2007년	73.7억불
2008년	8.4억불
2009년	18.8억불
2010년	65.5억불
2011년	-54.6억불

시각적 강조효과
(적자 전환을 인지시킴)

적자일 경우 빨간색으로 표시하기 위한 조건을 정리해보면 ① 흑자/적자일 때 셀 서식이 다름 ② 적자는 빨간색 표시 두 가지다. 이 조건을 조금 더 정확하게 정리하면 다음과 같다.

① 흑자/적자일 때 셀 서식이 다름 → 2가지 셀 서식 적용
② 적자는 빨간색 표시 → 조건부 서식

①번의 경우 흑자는 양수, 적자는 음수이므로 2가지 경우에 각각 다르게 셀 서식을 적용해야 한다. 따라서 앞 장에서 설명한 세미콜론(;) 기호를 써서 각각 셀 서식을 지정해 주면 된다. ②번의 경우는 특수조건 서식이므로 대괄호 [ ] 내에 조건을 지정해주면 되는데, 색깔 이름을 직접 대괄호 내에 적어주면 된다. 빨간색 표시는 한글로 [빨강] 또는 영어로 [RED]라고 적어준다.

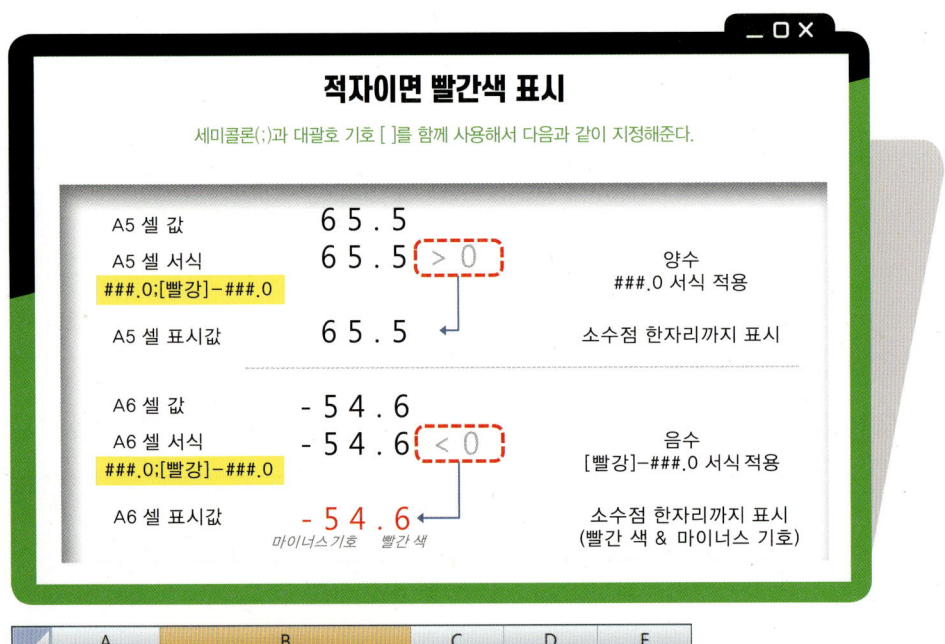

무조건 소수점 한자리까지 표시하기 위해서 '###.#'가 아닌 '###.0' 서식을 사용했다. 만일 '###.#'을 쓰면 '40.0'과 같은 숫자는 '40.'으로 표시되기 때문에 조심해야 한다. 사용법이 이해가 되지 않는다면 그냥 다음 셀 서식을 외워서 쓰면 된다. 이 셀 서식(또는 그 변형)은 실무에서 정말 편리하게 쓰이기 때문에 셀 서식을 제대로 이해하지 못했을지라도 상기 서식만이라도 적어뒀다가 써먹을 것을 강력히 권한다.

###.0;[빨강]-###.0

실무 활용② _ +와 - 표시 붙이기

실무에서 전년 대비 증감을 비교할 때 증가한 경우는 + 표시, 감소한 경우는 - 표시를 붙여서 변화 값을 강조해서 사용해주는 경우가 종종 있다. 엑셀은 음수인 경우는 마이너스(-) 기호를 기본적으로 붙이지만, 양수인 경우는 아무런 기호를 붙이지 않는다. 전년대비 증감과 같은 경우에는 플러스(+) 표시를 붙임으로써 시인성을 높이고 시각적 강조 효과를 줄 수 있다. 다음 두 가지 예제를 비교해 보자(예제파일:2-4-2.xlsx).

일본 연도별 무역수지 ③

	A	B	C
1	연도	무역수지(단위: 10억 달러)	전년 대비
2	1995년	73.1	
3	1996년	21.8	-51.3
4	1997년	46.3	24.5
5	1998년	73.2	26.9
6	1999년	70.6	-2.6
7	2000년	68.6	-2.0
8	2001년	26.6	-42.0
9	2002년	53.5	26.9
10	2003년	71.7	18.2
11	2004년	91.2	19.5
12	2005년	64.6	-26.6
13	2006년	54.7	-9.9
14	2007년	73.7	19.0
15	2008년	8.4	-65.3
16	2009년	18.8	10.4
17	2010년	65.5	46.7
18	2011년	-54.6	-120.1
19	2012년	-117.2	-62.6
20	2013년	-121.8	-4.6
21	2014년	-106.4	15.4
22	2015년	-10.8	95.6
23	2016년	40.0	50.8
24	2017년	28.3	-11.7
25	※ 단위: 10억 달러		

일본 연도별 무역수지 ④

	A	B	C
1	연도	무역수지(단위: 10억 달러)	전년 대비
2	1995년	73.1	
3	1996년	21.8	-51.3
4	1997년	46.3	+24.5
5	1998년	73.2	+26.9
6	1999년	70.6	-2.6
7	2000년	68.6	-2.0
8	2001년	26.6	-42.0
9	2002년	53.5	+26.9
10	2003년	71.7	+18.2
11	2004년	91.2	+19.5
12	2005년	64.6	-26.6
13	2006년	54.7	-9.9
14	2007년	73.7	+19.0
15	2008년	8.4	-65.3
16	2009년	18.8	+10.4
17	2010년	65.5	+46.7
18	2011년	-54.6	-120.1
19	2012년	-117.2	-62.6
20	2013년	-121.8	-4.6
21	2014년	-106.4	+15.4
22	2015년	-10.8	+95.6
23	2016년	40.0	+50.8
24	2017년	28.3	-11.7
25	※ 단위: 10억 달러		

우측이 보기(시인성)가 더 좋다.

④번 쪽이 시각적 강조 측면에서 훨씬 우수하다. 실무에서는 전년도 또는 전월대비 증감을 나타내는 자료가 많은데, 이런 경우 플러스(+) 기호와 마이너스 기호(-)를 함께 표시해주면 보기도 좋고, 업무효율을 높이는 데 많은 도움이 된다. 증가일 경우 플러스(+) 기호, 감소일 경우 마이너스(-) 기호를 붙이려면 ①증가/감소일 때 셀 서식이 다름 ②증가는 플러스, 감소는 마이너스 표시 두 가지 조건을 만족해야 한다. 이 조건을 조금 더 정확히 정리하면 다음과 같이 된다.

① 증가/감소일 때 셀 서식이 다름 → 2가지 셀 서식 적용
② 증가는 플러스, 감소는 마이너스 표시 → 조건부 서식

①번의 경우 증가는 양수, 감소는 음수이므로 2가지 경우에 각각 다르게 셀 서식을 적용해야 한다. 하지만 좀 더 엄밀히 따지면 셀의 모양을 표시하는 조건은 플러스(+), 마이너스(-), 그리고 0 세 가지이다. 따라서 사용자 셀 서식에서 지정해 줄 모양은 3개가 되므로, 앞 장에서 설명한 세미콜론(;) 기호를 써서 각각 셀 서식을 지정해 주면 된다.

+###.0; -###.0; 0
① ② ③

① **플러스(+)**: +###.0 ② **마이너스(-)**: -###.0 ③ **0**: 0

+, -만 붙일 것이 아니라 이왕이면 +일 때는 파란색, -일 때는 빨강색으로 표시하면 더 보기가 좋을 것이다. 간단하다. 대괄호 [ ] 내에 조건을 지정해주면 된다. 증가일 경우 플러스(+) 표시와 함께 파랑색, 감소일 경우는 마이너스(-) 표시와 함께 빨간색이므로 각각 [파랑], [빨강] 또는 [BLUE], [RED]라고 적어준다. 두 개를 합치면 다음과 같이 된다.

[파랑]+###.0;[빨강]-###.00;0

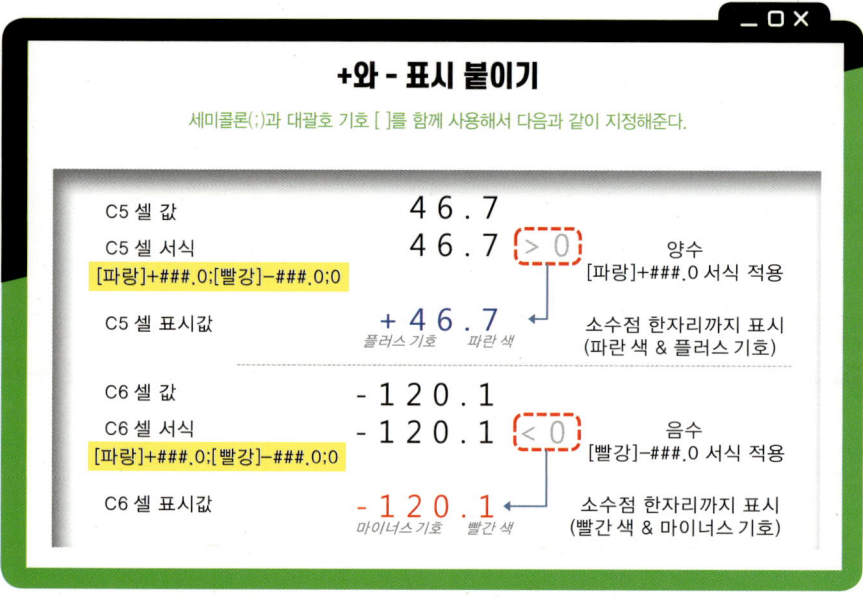

만일 0에 대한 사용자 셀 서식을 생략하고 플러스일 때와 마이너스일 때만 지정하면([파랑]+###.0[빨강]-###.0) 전년 대비 증감이 동일한 경우(=0)에는 0에도 + 표시가 붙어서 표시되므로 주의해야 한다. 0에 대한 셀 서식을 지정하지 않으면 양수에 대한 셀 서식이 적용된다.

	A	B	C	D	E
1	연도	무역수지	전년 대비		
2	2017년	28.3			
3	2018년 예상	28.3	+.0		셀 서식을 [파랑]+###.0;[빨강]-###.0으로 지정
4	* 단위: 10억 달러				
5					

0에 대한 서식을 별도로 지정하지 않았기 때문에 0을 양수로 처리해서 플러스(+) 기호를 붙여서 파란색으로 처리됐다. 실제로 사용하지 않는 요상한 소수점 한 자리 숫자가 된 것은 덤이다. '적자일 때 빨간색 처리'의 경우는 셀 서식의 대상이 음수이기 때문에 0에 대한 서식을 따로 지정할 필요가 없지만, 양수를 대상으로 할 경우에는 항상 양수와 0 두 가지 서식을 함께 고려해서 셀 서식을 지정해줘야 한다. '적자일 때 빨간색 표시'와 '+와 - 기호 붙이기'는 실무에서 상당히 편리하게 쓰이는 셀 서식 기능이므로 반드시 배워둬야 한다. 외우기 어려우면 어딘가 복사해놨다가 붙여 쓰면 된다.

실무 활용③_ 공백 활용

효용성이야 어떻든 실무에서 엑셀을 사용할 때는 공백을 잘 활용해야 한다. 각종 보고서는 항상 숫자와 문자로 가득하기 마련이다. 실무자 입장에서는 중요한 내용은 많은데, 지면은 한정되어 있으니 여기저기 공간을 최대한 활용해서 이런저런 내용을 채워 넣기 때문이다.

문제는 높으신 분들은 이처럼 빽빽한 보고서가 읽기 어려워서 짜증을 낸다는 것이다. 실무자가 이미 작성을 마친 엑셀 자료를 파워포인트로 커다란 글자, 그림, 표 등을 사용하여 경영진 보고서로 다시 만드는 이유이기도 하다. 하지만 엑셀로 실무를 처리할 때도 가독성을 신경 써야 한다. 업무 효율을 높이려면 자료를 쉽게 이해하고 수정할 수 있어야하기 때문이다.

01 다음과 같은 예제가 있다고 가정해보자(예제 2-4-3.xlsx).

	A	B	C	D	E	F	G
1	이름	국어	수학	과학	사회	평균	
2	뽀로로	95	39	92	94	80.0	
3	패티	77	90	88	86	85.3	
4	크롱	51	82	72	80	71.3	
5	해리	43	69	38	57	51.8	
6	포비	75	56	69	96	74.0	
7	에디	77	95	92	69	83.3	
8	루피	73	41	79	81	68.5	

02 과목별로 90점을 득점한 학생을 알아보자. 우선 H2 셀에 IF(B2>=90, 1, 0) 함수를 입력한다. 90점 이상은 '1', 90점 이하는 '0'으로 표시하게 하는 함수다. 그런 다음 채우기 핸들로 H2 셀부터 K8 셀까지 채워 넣는다.

H2 셀 = IF(B2)>=90, 1, 0)   ← 함수 입력 후 H2:K8 채우기

	A	B	C	D	E	F	G	H	I	J	K
1	이름	국어	수학	과학	사회	평균		국어	수학	과학	사회
2	뽀로로	95	39	92	94	80.0		1	0	1	1
3	패티	77	90	88	86	85.3		0	1	0	0
4	크롱	51	82	72	80	71.3		0	0	0	0
5	해리	43	69	38	57	51.8		0	0	0	0
6	포비	75	56	69	96	74.0		0	0	0	1
7	에디	77	95	92	69	83.3		0	1	1	0
8	루피	73	41	79	81	68.5		0	0	0	0

03 간단한 자료는 IF() 조건식에 0과 1을 사용해도 문제없지만, 위 예제처럼 자료가 복잡한 경우는 0과 1을 너무 많이 사용하면 가독성이 떨어져서 누가 조건에 해당하는지 알아보기가 어렵다. 이런 경우는 '0' 대신 공백을 사용해 적정하게 가독성을 확보하는 것이 좋다.

위 예제에서 중요한 것은 90점 이상이라는 결과이므로 해당 값을 돋보이게 할 필요가 있다. 90점 이상, 즉 조건에 해당하는지 여부를 의미하는 '1'이란 숫자가 중요하며, 0은 단순히 반대 개념(≠1, 조건에 해당하지 않음)이므로 중요한 결과 값은 1, 그렇지 않은 결과 값은 '공백'으로 처리하면 0과 1로 처리했을 경우보다 가독성을 높일 수 있다. 다음처럼 IF() 함수에서 0을 공백("")으로 대체시켜 보자.

H2 셀 = IF(B2)>=90, 1, "")   ← 함수 입력 후 H2:K8 채우기

	A	B	C	D	E	F	G	H	I	J	K
1	이름	국어	수학	과학	사회	평균		국어	수학	과학	사회
2	뽀로로	95	39	92	94	80.0		1		1	1
3	패티	77	90	88	86	85.3			1		
4	크롱	51	82	72	80	71.3					
5	해리	43	69	38	57	51.8					
6	포비	75	56	69	96	74.0					1
7	에디	77	95	92	69	83.3			1	1	
8	루피	73	41	79	81	68.5					

이쪽이 가독성이 높아져서 알아보기가 훨씬 좋다. 1과 빈 셀만 보이기 때문에 90점 이상 득점자와 과목 수가 한 눈에 들어온다. 실무에서 매우 자주 사용되는 테크닉이므로 반드시 익혀둬야 한다. 주의해야 할 것은 이 방법은 0이란 숫자에 의미가 없는 경우에만 쓸 수 있다는 것이다. 일반적으로 공백은 0과 동일하게 취급하는데, 0과 공백이 다른 의미로 사용되는 경우가 간혹 있다. 예를 들어 국회의원 법안 투표는 '찬성(1) / 반대(0) / 불참·기권(공백)'과 같은 식으로 0과 공백이 서로 다른 의미로 사용되므로 이럴 때는 당연히 쓰면 안 된다.

회계 서식 버튼

0과 공백을 동일하게 취급하는 자료라면, 리본에 있는 회계 서식 버튼을 사용하면 매우 편리하다. 실무에서는 대개 0과 공백을 동일한 개념으로 취급하므로 상당히 편리하게 쓰인다. 서식을 바꾸고 싶은 셀을 선택하고 쉼표(,) 버튼을 클릭만 하면 여러 가지 서식이 한꺼번에 처리된다.

회계 서식 버튼은 다음과 같은 네 가지 서식을 한꺼번에 처리해준다.

① 띄어쓰기
② 천 단위 구분 기호 입력
③ 소수부분 화면에 표시 안 함
④ 0을 하이픈(-) 기호로 표시(0 → 공백 처리와 비슷한 기능)

회계 서식은 숫자/문자를 가리지 않고 정렬된 방향에 여백을 삽입해서 가독성을 높인다. 숫자의 경우라면 숫자 서식, 즉 오른쪽 정렬, 우측 띄어쓰기뿐만 아니라 천 단위 구분 기호를 입력하고 소수 부분을 화면에서 안 보이도록 정수처럼 처리한다. 또한 0만 입력된 셀은 하이픈(-)으로 바꿔서 표시하므로 가독성이 좋아진다.

다음과 같이 동일한 문자와 숫자를 A열과 B열에 입력한 후 B열을 선택한 다음 회계 서식 버튼을 눌러 보자. A열보다 B열이 가독성이 더 좋음을 알 수 있다.

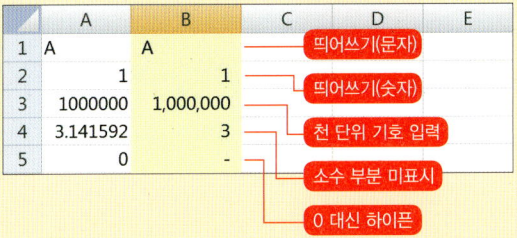

참고로 회계 서식도 사용자 셀 서식의 한 종류이므로 실제 셀 값이 바뀌는 것은 아니고 화면 표시만 달라진다. 회계 서식 버튼은 클릭 한 번만으로 정렬, 띄어쓰기, 천 단위 기호 입력, 소수 부분 제거, 불필요한 0 제거(하이픈 대체)를 한꺼번에 처리할 수 있기 때문에 업무 효율 향상에 많은 도움이 된다. 특히 숫자가 가득한 자료의 가독성을 대폭 높여주기 때문에 실무에서 숫자를 다룰 때 매우 편리하다.

값 복사, 간단하게 클릭하고, 간편하게 관리하기

값 복사란 수식 또는 함수로 작성된 셀을 단순한 숫자/문자로 바꿔서 붙여 넣는 기능을 말한다. 스프레드시트의 셀이 자동 연동되어 계산되는 기능은 매우 편리하지만, 경우에 따라서 매우 성가신 기능이기도 하다.

예를 들어 연말정산과 같이 매년 수식/함수 적용기준이 달라지는 경우는 과거의 세금이 현재의 새로운 기준을 적용해서 갱신되어서는 안 된다. 또한 다른 파일을 참조하는 형태로 작성된 엑셀 파일은 참조본이 없으면 수식이 제대로 표시되지 않는 경우가 있다. 더욱이 엑셀에서 셀 값을 바꾸면 그 셀에 연동된 모든 셀이 재계산되는데, 행/열/셀을 추가하면 시트 전체의 모든 셀 값이 재계산되므로 PC 속도가 급격히 느려진다. 이런 경우 값 복사를 쓰면 과거 자료가 수정되지 않고, 불필요한 참조나 재계산도 막아서 PC 사용이 쾌적해진다.

값 복사 기본 사용법

값 복사는 실무에서 이미 많이 쓰고 있는 기능이므로, 실무에서 사용할 때의 테크닉 위주로 설명한다. 값 복사는 설명이라고 할 것도 없을 정도로 단순한 기능이다. 다음과 같이 A1 셀에 355/113이란 분수를 입력해 보자.

A1 셀을 복사해서 B1 셀에 값으로 붙여 넣으면 붙여넣기 아이콘이 보이는데, 클릭해 '값만(V)'을 선택하면 된다. 수식 입력 줄에는 B1 셀에 나타난 숫자보다 훨씬 숫자가 많다. '355/113 ≒ 3.14159292035398'인데, 분수가 근삿값으로 바뀌어서 입력되었기 때문이다.

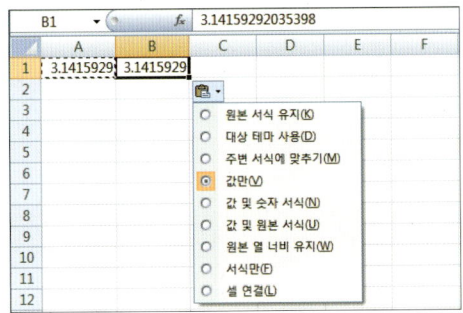

값 복사는 이처럼 수식/함수를 결과 값으로 바꾸어서 붙여 넣는 기능이다. 당연하겠지만 수식/함수가 결과 값으로 이미 바뀌었기 때문에 다른 셀 값에 연동되어 재연산되지 않으며, 결과 값이 바뀌지도 않는다.

값 복사를 쓸 때 첫 줄은 제외

값 복사의 단점은 원본 수식/함수를 영구히 손상시킨다는 것이다. 실무에서 장시간을 들여 다양한 수식/함수로 힘겹게 작성한 문서 내용을 값 복사로 덮어씌우고 피눈물을 흘리는 경우를 정말 자주 봤다. 보통 원본을 남겨두고 다른 이름으로 저장하지만, 막상 업무를 처리하다보면 값 복사로 자료를 만들다가 원본 백업을 잊거나, 원본을 덮어써버리는 경우가 빈번히 생긴다. 이런 경우 처음부터 수식/함수를 다시 작성하고 입력하는 비효율을 감수해야 하며, 이로 인해 낭비되는 시간과 노력은 매우 크다.

이런 사태를 방지하는 좋은 테크닉은 값 복사를 쓸 때 수식/함수가 입력된 첫 줄은 제외하고 값 복사를 사용하는 것이다. 알아보기 쉽게 색상이나 기호를 넣어서 마킹까지 해두면 더 좋다.

위 예제처럼 2행의 수식/함수는 보존해두고 3행 이후는 값 복사로 덮어씌우면 된다. 값 복사 영역과의 구분을 위해 A열에 V 기호를 입력해두었다. 이렇게 하면 원본 손상으로 재작업할 위험성은 대폭 줄어든다. 만일 다시 수식/함수를 써서 계산할 경우에는 첫 행을 복사해서 나머지 영역에 '수식'으로 붙여 넣으면 된다.

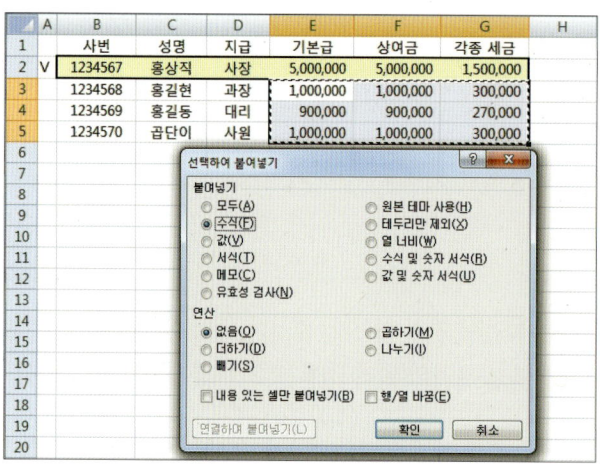

경험상 원본을 다른 이름으로 백업해두는 습관을 들이는 것보다 이처럼 원본 자체에 수식/함수를 남겨두는 것이 훨씬 효율적이었다. 실무에서 수시로 변경되는 상사 오더에 시달리다 보면 백업을 남겨둬야 한다는 사실 자체를 잊어버리는 경우가 빈번하고, 심지어는 백업파일 자체로 값 복사 작업을 해버리는 경우도 있기 때문이다.

참고로 값 복사를 할 때 행의 마지막이나 다른 시트에 원본 수식/함수를 남겨놓는 방법은 좋지 않다. 더블 클릭 채우기 같은 작업을 하다가 원본 영역을 덮어 써버리거나 백업 행이나 시트를 불필요하다고 착각하여 삭제해버리는 경우가 자주 발생하기 때문이다.

값 복사를 적절히 사용하면 작업 속도도 향상시킬 수 있다. 상품 코드를 해석할 때 사용하는 VLOOKUP() 함수는 매우 편리하고 강력하지만, 대상이 많아지면 키워드 표가 바뀌거나, 새로운 자료를 추가할 때마다 매번 새로 연산을 해야 하므로 전체적으로 엑셀이 느려진다. 이 때 첫 행만 수식/함수를 남겨놓고, 나머지 행은 값 복사로 붙여 넣으면 원본 유지와 연산부담 경감이라는 두 마리 토끼를 모두 잡을 수 있다.

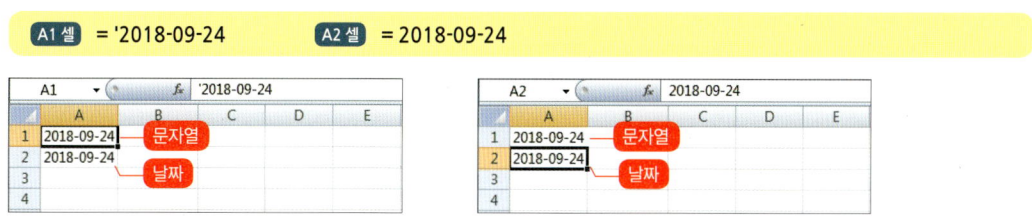

문자열로 처리한 숫자를 다시 숫자로 돌릴 때도 값 복사

숫자를 문자열로 처리할 때는 일반적으로 아포스트로피(') 기호를 붙여주거나, TEXT() 함수를 쓴다. 반대로 문자열을 숫자로 변환할 때, 즉 실제로는 숫자지만 문자열 형태로 주어진 자료를 숫자로 되돌릴 때도 값 복사를 쓰면 된다. 예를 들어 다음과 같이 날짜가 입력된 셀이 두 개 있다고 가정해보자.

> **A1 셀** = '2018-09-24   **A2 셀** = 2018-09-24

두 셀을 비교해보면 A1 셀은 문자열 처리를 위해 아포스트로피 기호(')가 붙어있고, A2 셀은 그냥 날짜로 처리되고 있음을 알 수 있다. 문자열인 A1 셀을 다시 숫자로 복원하려면 〈F2〉 키를 눌러서 편집모드에서 아포스트로피 기호(')를 제거해주면 되지만, 만일 자료가 수백 개 이상이면 이런 방식으로 처리하기 어렵다. 단순히 바꾸기를 이용해서 아포스트로피 기호(')를 제거하면 될 것 같지만, 막상 해보면 다음과 같은 에러 메시지가 나오며 안 된다.

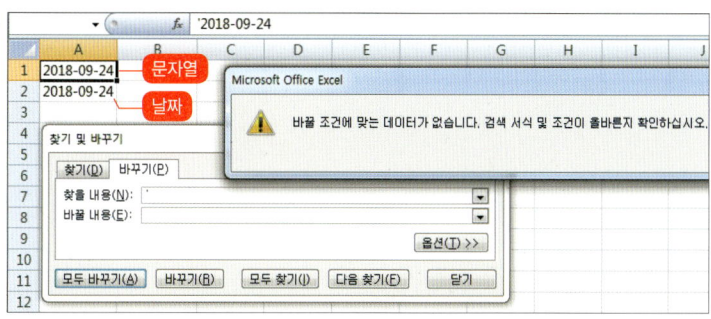

엑셀은 바꾸기에서 찾을 내용으로 아포스트로피 기호(')를 인식하지 못한다(단, 바꿀 내용으로는 인식). 따라서 이 경우 바꾸기는 사용할 수 없다. 대신 '값 복사'를 쓰면 간단하게 숫자로 바꿀 수 있다. A1 셀을 값 복사로 A4 셀에 붙여 넣었더니 자동으로 숫자로 바뀌었음을 알 수 있다.

만약 달러 통화처럼 숫자와 문자가 복합된 문자열이라면 ① '$ →빈 칸'으로 바꾸어 $를 제거하고 ② 셀 복사 ③ 값으로 붙여넣기하면 문자열 표시인 아스트로피(')가 제거되면서 숫자로 변환된다. 단, 값 복사를 할 때는 다른 셀에 붙여 넣어야 한다. 이처럼 값 복사와 바꾸기를 병행해서 쓰면 숫자 형태의 모든 문자열을 일반 숫자로 바꿀 수 있다.

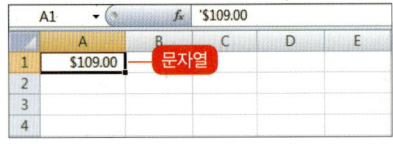

바꾸기, 소리 없는 강자, 만능 치트 키

엑셀에서 매우 강력하고 필수적인 기능이지만 잘 사용되지 않는 기능이 '바꾸기'이다. 대부분의 경우 바꾸기를 액면 그대로 단순히 문자를 바꾸는 용도로만 생각하기 때문이다.

하지만 바꾸기는 단순히 문자만이 아닌 숫자, 기호, 특수문자까지 모조리 바꿀 수 있는 매우 강력한 기능이다. 문자열 처리나 값 복사 같은 다른 엑셀의 기본 기능들과 조합할 경우 매우 편리하며, 단순한 응용에 의해 강력한 도구가 된다.

서식 유지하면서 수식/함수 수정

실무에서는 엑셀로 작업한 보고서조차 파워포인트 못지않게 테두리나 셀 서식 등을 적용해서 시각화시키는 경우가 대부분이다. 그런데 수식이나 함수를 수정해 채우기 핸들로 채우면 서식이 엉망이 되는 경우가 많다. 바꾸기 기능을 사용하면 서식을 유지하면서 수식이나 함수를 수정할 수 있다.

01 다음과 같은 근로소득 관련 자료가 있다고 가정하자(예제 파일: 2-6-1.xlsx).

	A	B	C	D	E	F	G	H
1	사번	성명	직급	기본급	상여금	각종 세금		
2	1234567	홍상직	사장	5,000,000	5,000,000	1,500,000	=SUM(D2:E2)*15%	
3	1234568	홍길현	과장	1,000,000	1,000,000	300,000		
4	1234569	홍길동	대리	900,000	900,000	270,000		
5	1234570	곱단이	사원	1,000,000	1,000,000	300,000		
6								

02 '각종 세금(F열)'으로 근로소득의 15%를 입력했는데, 지방소득세(근로소득세의 10%)가 누락된 것을 나중에 깨닫고 수식을 수정해야 할 상황이다. F2 셀의 수식 중 세율을 15% → 16.5%(근로소득세 15% + 지방소득세 1.5%)로 바꾸고 채우기 핸들로 F5 셀까지 채워보자. 서식이 엉망이 된 것을 확인할 수 있다.

	A	B	C	D	E	F	G	H
1	사번	성명	지급	기본급	상여금	각종 세금		
2	1234567	홍상직	사장	5,000,000	5,000,000	1,650,000	=SUM(D2:E2)*16.5%	
3	1234568	홍길현	과장	1,000,000	1,000,000	330,000		
4	1234569	홍길동	대리	900,000	900,000	297,000		
5	1234570	곱단이	사원	1,000,000	1,000,000	330,000		
6								
7								

03 서식을 복구하는 추가 작업을 해야만 한다. 서식을 유지하면서 수식/함수를 수정해야 하는 경우 바꾸기 기능은 매우 강력하고 편리하게 쓰인다. F열을 블록으로 지정한 후 세율을 ')*15%' → ')*16.5%'로 바꿔보자(왜 숫자만 바꾸지 않는지는 아래에서 설명).

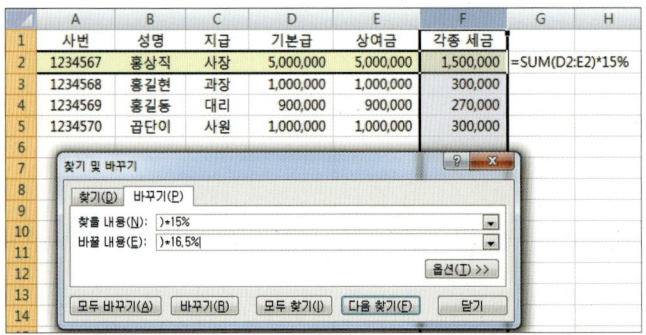

04 서식에 손상이 전혀 없는 상태에서 세율만 변경되었음을 확인할 수 있다.

	A	B	C	D	E	F	G	H
1	사번	성명	지급	기본급	상여금	각종 세금		
2	1234567	홍상직	사장	5,000,000	5,000,000	1,650,000	=SUM(D2:E2)*16.5%	
3	1234568	홍길현	과장	1,000,000	1,000,000	330,000		
4	1234569	홍길동	대리	900,000	900,000	297,000		
5	1234570	곱단이	사원	1,000,000	1,000,000	330,000		
6								
7								

숫자만 바꾸기는 No!

바꾸기에서 반드시 기억해야 할 것은 세율을 바꾼다고 해서 숫자만 바꿔서는 안 된다는 것이다. 엑셀은 수없이 많은 수식/함수를 다루는 전자 계산표이고, 바꿀 대상이 되는 셀이나 인접한 셀에 같은 숫자나 유사한 수식이 입력되어 있는 경우도 많다. 만일 단순하게 숫자를 바꾸기 대상으로 지정할 경우, 원치 않는 숫자까지 바뀌어 버리게 된다.

01 다음 예제를 보면 이해가 쉬울 것이다. 근로소득세율이 15%이고, 해외배당에 대한 세율이 15%인 경우를 가정해서 만들어 본 자료이다(예제 파일:2-6-2.xlsx).

	A	B	C	D	E	F	G	H
1	사번	성명	지급	국내소득	해외배당	각종 세금		
2	1234567	홍상직	사장	10,000,000	5,000,000	2,250,000	=D2*15%+E2*15%	
3	1234568	홍길현	과장	2,000,000	1,000,000	450,000	소득세율	배당세율
4	1234569	홍길동	대리	1,800,000	900,000	405,000		
5	1234570	곱단이	사원	2,000,000	1,000,000	450,000		
6								

02 앞 예제에서처럼 지방소득세 1.5% 누락분을 세금에 반영하려고 15% → 16.5%로 바꾸면 해외배당 세율 15%까지 함께 바뀌어버린다.

	A	B	C	D	E	F	G	H
1	사번	성명	지급	국내소득	해외배당	각종 세금		
2	1234567	홍상직	사장	10,000,000	5,000,000	2,475,000	=D2*16.5%+E2*16.5%	
3	1234568	홍길현	과장	2,000,000	1,000,000	495,000		
4	1234569	홍길동	대리	1,800,000	900,000	445,500		
5	1234570	곱단이	사원	2,000,000	1,000,000	495,000		
6								

03 근로소득세율 부분은 '15%+'이고, 배당세율은 '15%'이므로 바꿀 대상에 + 기호를 포함시키면 소득세율과 배당세율을 구분할 수 있다. 따라서 근로소득세율만을 변경하려면 바꾸기 대상을 다음과 같이 지정하면 된다.

나쁨 : 15%   → 16.5%   (×)
좋음 : 15%+ → 16.5%+   (○)

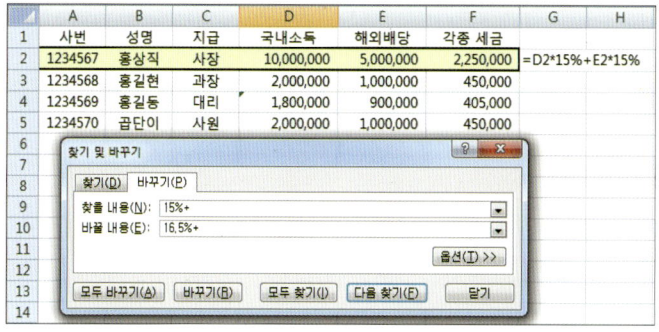

04 국내세율만 16.5%로 바뀌고, 배당세율은 15% 그대로이다.

	C	D	E	F	G	H
1	지급	국내소득	해외배당	각종 세금		
2	사장	10,000,000	5,000,000	2,400,000	=D2*16.5%+E2*15%	
3	과장	2,000,000	1,000,000	480,000		
4	대리	1,800,000	900,000	432,000		
5	사원	2,000,000	1,000,000	480,000		
6						

바꾸기를 위 예제와 똑같이 할 필요는 없다. 단지 일반적인 자료나 함수 이름으로 쓰이지 않는 문자열이나 숫자를 함께 포함해서 한꺼번에 바꾸기 한다는 것만 기억하면 된다. 괄호 기호나 쉼표(,) 그리고 공백 등은 문자 자료나 함수 중간에 포함되지 않기 때문에 구분해서 바꿀 때 매우 효과적이다. 실무에서 매우 자주 써먹는 테크닉이므로 꼭 익혀둬야 한다. 자꾸 잊어버리기 때문에 아예 습관화시키는 것이 좋다.

특정 문자열이나 숫자, 빈 칸으로 바꿔 없애기

바꾸기 기능을 활용하여 특정 문자열이나 숫자를 한꺼번에 '제거'할 수 있다. '바꾸기'라는 이름 때문에 숫자나 문자열을 치환하는 것만을 바꾸기로 생각하는데, 특정 문자열이나 숫자를 '빈칸'으로 바꾸면 그 대상이 '제거'된다. 문자열 제거 함수의 존재의미를 없애버릴 정도로 아주 쉽고 강력한 테크닉이다.

01 다음과 같은 예제가 있다고 가정하자. A열에서 '반'이란 글자를 빈 칸으로 바꿔보자(예제 파일:2-6-3.xlsx).

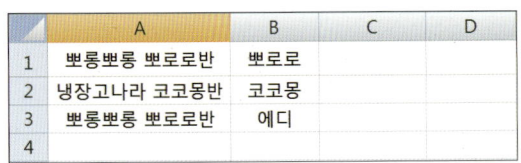

02 바꾸기 기능을 이용해 '반'을 '공백'으로 바꿔보자.

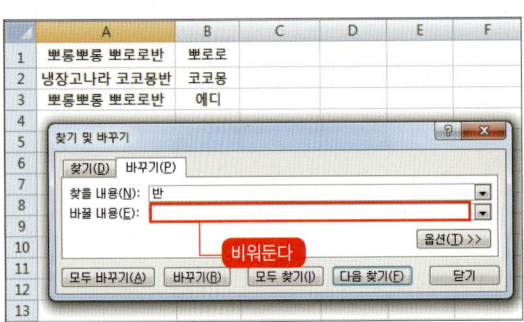

03 모두 바꾸기를 선택하면 다음과 같이 A열에서 '반'이란 글자가 제거된다.

	A	B	C	D
1	뽀롱뽀롱 뽀로로	뽀로로		
2	냉장고나라 코코몽	코코몽		
3	뽀롱뽀롱 뽀로로	에디		
4				

SUBSTITUTE()나 TRIM() 함수를 이용해 특정 문자열이나 공백을 제거할 수 있지만, 바꾸기 기능만으로도 충분하기 때문에 실무에서 굳이 함수까지 써가면서 문자열을 제거하는 경우는 없다.

엑셀에서 바꾸기의 제거 기능은 절대 셀 참조를 상대 셀 참조로 바꿀 경우에 흔히 쓰인다. 상대/절대 셀 참조에서 설명했던 '부분적'으로 똑같은 규칙이 반복될 경우를 기억할 것이다. 그 테크닉에서 핵심적인 기능이 바꾸기이다. 절대 셀 참조 기호($)를 빈 칸으로 바꾸면 $ 기호가 모두 제거되면서 상대 셀 참조로 바뀐다.

문자/숫자/기호 삽입

반대로 특정 문자열이나 숫자를 '삽입'할 수도 있다. 대개의 경우 '제거'가 '삽입'보다 간단하다. 없앨 때는 특정 문자열이 어디에 위치해 있는지는 신경 쓸 필요가 없지만, 추가시킬 때는 '어느 위치'까지 고려해야 하기 때문이다. 따라서 제거보다 삽입이 번거롭고 작업이 많아지기 마련이다. 앞 예제에서 제거한 '반'을 다시 바꾸기 기능으로 추가시킬 경우도 조금 번거롭다.

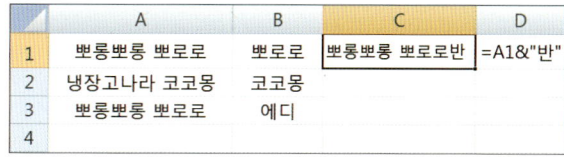

01 참고로 이런 경우는 연결 연산자 & 기호를 이용해서 다음과 같이 사용하는 것이 더 편하다. C1 셀에 =A1&"반"을 입력하고 〈Enter〉 키를 누르면 '뽀롱뽀롱 뽀로로반'이 나타난다.

`C1~C3 셀` **= 바꿀 셀 & "반"**

	A	B	C	D
1	뽀롱뽀롱 뽀로로	뽀로로	뽀롱뽀롱 뽀로로반	=A1&"반"
2	냉장고나라 코코몽	코코몽		
3	뽀롱뽀롱 뽀로로	에디		
4				

02 채우기 핸들로 C3 셀까지 채우면 A셀 문자에 '반'이 추가되어 나타난다.

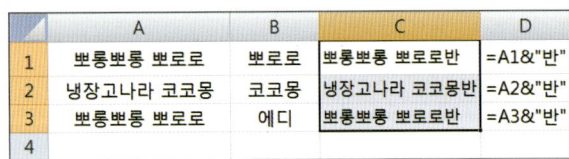

03 실무에서는 문자열이나 숫자를 제거하는 경우가 많고, 추가하는 경우는 많지 않다. 엑셀에서 가장 많이 사용하는 문자열 삽입은 상대 셀 참조로 된 수식을 절대 셀 참조로 바꿔줘야 할 경우일 것이다. 예를 들어 다음과 같은 예제가 있다고 가정하자(예제 파일: 2-6-4.xlsx).

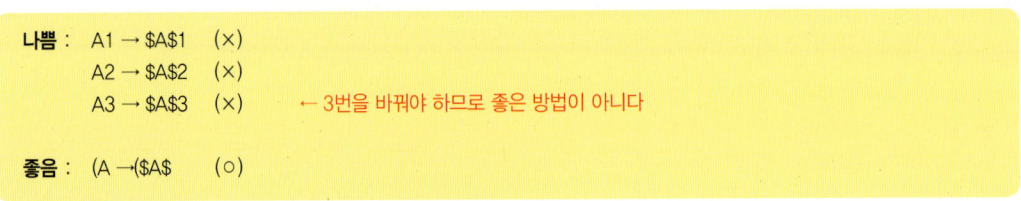

04 상대 셀 참조인 수식을 절대 셀 참조로 바꾸려면 C열 IF() 수식에 포함된 A1~A3 셀까지 값에 $ 기호를 붙여줘야 한다. 앞서 설명한 바와 같이 바꿀 문자 전/후에 기호를 포함시켜서 다음과 같이 바꿔준다.

나쁨:	A1 → $A$1	(×)	
	A2 → $A$2	(×)	
	A3 → $A$3	(×)	← 3번을 바꿔야 하므로 좋은 방법이 아니다
좋음:	(A →(A	(○)	

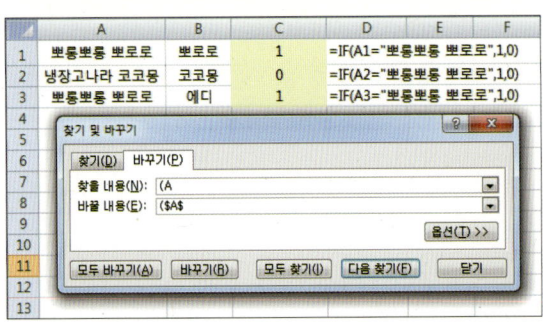

05 한 번의 바꾸기로 모두 절대 셀 참조로 바뀌었음을 알 수 있다.

	A	B	C	D
1	뽀롱뽀롱 뽀로로	뽀로로	1	=IF($A$1="뽀롱뽀롱 뽀로로",1,0)
2	냉장고나라 코코몽	코코몽	0	=IF($A$2="뽀롱뽀롱 뽀로로",1,0)
3	뽀롱뽀롱 뽀로로	에디	1	=IF($A$3="뽀롱뽀롱 뽀로로",1,0)
4				

이 테크닉도 확실히 배워두는 것이 좋다. 세로 방향의 자료라면 열 앞뒤에만 $ 기호를 붙여서 절대 셀 참조를 만들 수 있다.

지저분한 화면 깔끔하게 바꾸기

바꾸기는 채우기 핸들로 함수를 입력한 후 화면이 지저분할 때 깔끔하게 만드는 용도로도 많이 쓴다. 다음 예제의 경우처럼 VLOOKUP() 함수나 MID() 함수를 이용하여 같은 수식을 채워 넣으면 참조할 값이나 셀이 없어서 오류 메시지를 내보내는 경우가 흔히 있다.

01 이 예제(2-6-5.xlsx)는 참조할 값이 없어서 #VALUE! 오류가 발생했다.

	A	B	C	D	E	F	G	H	I
1	도메인 어드레스	마침표 위치	문자열 길이	자르기A	자르기B	마침표 위치	문자열 길이	자르기A	자르기B
2	www.google.com	4	14	www	google.com	7	10	google	com
3	www.apple.com	4	13	www	apple.com	6	9	apple	com
4	www.naver.com	4	13	www	naver.com	6	9	naver	com
5	m.auction.co.kr	2	15	m	auction.co.kr	8	13	auction	co.kr
6	facebook.com	9	12	facebook	com	#VALUE!	3	#VALUE!	#VALUE!
7									

02 이런 경우 화면을 깔끔하게 하려면 ①수식을 값 복사로 덧씌운 다음 ②#VALUE!를 공백으로 바꾸는 2단계 테크닉을 써야 한다. 우선 D3:I6까지 선택하고 복사한 다음 값만 붙여넣는다(단, 수식 보존을 위해 첫 행은 남겨둔다).

	A	B	C	D	E	F	G	H	I
1	도메인 어드레스	마침표 위치	문자열 길이	자르기A	자르기B	마침표 위치	문자열 길이	자르기A	자르기B
2	www.google.com	4	14	www	google.com	7	10	google	com
3	www.apple.com	4	13	www	apple.com	6	9	apple	com
4	www.naver.com	4	13	www	naver.com	6	9	naver	com
5	m.auction.co.kr	2	15	m	auction.co.kr	8	13	auction	co.kr
6	facebook.com	9	12	facebook	com	#VALUE!	3	#VALUE!	#VALUE!
7									

03 #VALUE! → 공백으로 바꾸면 에러 메시지가 모두 제거되어 화면이 깔끔해졌다.

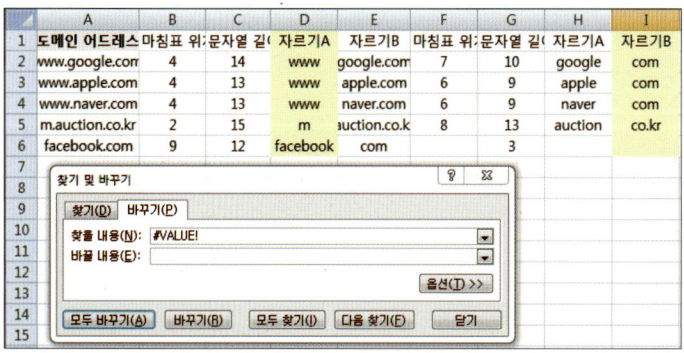

실무 활용_ 근로소득세율 수정하기

바꾸기는 기존 수식/함수는 그대로이지만, 수식을 구성하는 파라미터만 바뀐 경우에 매우 편리하게 쓰인다. 예를 들어 근로소득세처럼 기본 계산식은 그대로이지만, 과표나 세율이 수정된 경우에 효과적이다. 또한 자료가 '1,000,000'처럼 숫자이지만 특수 기호 등을 사용하여 표현되어 있을 때 숫자 형태로 되돌릴 때도 요긴하게 쓰인다.

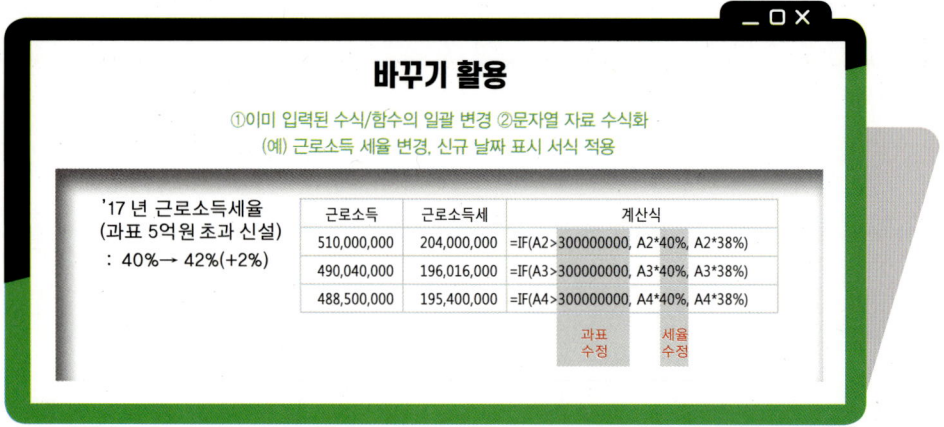

01 예를 들어 2018년 근로소득세는 5억 원 이상 세율 42% 과표 구간이 신설되었다(기존 3억 원 초과 40%). 만일 다음 예제(2-6-6.xlsx)와 같이 3억 원 초과자에 대한 세금을 구하는 수식을 만들어 놓았다면, 단순히 과표와 세율을 바꿔주는 것만으로 5억 원 이상자에 대한 세금을 구할 수 있다.

	A	B	C	D	E	F
1	근로소득	근로소득세				
2	510,000,000	204,000,000	=IF(A2>300000000, A2*40%, A2*38%)			
3	490,040,000	196,016,000	=IF(A3>300000000, A3*40%, A3*38%)			
4	488,500,000	195,400,000	=IF(A4>300000000, A4*40%, A4*38%)			
5						

02 B2 셀에서 B4 셀까지 블록 지정한 후 바꾸기를 2번(①과표, ②세율)해주면 매우 빠르게 수식을 수정할 수 있다(①5억 원 → 3억 원 ②40% → 42%).

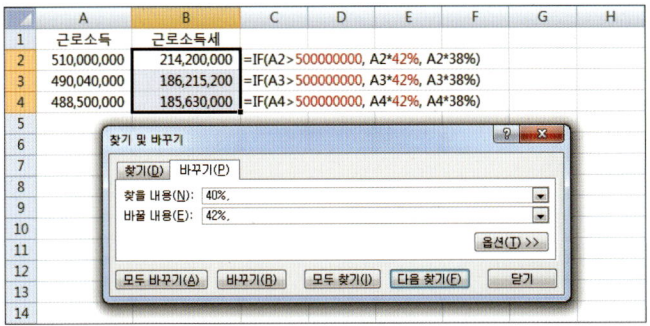

03 문자열로 취급되는 자료를 숫자로 되돌릴 경우도 요긴하게 쓰인다. 해외 자료의 경우는 해당 국가의 기준에 따라 표기된 자료 형태로 제공되는 경우도 많은데, 문자열로 취급되어 계산되지 않는다. 예를 들어 독일은 천 단위 기호로 다음처럼 마침표(.)를 쓰는데, A열 값은 숫자이지만 문자로 취급되므로 B열에 입력된 함수는 에러 메시지(#VALUE!)를 내보내고 계산하지 못한다.

	A	B	C	D	E	F
1	Einkommensteuer	Eingangssteuersatz				
2	근로소득	근로소득세				
3	5.100.000	#VALUE!	=IF(A3>260533, A3*45%, A3*42%)			
4	4.900.400	#VALUE!	=IF(A4>260533, A4*45%, A4*42%)			
5	4.885.000	#VALUE!	=IF(A5>260533, A5*45%, A5*42%)			
6						

04 A열을 블록 지정한 후 마침표(.) → 공백으로 바꿔주면 문자열이 숫자로 바뀌면서 계산된다.

위 예제와 같은 경우 ①값 복사로 다른 열에 붙여 넣고, 다시 ②값 복사로 A열에 붙여 넣는 사람이 종종 있는데, 바꾸기 쪽이 훨씬 간결하고 빠르다.

실무에서는 의도적으로라도 바꾸기를 사용하는 습관을 들이는 것이 좋다. 상당히 많은 직원들이 바꾸기보다 '채우기 핸들' 또는 '수식/값만 붙여넣기' 형태를 선호하는데, 업무 효율 측면에서 바꾸기를 따라 갈 수 없다.

엑셀로 서식을 만들거나 꾸미는 이른바 '시각화' '시인성' '가독성' 작업은 비생산적인 작업임에도 불구하고 업무에서 상당히 많은 비중을 차지한다. 다만 이런 작업은 보통 수식을 모두 작성한 다음, 최종 단계에서 진행하기 때문에 직원들은 습관적으로 평상시 자주 사용하는 '채우기 핸들'을 사용하곤 한다. 하지만 실무에서는 이미 만들어진 서식을 고치거나 변형하는 경우도 상당히 많으며, 이 과정에서 채우기 핸들로 훼손된 서식을 복원하거나 새롭게 꾸미기 위해 상당히 많은 노력과 시간을 소모하게 된다. 바꾸기는 이런 종류의 불필요한 작업을 줄이는 데 크게 도움이 된다.

07 특수 기호, 다리는 길수록 좋고, 기호는 짧을수록 좋다

엑셀에는 함수와 동일한 역할을 하는 특수 기호가 몇 가지 있다. 대개의 경우 함수보다 더 편리하고 강력하다. 다른 특수 기호야 어떻든 제곱기호(^)와 연결 연산자(&) 두 가지 기호는 반드시 익혀둬야 한다.

제곱기호(^)

설명하지 않아도 누구나 잘 사용하는 사칙연산과는 달리 대부분의 사람들이 제곱기호(^)는 잘 쓰지 않는다. 실무에서 사용하면 매우 강력하고 편리하므로 사용법을 꼭 배워둬야 한다. SQRT()나 POWER() 함수를 쓰는 것보다 더 단순하고 쉽고 빠르며, 다양하게 응용할 수 있다. 기본적인 사용법은 다음과 같다.

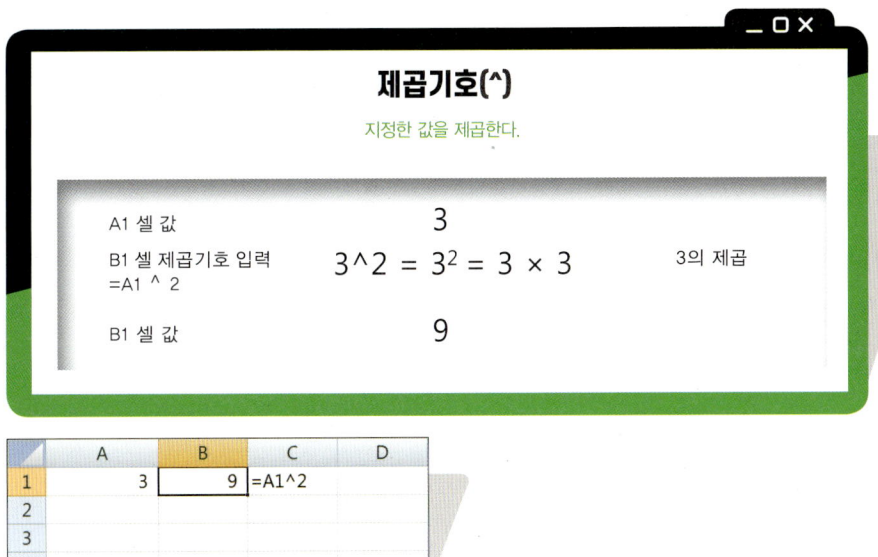

제곱기호는 제곱 함수인 POWER()와 100% 동일한 기능을 한다.

3^2 = POWER(3, 2) = POWER(A1, 2)

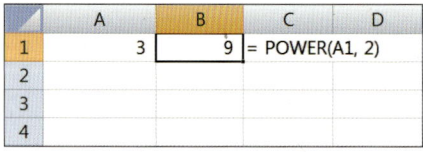

세제곱 이상은 다음과 같이 쓰면 된다.

3^3 = 3×3×3   = 3의 3제곱
3^4 = 3×3×3×3   = 3의 4제곱
3^5 = 3×3×3×3×3   = 3의 5제곱
…

실무에서는 반드시 POWER() 함수 대신 ^ 기호를 써야 한다. 수식이 가장 짧기 때문에 입력하기 쉽고, 빠르고, 단순하고, 다른 함수와 연계하기가 편리하기 때문이다.

3^2   : 3글자
POWER(3, 2)   : 11글자

직원들 중에 몇 글자 안 된다고 ^ 기호 대신 굳이 POWER() 함수를 쓰는 사람이 어딜 가나 꼭 있는데, 입력 수식이 한 두 개 정도일 때는 작업 속도에 큰 차이가 나지 않을 수도 있다. 하지만 십여 개 정도만 되어도 속도가 꽤 차이가 나며, 수십 내지 수백 개 이상이면 상당한 차이가 난다. 다른 함수와 연계하여 쓸 경우에는 더욱 힘들어진다. 실무에서는 언제 어느 때나 간결한 것이 최선이다.

〈입력 수식 길이 비교〉
IF(A1)=3^2/2, 1, "")
IF(A1)=POWER(3, 2)/2, 1, "")

실무 활용① _ 제곱근 구하기

실무에서 제곱기호(^)는 제곱을 구하는 이외에도 꽤 유용하게 쓰인다. 제곱근, 다시 말해 루트 값을 구할 때나 백만 단위 이상의 큰 숫자나 긴 소수점을 짧게 표시할 때도 매우 편리하게 사용할 수 있다.

제곱기호(^) 활용

①제곱근 구하기 ②매우 크거나 작은 숫자의 단축 표시
(예) 3 이상 숫자의 제곱근, 20XX년 대한민국 예산, 주식 유관기관 수수료

제곱근 구하기
: SQRT() 및 POWER()
함수 대체

$3 \wedge (1/2)$ ← 3의 제곱근
$3 \wedge (1/3)$ ← 3의 세 제곱근

'18년 대한민국 예산
: 총 수입 447.2조
  총 지출 428.8조

(총 수입)
447,200,000,000,000
= $447.2 * 10 \wedge 12$

1조	= $10 \wedge 12$
1억	= $10 \wedge 8$
1천만	= $10 \wedge 7$
1백만	= $10 \wedge 6$

우선 제곱기호를 이용해 제곱근을 구해보자. 보통 제곱근을 구할 때는 SQRT() 함수를 쓴다. 이 함수는 두 번 곱해서 그 숫자가 되는 값, 즉 제곱근을 구하는 함수이다. 세제곱근 이상이나 더 복잡한 숫자일 때는 POWER() 함수를 써야 한다. 하지만 굳이 이런 함수를 쓰지 않더라도 제곱기호와 분수를 쓰면 더 간단하게 제곱근을 구할 수 있다. 예를 들어 제곱근을 구하려면 1/2, 세제곱근을 구하려면 1/3을 제곱(^)해주면 된다.

> **3의 제곱근**: 3^(1/2) ≒ 1.732051
> **3의 세제곱근**: 3^(1/3) ≒ 1.442250

	A	B	C	D
1	3	1.732051	= A1^(1/2)	
2		1.442250	= A1^(1/3)	
3				
4				

따라서 제곱근을 구하는 SQRT() 함수는 제곱기호와 분수를 써서 다음과 같이 대체할 수 있다.

> **SQRT(A1) = SQRT(3) = 3^(1/2)**

	A	B	C	D
1	3	1.732051	=SQRT(A1)	
2		1.732051	=A1^(1/2)	
3				
4				

만일 POWER() 함수를 대신 사용하더라도 마찬가지로 분수를 써야 한다. 영어로 'POWER'에 거듭제곱이란 뜻이 있다는 정도가 장점일 뿐, 실무에서 굳이 POWER() 함수를 쓸 이유가 없다. 길어서 입력하기도 번거롭고 수식이 길고 복잡해서 수정하기도 어렵다. 그냥 제곱기호(^) 기호를 써라.

3의 제곱근: POWER(3, 1/2) = 3^(1/2) ≒ 1.732051
3의 세제곱근: POWER(3, 1/3) = 3^(1/3) ≒ 1.442250

	A	B	C	D	E
1	3	1.732051	=POWER(A1, 1/2)		
2		1.732051	=A1^(1/2)		
3					
4		1.442250	=POWER(A1, 1/3)		
5		1.442250	=A1^(1/3)		
6					

제곱기호의 경우, 분수를 쓰면 되기 때문에 특수한 형태의 제곱근을 계산하는 것도 문제없다.

3의 2제곱근: POWER(3, 2/3) = 3^(2/3)
3의 4제곱근: POWER(3, 1/4) = 3^(1/4)

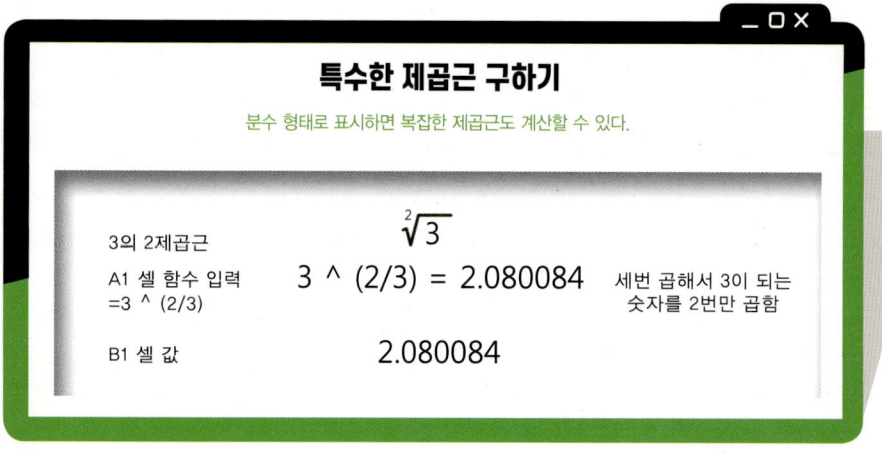

특수한 제곱근 구하기
분수 형태로 표시하면 복잡한 제곱근도 계산할 수 있다.

3의 2제곱근
A1 셀 함수 입력
=3 ^ (2/3)

$\sqrt[2]{3}$

3 ^ (2/3) = 2.080084

세번 곱해서 3이 되는 숫자를 2번만 곱함

B1 셀 값   2.080084

	A	B	C	D
1	3	2.080084	=A1^(2/3)	
2				
3				
4				

실무 활용② _ 제곱기호로 숫자 줄여 표현하기

실무에서 제곱기호는 숫자를 줄여서 입력할 때 쓰면 매우 편리하다. 대부분의 나라가 큰돈을 세는 기본 단위로 '백만'을 많이 쓰는데, 다음과 같은 방식으로 제곱기호를 쓰면 짧게 입력할 수 있다.

백만	: 10^6 = 1,000,000	(0이 6개)
천만	: 10^7 = 10,000,000	(0이 7개)
1억	: 10^8 = 100,000,000	(0이 8개)
10억	: 10^9 = 1,000,000,000	(0이 9개)
100억	: 10^{10} = 10,000,000,000	(0이 10개)
1000억	: 10^{10} = 100,000,000,000	(0이 11개)
1조	: 10^{12} = 1,000,000,000,000	(0이 12개)
따라서 8억이라면	800,000,000 = $8*10^8$	

	A	B	C
1	백만	1,000,000	=10^6
2	천만	10,000,000	=10^7
3	1억	100,000,000	=10^8
4	10억	1,000,000,000	=10^9
5	100억	10,000,000,000	=10^10
6	1000억	100,000,000,000	=10^11
7	1조	1,000,000,000,000	=10^12
8			
9	8억	800,000,000	=8*10^8
10			

실무에서는 이렇게 쓴다. 이 방식은 어지간히 큰 숫자라도 비교적 짧게 입력할 수 있고, 오타가 날 가능성도 적고, 해당 숫자를 외우기도 쉽다. 예를 들어 2018년 대한민국 정부 예산은 총 수입 447.2조, 총 지출 428.8조인데, 역시 다음과 같이 간단히 표기할 수 있다.

총 수입 : 447,200,000,000,000
        = $447.2*10^{12}$
총 지출 : 428,800,000,000,000
        = $428.8*10^{12}$

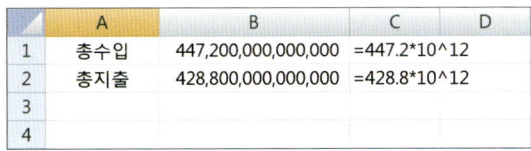

조를 의미하는 10^12 부분은 어쨌건 447.2와 428.8이란 숫자만 기억하면 되기 때문에 문서를 읽거나 수정할 때도 훨씬 편리하다. 어딜 가나 꼭 있는 '그냥 0을 여러 번 타이핑하는 것이 더 편하다'고 주장하는 사람을 위해 이 방법을 써야 하는 이유를 추가로 설명한다. 백만 이상의 긴 숫자가 입력된 셀과 다른 셀을 조합해서 계산할 때 0을 여러 번 타이핑한 경우는 많이 난감해진다.

```
A1=447,200,000,000,000    (447.2조)

비교
IF(A1)=447,200,000,000,000, 1, "")
IF(A1)=447.2*10^12, 1, "")
```

함수 하나에도 이 정도 차이가 난다. 2개 이상의 함수를 조합할 경우 수식을 읽는 것도 힘겨워진다. 고집 부리지 말고 그냥 시키는 대로 해라.

큰 수뿐만 아니라 소수점이 긴 경우에도 제곱기호를 이용할 수 있다. 소수는 1보다 작은 수이므로, 다음과 같이 1/10 형태, 즉 분수나 음수 형태로 쓰면 된다.

```
백분율  : 100분의 1   = 0.01         = 소수점 2자리 = (1/10)^2 = 10^-2
ppm    : 100만분의 1 = 0.000001     = 소수점 6자리 = (1/10)^6 = 10^-6
nano   : 10억분의 1  = 0.000000001  = 소수점 9자리 = (1/10)^9 = 10^-9
```

	A	B	C	D
1	%	0.01	=(1/10)^2	
2	ppm	0.000001	=(1/10)^6	
3	nano	0.000000001	=(1/10)^9	
4				

분수보다는 음수를 쓰는 방법이 입력하기는 더 편하다. 단, 음수는 10진법에만 적용되는 개념이므로 원칙적으로는 분수를 쓰는 방법이 옳다.

	A	B	C	D
1	%	0.01	=10^-2	
2	ppm	0.000001	=10^-6	
3	nano	0.000000001	=10^-9	
4				

예를 들어 주식을 거래하면 설령 증권사 수수료가 무료라도 '유관기관 수수료'라는 최저한의 비용을 내야 한다. 보통 0.0037869% 같은 형태로 표시되는데, 이를 제곱기호로 줄여서 표시하면 다음과 같이 된다.

```
주식 유관기관수수료 : 0.0037869%
= 소수점 7자리 + 백분율(%, 소수점 2자리) = 소수점 9자리
= 37869*(1/10)^9
= 37869*10^-9
```

연결 연산자(&)

& 기호는 서로 다른 셀의 값을 하나로 합치는 기능을 하는 연산자로 숫자/문자를 합치는 함수인 CONCATENATE()와 100% 동일한 기능을 한다. 사용법은 연산자의 속성상 매우 간단하다. 합치고 싶은 셀과 셀 사이에 & 기호를 넣어주면 된다.

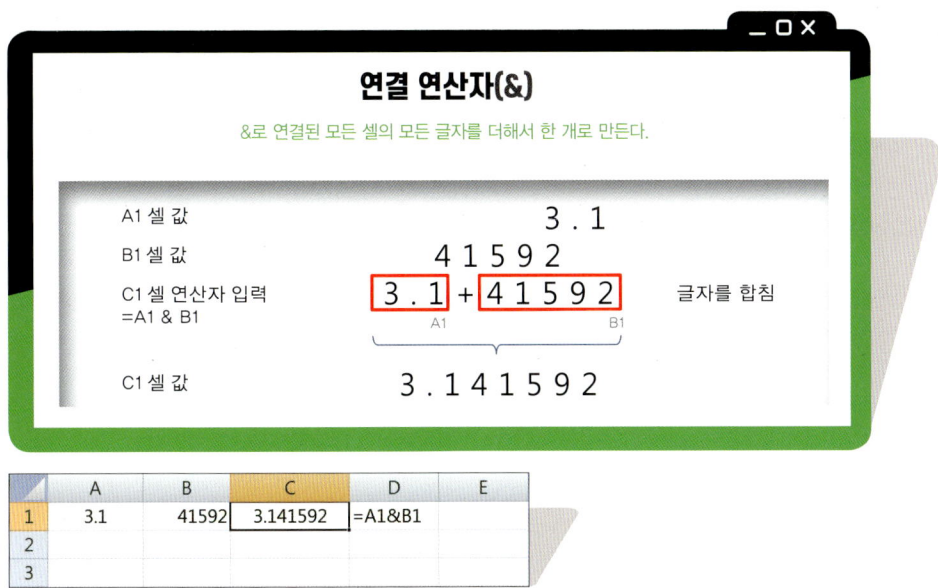

매우 쉽고 간단하기 때문에 셀 2~3개 정도의 값을 하나로 합칠 경우는 & 연산자를 사용하면 편리하다. 단, 셀의 숫자가 많아지면 & 기호로 연속해서 연결하면 복잡해지기 때문에 수정하기가 어렵다는 단점이 있다. 쉽고 간단하고 빠르지만, 수정이 어려워서 이 경우에는 & 연산자와 CONCATENATE() 함수 간에 우열을 가리기가 좀 어렵다.

실무 활용① _ 분할된 각종 코드 복원

연결 연산자나 CONCATENATE() 함수는 코드로 구성된 자료가 계산 또는 통계를 위해 분할되어 있을 때 원래의 코드로 복구시킬 때 주로 쓰인다. VLOOKUP() 함수와의 조합으로 동일한 이름/코드를 구분하는 용도로도 쓸 수 있다.

우리나라의 주민등록번호나 외국인등록번호는 원래 13자로 구성된 고유코드인데, 앞쪽 6자리는 생년월일을 의미한다. 만일 주민등록번호가 포함된 기초 자료기 통계를 위한 목적으로 생년/월/일/고유식별 코드가 각각 분리되어 제공될 경우, 2차 가공을 위해 원래의 13자리로 복원해야 할 경우가 있다. 이런 경우 & 연산자를 쓴다.

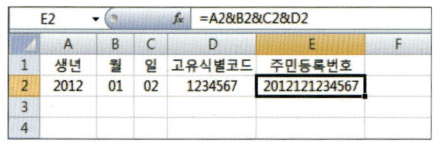

& 연산자나 CONCATENATE() 함수는 셀을 합쳐서 하나의 문자열로 만들기 때문에, LEFT() / MID() / RIGHT() 함수와 정 반대의 기능을 한다.

실무 활용② _ 동일한 이름/코드 구분

찾기/참조 함수인 VLOOKUP()는 암호처럼 보이는 복잡한 상품/제품/품질 등의 각종 코드를 해석하거나 키워드에 해당하는 값을 찾아주기 때문에 매우 편리하다. 하지만 원칙적으로 각 키워드와 해당 값이 1대 1로 대응하는 함수이므로 동일한 이름이나 코드가 있는 경우는 적합하지 않다.

01 다음과 같은 인사평가 자료가 있다고 가정하자(예제 파일:2-7-1.xlsx). VLOOKUP() 함수를 이용해 '김지훈'이란 키워드로 검색했더니 '인사팀 김지훈'의 점수(88점)를 찾아왔음을 알 수 있다. 인사팀과 총무팀에 동일한 김지훈이란 이름을 가진 직원이 있기에 생긴 현상이다. 이처럼 동명이인이나 동일 코드가 있는 경우, VLOOKUP() 함수는 제 역할을 하지 못한다.

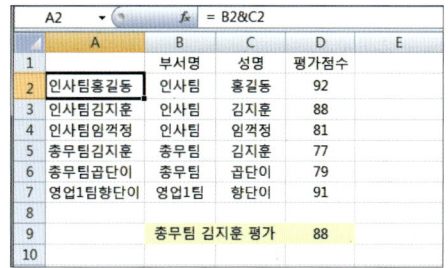

02 이런 경우 & 연산자나 CONCATENATE() 함수를 조합함으로써 VLOOKUP() 함수의 약점을 보완할 수 있다. A열에 & 연산자나 CONCATENATE() 함수를 써서 B열과 C열을 문자열로 조합하는 새로운 키워드 표를 만들어서 넣어보자.

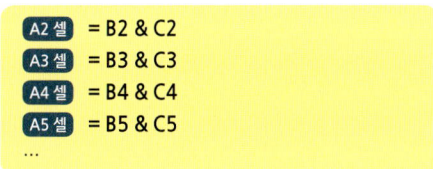

03 A열에 2개의 열이 조합된 고유한 키워드가 만들어졌다. VLOOKUP() 함수의 키워드를 '김지훈' → '총무팀김지훈'으로, 참조할 키워드 표 범위도 함께 바꿔서 적용하면 다음과 같이 제대로 된 값을 찾아오게 된다.

> 기존 VLOOKUP("김지훈", $B$1:$C$7, 2, 0)
> 변경 VLOOKUP("총무팀김지훈", $A$1:$D$7, 4, 0)

& 연산자/CONCATENATE() 함수와 VLOOKUP() 함수를 조합해서 사용하는 테크닉은 실무에서 상당히 편리하게 쓰이므로 기억해두면 많은 도움이 된다. 함수가 어렵게 느껴질 수도 있지만 3장과 4장에서 함수의 기본적인 사용법을 자세히 소개했으니 여기서는 연결 연산자의 활용법에 집중하고 넘어가도록 하자.

사칙 연산, 버려야 할 나쁜 습관 3가지

사칙연산은 초등학교에서도 배운 내용이므로 설명할 것도 없지만, 다음의 몇 가지는 실무에서 습관적으로 사용하는 '악습'으로 업무효율과 밀접한 관련이 있기 때문에 반드시 기억해야 한다. 습관성 악습들은 전체적인 업무 처리 속도를 크게 떨어뜨리므로 그런 기능들은 아예 없는 셈 치고 쓰지 않는 것이 좋다.

버려야 할 나쁜 습관①_ 덧셈 나열

엑셀 실무에서 흔히 범하는 악습으로 첫 손에 꼽을만한 것이 '덧셈 나열'이다. 간단하다면 상관없지만, 4개 이상의 덧셈 나열은 무조건 피하는 것이 좋다. 덧셈 나열이란 다음처럼 각 셀들을 덧셈 기호(+)를 사용해서 더하는 행위를 말한다.

B1 셀 = A1 + A2 + A3 + A4

이 방식이 악습인 이유는 수식을 수정하기가 매우 어렵기 때문이다. 실무에서는 자료를 추가하거나 수식을 수정/변형하는 경우가 상당히 많은데, 덧셈 나열로 구성된 수식은 수정하기가 너무 귀찮고 까다롭다. 예를 들어 아래 예제처럼 행을 추가하고 A2 셀에 숫자에 '100'을 입력해보자. B2 셀 값에 새로 추가한 100이라는 숫자가 반영되지 않았음을 알 수 있다.

더할 숫자 추가

B2셀에 새로 추가된 숫자까지 더하려면 다음 두 가지 방법으로 처리할 수 있다.

추가된 B2 셀	수식	비고
원본	= A1 + A3 + A4 + A5	추가 행 반영 안 됨
방법①	= A1 + A3 + A4 + A5 + A2	끝에 추가
방법②	= A1 + A2 + A3 + A4 + A5	셀 순서대로 추가

그나마 방법②가 셀이 오름차순으로 정리되었기 때문에 나은 편이지만 행을 하나 더 추가하기라도 하면 수식은 더 복잡해지고, 오타나 수식을 잘못 입력할 확률이 대폭 높아진다. 본인도 그럴진대 인수인계 받는 사람이라면 더 말할 것도 없다. 실무에서 20개 이상의 덧셈을 나열하는 사람도 종종 있다. 이러면 수식 검증은커녕 자료의 숫자 자체를 신뢰하기가 어려워진다. SUM() 함수를 사용하면 이런 문제가 아예 생기지 않는다.

> 나쁨: `B2 셀` = A1 + A3 + A4 + A5 + A2
> 좋음: `B2 셀` = SUM(A1:A5)

덧셈 나열은 실무에서 어떻게 해서든 쓰지 않으려고 노력해야 한다. SUM() 함수를 최대한 활용하고, 어쩔 수 없는 경우에만 제한적으로 사용하는 것이 좋다. 참고로 엑셀 업무 처리가 미숙한 사람은 반드시 '덧셈 나열'을 남발하는 경향이 있다.

버려야 할 나쁜 습관②_ 뺄셈

엑셀에서 뺄셈은 필요악이다. 원칙적으로는 뺄셈을 사용하지 말아야 하며, 반드시 뺄셈을 사용해야 할 이유가 있을 때에만 사용해야 한다. 뺄셈 대신 음수를 더하는 방식을 쓰는 것이 옳다.

> 나쁨: `B1 셀` = A1 - A2   ← A2 셀이 양수
> 좋음: `B4 셀` = A4 + A5   ← A5 셀이 음수

	A	B	C	D	E
1	92		82	=A1-A2 — 나쁨	
2	10				
3					
4	92		82	=A4+A5 — 좋음	
5	-10				
6					

뺄셈은 교환법칙이 성립하지 않는다. 즉, 더하는 두 숫자의 순서를 바꿀 수 없다. 다음 두 가지 수식은 완전히 다른 것이다.

> 예시①: B1 셀 = A1 - A2 = 92 - 10 = 82
> 예시②: B2 셀 = A2 - A1 = 10 - 92 = -82

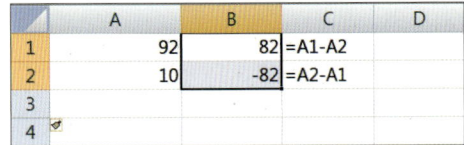

반면 음수를 더하는 방식은 교환법칙이 성립하므로 순서를 바꿔도 아무런 문제가 없다.

> 예시①: B1 셀 = A1 + A2 = 92 + (-10) = 82
> 예시②: B2 셀 = A2 + A1 = (-10) + 92 = 82

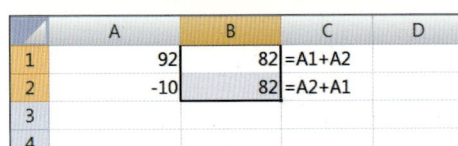

실무에서 수식의 수정/변형, 자료의 정렬 및 순서 바꾸기는 숨 쉬는 것만큼이나 자연스럽게 발생한다. 따라서 뺄셈을 사용하면 항상 자료의 순서를 정리하는 작업을 추가로 해야 하므로 심각한 업무 효율 저하를 초래한다. 뺄셈은 원칙적으로 쓰지 마라.

버려야 할 나쁜 습관③_ 나눗셈

뺄셈을 쓰지 말아야 하는 이유와 정확히 동일하다. 나눗셈도 교환법칙이 성립하지 않기 때문에 분수를 곱하는 형태로 바꿔 써야 한다. 다만 나눗셈은 소수나 분수형태를 쓰는 경우가 많아서 상대적으로 덜 부각되지만, 뺄셈 못지않은 악습인 것은 틀림없다.

> 예시①: B1 셀 = A1 / A2 = 92 / 10 = 9.2
> 예시②: B2 셀 = A2 / A1 = 10 / 92 ≒ 0.11

	A	B	C
1	92	9.2	=A1/A2
2	10	0.11	=A2/A1
3			
4			

뺄셈은 부호가 바뀌는 정도지만, 나눗셈은 아예 다른 값이 되어버린다. 따라서 원칙적으로는 분수를 곱해주는 형태를 쓰는 것이 좋고, 10진법인 경우에는 소수를 곱하는 형태로 써도 된다.

예시①: B1 셀　= A1 * A2　= 92 * (1/10) = 9.2
예시②: B2 셀　= A2 * A1 = (1/10) * 92　= 9.2

	A	B	C	D
1	92	9.2	= A1 * A2	
2	0.1	9.2	= A2 * A1	
3				
4				

나눗셈은 실무에서 연속으로 사용하는 경우가 많지 않아서 '덧셈 나열'이나 '뺄셈'에 비해서 상대적으로 폐해가 덜한 축에 속하지만, 업무 효율을 저하시키는 악습이라는 것은 바뀌지 않는다.

어떤 분야에서든 기본기를 착실히 해야 한다는 말은 맞다. 하지만 실무에서 기본기를 튼튼히 할 시간이나 기회를 주지 않는다는 것이 문제이다. 더욱이 너무 기본적인 내용이라면 아예 언급조차 하지 않는다. 실무에서 덧셈 나열, 뺄셈, 나눗셈을 쓰지 말라는 이야기는 아무도 해주지 않으며, 심지어 그렇게 지도해야 할 직장 선배들조차 상기 3대 악습을 반복하고 있다. 반드시 써야만 하는 이유를 생각하지 못하겠다면 위 기능들은 쓰지 마라.

3장

엑셀 필수 함수 **베스트 5**

엑셀 함수를 몰라도 실무를 처리할 수는 있지만, 엑셀 함수를 적절히 사용하면 업무 효율을 비약적으로 높일 수 있다.

문제는 엑셀에서 제공하는 함수가 너무 많다는 점이다. 엑셀 2010 버전 기준으로 이미 400개를 넘었고, 신 버전에서 새로운 함수가 계속 추가되는 추세이다. 당연히 그 많은 함수를 다 배울 수도 없고, 배워서도 안 되며, 배울 필요도 없다. 실무에서 주로 사용하는 엑셀의 함수는 많아야 40개 미만이며, 그 중에서도 업무효율을 비약적으로 높이는 핵심 함수는 다음의 5개이다.

  (1) SUM()
  (2) IF()
  (3) CHOOSE()
  (4) MID()
  (5) VLOOKUP()

이 5개 함수는 숨 쉬거나 걷는 것만큼 자연스럽게 사용할 수 있도록 용법과 응용을 철저히 배워야 한다. 이 5개 함수를 자유자재로 구사할 수 있다면, 최소한 엑셀 실무에서 처리하지 못할 작업은 없다.

 SUM( ), 엑셀에서도 '썸'은 항상 옳다

SUM( ) 함수는 엑셀의 가장 기본이 되는 함수이다. 엑셀 함수 대부분은 사칙연산과 IF( ) 함수 조합으로 대체가 가능하지만, SUM( ) 함수만은 이러한 함수 조합 방식으로 대체하기 어렵다. 엑셀의 근간을 이루는 기능이라고 해도 과언이 아니다. 극단적으로 이야기해서 사칙연산, IF( ), SUM( ) 세 가지만으로도 엑셀의 대부분 기능을 어떻게든 대체하여 사용할 수 있다.

SUM( ) 함수를 사용하면 수식이 간결하다

SUM( ) 함수의 사용법은 매우 간단하다. 더하고 싶은 셀이나 범위를 지정해주면 된다.

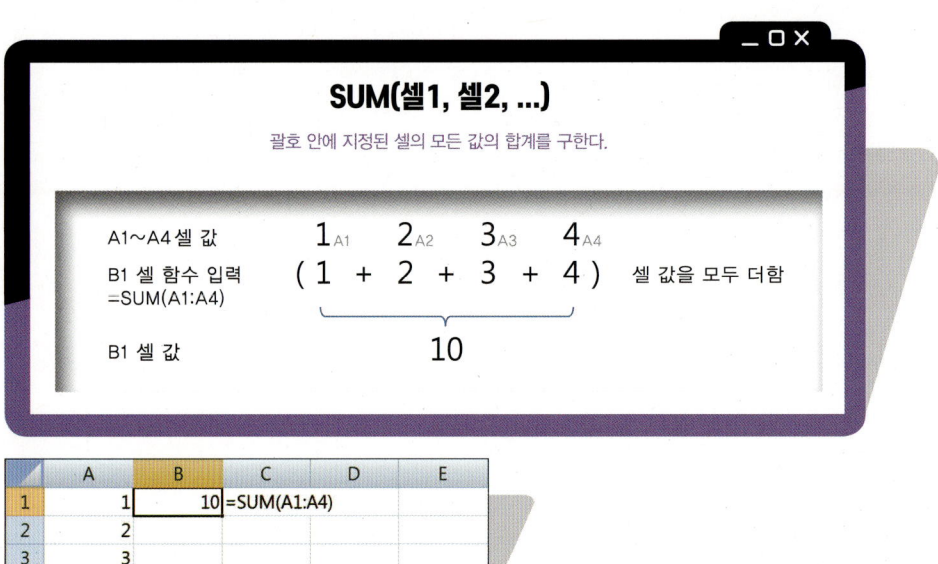

더해야 할 셀들을 다음처럼 각각 지정해줘도 결과는 동일하지만, 실무에서 이런 식으로 쓰는 경우는 없다. 매우 비효율적이기 때문이다.

> B1 셀 = SUM(A1, A2, A3, A4)   ← = SUM(A1:A4)과 동일

	A	B	C	D	E
1	1	10	=SUM(A1, A2, A3, A4)		
2	2				
3	3				
4	4				

SUM() 함수는 합계를 구하는 기능이라는 측면이 아니라 덧셈/뺄셈을 빠르고 간결하게 작성할 수 있다는 효율성 측면에서 중요하다. 앞서 SUM() 함수를 사칙연산이나 다른 함수로 대체하기 힘들다고 한 것도 이 때문이다. SUM() 함수는 원칙적으로 덧셈 함수이므로, 기능 측면으로는 덧셈 기호(+)로 대체할 수 있지만 작업 효율이 대폭 떨어지게 된다. 다음과 같이 셀 10개를 더하는 샘플을 보면 그 차이를 쉽게 알 수 있다.

B1 셀 = A1 + A2 + A3 + A4 + A5 + A6 + A7 + A8 + A9 + A10   ← 30글자
B2 셀 = SUM(A1:A10)   ← 11글자

	A	B	C	D	E	F	G
1	1	55	=A1+A2+A3+A4+A5+A6+A7+A8+A9+A10				
2	2	55	=SUM(A1:A10)				
3	3						
4	4						
5	5						
6	6						
7	7						
8	8						
9	9						
10	10						

B1 셀의 수식 대비 B2 셀이 훨씬 간결하고 짧다. 더해야 할 셀의 개수가 늘어날 경우 사칙연산 기호는 그에 비례해서 수식이 길어지지만, SUM() 함수를 쓰면 수식의 길이는 대동소이하다. 업무 효율성 측면에서 사칙연산은 SUM() 함수에 비해 매우 비효율적이다. SUM() 함수 쪽이 간결하고, 쉽고, 빠르고, 수정하기 용이하며, 인수인계할 때 배우기도 쉽다. SUM() 함수의 간결함은 다른 함수와 조합해서 사용할 때 더욱 빛을 발한다. 다음 두 수식을 비교해보자.

B1 셀 = IF(A1 + A2 + A3 + A4 + A5 + A6 + A7 + A8 + A9 + A10 >50, 1, 0)
B2 셀 = IF(SUM(A1:A10)>50, 1, 0)

	A	B	C	D	E	F	G
1	1	1	=IF(A1+A2+A3+A4+A5+A6+A7+A8+A9+A10>50, 1, 0)				
2	2	1	=IF(SUM(A1:A10)>50, 1, 0)				
3	3						
4	4						
5	5						
6	6						
7	7						
8	8						
9	9						
10	10						

함수의 길이가 IF()와 덧셈 나열 조합에 비해서 절반 정도 밖에 되지 않는다. 이처럼 SUM() 함수는 짧기 때문에 다른 함수의 파라미터에 포함시켜서 사용해도 큰 문제가 없다. 예를 들어 IF()+SUM()+다른 함수 조합은 다른 함수를 3개 조합할 경우와는 달리 크게 복잡하지 않고 강력하므로 실무에서 상당히 편리하게 쓸 수 있다.

SUM()과 함께라면 행/열 추가와 삭제도 마음대로

SUM() 함수는 자료 중간에 새로운 행/열을 추가하거나 삭제해도 수식을 수정할 필요가 없다. 반면 덧셈 기호를 쓰면 자료가 추가되거나 삭제될 때마다 수식을 수정해줘야 한다. 다음을 비교해보자.

	A	B	C	D	E
1	92	336	=A1+A2+A3+A4		
2	87	336	=SUM(A1:A4)		
3	82				
4	75				

다음과 같이 3행에 자료를 추가로 삽입시켜 보면 두 방식의 차이는 크게 갈린다. 덧셈기호를 사용한 경우 추가시킨 A3 셀이 계산에서 빠져있지만, SUM() 함수는 포함되어 있다. 이처럼 SUM() 함수를 사용하면 수식을 별도로 수정해 줄 필요가 없어서 편하다.

	A	B	C	D	E
1	92	336	=A1+A2+**A4**+**A5**		
2	87	421	=SUM(A1:**A5**)		
3	**85**			자료 추가	
4	82				
5	75				

반대로 자료를 삭제할 경우는 문제가 더 심각하다. 덧셈 기호로 입력한 수식은 #REF! 오류 메시지를 내보내면서 아예 계산도 안 된다. 반면 SUM()을 사용한 수식은 자동으로 수정돼 번거롭게 수정하지 않아도 된다.

	A	B	C	D	E
1	92	336	=A1+A2+A3+A4		
2	87	336	=SUM(A1:A4)		
3	82			자료 삭제	
4	75				

	A	B	C	D	E
1	92	#REF!	=A1+A2+#REF!+A3		
2	87	254	=SUM(A1:**A3**)		
3	75				
4					

실무에서는 자료를 새로 작성하는 경우보다 이미 만들어놓은 자료를 수정하거나 변형하는 경우가 훨씬 많다. 덧셈 기호를 남발하다 보면 매번 수식을 수정하는 시간과 노력(현업에선 '공수'라고 표현)이 상당히 낭비된다. 또 그 과정에서 오타의 발생 위험성도 대폭 늘어나고, 수식이 길고 복잡해

서 어디가 잘못되었는지 찾아내기도 힘들게 된다. A1+A2+A3+A4+... 이런 덧셈 나열 형태의 수식은 쓰지 마라.

뺄셈을 넣어도 SUM( )은 문제없다

SUM( ) 함수를 사용하면 뺄셈 기호를 쓸 때보다 더 편리하다. 예를 들어 뽀롱뽀롱 뽀로로반은 여름방학 봉사활동을 하지 않아서 학급이 100점의 페널티를 받게 되었다고 가정하자. 이런 경우에도 단순히 감점을 더해주면 된다.

	A	B	C
1	92	336	=A1+A2+A3+A5
2	87	236	=SUM(A1:A5)
3	82		
4	-100		← 감점
5	75		

	A	B	C
1	92	236	=A1+A2+A3+A4+A5
2	87	236	=SUM(A1:A5)
3	82		
4	-100		
5	75		

B4 셀에 '-100'을 삽입하면 B1 셀은 추가한 B4 셀 값이 누락돼 수정이 필요하다. 하지만 SUM( ) 함수를 사용한 B2 셀은 수정할 필요가 없다. SUM( ) 함수의 최대 강점은 자료가 추가 또는 변경되더라도 수식을 수정할 필요가 없기 때문에, 업무 효율 측면에서 매우 강력하다.

> **B1 셀** = A1+A2+A3+A5 ← 수식 '= A1+A2+A3+A4+A5'로 수정 필요
> **B2 셀** = SUM(A1:A5)   ← 수식 수정 불필요

엑셀은 '티끌 모아 태산'이라는 격언이 제일 어울리는 프로그램이다. 아무리 타이핑 속도가 빠른 직원이더라도 이런저런 사소한 수정 작업을 많이 하게 되면 전체적인 업무 처리 속도는 늦어질 수밖에 없다. 아예 수정할 거리를 만들지 않는 것이 가장 빠르다.

실무 활용① _ +1 범위 지정

SUM( ) 함수는 기능 자체는 매우 간단하기 때문에 실무 활용을 위한 팁이라고 부를만한 것이 없다. SUM( ) 함수는 다른 함수와 조합하여 복합 함수로 사용할 때 위력을 발휘하므로, 사용할 때의 주의사항이나 테크닉 위주로 설명한다.

SUM( ) 함수는 지정한 셀 범위 내에서는 행/열을 추가해도 그 내용이 수식에 자동으로 반영된다. 따라서 지정 범위 밖에 행/열을 추가하면 당연히 수식에 자동 반영되지 않는다.

01 다음과 같은 시험성적 샘플이 있다고 가정해보자(예제 파일:3-1-1.xlsx).

	A	B	C	D
1	시험차수	성적	합계	
2	1차	92	336	=SUM(B2:B5)
3	2차	87		
4	3차	82		
5	4차	75		
6				

02 다음과 같이 SUM() 함수에 지정된 범위 이내에 행을 삽입하면 C2 셀에 입력된 함수가 SUM(B2:B5) → SUM(B2:B6)로 자동으로 바뀐다.

	A	B	C	D
1	시험차수	성적	합계	
2	1차	92	336	=SUM(B2:**B6**)
3	2차	87		
4				← 행 삽입
5	3차	82		
6	4차	75		

03 하지만 SUM() 함수에 지정된 범위 밖에 행을 삽입하면 C2 셀에 입력된 함수는 바뀌지 않는다.

	A	B	C	D
1	시험차수	성적	합계	
2	1차	92	336	=SUM(B2:**B5**)
3	2차	87		
4	3차	82		
5	4차	75		
6				← 행 삽입
7				

04 기억할 것은 SUM() 함수의 범위 내에 행/열을 추가하면 함수를 수정할 필요가 없다는 것이다. 업무효율을 높이려면 SUM() 함수 속성을 활용하여 불필요한 수식/함수 입력을 최소화시킬 필요가 있다. 따라서 실무에서는 지정범위 + 1칸 정도로 여유를 두고 SUM() 함수를 사용하는 것이 좋다. 이렇게 공백을 두면 나중에 자료를 추가하더라도 SUM() 함수를 수정하지 않아도 되기 때문이다.

	A	B	C
1	시험차수	성적	합계
2	1차	92	=SUM(B2:B6)
3	2차	87	
4	3차	82	
5	4차	75	
6			
7			

05 의도적으로 공백을 더 두어 SUM() 함수를 써야 한다. 그러면 행을 추가로 삽입하고 자료를 입력하면 C2 셀이 입력된 SUM() 함수가 자동으로 바뀌므로 신경 쓸 필요가 없다.

	A	B	C	D	E
1	시험차수	성적	합계		
2	1차	92	=SUM(B2:B7)		
3	2차	87			
4	3차	82			
5	4차	75			
6	5차	90	← 행 삽입/자료 추가 입력		
7					
8					

06 실무에서는 강박증 환자처럼 SUM() 함수를 지정된 범위까지만 꼭 맞게 지정해주는 사람들이 많은데, 이렇게 수식을 작성하면 나중에 자료를 추가시킬 때마다 SUM() 함수도 함께 수정해야 하는 문제가 생긴다. 여기서는 C2 셀을 SUM(B2:B5) → SUM(B2:B6)로 수정해줘야 한다. 이래서는 SUM() 함수를 쓴 의미가 없다. 다시 말하지만 SUM() 함수는 기능성 측면이 아닌 효율성 측면에서 위력을 발휘하는 함수이다.

	A	B	C	D	E
1	시험차수	성적	합계		
2	1차	92	336	=SUM(B2:**B5**)	
3	2차	87			
4	3차	82			
5	4차	75			
6	5차	90	← 자료 추가 입력		
7					

07 그렇다고 아래 예제처럼 SUM() 함수 범위 내에 행을 삽입하고 자료를 추가 입력하면 시험차수별로 정렬해줘야 한다. 여러모로 비효율적이다. 애초에 SUM() 함수를 +1 정도로 여유 있게 범위를 지정해줬으면 피할 수 있었던 불필요한 작업들이다.

	A	B	C	D	E
1	시험차수	성적	합계		
2	1차	92	426	=SUM(B2:**B6**)	
3	2차	87			
4	3차	82			
5	5차	90	← 시험차수별 정렬 필요		
6	4차	75			
7					

참고로 엑셀에서 SUM() 함수는 물론 다른 함수에서도 마지막 행까지 꼭 맞게 범위를 지정해서는 안 된다. 한 칸 정도의 여유를 남겨두는 것이 보기에도 좋고, 나중에 자료를 추가시킬 때도 편리하다. 항상 마지막 한 행(또는 열) 정도는 여유로 남겨주는 습관을 들여야 한다.

실무 활용②_ 정렬 연계

실무에서는 습관적으로 덧셈(+)과 뺄셈(-) 기호를 쓰는 사람들이 많다. 다시 말하지만 실무에서는 이렇게 쓰면 안 된다. 정말 아주 특별한 경우가 아니라면 실무에서 사칙연산 기호는 피하는 것이 좋다. 일정 범위의 합계를 구하는 것이라면 원칙적으로 SUM() 함수를 써야 한다.

아무리 강조해도 합계를 구해야 하는 셀이 뒤섞여 있을 경우, 쓰지 말라는 데도 십중팔구 다시 덧셈기호를 쓰기 마련이다. 예제같은 경우 '모의 테스트'는 성적에 포함되지 않기 때문에 SUM() 함수를 쓰기가 어렵다고 생각하고, 다시 덧셈 나열을 쓸 것이다. 다시 말하지만 쓰지 마라. 이런 경우는 '채우기 핸들 정렬'과 SUM() 함수를 이용해서 먼저 정렬하고 SUM() 함수를 사용하면 된다.

01 원본 서식 복원을 고려해서 E열에 일련번호를 미리 채워둔다(예제 파일:3-1-2.xlsx).

	A	B	C	D	E	F
1	시험차수	성적	합계			
2	1차	92	336		1	
3	여름방학	85		*모의 테스트	2	
4	2차	87			3	
5	겨울방학	77		*모의 테스트	4	
6	3차	82			5	
7	여름방학	91		*모의 테스트	6	
8	4차	75			7	
9	겨울방학	100		*모의 테스트	8	
10					9	

02 A2 셀부터 E9 셀까지 블록 설정한 후 '오름차순으로 정렬'한다.

	A	B	C	D	E	F
1	시험차수	성적	합계			
2	1차	92	336		1	
3	여름방학	85		*모의 테스트	2	
4	2차	87			3	
5	겨울방학	77		*모의 테스트	4	
6	3차	82			5	
7	여름방학	91		*모의 테스트	6	
8	4차	75			7	
9	겨울방학	100		*모의 테스트	8	
10					9	

03 그런 다음 SUM() 함수로 B2:B5까지 더해주면 된다. 이렇게 하면 자료를 추가로 입력해도 별 문제가 없다.

	A	B	C	D	E
1	시험차수	성적	합계		
2	1차	92	=SUM(B2:B5)		1
3	2차	87			3
4	3차	82			5
5	4차	75			7
6	겨울방학	77		*모의 테스트	4
7	겨울방학	100		*모의 테스트	8
8	여름방학	85		*모의 테스트	2
9	여름방학	91		*모의 테스트	6
10					9

만약 '모의 테스트' 결과까지 포함시켜서 계산해야 한다면 E열 기준으로 정렬해주면 손쉽게 원 서식이 복원되므로, 이후 SUM() 함수를 원하는 수식으로 수정해주면 된다.

실무 활용③_ 셀을 정렬하면 안 될 때 뺄셈이 제격

자료 중간쯤에 합계에 포함시켜서는 안 되는 값이 섞여있는데, 도저히 정렬할 수 없는 경우라면 그 값만 SUM() 합계에서 빼면 된다. 예를 들어 방학에도 시험을 쳤는데, 한 번은 뒤늦게 모의 테스트로 처리되어 시험성적에 포함되지 않는다고 가정해보자. 이런 경우 정렬해서 SUM() 함수를 사용하기도 애매하다.

01 5행의 겨울방학 시험이 모의 테스트로 처리되었다면, SUM()으로 전체를 합산한다(예제 파일:3-1-3.xlsx).

	A	B	C	D
1	시험차수	성적	합계	
2	1차	92	=SUM(B2:B10)	
3	여름방학	85		
4	2차	87		
5	겨울방학	77		*모의 테스트
6	3차	82		
7	여름방학	91		
8	4차	75		
9	겨울방학	100		
10				
11				

02 그런 다음 'SUM(B2:B10)-B5'과 같이 B5셀을 빼주면 된다.

	A	B	C	D	E	F
1	시험차수	성적	합계			
2	1차	92	=SUM(B2:B10)-B5			
3	여름방학	85				
4	2차	87				
5	겨울방학	77		*모의 테스트		
6	3차	82				
7	여름방학	91				
8	4차	75				
9	겨울방학	100				
10						
11						

뺄셈은 이럴 때 사용하는 것이다. 실무에서 엑셀을 사용할 때는 뺄셈은 정말로 제한적으로만 써야 된다. 덧셈 나열 사례와 비교를 해보면 효율의 차이를 쉽게 알 수 있다.

> **C2 셀** = B2 + B3 + B4 + B6 + B7 + B8 + B9
> **C2 셀** = SUM(B2:B10)-B5

여러 번 강조하는 이야기지만, 실무에서는 단순하고, 빠르고, 쉬운 방법으로 업무를 처리해야 한다. 덧셈 나열과 뺄셈은 3개 이상의 셀을 대상으로 할 경우 복잡해서 작업 효율이 뚝 떨어진다. SUM() 함수는 여러 가지 측면에서 덧셈 나열과 뺄셈 기호보다 유리하다.

실무 활용④_ SUM( )과 IF( )로 다중 조건 만족시키는 셀 찾기

SUM() 함수는 IF() 함수와 연계하여 어떤 조건을 만족시키는 셀의 숫자를 셀 수 있다. 예를 들어 국어 성적이 80점 이상인 학생이 몇 명인지 알고 싶을 때 SUM() & IF() 함수 조합을 쓰면 쉽게 결과를 얻을 수 있다. 다음과 같은 자료가 있다고 가정하자.

01 다음 예제에서 '국어성적 80점 이상은 몇 명인가?'라는 조건을 만족시키는 셀을 찾아보자(예제 파일:3-1-4.xlsx).

	A	B	C	D	E	F	G	H
1	이름	국어	수학	과학				
2	뽀로로	92	84	81				
3	패티	87	90	90				
4	크롱	85	82	80				
5	해리	83	79	88				
6	포비	79	84	69				
7	에디	77	95	84				
8	루피	73	91	79				
9								

02 다음과 같이 80점 이상인지 여부를 판단하는 IF(B2>=80, 1, 0) 함수를 E2 셀에 입력하고, 채우기 핸들로 끝까지 채워 넣는다.

> **E2 셀** = IF(B2>=80, 1, 0)

	A	B	C	D	E	F
1	이름	국어	수학	과학		
2	뽀로로	92	84	81	1	= IF(B2>=80, 1, 0)
3	패티	87	90	90	1	= IF(B3>=80, 1, 0)
4	크롱	85	82	80	1	= IF(B4>=80, 1, 0)
5	해리	83	79	88	1	= IF(B5>=80, 1, 0)
6	포비	79	84	69	0	= IF(B6>=80, 1, 0)
7	에디	77	95	84	0	= IF(B7>=80, 1, 0)
8	루피	73	91	79	0	= IF(B8>=80, 1, 0)
9						

03 조건에 해당하는 셀은 1로 표시되므로, E열의 합계를 구하면 조건을 만족하는 셀의 개수를 알 수 있다. E9 셀에 SUM() 함수를 입력해서 E2:E8까지 합계를 구한다. 조건을 만족시키는 셀의 개수는 4개이다. 따라서 80점 이상인 학생은 4명이다.

> **E9 셀** = SUM(E2:E8)

	A	B	C	D	E	F
1	이름	국어	수학	과학		
2	뽀로로	92	84	81	1	= IF(B2>=80, 1, 0)
3	패티	87	90	90	1	= IF(B3>=80, 1, 0)
4	크롱	85	82	80	1	= IF(B4>=80, 1, 0)
5	해리	83	79	88	1	= IF(B5>=80, 1, 0)
6	포비	79	84	69	0	= IF(B6>=80, 1, 0)
7	에디	77	95	84	0	= IF(B7>=80, 1, 0)
8	루피	73	91	79	0	= IF(B8>=80, 1, 0)
9					4	= SUM(E2:E8)
10						

이상은 실무에서 대단히 편리하고 강력한 테크닉이므로 반드시 익혀두어야 한다. IF() 함수와 SUM() 조합으로 거의 모든 함수의 기능을 구현할 수 있는데, 대부분 위에 설명한 방법을 조금 변형한 형태이기 때문이다.

COUNTIF() 함수의 한계

앞 예제의 결과는 나중에 설명할 COUNTIF() 함수와 완전히 동일한 기능이다. COUNTIF() 함수를 써서 다음과 같이 바꿔 쓸 수 있다.

E2 셀 = COUNTIF(B2:B8, ">=80")

	A	B	C	D	E	F	G	H
1	이름	국어	수학	과학				
2	뽀로로	92	84	81	4	= COUNTIF(B2:B8, ">=80")		
3	패티	87	90	90				
4	크롱	85	82	80				
5	해리	83	79	88				
6	포비	79	84	69				
7	에디	77	95	84				
8	루피	73	91	79				
9								

COUNTIF()나 COUNTIFS() 함수를 사용하는 방법은 수식은 간단하지만 확장성이 부족해서 권장하지 않는다. 복잡한 다중 조건을 처리하지 못하기 때문이다.

04 SUM() + IF() 함수 조합은 조건이 더 복잡해지더라도 단순히 확장하기만 하면 된다. 예를 들어 다음과 같이 조건이 복잡한 대상자를 찾는다고 가정하자.

조건: 두 과목 이상에서 80점 이상을 득점한 사람은 몇 명인가?

점수 80점 이상을 판별하는 조건식이 이미 입력되어 있기 때문에, 추가로 수식을 입력할 필요 없이 기존 수식을 재활용하면 된다. 다음과 같이 수식이 입력된 셀인 E2:E9까지를 블록으로 지정한다.

	A	B	C	D	E	F	G	H
1	이름	국어	수학	과학	국어대상	수학대상	과학대상	
2	뽀로로	92	84	81	1			
3	패티	87	90	90	1			
4	크롱	85	82	80	1			
5	해리	83	79	88	1			
6	포비	79	84	69	0			
7	에디	77	95	84	0			
8	루피	73	91	79	0			
9					4			
10								

05 채우기 핸들로 G열까지 채워 넣는다. 과목별 80점 이상인 학생 현황이 작성되었다.

	A	B	C	D	E	F	G	H
1	이름	국어	수학	과학	국어대상	수학대상	과학대상	
2	뽀로로	92	84	81	1	1	1	
3	패티	87	90	90	1	1	1	
4	크롱	85	82	80	1	1	1	
5	해리	83	79	88	1	0	1	
6	포비	79	84	69	0	1	0	
7	에디	77	95	84	0	1	1	
8	루피	73	91	79	0	1	0	
9					4	6	5	
10								

06 두 과목 이상에서 80점 이상을 득점한 사람을 찾아야 하므로 E/F/G열의 합계가 2이상인 사람을 찾으면 된다. H2 셀에 다음과 같은 판별식을 입력한다.

> **H2 셀** = IF(SUM(E2:G2)>=2, 1, 0)

	A	B	C	D	E	F	G	H
1	이름	국어	수학	과학	국어대상	수학대상	과학대상	2종목
2	뽀로로	92	84	81	1	1	1	1
3	패티	87	90	90	1	1	1	
4	크롱	85	82	80	1	1	1	
5	해리	83	79	88	1	0	1	
6	포비	79	84	69	0	1	0	
7	에디	77	95	84	0	1	1	
8	루피	73	91	79	0	1	0	
9					4	6	5	
10								

07 채우기 핸들로 H8 셀까지 복사해 넣는다.

	A	B	C	D	E	F	G	H
1	이름	국어	수학	과학	국어대상	수학대상	과학대상	2종목
2	뽀로로	92	84	81	1	1	1	1
3	패티	87	90	90	1	1	1	1
4	크롱	85	82	80	1	1	1	1
5	해리	83	79	88	1	0	1	1
6	포비	79	84	69	0	1	0	0
7	에디	77	95	84	0	1	1	1
8	루피	73	91	79	0	1	0	0
9					4	6	5	
10								

08 H9 셀이 SUM(H2:H8) 함수를 입력해서 더해보면 대상자는 5명임을 알 수 있다. 다중 조건이 더욱 까다롭더라도 대응하는데 별 문제가 없는데, IF()와 CHOOSE() 함수에서 추가로 설명하기로 한다.

H9 셀 = SUM(H2:H8)

	A	B	C	D	E	F	G	H
1	이름	국어	수학	과학	국어대상	수학대상	과학대상	2종목
2	뽀로로	92	84	81	1	1	1	1
3	패티	87	90	90	1	1	1	1
4	크롱	85	82	80	1	1	1	1
5	해리	83	79	88	1	0	1	1
6	포비	79	84	69	0	1	0	0
7	에디	77	95	84	0	1	1	1
8	루피	73	91	79	0	1	0	0
9					4	6	5	5
10								

SUM() 함수는 IF() 함수와 연계해서 다중 조건으로 활용할 때 더욱 편리하고 강력하다. 실무에서는 한 가지 조건만으로 값을 구하는 경우는 거의 없다. 보통 두 가지 이상의 조건이 겹치는 경우가 많은데, SUM() & IF() 함수 조합은 조건이 많아질수록 위력을 발휘한다. 지금까지 소개한 테크닉은 여러 개의 다중 조건을 만족시키는 조건식의 기초가 된다.

IF( ), 만약의 상황은 가능한 한 최소화하는 것이 좋다

IF( ) 함수는 엑셀의 알파이자 오메가에 해당하는 기초 함수로 사용법은 물론 응용법까지 모두 숙지해야 한다. 2진법을 사용하는 컴퓨터에서 IF( ) 함수는 모든 고급 기능의 기초가 되며, 다른 함수들은 대부분 IF( ) 함수의 응용식으로 표현할 수 있다. 기초 중의 기초라고 해도 과언이 아니다. 다만 IF( ) 함수를 남발하면 여러모로 골치 아픈 상황에 처하게 되므로 사용법을 체계적으로 배울 필요가 있다. 실무에서 IF( ) 함수를 남용해 매우 곤란한 상황에 처한 직원들을 많이 보았다.

IF( ) 함수 기본 사용법

IF( ) 함수는 예(TRUE : 1)와 아니오(FALSE : 0) 값에 따라서 서로 다른 수식을 적용하는 조건별 분기 기능을 한다. IF( ) 함수의 기본 사용법은 다음과 같다. '=IF(A1>0, "뽀로로", "루피")'은 A1 셀이 0보다 크면 '뽀로로'를, 0보다 작으면 '루피'를 실행시키라는 수식이다. 아래는 A1 값인 3.141592는 0보다 크기 때문에 판단 조건(A1>0)은 참이고, 수식2를 실행했음을 알 수 있다.

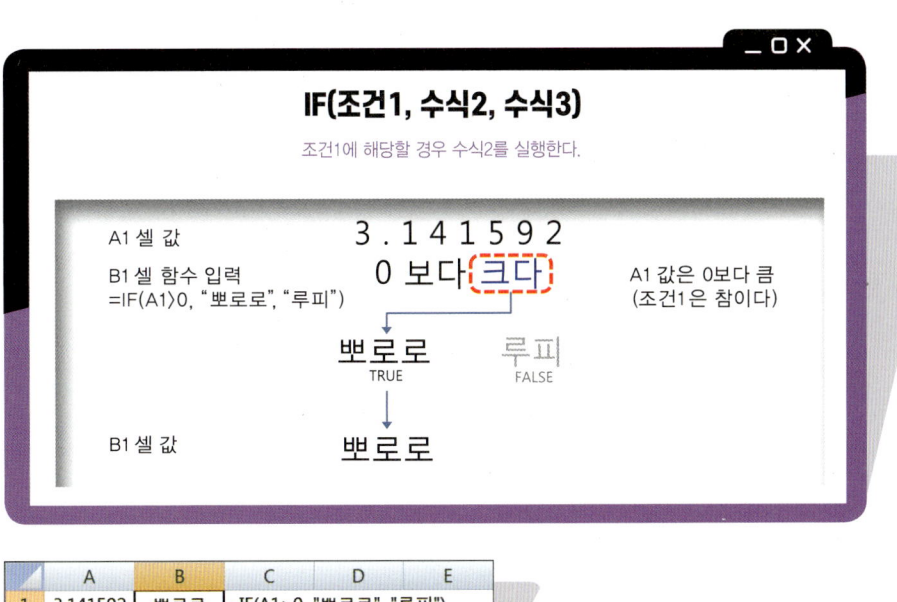

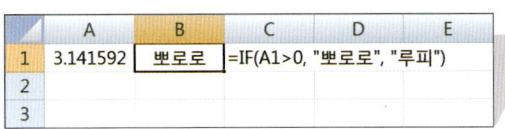

다음과 같이 판단 조건을 A1<0으로 바꿔보자. A1 셀이 조건에 해당하지 않으므로 수식3(루피)을 실행시켰다.

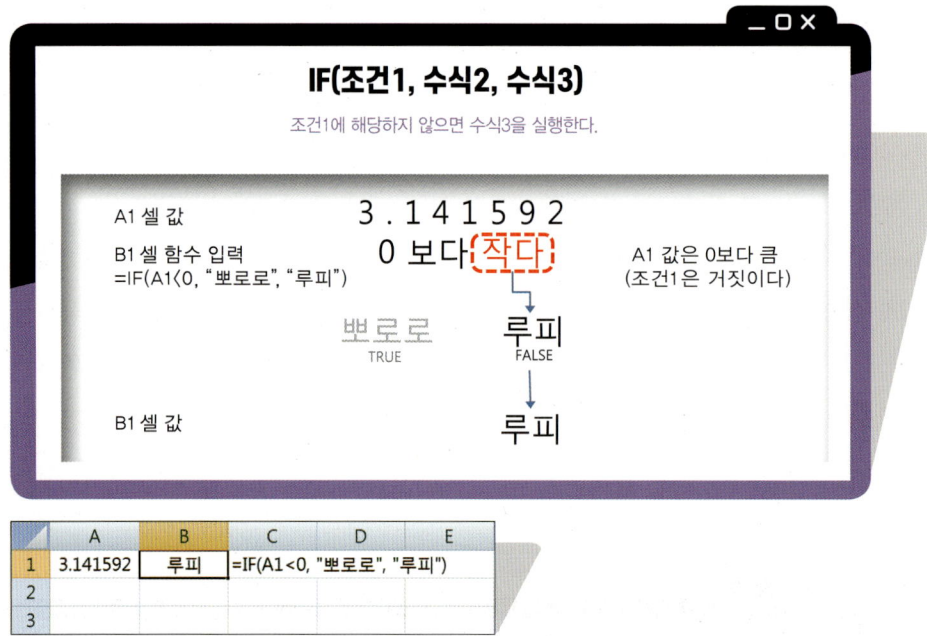

조건이 2개 이상일 때

IF() 함수는 단독으로는 다중 조건을 처리할 수 없기 때문에 주의해야 한다. 따라서 조건이 2개 이상인 경우는 IF() 함수를 2개 사용하거나 다른 함수의 도움을 받아야 한다. 4장에서 설명할 AND() 나 OR() 함수와 조합해서 쓰거나 조건의 개수만큼 IF() 함수를 써야 하는데, 보통 다음과 같은 3개의 방법이 있다.

〈2개 조건 모두 만족하면 합격〉
조건① : A1 = 뽀로로
조건② : A2 ≥= 90

❶ AND() 함수 사용

B1 셀 = IF(AND(A1="뽀로로", A2>=90), "합격", "불합격")

	A	B	C	D	E	F	G
1	3.141592	불합격	= IF(AND(A1="뽀로로", A2>=90), "합격", "불합격")				
2	100						
3							

❷ IF( ) 함수 중첩 사용

> **B1 셀** = IF(A1="뽀로로", IF(A2>=90, "합격", "불합격"), "불합격")

	A	B	C	D	E	F	G
1	뽀로로	합격	=IF(A1="뽀로로", IF(A2>=90, "합격", "불합격"), "불합격")				
2	100						
3							

❸ IF( ) 함수 2개 사용

> **B1 셀** = IF(A1="뽀로로", 1, 0)
> **B2 셀** = IF(A2>=90, 1, 0)
> **B3 셀** = IF((B1+B2) = 2, "합격", "불합격")

	A	B	C	D	E	F
1	뽀로로	1	= IF(A1="뽀로로", 1, 0)			
2	100	1	= IF(A2>=90, 1, 0)			
3		합격	= IF((B1+B2) = 2, "합격", "불합격")			
4						

다중 조건인 경우 실무에서는 ❸번을 쓰는 것이 좋다. 굳이 순위를 매기자면 ❸ → ❶ → ❷번 순이다. IF() 함수를 중첩해서 쓰면 수식이 길고 복잡해서 수정하거나 변형하기가 매우 어렵고, 입력할 때 오타 발생 확률도 높고, 함수 조합 결과 논리적 모순에 빠져도 어디에서 문제가 발생했는지 찾아내기도 힘들기 때문이다.

실무 활용①_ 0과 1 대입

엑셀에서 IF() 함수는 워낙 광범위하게 쓰이기 때문에 다른 함수와는 달리 '이럴 때 IF() 함수를 쓴다'는 식으로 설명하기가 매우 어렵다. 따라서 이 책에서는 실무에서 IF() 함수를 효율적이고 쉽고 빠르게 사용하는 법 위주로 소개한다.

다만 당부하고 싶은 것은 IF() 함수를 간결하게 사용하는 것보다는 아예 안 쓰는 것이 최선이라는 것이다. 다른 함수의 기능을 이용하여 IF() 함수를 대체할 수 있다면 그 방법이 제일 좋다. 몇 가지 함수를 잘 쓰면 IF() 함수를 생략할 수 있는데, 자세한 방법은 4장에서 소개했다.

실무에서 IF() 함수를 쓸 때 유용한 테크닉이 참(True)에 1, 거짓(False)에 0을 대입시키는 방법이다. 한마디로 조건에 맞으면 1, 조건에 맞지 않으면 0을 설정하는 것이다. 예를 들어 90점 이상을 '합격'이라고 가정했을 때, 다음 두 가지 방식을 사용할 수 있는데, 방법①보다 방법②를 쓰는 쪽이 더 편리하다.

> 방법① IF(A1>=90, "합격", "불합격")
> 방법② IF(A1>=90, 1, 0)

01 다음과 같은 예제가 있다고 가정하자(예제 파일 3-1-2.xlsx). C1 셀은 국어점수가 90점이 넘으면 1, 아니면 0을 표시하도록 하는 수식이다. 국어 점수가 92점이므로 C1 값은 1이 된다.

> **B1 셀** = 92
> **C1 셀** = IF(B1>=90, 1, 0)

	A	B	C	D	E
1	국어	92	1	= IF(B1>=90, 1, 0)	
2					
3					

02 2행에 수학 성적을 추가하면 90점 미만이므로 C2 값은 0이 된다.

> **B2 셀** = 88
> **C2 셀** = IF(B2>=90, 1, 0)

	A	B	C	D	E
1	국어	92	1	= IF(B1>=90, 1, 0)	
2	수학	88	0	= IF(B2>=90, 1, 0)	
3					
4					

이처럼 IF() 함수의 결과 값에 0과 1을 사용하는 이유는 그 결과를 계산할 수 있기 때문이다. 각 조건마다 IF() 함수를 쓰고, 그 결과 합계로부터 여러 개 조건 만족 여부를 쉽게 확인할 수 있다.

2개 이상의 조건을 만족시키는 경우의 IF() 함수	
1 + 1 = 2	두 조건 동시 만족
0 + 1 = 1	한 조건 만족
1 + 0 = 1	한 조건 만족
0 + 0 = 0	아무 조건도 만족하지 못함

조건이 하나 더 늘어나면 기준 값을 2 → 3, 조건이 두 개 더 늘어나면 기준 값을 2 → 4로 바꾸면 그만이다. 이처럼 0과 1을 사용하면 매우 복잡한 다중 조건에 대응하기가 쉽고, 수식도 매우 짧고 간결해진다. 반면 방법①처럼 IF() 함수에 직접 "합격", "불합격"을 입력하면 문자열은 계산되지 않아서 다중 조건에 쓸 수 없으며, 복잡하고 수정하기도 까다롭다.

참고로 다중 조건 결과 값에 따라서 값/수식/함수를 다르게 적용하는 고급 테크닉도 있는데, 나중에 설명할 CHOOSE() 함수와 조합해서 사용하면 된다.

실무 활용② _ 다중 조건

실무에서 한 가지 조건만으로 뭔가를 판단하는 경우란 없다. 예를 들어 9급 공무원 시험이라면 ① 시험성적 상위, ②과락 없음이란 2가지를 만족시켜야 하며, 노령연금 수급을 위해서는 ①만 65세 이상, ②소득인정액 일정액 이하여야 한다. 따라서 IF() 함수를 쓸 경우 거의 모든 경우에 다중 조건을 전제로 하게 된다.

01 다음과 같은 예제가 있다고 가정해보자(예제 파일:3-2-2.xlsx).

	A	B	C
1	이름	신장(cm)	체중(kg)
2	뽀로로	120	29
3	패티	113	24
4	해리	9	0.5
5	포비	192	360
6	에디	40	1.5
7	루피	74	11

02 놀이공원에서 기구를 타기 위한 안전 조건이 신장 110cm 이상, 체중 30kg 이상이라고 가정할 때, 대부분 IF() 함수를 다음과 같이 중첩해서 쓰기 마련이다.

> **D2 셀** = IF(B2>=110, IF(C2>=30, "가능", "안됨"), "안됨")

	A	B	C	D
1	이름	신장(cm)	체중(kg)	탑승
2	뽀로로	120	29	안됨
3	패티	113	24	
4	해리	9	0.5	
5	포비	192	360	
6	에디	40	1.5	
7	루피	74	11	

이러한 IF() 중첩 함수는 실무에서는 사용하지 않는 것이 좋다. 다중 조건을 쓸 때마다 함수식이 점점 길어지고 복잡해져서 점점 본질과 다른 방향으로 흐르게 되기 때문이다. 상반된 조건에 의해 논리적 모순에 빠지거나 오류가 생겨도 원인이 무엇인지 확인하기도 힘들어진다.

03 실무에서는 다음과 같이 풀어서 쓴다.

> **D2 셀** = IF(B2>=110, 1, 0) ← 신장 조건
> **E2 셀** = IF(C2>=30, 1, 0) ← 체중 조건
> **F2 셀** = SUM(D2:E2) ← 신장/체중 모두 만족하면 2
> **G2 셀** = IF(F2=2, "가능", "안됨")

	A	B	C	D	E	F	G	H
1	이름	신장(cm)	체중(kg)	신장	체중	판단	탑승	
2	뽀로로	120	29	1	0	1	안됨	
3	패티	113	24					
4	해리	9	0.5					
5	포비	192	360					
6	에디	40	1.5					
7	루피	74	11					
8								

실무에서 IF() 함수를 쓸 때는 조건과 조건에 관련된 수식(조건식)은 상기 샘플처럼 최대한 간단하게 써야 한다. 조건/조건식이 3개 이상으로 더 복잡해지면 단순히 열을 더 추가시키면 된다.

04 만일 전체 다중 조건 중 일부만 만족시키면 되는 경우라면 판별 조건에 부등호를 대신 쓰면 된다. 예를 들어 위 예제에 '대한민국 국적'을 추가시켜 '국적', '신장', '체중'의 세 가지 조건이라고 가정해보자. 어린이날 놀이공원 무료입장을 위한 이벤트로 세 가지 조건 중 두 가지만 충족하면 된다고 할 때 모든 경우의 수는 다음과 같다. 세 가지 모두 만족하던가(1번), 셋 중에 두 가지만 만족(2~4번)하면 입장할 수 있다.

```
(1) 대한민국 국적,   + 110cm 이상,   + 30kg 이상
(2) 대한민국 국적,   + 110cm 이상
(3) 대한민국 국적,   + 30kg 이상
(4) 110cm 이상,     + 30kg 이상
```

위 조건은 셋을 모두 만족시킬 경우(=3), 셋 중 둘을 만족시킬 경우(=2)를 모두 포함하는 개념이므로, 판별 조건은 둘 이상()>=2)이 된다. 따라서 다음과 같이 IF() 함수를 적용하면 된다.

H2 셀 = IF(G2>=2, "가능", "안됨")

	A	B	C	D	E	F	G	H
1	이름	신장(cm)	체중(kg)	신장	체중	국적	판단	탑승
2	뽀로로	120	29	1	0	1	2	가능
3	패티	113	24					
4	해리	9	0.5					
5	포비	192	360					
6	에디	40	1.5					
7	루피	74	11					
8								

실무 활용③_ 조건/결과 분리

실무에서 IF() 함수를 사용할 때는 조건과 결과를 함께 지정하는 방식은 피하는 것이 좋다. 예를 들어 평균 90점 이상에게 A 학점을 부여하는 경우를 가정해보자. 대부분 다음과 같은 방법을 쓸 것이다.

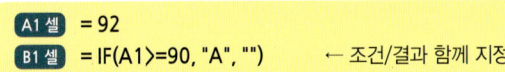

수식이 간단하기 때문에 흔히들 이렇게 쓰지만, 정작 실무에서는 이처럼 간단한 상황은 거의 없다. 예를 들어 학칙이 바뀌어서 학점 평가방법이 '수우미양가'로 바뀐다면 위 예제의 수식은 모두 수정해야 하며, 만일 다른 함수와 복잡하게 조합이라도 되어있다면 매우 난감한 상황에 처하게 된다.

기존 : **B1 셀** =IF(A1>=90, "A", "")
수정 : **B1 셀** =IF(A1>=90, "수", "")

실무에서 IF( ) 함수 쓰는 법

IF( ) 함수는 조건과 결과를 나누어 2개 이상의 셀에 분리하여 작성하는 것이 좋다. 논리 함수인 IF( ) 결과 값을 받아서 다른 수식에서 다시 계산하게 되는 경우가 많기 때문이다. 예제는 B1 셀에 조건(90점 이상)과 결과(A 학점)를 함께 입력했는데, 실무에서는 둘을 2개로 분리하여 다음과 같이 입력한다.

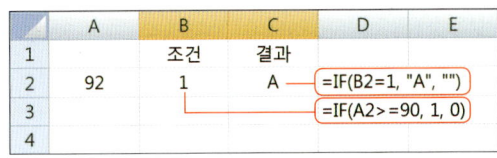

실무에서는 항상 단순하고, 빠르고, 쉽게 사용하는 것이 중요하다. 실무에서 업무를 처리할 때의 기준은 수시로 바뀌고, 2개 이상의 기준이 복잡하게 얽히는 경우가 많다. 조건과 결과를 한 셀에 모두 입력하면 수식을 수정하거나 2개 이상의 다중 조건을 처리할 때 매우 귀찮아진다. '뽀롱뽀롱 뽀로로반'을 대상으로 90점 이상일 때 A를 준다고 가정하자.

조건- A 학점 : 90점 이상	셀 주소	수식	비고
조건과 결과를 한 셀에 입력	B1	= IF(A1)=90, "수", "")	조건 + 결과
조건과 결과를 분리한 경우	B1	= IF(A1)=90, 1, 0)	조건
	C1	= IF(B1=1, "수", "")	결과

조건과 결과를 한 셀에 함께 입력하면 어느 한 쪽만 기준이 바뀌어도 전체 수식을 모두 바꿔야 한다. 반면 조건과 결과를 분리한 경우에는 어느 한 쪽만 수정하면 된다. 만일 2개 이상의 함수를 조합해서 쓰는 경우라면 조건과 결과를 분리하지 않았을 경우, 수식을 수정할 때 매우 힘겨운 상황에 처하게 된다.

01 다음 예제를 보면 이해가 쉬울 것이다(예제 파일:3-2-3.xlsx). 아래 예제처럼 조건과 결과를 분리하지 않았다면, 점수/학점 기준/평점 중 어느 한 가지만 바뀌어도 복잡한 수식을 항상 수정해야 한다.

	A	B	C	D	E	F	G
1	뽀로로	92					
2	크롱	88					
3							
4							
5	이름	학점					
6	뽀로로	A	=IF(VLOOKUP(A6, $A$1:$B$2,2,0)>=90, "A", "")				
7							

02 조건과 결과를 분리하면 점수/학점 기준/평점 중에서 해당하는 셀만 바꾸면 된다. 각각의 수식도 짧아서 수정하기 쉽다.

	A	B	C	D	E	F	G
1	뽀로로	92					
2	크롱	88					
3							
4							
5	이름	점수	조건	학점			
6	뽀로로	92	1	A	=IF(B6>=90, "A", "")		
7					=IF(B6>=90, 1, "")		
8					=VLOOKUP(A6,$A$1:$B$2,2,0)		
9							

실무 활용④_ 필수 조건과 다른 조건이 함께일 경우 소수 활용

IF() 함수에서 0과 1을 사용하는 방법을 쓰면 세 가지 이상의 다중 조건일 경우라도 큰 문제없이 대응 가능하다. 만일 세 가지 중에서 2개, 즉 조건을 부분 만족시켜도 되는 경우라면 IF(A1>=2,...) 형태로 부등호 기호를 사용하면 된다.

문제는 실무에서는 다중 조건이 더 까다로운 경우가 종종 있다는 것이다. 예를 들어 A, B, C 세 가지 조건 중에서 2개 이상의 조건을 만족시켜야 하지만, A조건은 반드시 만족시켜야 하는 경우라면 어떻게 해야 할까?

변형된 다중 조건 : A / B / C		
A + B	OK	2개 조건 만족, 필수 조건 A 포함
A + C	OK	2개 조건 만족, 필수 조건 A 포함
B + C	NO	2개 조건 만족, 필수 조건 A 미포함

이런 까다로운 상황이 과연 있을까 싶지만 각종 자격/조건의 경우 이런 경우가 의외로 많다. 수급자격에 '또는'이란 문구가 포함된 경우 모두 해당된다고 보면 되며, 대표적인 것으로 '기초 노령연금 수급자격'이 있다.

기초 노령연금 수급자격	
(1) 만 65세 이상	A 해당(필수 조건)
(2) 단독가구는 인정소득 13만 원 이하	B 해당(종속 조건)
(3) 부부가구는 인정소득 209만 6천 원 이하	C 해당(종속 조건)

이 경우 '만 65세 이상'이 필수 조건(A)이 되는데, 가구별 인정소득 조건 두 가지(B+C)를 모두 만족시켜도 기초 노령연금 수급자격이 되는 것은 아니다. 이렇게 조건이 복잡하면 또 다시 IF() 중첩 함수를 사용하는 사람이 나오기 마련이다.

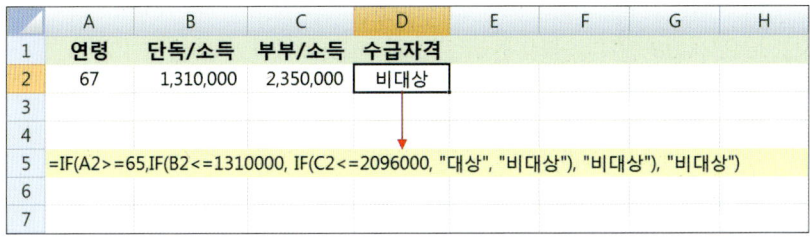

다시 말하지만 이런 IF() 중첩 함수는 실무에서 쓰면 안 된다. 그럭저럭 작성은 할 수 있지만, 수정할 때는 정말 난감하기 때문이다. 수정은커녕 수식을 읽기도 힘겹다.

다중 조건에서 반드시 만족시켜야 하는 필수 조건과 다른 조건이 혼재된 경우에는 0, 1 외에 소수를 병행해서 쓰면 된다. 반드시 만족시켜야 하는 필수 조건에 1, 부수적으로 만족시켜야 하는 종속 조건은 0.5를 부여해보자.

조건	점수	조건 만족 여부
A	1	×
B	0.5	×
C	0.5	×
A + B	1.5	○
A + C	1.5	○
B + C	1	×
A + B + C	2	○

IF() 함수 분기 조건을 1.5로 설정하면 B와 C 조건을 만족해도 1이므로 해당되지 않음을 알 수 있다. 종속 조건(각 0.5)만을 모두 만족(0.5+0.5=1)시켜도 분기 조건을 달성할 수 없도록 설정(1.5)해 준 것이다.

정리하자면 전체 조건 중 필수 조건에 각 1, 종속 조건은 각 1/n을 설정해주면 된다. 조건 해당여부를 판별하는 숫자는 '만족시켜야 하는 조건 합계'이다. 샘플의 경우는 만족시켜야 하는 조건이 필수 1개, 종속 2개 중 1개이므로, 판별 숫자는 1 + 1/2 = 1.5가 된다. 따라서 연령과 소득값 별로 다음과 같이 수급자격을 판별할 수 있다(예제 파일 3-2-4.xlsx).

```
A : 1
B : 0.5        ← 1/2
C : 0.5        ← 1/2
판별숫자 : 1.5    ← 만족시켜야 하는 조건 합계 : 필수(1) + 종속(0.5, 2개 중 1개)
```

	A	B	C	D	E	F	G	H	I	J	K
1	연령	단독/소득	부부/소득	A	B	C	계	판별식			
2	67	1,310,000	2,350,000	1	0.5	0	1.5	대상	=IF(G2>=1.5,"대상","비대상")		
3	64	1,290,000	1,997,000	0	0.5	0.5	1	비대상	=IF(G3>=1.5,"대상","비대상")		
4	69	1,050,000	1,950,000	1	0.5	0.5	2	대상	=IF(G4>=1.5,"대상","비대상")		
5	71	1,520,000	2,350,000	1	0	0	1	비대상	=IF(G5>=1.5,"대상","비대상")		
6											
7											
8											

응용해서 4가지 조건 중 2개는 반드시 만족시키고 나머지 2개 중 한 개 이상을 만족시켜야 하는 다중 조건의 경우를 가정해보자.

조건	비고
A	필수
B	필수
C	종속
D	종속

만족시켜야 하는 조건이 필수 2개, 종속 2개 중 1개이므로, 판별 숫자는 2 + 1/2 = 2.5가 된다.

조건	점수	조건 만족 여부
A + C	1.5	×
A+B+C	2.5	○
A+B+D	2.5	○
B+C+D	2	×
A+B+C+D	3	○

이번에는 6가지 조건 중 2개는 반드시 만족시키고 나머지 4개 중 두 개 이상을 만족시켜야 하는 다중 조건의 경우를 가정해보자.

조건	비고
A	필수
B	필수
C	종속
D	종속
E	종속
F	종속

만족시켜야 하는 조건이 필수 2개, 종속 4개 중 2개이므로, 판별 숫자는 2 + 2/4 = 2.5가 된다.

조건	계산식	합계	조건 만족 여부
A+B+C	1 + 0.25 + 0.25	1.5	×
A+B+C+D	1 + 1 + 0.25 + 0.25	2.5	○
A+B+C+D+E	1 + 1 + 0.25 + 0.25 + 0.25	2.75	○
A+C+D+E+F	1 + 0.25 + 0.25 + 0.25 +0.25	2	×

매우 복잡한 다중 조건을 처리할 때 IF() 함수에 소수를 사용하는 테크닉은 매우 강력하다. CHOOSE() 함수와 조합하면 각각의 조건별로 다른 함수를 적용하거나 값을 할당할 수도 있다. 조금 어려운 테크닉이지만 실무에서 꽤 편리하게 쓰이므로 반드시 배워둘 것을 권한다.

다중 조건 처리 공식

만족시켜야 하는 필수 조건 a개, 종속 조건 n개 中 b개일 때

- 필수 조건 조건값 = 1
- 종속 조건 조건값 = 1/n
- 판별 숫자 = a + b/n

실무 활용⑤_ 조건 연산

다중 조건의 경우 제한조건이 처음부터 모두 제시되지 않고, 기초자료를 먼저 배포한 다음 그 자료를 바탕으로 어떤 조건에 해당하는 대상만을 추출해야 하는 경우가 많다. 예를 들면 학생 성적부 자료를 먼저 받았는데, 그 중에서 장학금 수급 대상자를 선정하는 경우이다.

보통 성적 장학금 같은 경우는 ①평점 평균 3.0 이상 ②직전 학기 17학점 이상 ③과락(F학점)이 없어야 신청할 수 있다. 이 조건을 만족시킨 학생을 찾으려면 학생 성적부에서 평점 평균 3.0 이상인 사람을 일단 찾은 다음, 다시 직전학기 17학점 이상이면서 F학점이 없는 학생을 찾아야 한다(교집합).

엑셀에서는 조건과 조건을 서로 결합시켜서 한 개의 조건으로 표현할 수 있는데 이 책에서는 '조건 연산'이라고 부르기로 한다. TRUE(참) + TRUE(참) = TRUE(참), TRUE(참) + FALSE(거짓) = FALSE(거짓) 같은 논리 함수가 여기에 해당된다. 조건 연산을 하면 3가지 이상의 복잡한 조건을 간단한 사칙연산으로 표시할 수 있기 때문에 간편하다.

01 다음과 같은 학생 성적부 자료가 있다고 가정하자(예제 파일: 3-2-5.xlsx). 이 학생들 중 ①평점 평균 3.0 이상 ②직전 학기 17학점 이상 ③과락(F학점) 없음 세 가지 조건을 갖춘 학생을 찾아 장학금을 주기로 한다.

	A	B	C	D
1	이름	학점	직전학기	과락
2	뽀로로	3.60	17	1
3	루피	3.35	20	0
4	패티	2.90	16	0
5	에디	3.15	18	0
6	크롱	2.75	19	1
7				

02 평점 평균 3.0 이상, 직전 학기 17학점 이상, 과락 없음을 가려내기 위해서 IF() 함수를 적용하면 다음과 같이 된다.

E2 셀	= IF(B2>=3.0, 1, 0)	← 평점 평균 3.0 이상
F2 셀	= IF(C2>=17, 1, 0)	← 직전 학기 17학점 이상 수강
G2 셀	= IF(D2=0, 1, 0)	← 과락 없음

	A	B	C	D	E	F	G
1	이름	학점	직전학기	과락	조건1	조건2	조건3
2	뽀로로	3.60	17	1	1	1	0
3	루피	3.35	20	0			
4	패티	2.90	16	0			
5	에디	3.15	18	0			
6	크롱	2.75	19	1			
7							
8							

03 E2 셀부터 G2 셀을 블럭 설정한 후 G6 셀까지 채우기 핸들로 채운다.

	A	B	C	D	E	F	G
1	이름	학점	직전학기	과락	조건1	조건2	조건3
2	뽀로로	3.60	17	1	1	1	0
3	루피	3.35	20	0	1	1	1
4	패티	2.90	16	0	0	0	1
5	에디	3.15	18	0	1	1	1
6	크롱	2.75	19	1	0	1	0

04 만일 세 조건을 결합시키지 않으면 1차로 평점 평균, 2차로 직전학기 수강 점수, 3차로 과락 존재 여부를 따지는 과정을 거쳐야 하지만, 조건 연산을 하게 되면 이 과정을 하나의 수식으로 단축시킬 수 있다. 세 가지 조건을 모두 만족시키는지 쉽게 확인하려면 다음과 같이 '조건1 × 조건2 × 조건3 = 1'인지 확인하면 된다.

> **H2 셀** = G2*F2*G2

	A	B	C	D	E	F	G	H
1	이름	학점	직전학기	과락	조건1	조건2	조건3	세 조건 만족
2	뽀로로	3.60	17	1	1	1	0	0
3	루피	3.35	20	0	1	1	1	1
4	패티	2.90	16	0	0	0	1	0
5	에디	3.15	18	0	1	1	1	1
6	크롱	2.75	19	1	0	1	0	0

셋 중 한 개라도 조건을 만족하지 못하면 H열의 값은 0이 되기 때문에, IF() 함수를 사용할 필요가 없다. 이처럼 여러 조건을 동시에 만족시켜야 하는 다중 조건의 경우, 0/1/곱셈 테크닉은 매우 강력하고 편리하다.

> 나쁨 : IF(B2>3, 1, IF(C2>=17, 1, IF(D2=0, 1, 0)))　　← IF() 중첩함수
> 좋음 : G2*F2*G2

 CHOOSE( ), 3개 이상 복잡한 조건에 '딱'인 함수

IF() 함수는 2진법을 사용하는 컴퓨터에선 기초가 되는 필수 기능이다. 하지만 현실에서는 단순하게 흑/백처럼 정확히 2개로 나누기보다는 3개 이상으로 복잡하게 분류되는 경우가 대부분이다. 예를 들어 대학교 학점은 A, B, C, D, F까지 5단계로 적용하며, 건강보험료나 국민연금 같은 경우는 수십 계층 이상으로 나뉜다.

CHOOSE( ) 함수, 순서대로 값을 대응시키는 것이 기본

IF() 함수는 예/아니오, 즉 2진법을 쓰기 때문에 이처럼 3개 이상으로 분류되는 경우에는 논리 판단으로 사용하기 어렵다. 각각의 경우에 대해서 2의 제곱수만큼 함수를 겹쳐서 사용해야 하기 때문이다. 만일 대학교 학점이라면 총 5단계이므로 IF() 함수를 최소한 다음과 같이 4개는 써야만 논리 판단이 가능해진다.

```
대학교 학점 : A, B, C, D, F (5단계)

IF() 1개   : A, not A
IF() 2개   : A, B, not B
IF() 3개   : A, B, C, not C
IF() 4개   : A, B, C, D, not D
```

CHOOSE() 함수는 이처럼 3개 이상의 복잡한 조건일 경우 편리하게 사용할 수 있는 함수이다. 다른 함수와 조합시켜서 쓸 경우에는 매우 고차원적인 기능까지 구현할 수 있기 때문에 응용 사례 위주로 익혀두는 것이 좋다.

CHOOSE() 함수는 원칙적으로 1, 2, 3, 4, 5와 같은 자연수가 주어지면 미리 정해진 값을 순서대로 1:1로 매칭시키는 기능을 한다. 한마디로 은행의 번호표 시스템이라고 생각하면 이해하기 쉽다. 은행에서는 1번부터 차례로 고객에게 번호표를 배부하고, 고객은 해당 번호 차례가 되면 번호표를 들고 순서대로 창구로 가서 업무를 본다.

CHOOSE() 함수의 기능도 은행의 번호표 시스템과 동일하다. 어떤 숫자(번호표)를 제시하면 미리 정렬시켜 놓은 그룹(고객)에서 순서대로 값을 대응시키는 기능을 한다. 예를 들어 다음과 같이 뽀롱뽀롱 뽀로로에 등장하는 캐릭터가 있다고 가정해보자.

> 〈뽀롱뽀롱 뽀로로 등장 캐릭터〉
> 뽀로로, 루피
>
> 1 → 뽀로로
> 2 → 루피

CHOOSE() 함수는 위처럼 숫자 순서대로 값을 대응시킨다. 1이란 숫자에 대해서는 뽀로로, 2에 대해서는 루피를 대응시키는 식이다.

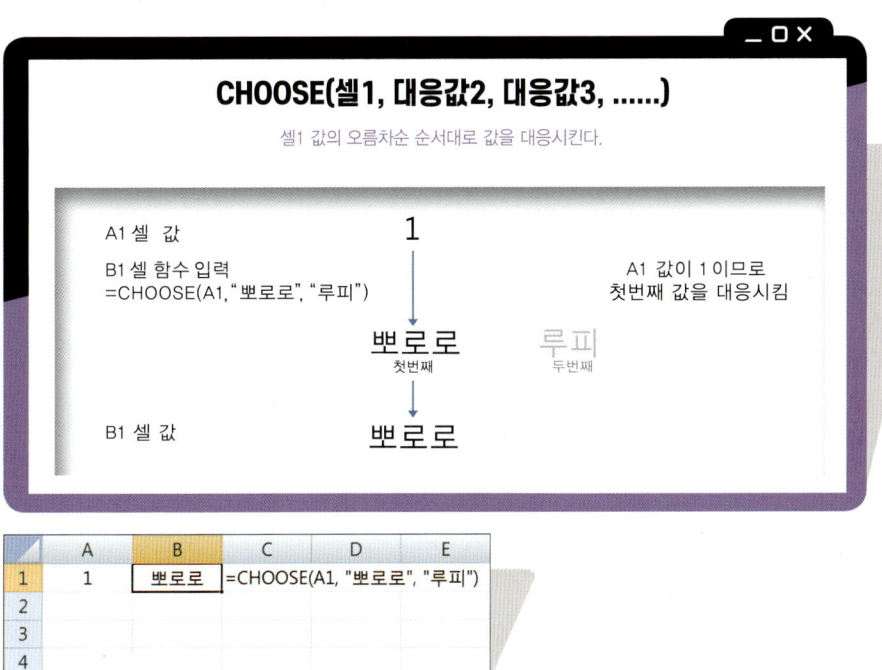

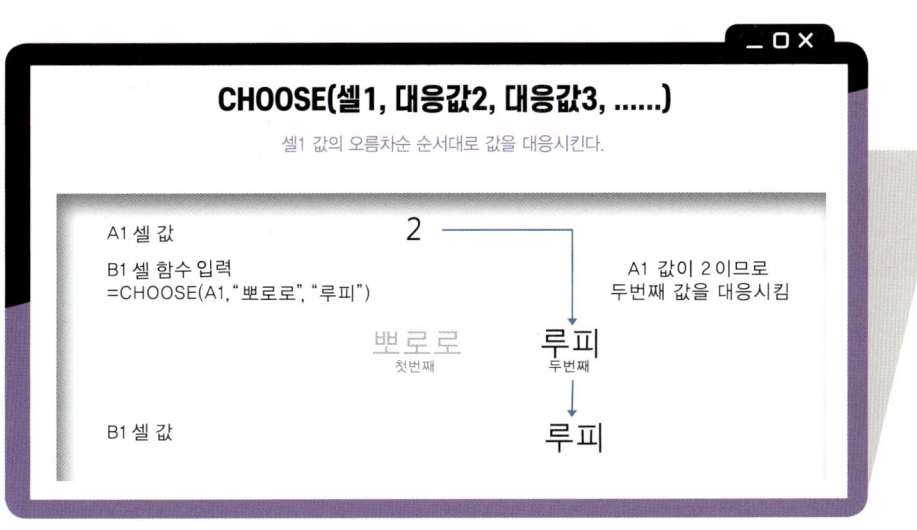

	A	B	C	D	E
1	2	루피	=CHOOSE(A1, "뽀로로", "루피")		
2					
3					
4					

CHOOSE() 함수의 강점은 CHOOSE() 함수는 1이상의 모든 자연수에 대해서 대응하므로, 분류되는 숫자가 다소 많아져도 분기하는데 문제가 없다는 것이다. 예를 들어 상기 샘플에서 캐릭터를 한 명 더 추가시켜 3명이 되더라도 함수의 구성은 크게 달라지지 않는다. 예를 들어 뽀로로, 루피에 이어 에디라는 캐릭터가 추가되면 수식에 '=CHOOSE(A1,"뽀로로","루피","에디")'와 같이 끝에 에디를 추가해주면 된다. 그러면 '1 → 뽀로로, 2 → 루피, 3 → 에디' 식으로 대응된다.

	A	B	C	D	E	F
1	3	에디	=CHOOSE(A1, "뽀로로", "루피", "에디")			
2						
3						
4						

캐릭터를 더 늘려서 4명이 되어도 별 차이가 없으며, 더 늘려도 마찬가지이다. 참고로 CHOOSE() 함수의 기준 셀 값은 최대 254까지 대응하므로, 캐릭터를 254명까지 늘려도 된다.

주의할 것은 CHOOSE() 함수는 기준 셀이 정수가 아닐 경우 소수점 아래를 버림 기준으로 대응시킨다는 것이다. 예를 들어 1.2 → 1, 2.9 → 2로 간주된다.

	A	B	C	D	E	
1	1	뽀로로	=CHOOSE(A1, "뽀로로", "루피")			
2	1.2	뽀로로	=CHOOSE(A2, "뽀로로", "루피")			A2셀을 1로 간주
3	2	루피	=CHOOSE(A3, "뽀로로", "루피")			
4	2.9	루피	=CHOOSE(A4, "뽀로로", "루피")			A4셀을 2로 간주
5						

만일 기준 셀 값이 0이나 음수일 경우는 #VALUE! 오류를 발생시키며 작동하지 않는다. 따라서 CHOOSE() 함수를 사용하려면 기준 셀 값은 최소한 1 이상이 되어야 한다.

	A	B	C	D	E	
1	0	#VALUE!	=CHOOSE(A1, "뽀로로", "루피")			작동 안함
2	-1	#VALUE!	=CHOOSE(A2, "뽀로로", "루피")			작동 안함
3						
4						
5						

SUM( ) + IF( ) + CHOOSE( )의 마법

이러한 CHOOSE() 함수의 특징을 잘 활용하면 조건이 매우 복잡하거나 지속적으로 추가되는 경우에도 한 가지 함수로 유연하게 대응할 수 있다. SUM() + IF() 함수를 조합하면 CHOOSE() 함수에 대응하는 다중 분기를 쉽게 만들 수 있기 때문에 SUM() + IF() + CHOOSE() 함수 조합은 실무에서 상당히 편리하게 쓰인다.

01 예를 들어 성적에 따른 평점을 부여한다고 할 때 다음과 같은 테크닉을 쓸 수 있다(예제 파일:3-3-1.xlsx).

〈성적에 따른 평점〉

성적	평점	점수 부여
90점 이상	수	1
80~90점	우	2
70~79점	미	3
60~69점	양	4
59점 이하	가	5

02 60점 미만에 대해서 1이 되도록 IF() 조건식을 입력한다.

B2 셀 = IF(A2<60, 1, 0)   ← 점수 60점 미만일 때 1 부여

03 50점은 70점 미만이기도 하다. 따라서 IF(A2<70, 1, 0) 함수를 하나 더 추가하고 SUM() 함수로 더해주면 값은 2가 된다.

C2 셀 = IF(A2<70, 1, 0)   ← 점수 70점 미만일 때 1 부여

04 같은 방식으로 함수를 추가해주면 합계 값을 점수에 따라서 다르게 넘버링 할 수 있다. 주의해야 할 점은 CHOOSE() 함수는 최소 단위가 1이기 때문에 '100점 이하'에도 1이 부여되게끔 함수를 설정해야 90점이 1이 된다는 것이다. 만일 이 항목을 빼먹으면 90점 이상은 0이 되어버린다.

> **D2 셀** = IF(A2<80, 1, 0)   ← 점수 80점 미만일 때 1 부여
> **E2 셀** = IF(A2<90, 1, 0)   ← 점수 90점 미만일 때 1 부여
> **F2 셀** = IF(A2<100, 1, 0) ← 점수 100점 미만일 때 1 부여

05 채우기 핸들로 셀을 복사해주면 점수에 대한 넘버링이 완료된다.

06 성적에 따른 학점을 부여하려면 다음과 같이 CHOOSE() 함수를 쓰면 된다. 이 테크닉은 CHOOSE() 함수를 사용할 때 꼭 익혀두어야 할 필수 스킬이다.

> **H2 셀** = CHOOSE(G2, "수", "우", "미", "양", "가")

실무 활용_ 해외 직구 면세 조건

CHOOSE() 함수는 실무에서 조건별로 각각 다른 수식이나 값을 적용해야만 할 때 쓴다. 만일 그 조건에 매우 복잡한 제한이 걸려있거나, 조건의 숫자가 추가되거나 바뀌는 경우에 최적의 함수라

고 할 수 있다. 예를 들어 소득세/법인세(누진세율), 전기요금(누진제), 성적 평점, 장학금 제도, 해외 직구 관/부가세, 보금자리론 자격조건, 신용카드 특별 포인트/마일리지 적립 등 조건 분기되는 모든 경우에 활용할 수 있다.

단, CHOOSE() 함수는 기준 값에 따라서 조건 분기를 다르게 하는 기능만 하는 함수이므로, 기준 값을 얻어내는 과정은 다른 함수의 도움을 받아야 한다. 보통 SUM() + IF() + CHOOSE() 조합으로 사용된다고 보면 된다. 다만, 제한 조건이 1개이거나 단순할 때는 VLOOKUP()이나 COUNTIF() 등의 다른 함수를 사용하는 쪽이 더 쉽고 편리한 경우도 있다.

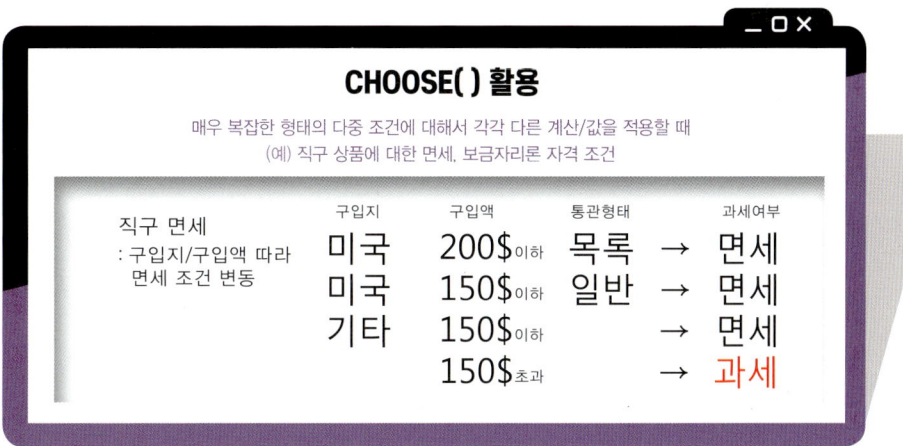

해외 직구의 면세조건 사례를 통해 CHOOSE() 함수 사용 테크닉을 익혀보자. 일반적으로 해외에서 직구한 상품을 면세받기 위해서는 다음과 같은 조건 중 최소 하나에 해당되어야만 한다.

구분	조건	면세 여부
1	소프트웨어, 책	면세(구입액 무관)
2	구입액 $150 이하	면세
3	구입액 $200 이하 + 미국 구입 + 목록통관 품목	면세(한미 FTA 특혜)

01 구입액, 구입 품목, 구입국, 통관 구분, 상품 종류 등이 기재된 다음과 같은 수백/수천 건 이상의 자료에서 면세 대상만을 정리한다고 가정해보자(예제 파일:3-3-2.xlsx).

	A	B	C	D	E	F	G	H
1	구입액	구입 품목	구입국	통관 구분	상품 종류			
2	481.57	아이패드 프로 12.9 256GB	미국	목록	태블릿			
3	250.68	오스카 피싱어의 삶과 일	독일	목록	책			
4	14.88	바비인형 선생님 세트	미국	목록	인형			
5	1.97	반창고 세트(40매)	미국	일반	의약품			
6	181.00	코치 남성용 시계	미국	목록	시계			
7	157.83	PS4 PRO	일본	목록	가전			
8								
9								

02 앞의 면세 조건은 얼핏 보면 단순해 보이지만, 생각보다 복잡한 다중 조건이다. 면세를 받기 위한 조건이 ①구입액 ②구입국 ③통관 구분 ④상품 종류를 모두 따져야만 하는 4중 조건이기 때문이다. 대상이 몇 건 안 된다면 수작업으로 직접 면세 대상 품목을 세겠지만, 자료가 수백/수천 건 이상이라면 다음과 같이 복잡한 IF() 중첩함수를 다시 시도하기 마련이다.

> **A1 셀** = IF(E2 = "책", "면세", IF(A2<=150, "면세", IF(C2="미국", IF(A2<=200, IF(D2="목록", "면세", "과세"), "과세"), "과세")))

다시 말해두지만 이런 IF() 중첩함수는 실무에서 쓰지 않으며, 써서도 안 된다. 면세규정이 바뀔 경우 수정이 어렵다는 점은 둘째 치고, 저렇게 복잡하면 수식이 맞는지 틀리는지조차 검증하기 어렵다. CHOOSE() 함수를 사용하는 것이 최선이다.

03 CHOOSE() 함수를 사용하려면 숫자별로 조건 분기하는 특성상 최우선적으로 넘버링 작업부터 해야 한다. 가장 강력한 기준을 제일 첫 번째에 배치하는 것이 포인트이다. 샘플의 경우라면 구매액 무관하게 면세인 소프트웨어/책을 1번으로 할당하면 된다(참고로 이 넘버링은 임시 넘버링이다).

넘버링(임시)	내용
1	면세 → 책
2	면세 → $150 이하 면세 → $150 초과 200$ 이하 미국 구입 목록통관 ($150 이하 면세 ↔ $150 초과 $200 이하는 배타 관계임을 알 수 있다)
3	과세 → $200 초과

04 넘버링을 한 다음에는 넘버링대로 숫자가 할당되게끔 조건식을 짠다. 정확한 다중 조건 분기를 확인하기 위해 해외 직구 면세조건을 정리해보면 2개의 충분조건과 3개의 필요조건으로 분류할 수 있다.

구분	면세 조건	비고
①	책은 구매액과 무관하게 면세이다	충분조건
②	$150 이하는 면세이다	충분조건
③	$150 초과 $200 이하이다	필요조건
④	미국에서 구입했다	필요조건
⑤	목록통관 품목이다	필요조건

①과 ②는 한 개만으로도 면세가 되는 충분조건이므로, ① / ② / ①+② 형태가 모두 면세지만, ③④⑤는 필요조건이라서 셋이 동시에 충족되어야만 면세가 된다. 따라서 3개의 열에 면세조건을 각각 입력해준다.

`F2 셀` = IF(E2="책", 1, 0)   ← ① 책은 구매액 무관 면세
`G2 셀` = IF(A2<=150, 1, 0)   ← ② $150 이하 면세
`H2 셀` = IF(AND(A2>150, A2<=200, C2="미국", D2="목록"), 1, 0)   ← ③④⑤ $150 초과 200$ 이하 + 미국 + 목록

05 위 예제에서 F:H열, 즉 숫자별로 면세조건 합계를 정리하면 다음과 같다.

0 : 과세
1 : 면세(책 / $150 이하 / 한미 FTA 면세)
2 : 면세(책 + $150 이하 / 책 + 한미FTA 면세)

CHOOSE() 함수는 0과 음수를 사용할 수 없기 때문에 넘버링을 0, 1, 2가 아닌 1, 2, 3 형태로 바꿔 줘야 한다. 따라서 과세 넘버인 0을 1이상의 정수인 3으로 바꾼다.

`I2 셀` = SUM(F2:H2)   ← 면세조건 합계/최대 2
`J2 셀` = IF(I2 = 0, 3, I2)   ← 넘버링 0→3으로 값을 바꿈

06 K2 셀에 다음과 같이 CHOOSE() 함수로 1과 2는 면세, 3은 과세로 입력하고 F2부터 K2까지 블럭 설정한 후 채우기 핸들로 복사한다.

`K2 셀` = CHOOSE(J2, "면세", "면세", "과세")

이상이 실무에서 CHOOSE() 함수를 사용하는 테크닉이다. 실무에서 상당히 편리하게 사용할 수 있는 테크닉이므로 번거롭더라도 배워야 한다.

07 앞서도 설명했듯이 CHOOSE() 함수를 사용할 경우 조건을 지속적으로 추가해도 함수에는 큰 변화가 없다는 것이 장점이다. 예를 들어 한-EU FTA에서는 인보이스(무역 거래 송장)에 FTA 원산지를 나타내는 기준을 충족시킬 경우 €6,000까지 면세가 되는데, 다음과 같이 자료와 조건을 추가시켜도 아무런 문제가 없다.

| I8 셀 | = IF(F8="있음", 1, 0) |

	A	B	C	D	E	F	G	H	I	J	K	L	M
1	구입액	구입 품목	구입국	통관 구분	상품 종류	invoic	책	~$150	EU, FT	한미FTA	계	기준셀	세금
2	481.57	아이패드 프로 12.9 256GB	미국	목록	태블릿	-	0	0	0	0	0	3	과세
3	250.68	오스카 피싱어의 삶과 일	독일	목록	책	-	1	0	0	0	1	1	면세
4	14.88	바비인형 선생님 세트	미국	목록	인형	-	0	1	0	0	1	1	면세
5	1.97	반창고 세트(40매)	미국	일반	의약품	-	0	1	0	0	1	1	면세
6	181.00	코치 남성용 시계	미국	목록	시계	-	0	0	0	1	1	1	면세
7	157.83	PS4 PRO	일본	목록	가전	-	0	0	0	0	0	3	과세
8	999.00	정밀 공구	독일	일반	공구	있음	0	0	1	0	1	1	면세
9													
10													

인보이스 FTA 원산지 표시 여부(F열)와 EU FTA 면세기준(I열)을 각각 추가하고, $999 짜리 정밀 공구를 직구 했을 때도 자료에는 아무런 차이가 없음을 알 수 있다. 조건을 더 추가시켜도 수식은 크게 달라지지 않는다.

MID( ), 소환술의 실현, 원하는 부분만 불러오기

MID( ) 함수는 어떤 셀의 문자 중에서 일부만을 가져오는 기능을 하는 함수이다. 실무에서는 전산화된 자료를 많이 다루게 되는데, 이런 자료를 2차 가공하기 위해 다른 함수와 조합해서 많이 쓴다. 4장에서 설명할 LEFT( ), RIGHT( ) 함수와 기본적인 기능은 동일하지만, 중간 몇 번째 글자부터 가져올 것인지를 지정할 수 있다.

MID( ) 함수 기본 사용법

MID( ) 함수 사용법은 비교적 간단하다. 기본 형식은 MID(셀1, 숫자2, 숫자3)으로 셀1에서 숫자 2번째 글자부터 세어서 숫자 3만큼의 글자를 가져온다.

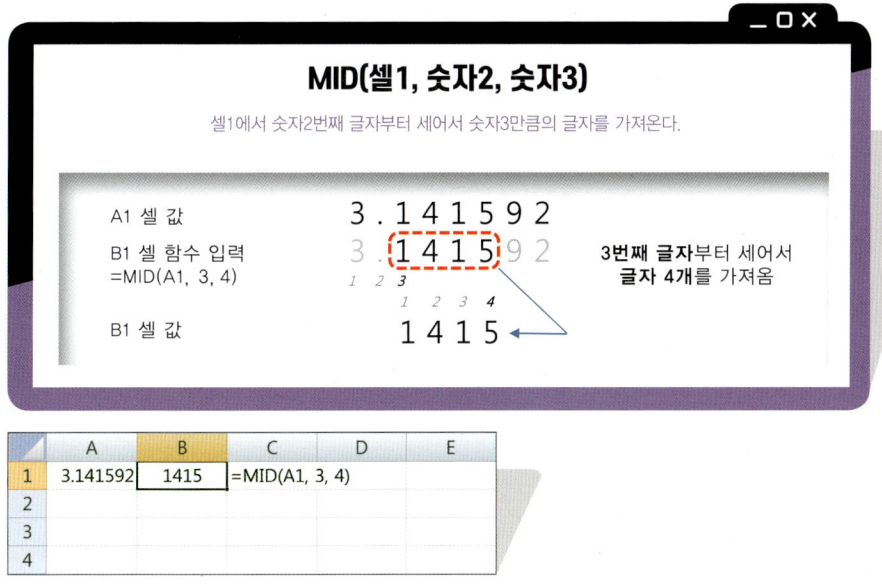

조심해야 할 것은 공백도 문자로 세어서 포함시킨다는 점이다. A1셀의 '뽀롱뽀롱 뽀로로'에서 4번째 글자부터 3개를 B2셀에 가져오라고(=MID(A1, 4,3))하면 '롱 뽀'가 나타난다. 공백도 문자에 포함시켜 세었기 때문이다. B3셀의 '냉장고나라 코코몽'도 마찬가지이다.

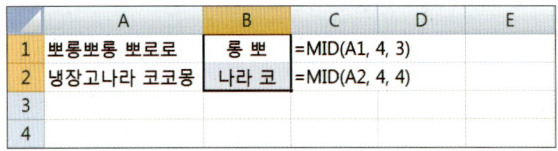

만일 첫 번째 글자부터 시작해서 3글자를 가져오는 경우라면 4장에서 설명할 LEFT() 함수와 동일한 기능이 된다. 따라서 MID() 함수는 기능상 LEFT() 함수의 기능을 포함하기 때문에 상위 호환 함수로 보면 된다.

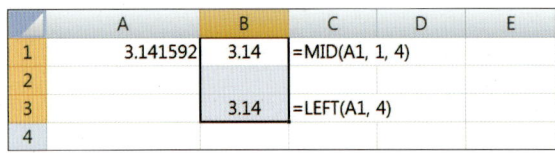

MID() 함수는 문자열 함수 중에서는 가장 사용빈도가 높고 실무에서 매우 편리하기 때문에 꼭 배워야 하는 함수이다. VLOOKUP()과 MID() 함수의 조합은 실무에서 가장 많이 사용되는 함수 조합 중 하나이다.

실무 활용①_ 재고/부품/상품 코드 추출

MID() 함수는 문자열 함수라는 속성상 단독으로 결과를 얻어내기는 어렵다. 보통 어떤 기초 자료를 VLOOKUP() 함수나 IF() 함수 등에서 사용하기 위해 유의미한 숫자로 분해하거나, 자료의 출처 등을 인용해서 표기하는 용도로 많이 쓴다. 실무에서 크게 다음과 같은 2가지 용도에서 매우 유용하게 쓰인다.

(1) 재고/부품/상품 코드 추출
(2) 기준시점 표시/점검

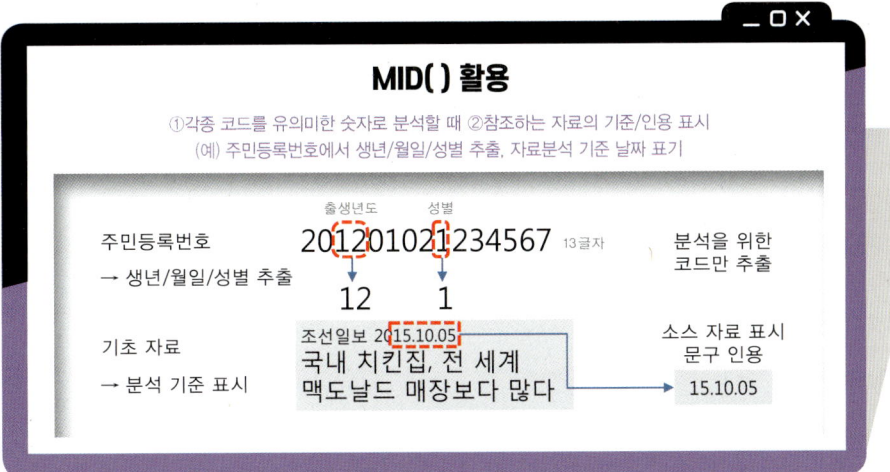

모든 기업체 및 관공서는 일반인이 알아보기 힘든 형태의 코드를 업무에 사용한다. 상품에 고유한 코드를 부여하는 시스템은 지금 사용하지 않는 경우를 찾아보기가 어려울 정도로 일반화된 상태이다. 대표적인 것이 주민등록번호인데 생년월일 / 성별 / 지역 / 진위 검증 숫자 등이 복합된 코드이다.

문제는 이처럼 전산화를 위해 만들어진 코드화 자료는 난해해서 사람이 직접 이용하기 어렵다는 것이다. 컴퓨터용 코드를 어째서 사람이 직접 이용해야 하는지 이해가 안 갈 수 있겠지만, 회사의 현실은 예상과는 많이 다르다. 비용과 시간문제로 실무자가 원하는 모든 기능을 전산팀에서 개발해주지 않는 반면, 회사 상사는 부하 직원에게 복잡한 형태의 오더를 수시로 쏟아낸다. 심지어 빠른 피드백을 요구하기까지 한다. 결국 컴퓨터용 코드로 작성된 자료를 직원이 직접 2차 가공해서 상사가 원하는 결과물을 만들어서 보고하는 경우가 비일비재하다.

MID() 함수는 이처럼 비정기적, 불규칙한 형태의 자료를 다룰 때 매우 유용하다. 보통 코드는 자리 수 위치별로 다른 의미를 갖는데, 분석을 위해 해당 코드만 따로 추출할 때 MID() 함수를 쓴다.

01 다음 예제는 '삼성 무풍 에어컨' 상품코드인데, 이 상태로는 분석이 어렵기 때문에 유의미한 코드 단위로 분리해 줄 필요가 있다(예제 파일:3-4-1.xlsx).

	A	B	C	D	E	F
1	상품 코드	코드①	코드②			
2	AF16K7971WVR					
3	AF18M7971WVK					
4	AF25M7971WZR					
5	AF16K7970WFR					
6	AF18M7970WFB					
7	AF25M7970WFR					
8						

02 MID() 함수를 이용해서 앞에서부터 2글자, 3번째 글자부터 2글자를 추출해보자. B2셀(코드①)에 '=MID(A2, 1,2)' 수식을 넣고 채우기 핸들로 채워 넣으면 된다. C2셀(코드②) 역시 '=MID(A2, 3,2)' 수식을 넣고 채우기 핸들로 채워 넣으면 된다.

> B2 셀 = MID(A2, 1,2)
> I8 셀 = MID(A2, 3,2)

	A	B	C	D	E	F
1	상품 코드	코드①	코드②			
2	AF16K7971WVR	AF	16	=MID(A2, 3,2)		
3	AF18M7971WVK	AF	18			
4	AF25M7971WZR	AF	25			
5	AF16K7970WFR	AF	16			
6	AF18M7970WFB	AF	18			
7	AF25M7970WFR	AF	25			
8						

03 이렇게 추출된 코드는 VLOOKUP() 함수와 조합하여 코드를 해석하거나 변환하게 된다. 경우에 따라서는 앞의 예제처럼 코드①과 ②로 추출한 코드를 & 연산자나 CONCATENATE() 함수를 사용하여 부분적으로 코드를 다시 합쳐서 재구성하기도 한다.

각종 코드를 분석하기 위해 일부분만 추출할 때 항상 MID() 함수를 쓴다. 간혹 오른쪽부터 문자를 추출해야 하는 경우에 RIGHT() 함수가 쓰이는 경우가 있지만, 대개의 경우는 MID() 함수만으로도 충분하다. MID()와 & 연산자는 동전의 앞면과 뒷면처럼 엮어져 있다고 보면 된다.

실무 활용②_ 기준시점 표시/점검

실무에서는 기준 시점이나 지역과 같은 전제 조건을 두고 뭔가를 분석하거나 계산하는 경우가 많다. 예를 들어 '2017년 12월말 기준 KOSPI 시가총액'과 같이 특정 업종 평균 주가수익비율(PER)을 구하거나 '2018년 8월말 기준 신도림 치킨점 개수'처럼 신도림 치킨점 영업반경 밀도를 구하는 식이다. 이럴 때도 MID() 함수는 유용하게 쓰인다.

언젠가 예제와 같은 기사가 신문에 실린 적이 있다. D1 셀에 명확하게 '2015.10.15'이라는 기준 숫자가 적혀있다. 이처럼 자료를 작성한 시간/출처 등은 전산 시스템이나 지면, 또는 데이터베이스 자료 한 귀퉁이 등에 명시되는 경우가 대부분이다. 실시간을 기준으로 자료를 다루는 경우는 극히 예외적인 상황을 제외하면 없다고 보아도 된다. 많은 시간을 투입하여 자료를 작성했는데, 도중에 새롭게 현황이 갱신되었다고 해서 바뀐 숫자를 반영할 수는 없기 때문이다. 따라서 TODAY(), DATE(), NOW()처럼 실시간으로 값이 갱신되는 날짜 함수군은 사실상 실무에서 쓸 일이 없다.

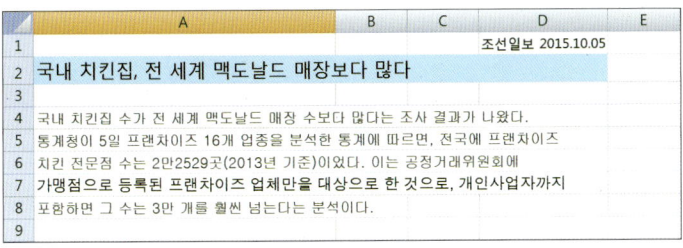

MID() 함수는 이러한 기준 시점을 읽어 와서 보고서에 표시하거나 점검, 정리할 때 매우 유용하게 쓰인다. 회사 소식지는 엑셀 파일이나 메일 형태로 배포하는 경우가 많은데, 판형을 항상 동일하게 유지하기 마련이다. 따라서 이런 자료를 2차 가공할 때는 단순히 빈 시트에 옮겨 붙여 넣고 판형의 출처에서 MID()나 4장에서 설명할 LEFT(), RIGHT() 함수로 읽어오도록 작성하면 된다.

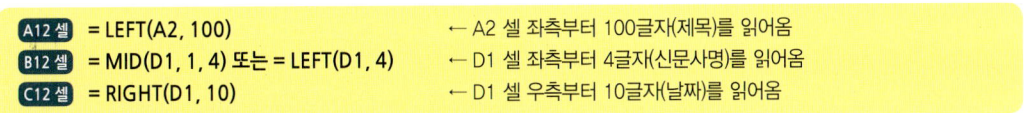

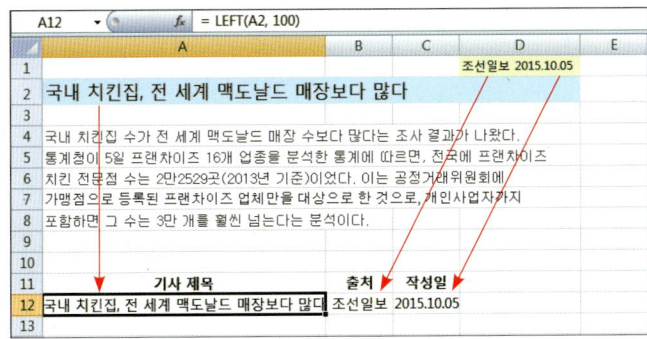

위 예제(예제 파일:3-4-2.xlsx)처럼 기사의 제목/신문사/작성일 등을 추출해서 목록으로 정리하거나, 기사의 출처나 작성일을 기준으로 현황을 만드는 등 2차 분석을 할 수도 있다. 이런 경우에 MID(), LEFT(), RIGHT() 함수는 편리하게 쓰인다.

VLOOKUP( ), 어디엔가 있을 짝을 찾고 계신다면

실무에서 가장 중요하다고 말할 수 있는 함수가 바로 VLOOKUP()이다. VLOOKUP() 함수를 어떻게 활용하느냐에 따라 엑셀의 작업 효율은 적어도 몇 배에서 많게는 수십 배까지 달라진다. 기본 사용법은 물론, 응용, 타 함수와의 연계방법 등에 이르기까지 철저하게 익혀야 한다.

엑셀 실무에서 IF(), SUM()과 함께 가장 많이 쓰이는 엑셀 3대 함수 중의 하나라고 보아도 과언이 아니다. 대부분의 직원들이 IF()와 SUM() 함수는 웬만큼 사용하고 실력 편차도 크지 않지만, VLOOKUP() 함수는 능숙한 사람과 그렇지 못한 사람 간의 실력 편차가 매우 큰 편이다. 다른 함수들보다 함수 사용법이 상대적으로 복잡하고, 전제조건 및 옵션 등이 다소 어렵기 때문인데, 타 함수와의 연계 테크닉을 활용할 정도로 능숙해지면 업무효율은 비약적으로 높아진다. 무조건 배우고 익숙해져야 하는 함수이다.

VLOOKUP( ) 기본 사용법

VLOOKUP()의 기능 자체는 매우 단순하다. 어떤 키워드를 제시하면 그와 연관된 값을 찾아주는 기능이라고 생각하면 이해하기 쉽다. 예를 들어 대부분의 주소록은 이름, 주소, 전화번호 순으로 정리되어 있는데, 이 경우 키워드는 '이름'이다. 이름만 알면 주소나 전화번호를 주소록에서 찾을 수 있기 때문이다. 즉, 다음과 같은 관계가 성립한다.

> 이름 → 주소
> 이름 → 전화번호

이처럼 VLOOKUP() 함수는 ①어떤 키워드를 제시하면 ②키워드가 수록된 표를 뒤져서 ③해당되는 값을 가져온다. 예를 들어 아동 애니메이션 캐릭터 '뽀로로'와 '코코몽'의 출연 프로그램과 제작사는 다음과 같다.

뽀로로
이름   : 뽀로로
출연 프로그램   : 뽀롱뽀롱 뽀로로
제작사   : 아이코닉스

코코몽
이름   : 코코몽
출연 프로그램   : 냉장고나라 코코몽
제작사   : 올리브 스튜디오

위 정보를 바탕으로 다음과 같이 캐릭터별 키워드 표를 만들 수 있다.

	A	B	C	D
1	이름	출연 프로그램	제작사	
2	뽀로로	뽀롱뽀롱 뽀로로	아이코닉스	
3	코코몽	냉장고나라 코코몽	올리브 스튜디오	
4				

일단 위와 같은 키워드 표만 만들어 놓으면 '뽀로로'나 '코코몽'이란 캐릭터를 전혀 모르더라도 출연한 프로그램명이나 제작사명을 쉽게 알 수 있다. 가로/세로가 크로스하는 값을 읽으면 되기 때문이다.

가로 뽀로로　**세로** 출연 프로그램　→ 뽀롱뽀롱 뽀로로

	A	B	C	D
1	이름	**출연 프로그램**	제작사	
2	**뽀로로**	**뽀롱뽀롱 뽀로로**	아이코닉스	
3	코코몽	냉장고나라 코코몽	올리브 스튜디오	
4				

가로 뽀로로　**세로** 제작사　→ 아이코닉스

	A	B	C	D
1	이름	출연 프로그램	**제작사**	
2	**뽀로로**	뽀롱뽀롱 뽀로로	**아이코닉스**	
3	코코몽	냉장고나라 코코몽	올리브 스튜디오	
4				

가로 코코몽　**세로** 제작사　→ 올리브 스튜디오

	A	B	C	D
1	이름	출연 프로그램	**제작사**	
2	뽀로로	뽀롱뽀롱 뽀로로	아이코닉스	
3	**코코몽**	냉장고나라 코코몽	**올리브 스튜디오**	
4				

VLOOKUP( ) 함수를 사용하기 위한 전제조건

VLOOKUP()은 키워드가 수록되어 있는 표에서 값을 찾아오는 함수이다. 앞서 설명한 바와 같이 기능 자체는 매우 단순하지만, 몇 가지 전제조건이 필요하다.

① 키워드가 수록된 표가 있어야 한다.
표에서 값을 찾아오기 때문에 키워드 표는 필수적으로 필요하다.

② 키워드는 반드시 표의 첫 번째 열에 위치해야 한다.
키워드를 기준으로 관련된 값을 찾기 때문이다
※ 첫 번째 열이 아니면 위치를 바꿔주거나 MATCH() & INDEX() 함수를 쓴다.

③ 키워드 당 1개의 관련 값만 읽어온다.
엑셀은 2차원 평면이므로 가로/세로가 크로스 하는 값은 한 개만 읽을 수 있다.
관련 값이 여러 개일 경우는 몇 번째를 읽어올 것인지 순서를 지정해줘야 한다.
※ 3개 이상의 다중 조건은 피벗테이블과 GETPIVOTDATA() 함수를 쓴다.

VLOOKUP( ) 함수 사용법을 도식화하면 다음과 같다.

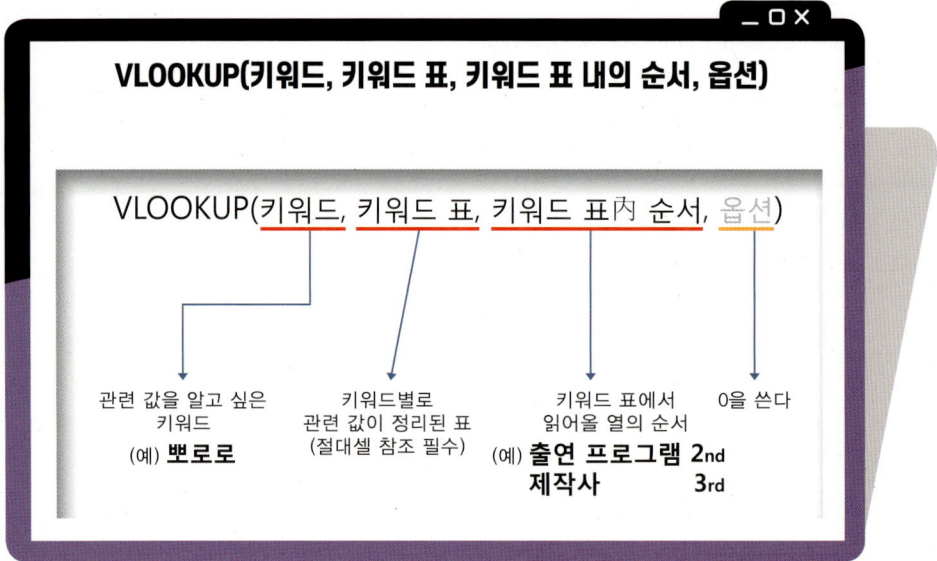

키워드

첫 번째는 관련 값을 알고 싶은 키워드이다. 예제의 경우는 '뽀로로'나 '코코몽' 같은 캐릭터 이름이 해당된다. VLOOKUP() 함수는 키워드와 관련 값을 1:1로 매칭시키므로 오직 한 개의 키워드에만 대응한다. 만일 키워드를 범위로 지정하면 VLOOKUP() 함수는 작동하지 않는다.

소속 표(키워드 표)

두 번째는 쉽게 말하면 키워드가 수록된 자료를 말한다. 즉, 키워드와 그 키워드에 대응하는 각종 값들이 정리되어 있는 자료이며, 대개의 경우는 표의 형태로 만들어져 있다. 예제의 경우는 A1:C3까지의 범위가 표에 해당된다. 참고로 VLOOKUP() 함수에서 키워드 표는 반드시 절대 셀 참조($)로 범위를 지정해야 한다.

> A1:C3 → $A$1:$C$3

만일 절대 셀($)로 처리하지 않으면 셀을 옮기거나 채우기 핸들로 수식을 복사했을 때 키워드 표 값이 위치에 따라서 바뀌어 버린다. VLOOKUP() 함수는 한 개의 키워드 표에서 관련 값을 찾는 경우가 대부분이므로 참조하는 표의 범위가 바뀌어서는 안 된다.

키워드 표 內 순서

세 번째는 표에서 1:1로 대응시킬 열의 순서를 말한다. 표의 첫 번째 열은 검색의 기준이 되는 키워드이므로, 두 번째 이후에서 대응 값을 찾게 된다. 2이면 두 번째 열, 3이면 세 번째 열에서 관련 값을 찾아온다. 예제의 경우는 관련 값이 '출연 프로그램'일 경우 2, '제작사'일 경우는 3이 된다. VLOOKUP() 함수는 1:1 대응이 원칙이다. 키워드에 관련 값이 2개 이상이더라도 오직 한 개의 관련 값만 찾을 수 있다. 어떤 관련 값을 찾을 것인가를 지정해줘야 하므로 열의 숫자를 써주는 것이다.

옵션

네 번째 0은 찾기 옵션인데, 0이면 정확하게 일치하는 값, 1이면 근삿값을 찾는다. 대개의 경우 0을 쓰면 된다. 1을 쓸 경우는 고급 테크닉이기 때문에 뒷부분에서 따로 설명한다.

> 0 : 샘플과 일치하는 값
> 1 : 샘플과 비슷한 값

만일 옵션을 생략하거나 1을 쓰면 근삿값을 찾아오기 때문에 반드시 0을 써줘야 한다. 예제에서 '코코몽'의 제작사가 알고 싶다면 VLOOKUP() 함수는 다음과 같이 된다.

> A1 셀 = 코코몽
> B1 셀 = VLOOKUP(A1, $A$5:$C$7, 3, 0) = 올리브 스튜디오

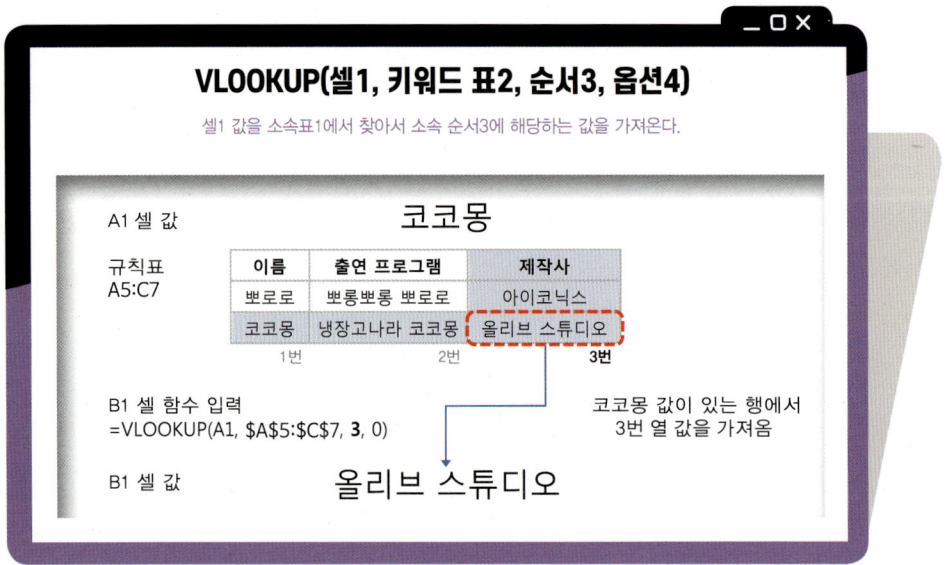

위 수식에서 첫 번째 A1은 표에서 찾을 키워드를 말한다. A1='코코몽'이므로 VLOOKUP() 함수는 키워드로 '코코몽'을 찾게 된다. 두 번째 $A$5:$C$7은 키워드를 찾을 표이고, 세 번째 3은 키워드 내(內) 순서를 말하는데 세 번째 순서는 '제작사'이다. 네 번째 0은 검색 옵션으로 정확하게 일치하는 값을 의미한다. 따라서 정리하면 '코코몽'이 속해있는 제작사를 키워드 표에서 찾으라는 의미가 되고, 답은 '올리브 스튜디오'이다.

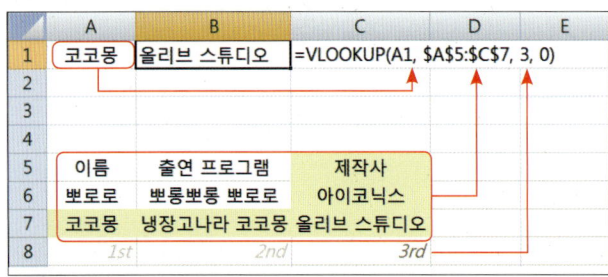

마찬가지로 '뽀로로'가 출연한 프로그램명을 알고 싶다면 VLOOKUP() 함수는 다음과 같이 된다.

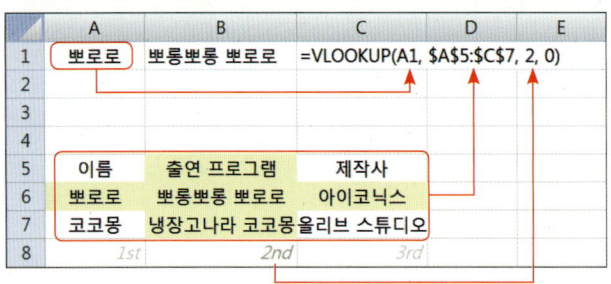

VLOOKUP() 함수를 사용할 때 주의해야 할 3가지

첫째, 검색 키워드가 키워드 표에 없으면 VLOOKUP() 함수는 작동하지 않는다. 검색 키워드로 A1 셀에 '뽀로로'의 친구 캐릭터인 '루피'를 입력해보면 다음과 같이 된다.

	A	B	C	D	E
1	루피	#N/A	=VLOOKUP(A1, $A$5:$C$7, 2, 0)		
2					
3					
4					
5	이름	출연 프로그램	제작사		
6	뽀로로	뽀롱뽀롱 뽀로로	아이코닉스		
7	코코몽	냉장고나라 코코몽	올리브 스튜디오		
8	*1st*	*2nd*	*3rd*		

키워드 표에 루피라는 이름이 없기 때문에 VLOOKUP() 함수는 관련 값을 찾아오지 못하고 #N/A 메시지를 내보냈다. 따라서 #N/A 에러가 발생했다면 키워드 표에 해당 키워드가 없다고 보면 된다.

둘째, VLOOKUP() 함수를 위한 키워드 표는 국어사전이나 영어사전처럼 1:1 대응을 원칙으로 만들어야 한다. 다음 두 개의 경우를 비교해 보자.

	A	B	C	D
1	**이름**	**출연 프로그램**	**제작사**	
2	뽀로로	뽀롱뽀롱 뽀로로	아이코닉스	
3	루피	뽀롱뽀롱 뽀로로	아이코닉스	
4	에디	뽀롱뽀롱 뽀로로	아이코닉스	
5				
6	**출연 프로그램**	**이름**	**제작사**	
7	뽀롱뽀롱 뽀로로	뽀로로	아이코닉스	
8	뽀롱뽀롱 뽀로로	루피	아이코닉스	
9	뽀롱뽀롱 뽀로로	에디	아이코닉스	
10				

위쪽 표의 경우 키워드인 '이름'이 출연 프로그램 및 제작사와 1:1로 정확히 대응된다. 하지만 아래쪽 표의 경우는 기준 키워드인 '출연 프로그램'이 이름과 1:1로 대응되지 않는다. '뽀롱뽀롱 뽀로로'에 출연한 캐릭터는 3명(뽀로로, 루피, 에디)이나 있기 때문이다. 이처럼 키워드가 1대 다수로 대응할 경우 VLOOKUP() 함수는 다음과 같이 무조건 첫 번째 값을 찾아온다.

	A	B	C	D	E
1	뽀롱뽀롱 뽀로로	뽀로로	=VLOOKUP(A1, $A$5:$C$8, 2, 0)		
2					
3					
4					
5	**출연 프로그램**	**이름**	**제작사**		
6	뽀롱뽀롱 뽀로로	뽀로로	아이코닉스		
7	뽀롱뽀롱 뽀로로	루피	아이코닉스		
8	뽀롱뽀롱 뽀로로	에디	아이코닉스		
9					

키워드 표에서 관련된 첫 번째 값을 찾아와서 '뽀로로'가 되었다. 만일 찾고 싶은 값이 '루피'나 '에디'였다면 검색 키워드로 '뽀롱뽀롱 뽀로로'는 적당하지 않기 때문에 키워드 표 자체를 잘못 작성한 것이다.

참고로 VLOOKUP() 함수에서 참조하는 키워드 표에 대한 제약은 국어사전과 동일하다. 국어사전도 한 개의 키워드에 하나의 설명만 적혀있고, 동음이의어처럼 한 개의 키워드에 2개 이상의 설명이 있는 경

우에는 위첨자 등으로 각각을 다른 키워드로 구분해서 수록한다. 하나의 키워드에 완전히 다른 내용이 여러 개 대응한다면 어떤 값을 찾아올지 알 수 없기 때문이다.

셋째, 키워드 표는 항상 절대 셀 참조($) 형태로 지정해야 한다. 만일 절대 셀 참조를 생략하면 셀을 복사할 경우 올바르지 않은 키워드 표에서 값을 찾게 되기 때문이다. 예를 들어 다음과 같이 절대 셀 참조를 사용하지 않은 샘플이 있다고 가정하자.

	A	B	C	D	E
1	뽀로로	뽀롱뽀롱 뽀로로	=VLOOKUP(A1, A5:C8, 2, 0)		
2	코코몽				
3	콩순이				
4					
5	이름	출연 프로그램	제작사		
6	콩순이	엉뚱발랄 콩순이	영실업		
7	코코몽	냉장고나라 코코몽	올리브 스튜디오		
8	뽀로로	뽀롱뽀롱 뽀로로	아이코닉스		
9					

A2 셀의 '코코몽'과 '콩순이'가 출연한 프로그램을 알기 위해 B1을 채우기 핸들로 B3까지 복사해 넣으면 다음과 같은 결과가 나온다.

	A	B	C	D	E
1	뽀로로	뽀롱뽀롱 뽀로로	=VLOOKUP(A1, A5:C8, 2, 0)		
2	코코몽	냉장고나라 코코몽	=VLOOKUP(A2, A6:C9, 2, 0)		
3	콩순이	#N/A	=VLOOKUP(A3, A7:C10, 2, 0)		
4					
5	이름	출연 프로그램	제작사		
6	콩순이	엉뚱발랄 콩순이	영실업		
7	코코몽	냉장고나라 코코몽	올리브 스튜디오		
8	뽀로로	뽀롱뽀롱 뽀로로	아이코닉스		
9					

B3셀에서 #N/A 에러가 발생했다. 앞서 설명한대로 #N/A 에러는 키워드가 표에 없다는 것을 의미하는데, 실제로 B3 셀에 입력된 키워드 표의 범위는 A7:A10이므로 채우기 핸들로 복사하는 과정에서 6행이 빠지고 9행이 포함되었음을 알 수 있다. 이런 문제를 예방하려면 키워드 표는 항상 절대 셀 참조, 즉 $A$5:$C$8 형태로 지정하는 습관을 들여야 한다.

실무 활용① _ 상품/제품 코드 변환

VLOOKUP() 함수는 실무에서 ①암호처럼 난해한 문자/숫자로 구성된 각종 코드를 이해하기 쉬운 단어로 변환할 때, ②기준에 따라서 값을 다르게 적용할 때 흔히 쓰인다. 전자의 경우라면 'AF19N9970WFK'라는 난해한 상품 코드를 '삼성 무풍에어컨 스탠드형 19평 LED 메탈 2+1 흰색 공기청정기능 포함 실외기 있는 모델'로 변환하는 기능이라고 보면 된다. 후자의 경우는 '뽀로로의 국어 성적은 몇 점인가'라든가 '2018년 근로소득이 4,323만 원일 때 근로소득세가 얼마인지'를 계산하는 경우를 생각하면 이해하기 쉬울 것이다.

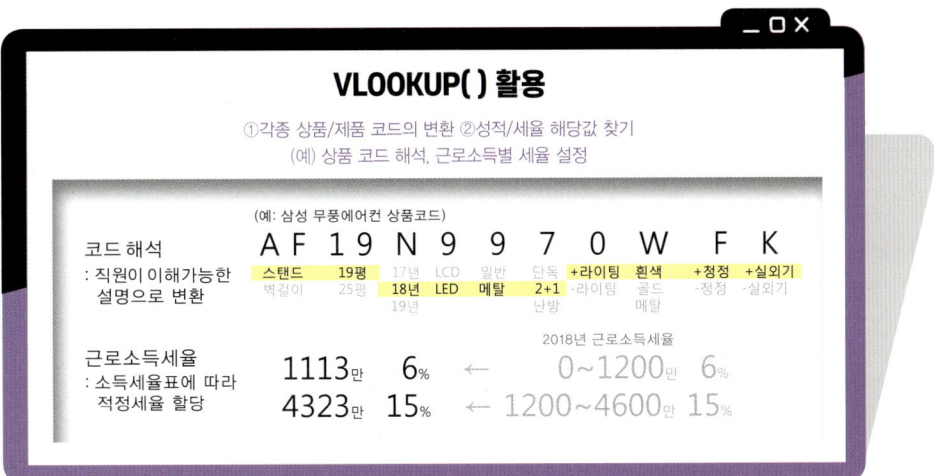

VLOOKUP() 함수는 범용성이 매우 높은 함수이므로 활용방법도 다양하고 적용할 수 있는 범위도 매우 넓다. 대부분의 회사는 업무 자체는 전산화되어 있지만 담당자가 활용하기 편리한 형태로까지 전산화된 경우는 없다. 특히 자료가 제한된 포맷이나 가공되지 않은 RAW 데이터 형태로 제공되는 경우라면 VLOOKUP() 함수는 매우 강력하고 편리한 도구가 된다.

실무에서는 상품/제품/품질/구매 등 각종 코드로 구성된 자료(키워드)와 그 코드를 해설해 놓은 코드집을 함께 배포한다. 말이 좋아서 함께 배포지 한마디로 상품 자료는 코드 형태로 던져 줄 테니 직원이 직접 코드집에서 해설을 찾아서 업무에 활용하라는 이야기다. 보통 직원들이 한 손에 코드집을 펼쳐들고 모니터 화면을 들여다보며 작업하게 되는데, 비효율의 극치라고 해도 과언이 아니다. 이런 경우 코드로 된 자료를 VLOOKUP() 함수로 변환해서 쓰면 될 것 같지만, 현실은 그렇게 친절하지 않다. 다음은 삼성 무풍 에어컨의 상품 코드별 재고 현황과 그 코드집 예제이다(예제 파일:3-5-1.xlsx).

	A	B	C	D	E	F	G	H	I	J	K	L	M	N	O	P
1	상품코드	재고		①	②	③	④	⑤	⑥	⑦	⑧	⑨	⑩	해석①	해석②	
2	AF16K7971WVR	4														
3	AF18M7971WVK	2														
4	AF25M7971WZR	0														
5	AF16K7970WFR	3														
6	AF18M7970WFB	1														
7	AF25M7970WFR	2														
8																
9																
10																

코드표 예시(삼성 무풍 에어컨)

①	②	③	④	⑤	⑥	⑦	⑧	⑨	⑩
AF	19	N	9	9	7	0	W	F	K

① AF　　AF → 스탠드,　　AR → 벽걸이
② 19　　19 → 19평,　　25 → 25평형
③ M　　M → 17년형,　　N → 18년형,　　O → 19년형
④ 9　　7 → LCD,　　9 → LED
⑤ 9　　7 → 일반,　　9 → 메탈
⑥ 7　　5 → 스탠드,　　7 → 2+1,　　9 → 난방
⑦ 0　　0 → 라이팅,　　1 → 라이팅 X
⑧ W　　W → 화이트,　　G → 골드,　　B → 메탈 티타늄
⑨ F　　F → 청정,　　Z → 청정 X,　　V → 청정 X
⑩ K　　K → 실외기,　　R → 실외기,　　N → 실외기 X

코드로 표시된 재고 현황과 코드표는 주어졌지만, 표가 아닌 그림의 형태이기 때문에 VLOOKUP() 함수를 그냥 쓸 수 없다. 유감스럽게도 현실에서 자료는 항상 이런 식으로 주어지는 경우가 대부분이다. VLOOKUP() 함수를 쓰려면 자료와 키워드 표를 함수에 맞게 규격화해서 만들어주는 작업을 먼저 해줘야 한다. 실무에서는 이런 사전 작업이 VLOOKUP() 함수 자체보다 더 많은 비중을 차지하므로 결코 가볍게 여겨서는 안 된다. 키워드 표를 잘못 작성하면 당연히 VLOOKUP() 함수의 결과 값도 틀리게 된다.

01 우선 자료부터 VLOOKUP() 함수를 사용할 수 있도록 변환해야 한다. 코드표를 보면 삼성 무풍 에어컨 상품코드는 앞쪽 4자리는 2글자씩, 5번째 자리부터는 1글자씩 의미를 갖는다. 따라서 먼저 2자리씩 숫자를 나눠줘야 하며 이때 MID() 함수를 쓴다(135p MID() 함수 사용법 참조).

> 형태① (D2 셀)　= MID(A2, 1, 2)　　← A2 셀에서 1번째부터 2개 문자를 가져옴
> 평형② (E2 셀)　= MID(A2, 3, 2)　　← A2 셀에서 3번째부터 2개 문자를 가져옴
> 연도③ (F2 셀)　= MID(A2, 5, 1)　　← A2 셀에서 5번째부터 1개 문자를 가져옴
> 패널④ (G2 셀)　= MID(A2, 6, 1)　　← A2 셀에서 6번째부터 1개 문자를 가져옴
> ...

	A	B	C	D	E	F	G	H	I	J	K	L	M	N	O	P
1	상품코드	재고		①	②	③	④	⑤	⑥	⑦	⑧	⑨	⑩	해석①	해석②	
2	AF16K7971WVR	4		AF	16	K	7	9	7	1	W	V	R			
3	AF18M7971WVK	2														
4	AF25M7971WZR	0														
5	AF16K7970WFR	3														
6	AF18M7970WFB	1														
7	AF25M7970WFR	2														
8																
9																

이런 식으로 원하는 형태로 차례차례 쪼개주면 된다. 단, MID() 함수가 문자열 함수이기 때문에 숫자를 불러오더라도 문자로 처리된다는 것에 주의해야 한다. 예를 들어 ④번의 7은 숫자가 아니라

문자로 취급되므로 키워드 표를 만들 때도 '7 형태로 아포스트로피 기호(')를 붙여줘야 한다. VLOOKUP() 함수를 사용하기 위해 MID() 함수로 먼저 자료를 분리하는 기능은 실무에서 자주 사용하는 테크닉이므로 꼭 배워야 한다. 이 방법을 쓸 줄 모른다면 VLOOKUP() 함수를 활용하기 어렵다.

방대한 자료 불러오기

실무에서는 자료의 규모가 몇 천, 몇 만 건 이상으로 방대한 경우도 있다. 이런 경우에는 컴퓨터의 계산 능력 부족으로 MID() 함수를 쓰기가 어려운데 다음과 같은 방법을 쓰면 된다.

① 자료를 [다른 이름으로 저장하기] 선택한다.
② 텍스트 파일로 저장한다.
③ 텍스트 파일 불러오기를 하면 '텍스트 마법사'가 나타난다. 원본 데이터 형식을 '너비가 일정함'에 체크하면(1단계), 데이터 미리보기가 나타난다(2단계). 3단계에서 '데이터 서식'을 '일반'으로 체크하고 나누고 싶은 간격에 맞춰서 화면을 마우스로 클릭해주면 된다.

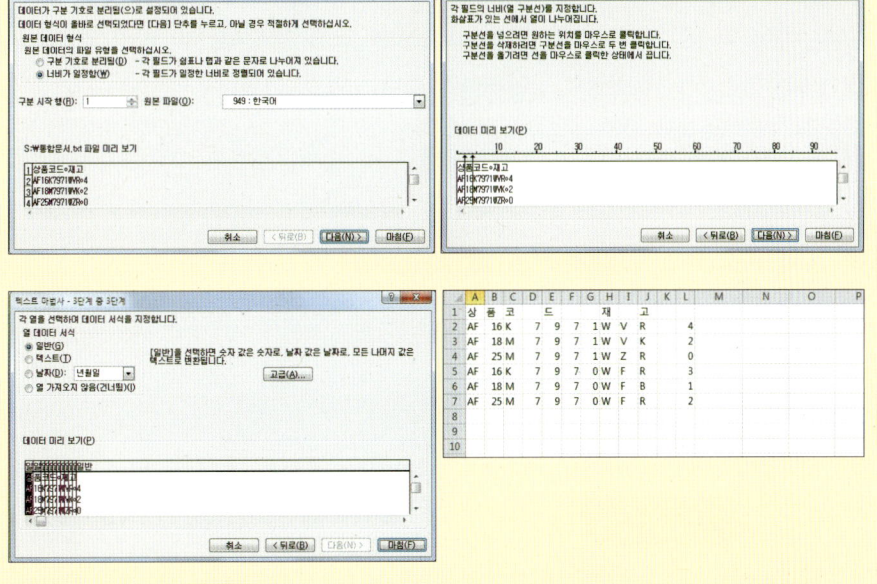

텍스트 형태의 자료이므로 용량이 크더라도 큰 문제없이 자료를 불러올 수 있다. 이 상태에서 VLOOKUP() 함수를 쓰면 된다.

02 예제처럼 코드표가 VLOOKUP() 함수에서 사용할 수 없는 형태로 주어졌다면 키워드 표를 직접 만들어줘야 한다. 문제는 VLOOKUP() 함수는 원칙적으로 1:1 대응이므로 코드(키워드)가 중복되면 안 되는데, 예제에서는 꽤 많은 숫자가 중복되어 있다. 7과 9가 3곳, N도 2군데에서 사용되었고, 각 코드가 위치한 자리 수에 따라서 구분되는 형태로 되어 있다.

〈코드 중복〉

① AF	AF → 스탠드,	AR → 벽걸이	
② 19	19 → 19평,	25 → 25평형	
③ M	M → 17년형,	N → 18년형,	O → 19년형
④ 9	7 → LCD,	9 → LED	
⑤ 9	7 → 일반,	9 → 메탈	
⑥ 7	5 → 스탠드,	7 → 2+1,	9 → 난방
⑦ 0	0 → 라이팅,	1 → 라이팅 X	
⑧ W	W → 화이트,	G → 골드,	B → 메탈 티타늄
⑨ F	F → 청정,	Z → 청정 X,	V → 청정 X
⑩ K	K → 실외기,	R → 실외기,	N → 실외기 X

03 이처럼 중복되는 코드는 다음과 같이 열을 달리해서 키워드 표를 만들어 준다. 이후 VLOOKUP() 함수를 사용할 때 찾을 열의 위치를 다르게 지정해주면 된다. 단, 같은 자리에 사용되는 코드들은 동일한 열에 배치해주는 것이 업무효율을 높이는 데 도움이 된다. 샘플의 경우라면 ③번의 N(18년형) 코드에도 '실외기'가 있고, ⑩번 K/R 코드에도 '실외기'가 있는데, '실외기'라는 값은 같은 열, 즉 E열에 배치하는 것이 직관적이고 이해하기 쉽다는 이야기이다.

	A	B	C	D	E	F
1	코드	의미①	의미②	의미③	의미④	
2	AF	스탠드				
3	AR	벽걸이				
4	'16	16평				
5	18	18평				
6	25	25평				
7	M	17년형				
8	N	18년형			실외기×	
9	O	19년형				
10	0	라이팅○				
11	1	라이팅×				
12	5	단품				
13	7	LCD	일반	2+1		
14	9	LED	메탈	난방		
15	W	화이트				
16	G	골드				
17	B	메탈				
18	F	공기청정○				
19	Z	공기청정×				
20	V	공기청정×				
21	K				실외기○	
22	R				실외기○	
23						

(숫자에 아포스트로피 기호(')를 붙여준다.)
(동일한 자리 코드는 동일한 열에 배치)

앞서 MID() 함수로 문자열을 분리했기 때문에 키워드 표에서는 숫자 앞에 아포스트로피 기호(')를 붙여서 문자열 처리하는 것도 잊으면 안 된다.

04 키워드 표를 다 만들었으면 VLOOKUP() 함수로 코드를 해석하는 것은 허망할 정도로 매우 간단하다. 위 키워드 표가 '코드표'란 시트에 있다고 가정하면 지금까지 배운대로 VLOOKUP() 함수를 입력하면 된다.

N2 셀 = VLOOKUP(D2,코드표!$A$1:$E$22,2,0)

05 D2:N2까지 블록지정 후 채우기 핸들로 아래로 채워 넣으면 코드는 모두 자동으로 해석된다.

06 N2:N7 블록을 우측으로 채워 넣으면 ②번 코드도 역시 자동으로 해석된다. 만일 나머지 코드도 해석하고 싶으면 우측으로 계속 채워 넣으면 된다.

07 만일 해석한 결과를 한 개의 셀에 나타내려면 & 연산자나 CONCATENATE() 함수를 쓰면 된다.

C2 셀 = N2 & O2 또는 = CONCATENATE(N2, O2)   ← 스탠드16평(띄어쓰기 안 됨)

08 샘플은 '스탠드16평'과 같은 식으로 두 단어를 붙여 써서 보기가 좀 나쁘다. 이런 경우는 다음과 같이 공백을 포함시켜서 수식을 쓰면 좀 더 보기 좋아진다. 당연히 실무에서는 이렇게 쓴다.

> **C2 셀** = N2 & " " & O2   ← 스탠드 16평(띄어쓰기 됨)

	A	B	C	D	E	F	G	H	I	J	K	L	M	N	O	P
1	상품코드	재고		①	②	③	④	⑤	⑥	⑦	⑧	⑨	⑩	해석①	해석②	
2	AF16K7971WVR	4	스탠드 16평	AF	16	K	7	9	7	1	W	V	R	스탠드	16평	
3	AF18M7971WVK	2		AF	18	M	7	9	7	1	W	V	K	스탠드	18평	
4	AF25M7971WZR	0		AF	25	M	7	9	7	1	W	Z	R	스탠드	25평	
5	AF16K7970WFR	3		AF	16	K	7	9	7	0	W	F	R	스탠드	16평	
6	AF18M7970WFB	1		AF	18	M	7	9	7	0	W	F	B	스탠드	18평	
7	AF25M7970WFR	2		AF	25	M	7	9	7	0	W	F	R	스탠드	25평	
8																
9																

조금 더 고급 테크닉을 쓰자면 키워드 표 자체에 "스탠드 " "16평 "과 같은 식으로 끝부분에 미리 공백을 넣어주면 & 연산자를 쓸 때 더 간편하고 깔끔해진다.

> "스탠드" → "스탠드 "   * 끝에 공백 추가
> "16평" → "16평 "   * 끝에 공백 추가

실무 활용② _ 성적/세율 해당 값 찾기

앞서 설명한 바와 같이 실무에서는 제품 코드 형태로 어떤 기준이 되는 키워드와 해당 값을 1:1로 대응시키는 경우가 대부분이다. 하지만 실무에서는 값이 아닌 구간과 값을 대응시키는 경우도 종종 있다. 대표적인 것이 성적 평점과 세율이다.

〈구간/값 대응〉

성적	평점
90점 이상	수
80~90점	우
70~79점	미
60~69점	양
59점 이하	가

이처럼 구간과 값을 1:1 대응시키는 경우에도 VLOOKUP() 함수를 쓸 수 있다. 사용법이 조금 까다롭기는 하지만, 잘 활용하면 매우 편리하다.

01 뽀롱뽀롱 뽀로로반의 성적이 다음과 같다고 가정하자(예제 파일: 3-5-2.xlsx).

	A	B	C	D	E
1	이름	점수			
2	뽀로로	92			
3	루피	87			
4	패티	85			
5	에디	83			
6	크롱	79			
7					
8					

02 성적별 평점은 구간-값의 대응 관계이므로 지금까지 설명한 1:1 대응방식의 키워드 표를 쓸 수 없고, 구간별 키워드 표를 새롭게 만들어야 한다. 다음과 같이 키워드 표를 만들어보자.

	A	B	C	D	E
1	이름	점수			
2	뽀로로	92			
3	루피	87			
4	패티	85			
5	에디	83			
6	크롱	79			
7					
8	성적	평점			
9	0	가			
10	60	양			
11	70	미			
12	80	우			
13	90	수			
14					

03 구간/값을 대응시킬 때는 지금까지와는 달리 VLOOKUP() 함수의 옵션을 0이 아닌 1을 써야 한다. 1은 비슷한 값, 즉 근삿값을 찾아오는 옵션이다. 정확히 말하자면 키워드 표가 정렬된 순서를 기준으로 ①아래에서 위쪽 방향에 있는 값 중 ②가장 가까운 작은 값을 찾는다. 따라서 다음과 같이 된다.

원 점수	근삿값	비고
79	70	아래→위쪽, 80~70 사이, 70은 79보다 작은 값
83	80	아래→위쪽, 90~80 사이, 80은 83보다 작은 값
85	80	아래→위쪽, 90~80 사이, 80은 85보다 작은 값
87	80	아래→위쪽, 90~80 사이, 80은 87보다 작은 값
92	90	아래→위쪽, ~90 사이, 90은 92보다 작은 값

예를 들어 예제에서 뽀로로는 92점인데, 키워드 표에는 92가 없다. 따라서 다음과 같이 옵션을 1로 지정하면 다음과 같이 92에 가장 유사한 값인 90을 찾아서 평점을 가져오게 된다.

> **C2 셀** = VLOOKUP(B2,$A$8:$B$13,2,1)

	A	B	C	D	E	F
1	이름	점수	평점			
2	뽀로로	92	수	= VLOOKUP(B2,$A$8:$B$13,2,1)		
3	루피	87				
4	패티	85				
5	에디	83				
6	크롱	79				
7						
8	성적	평점				
9	0	가				
10	60	양				
11	70	미				
12	80	우				
13	90	수				
14						

04 채우기 핸들로 아래로 채우면 평점이 다음과 같이 자동으로 분류된다. 자료의 숫자가 많으면 많을수록 정말 편하다는 것을 알 수 있다.

	A	B	C	D	E	F
1	이름	점수	평점			
2	뽀로로	92	수	= VLOOKUP(B2,$A$8:$B$13,2,1)		
3	루피	87	우	= VLOOKUP(B3,$A$8:$B$13,2,1)		
4	패티	85	우	= VLOOKUP(B4,$A$8:$B$13,2,1)		
5	에디	83	우	= VLOOKUP(B5,$A$8:$B$13,2,1)		
6	크롱	79	미	= VLOOKUP(B6,$A$8:$B$13,2,1)		
7						
8	성적	평점				
9	0	가				
10	60	양				
11	70	미				
12	80	우				
13	90	수				
14						

05 참고로 옵션 값을 0으로 바꿔주면 정확하게 일치하는 값이 없기 때문에 #N/A 에러 메시지를 내보낸다.

	A	B	C	D	E	F
1	이름	점수	평점			
2	뽀로로	92	#N/A	= VLOOKUP(B2,$A$8:$B$13,2,0)		
3	루피	87	우			
4	패티	85	우			
5	에디	83	우			
6	크롱	79	미			
7						
8	성적	평점				
9	0	가				
10	60	양				
11	70	미				
12	80	우				
13	90	수				
14						

VLOOKUP() 함수의 근삿값 옵션을 쓸 때 조심해야 할 두 가지

첫째, 키워드 표는 오름차순으로 정렬해야 한다

VLOOKUP() 함수는 근삿값 옵션을 쓰면, 항상 대응 규칙표의 정렬된 순서대로 근삿값을 찾는다. 아래에서 위쪽으로 근삿값을 찾고, 키워드와 정확히 일치하는 값이 없으면 키워드보다 작은 값(버림) 중에서 가장 큰 값을 찾는다. 따라서 오름차순 정렬일 때 92점이면 근삿값이 90점, 87점이면 근삿값이 80점이 되는 것이다.

	A	B	C	D	E	F
1	이름	점수	평점			
2	뽀로로	92	수	= VLOOKUP(B2,$A$8:$B$13,2,1)		
3	루피	87				
4	패티	85				
5	에디	83				
6	크롱	79				
7						
8	성적	평점				
9	0	가				
10	60	양				
11	70	미				
12	80	우				
13	90	수				
14						

예제의 키워드 표가 부자연스럽게 평점/성적이 낮은 점수에서 높은 점수로 오름차순으로 정리되어 있는 이유가 이 때문이다. 일반적으로는 높은 점수에서 낮은 점수(내림차순)로 정렬하기 마련이므로, 다음과 같이 키워드 표의 정렬 순서를 바꾸면 VLOOKUP() 근삿값도 바뀌어 버린다.

	A	B	C	D	E	F
1	이름	점수	평점			
2	뽀로로	92	가	= VLOOKUP(B2,$A$8:$B$13,2,1)		
3	루피	87	가	= VLOOKUP(B3,$A$8:$B$13,2,1)		
4	패티	85	가	= VLOOKUP(B4,$A$8:$B$13,2,1)		
5	에디	83	가	= VLOOKUP(B5,$A$8:$B$13,2,1)		
6	크롱	79	#N/A	= VLOOKUP(B6,$A$8:$B$13,2,1)		
7						
8	성적	평점				
9	90	수				
10	80	우				
11	70	미				
12	60	양				
13	0	가				
14						

VLOOKUP() 함수의 1 옵션은 오름차순 기준으로 근삿값을 검색하는데, 오름차순이 아니므로 값이 엉망이 되어버렸다. 따라서 VLOOKUP() 함수에서 키워드 표는 항상 오름차순으로 정렬하는 습관을 들여야 한다. 이를 소홀히 하면 VLOOKUP() 함수의 근삿값 옵션은 전혀 엉뚱한 결과 값을 내보내므로 정말 조심해야 한다.

둘째, 초과/미만 OR 이하/이상 여부에 따라 키워드 표를 수정해줘야 한다

이상/이하, 초과/미만에 따라서 대응 규칙표의 기준 숫자가 달라진다. VLOOKUP()의 근삿값 옵션은 대응 규칙표의 정렬 순서로 가장 가까운 값으로 '버림'한다. 샘플을 예로 들면 90점 이상이 '수'이므로 키워드 표의 기준 숫자는 90점이 된 것이다. 만일 '수'가 90점 초과(단, 점수는 1점 단위)라면 키워드 표는 다음과 같이 바꿔야 한다.

	A	B
1	성적	평점
2	0	가
3	61	양
4	71	미
5	81	우
6	91	수

매우 단순한 기능임에도 엑셀 실무에서 VLOOKUP() 함수가 중요한 이유는 실생활에서 어떤 기준값이나 키워드를 1:1로 다른 값과 대응시켜서 쓰는 경우가 정말 많기 때문이다. 몇 가지 사례를 들어보자.

기준값이나 키워드를 1:·1로 대응시키는 경우 예

구분	내용	
주민등록번호 (앞쪽 6자리)	12	출생년도 1912
	10	출생월 10월
	11	출생일 11일
뒷쪽 7자리	1	남성 2000년 이전 출생
법인세율	2억 원 이하	10%
	2억 원~200억 원 이하	20%
	200~300억 원	22%
	3000억 원 초과	25%
성적	90점 이상	A
	80점 이상	B
	70점 이상	C
	60점 이상	D
	50점 이상	E
	50점 이하	F
재고관리	A123456-7890	하단 와이어A
	A123457-7890	하단 와이어B
	A123458-7890	하단 와이어C

구분	내용	
주식코드	005930	삼성전자
	009540	현대중공업
	005490	포스코
전화번호	114	전화번호 안내
	119	화재신고
	010-1234-5678	뽀로로
	010-2345-6789	코코몽
	010-3456-7890	콩순이
소속	레드벨벳	SM
	방탄소년단	빅히트
	빅뱅	YG
	트와이스	JYP
	AOA	FNC
IP 주소	172.217.161.68	www.google.com

이상의 모든 경우에 VLOOKUP() 함수는 요긴하게 쓰인다. 오히려 안 쓰고 값을 구하기가 더 어려울 정도이다. 5장 실전활용 편에서 가장 사용빈도가 높은 함수 중 하나가 VLOOKUP()인 것은 결코 우연이 아니다.

4장

알아두면 유용한
엑셀 함수

엑셀 실무에서 사용빈도와 효율 측면에서 중요성을 비교하면 대략 다음과 같다. 기본기능과 필수 함수는 2장과 3장에서 각각 소개했다.

① **기본 기능**
② **필수 함수(5개)**
③ **기타 함수**
④ **나머지 함수/기능**(※ 이 책에서 다루지 않는 내용들)

③기타 함수군은 기본 기능과 필수 함수의 조합만으로는 세련된 업무 처리가 어렵기 때문에 배워둘 필요가 있다. 예를 들어 중간값을 구하는 경우 SUM( )+IF( ) 함수 조합으로도 대체할 수 있지만, MEDIAN( ) 함수를 쓰면 훨씬 간결하고 효율적으로 업무를 처리할 수 있다. 실무에서 엑셀의 함수로 어떤 기능을 구현하고자 할 때 관련 기능이나 함수를 찾아 엑셀 서적을 뒤적이곤 하는데, 여기에 해당하는 함수들이 바로 이번 4장에서 다루는 내용들이다.

 논리 함수, 단언컨대 논리는 가장 강력한 무기다

엑셀에서 가장 강력하면서도 편리한 기능은 어떤 조건별로 수식이나 값을 다르게 적용시킬 수 있다는 것이다. 컴퓨터는 사람과는 달리 0과 1의 2진법을 쓰는데, 엑셀 함수도 당연히 2진법을 근간으로 설계되어 있고, 0은 아니오(False)를, 1은 예(True)를 의미하는 값으로 사용된다. 따라서 엑셀은 판단 조건이 되는 수식을 점검해 값이 0인지 1인지에 따라서 서로 다른 수식이나 함수를 적용시키는데, 이러한 기능을 하는 함수를 '논리 함수'라고 한다.

논리 함수는 조건별로 다르게 수식을 적용하거나, 다양한 숫자/문자를 할당할 수 있기 때문에 숫자 계산이라는 스프레드시트의 본질 기능을 더욱 강력하게 만들어준다. 실무에서 매우 유용하고 다방면으로 활용되는 함수이므로 반드시 숙지해야 한다. 3장 필수 함수에서 소개한 IF() 함수가 가장 대표적인 논리 함수이며, 논리 함수로 분류할 수 있는 것들은 다음과 같다.

> 등호(=)
> 부등호(〉, 〈)
> AND()
> OR()
> NOT()
> IF()
> ISERROR()

논리 함수는 자료들 중에서 원하는 값을 구분해 낼 수 있다는 점에서 기초적인 인공 지능에 속한다고 볼 수 있다. 하지만 사용자가 지시한 기준에 의해서만 값을 찾기 때문에 사용자의 역량에 절대적으로 의존한다. 문제는 실무자들이 이런 강력한 논리 함수를 제대로 활용하지 못하는 경우가 대부분이라는 것이다. 엑셀의 논리 함수를 자유자재로 사용할 수 있다면 업무에 대한 부담이 많이 줄어든다.

등호(=)

너무나 익숙한 기호이기 때문에 굳이 설명까지 할 필요가 없어 보이지만, 개념을 명확히 하는 차원에서 일단 설명해둔다. 엑셀에서 등호(=)와 부등호(〉 또는 〈)도 논리 함수에 준하는 기능을 한다. 등호의 경우 다음처럼 작동한다.

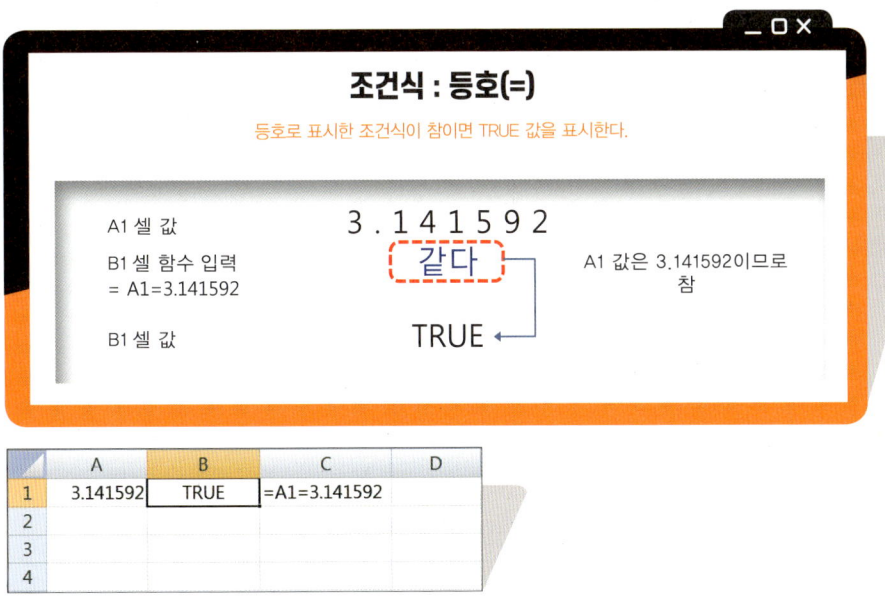

등호(=) 기호가 연속되는 것처럼 보이기 때문에 뭔가 이상하지만, 두 기호의 의미가 완전히 다르다. 첫 번째 등호는 '수식 입력'을 의미하고, 두 번째 등호가 위에서 조건식이다. 만일 A1 셀에 다음과 같이 0을 입력하면 결과 값이 달라진다.

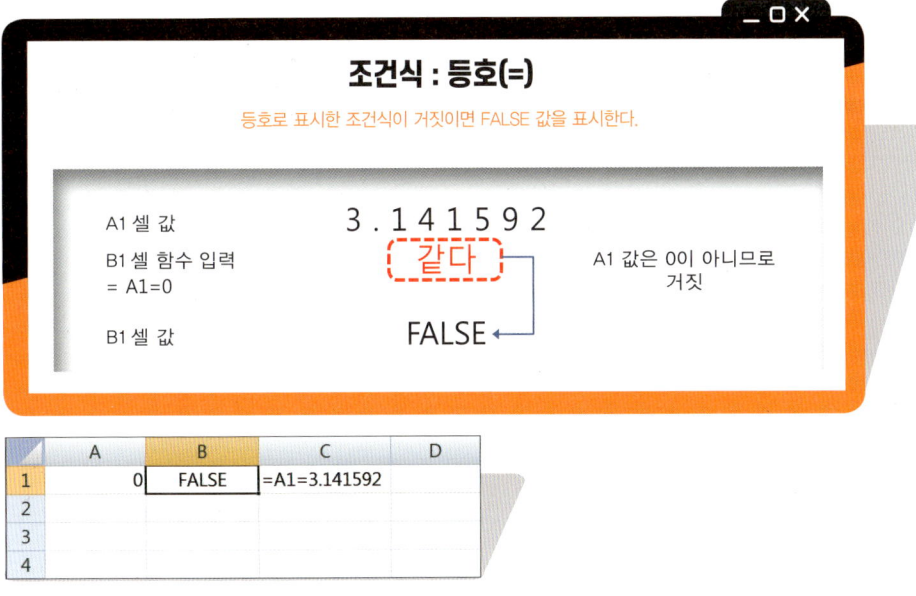

여기서 기억해 둘 것은 TRUE이면 1, FALSE이면 0으로 간주된다는 것이다. 따라서 TRUE와 FALSE는 다음과 같이 계산할 수도 있다.

```
TRUE + TRUE  = 2
TRUE + FALSE = 1
FALSE + TRUE = 1
FALSE + FALSE= 0
```

	A	B	C	D	E
1	TRUE	TRUE	2	=A1+B1	
2	TRUE	FALSE	1	=A2+B2	
3	FALSE	TRUE	1	=A3+B3	
4	FALSE	FALSE	0	=A4+B4	
5					

이 개념은 '조건 연산'이라고 부르는 논리 함수의 고급 테크닉 기초 지식이므로 반드시 기억해둬야 한다.

부등식(< >)

등호는 '같다'를 의미하는데, 반대로 '같지 않다'는 정 반대의 개념을 부등식이라고 부르며 수학에서는 ≠ 기호로 나타낸다. 엑셀에서는 부등식 기호(≠) 대신 부등호 기호 2개를 써서 〈 〉 형태로 나타낸다. 논리 판단은 당연히 등호와 정 반대가 된다. 다음 예제를 비교해 보면 쉽게 알 수 있다.

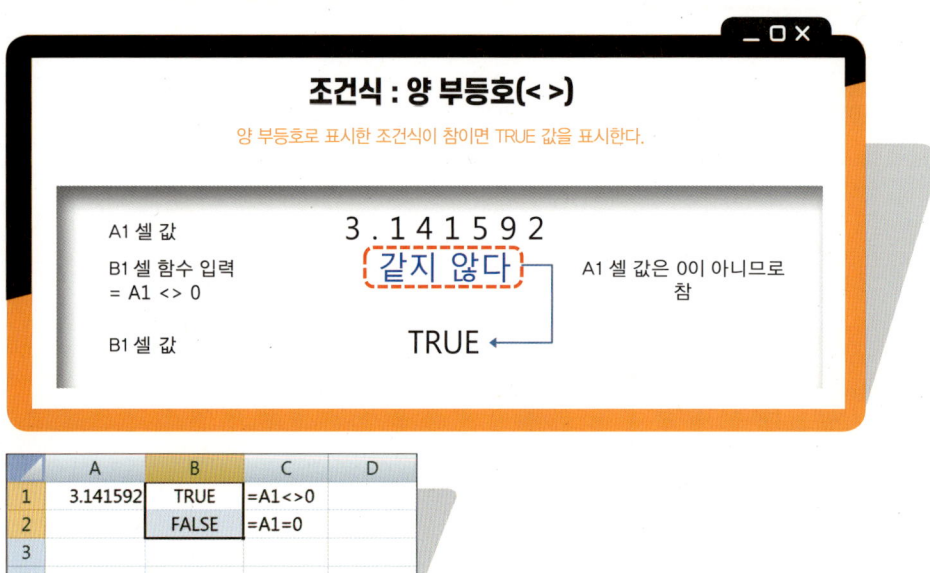

	A	B	C	D
1	3.141592	TRUE	=A1<>0	
2		FALSE	=A1=0	
3				
4				

다음과 같이 A1 셀에 0을 입력하면 결과는 거짓으로 바뀐다. 당연히 등호를 사용했을 경우와 정반대 값이 된다.

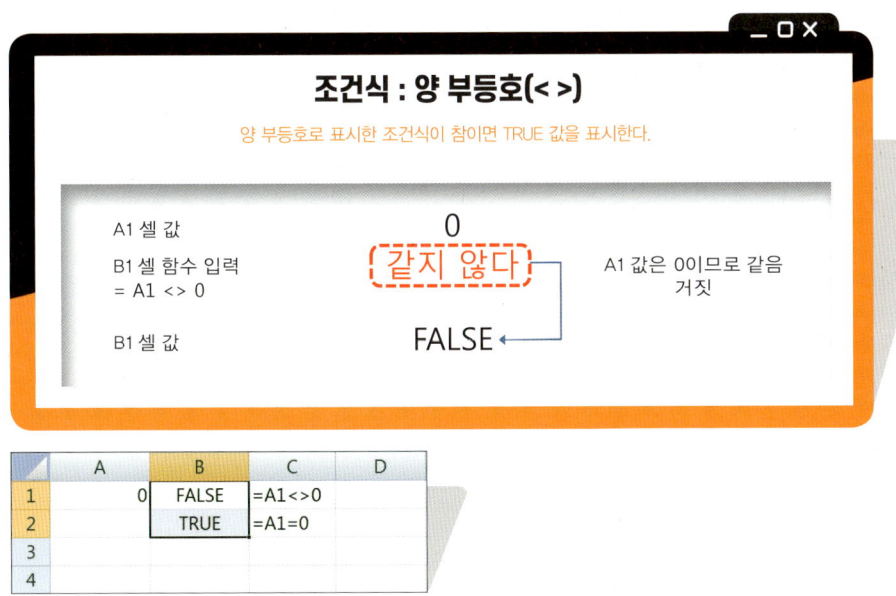

부등식 기호 〈 〉는 실무에서 IF() 함수 등을 사용할 때 꽤 유용하게 쓰인다. 참고로 부등식 기호는 〉〈 형태로 바꿔 쓰면 조건식이 작동하지 않는다.

〈 〉 맞는 표현(○)
〉〈 잘못된 표현(×)

부등호(> 또는 <)

부등호 기호 〉 또는 〈은 작동방식이 등호의 경우와 100% 동일하다.

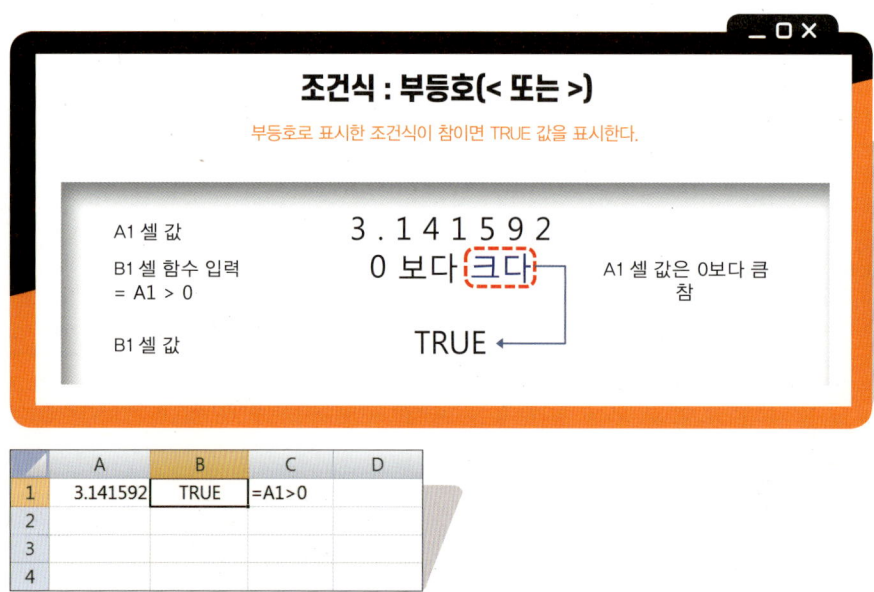

판단 조건을 A1 〈 0 형태로 바꾸면 값이 반대로 바뀐다.

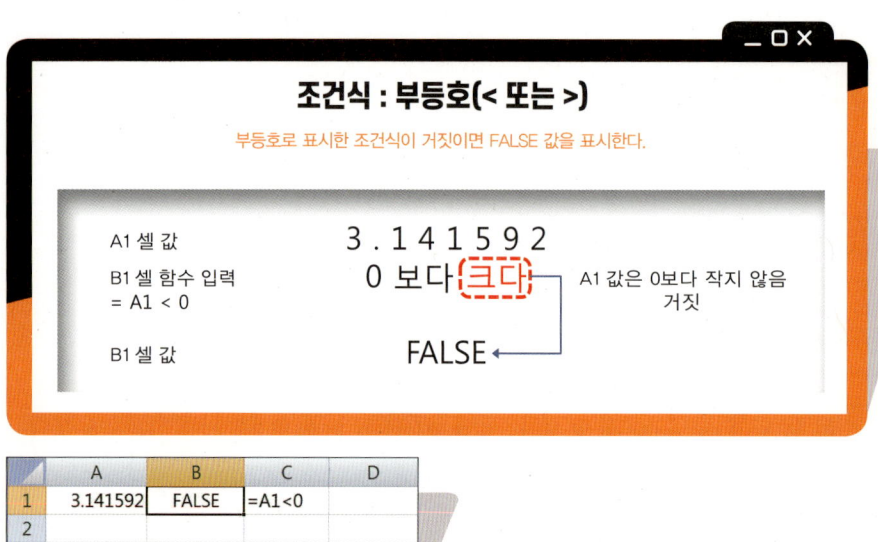

부등호를 조건식으로 쓸 때 기억해 둘 것은 '~이상'과 '~이하'를 나타내는 기호 정도이다. 이 경우 부등호와 등호를 함께 써서 '~이상'은 >=, '~이하'는 <= 기호를 쓴다. 부등식의 경우와 마찬가지로 => 라든가 =< 형태로 앞뒤를 바꿔 쓰면 조건식은 작동하지 않는다.

> \>= 또는 <=   맞는 표현(O)
> => 또는 =<   잘못된 표현(×)

AND( )

2진법을 쓰는 컴퓨터 프로그램의 구조적 요인으로 인해 엑셀은 원칙적으로 2개 이상의 조건을 동시에 처리할 수 없다. 예를 들어 현실에서는 '국어와 영어 모두 90점 이상'이라고 간단히 말하지만, 실제 엑셀에서는 다음과 같은 2단계의 논리 판단을 거쳐야만 한다.

> ① 국어 90점 이상 : 예/아니오
> ② 영어 90점 이상 : 예/아니오

만일 '국/영/수 모두 90점 이상'이란 조건이라면 엑셀은 다음과 같은 3단계의 논리 판단을 거쳐야만 한다.

> ① 국어 90점 이상 : 예/아니오
> ② 영어 90점 이상 : 예/아니오
> ③ 수학 90점 이상 : 예/아니오

이처럼 2개 이상의 조건을 다룰 때 유용한 함수로 AND(), OR(), NOT()이 있다. 고급 테크닉에서는 CHOOSE() 함수를 쓰지만, 2~3개 정도의 간단한 복합 조건에 대한 논리 판단에는 나름 쓸 만하다. AND() 함수의 사용법은 다음과 같다.

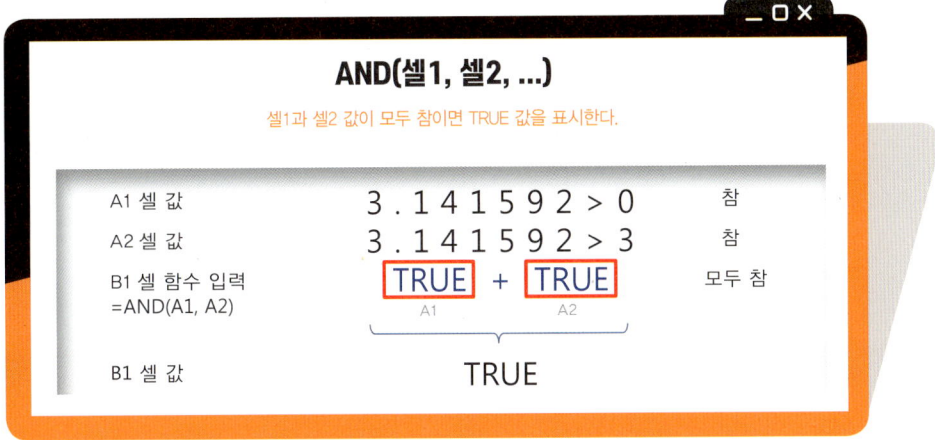

	A	B	C	D
1	=3.141592>0	TRUE	=AND(A1, A2)	
2	=3.141592>3			
3				
4				

AND() 함수는 다음처럼 판단 조건 중에 한 개라도 거짓이 있다면 전체를 거짓으로 판단한다.

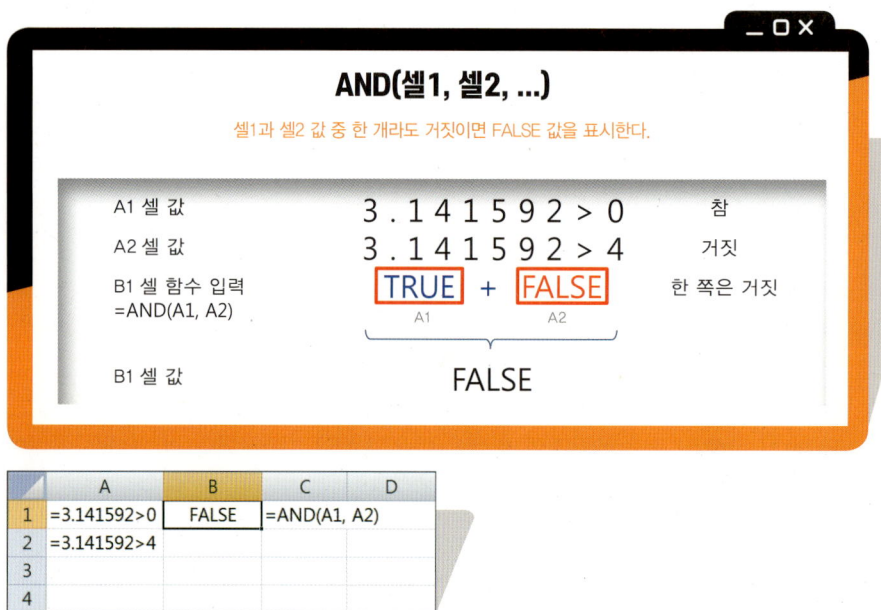

	A	B	C	D
1	=3.141592>0	FALSE	=AND(A1, A2)	
2	=3.141592>4			
3				
4				

AND() 함수는 단순히 복합조건을 판단하는 함수이므로 단독으로 사용되는 경우는 없고 항상 IF() 함수와 함께 사용된다. 단, 일상에서 사용하는 것처럼 AND로 IF() 함수를 연결해서는 안 되며, AND() 함수 괄호 안에 조건을 적어줘야 한다는 점을 주의해야 한다.

IF(AND(A1>=90, B2>=90), 1, 0)　　맞는 표현(○)
IF(A1>=90 AND B2>=90, 1, 0)　　잘못된 표현(×)

OR( )

2개 이상의 복합조건 중에서 한 개라도 일치하는 것이 있다면 전체를 참(TRUE)으로 판단한다. 사용법은 AND( ) 함수와 동일하다.

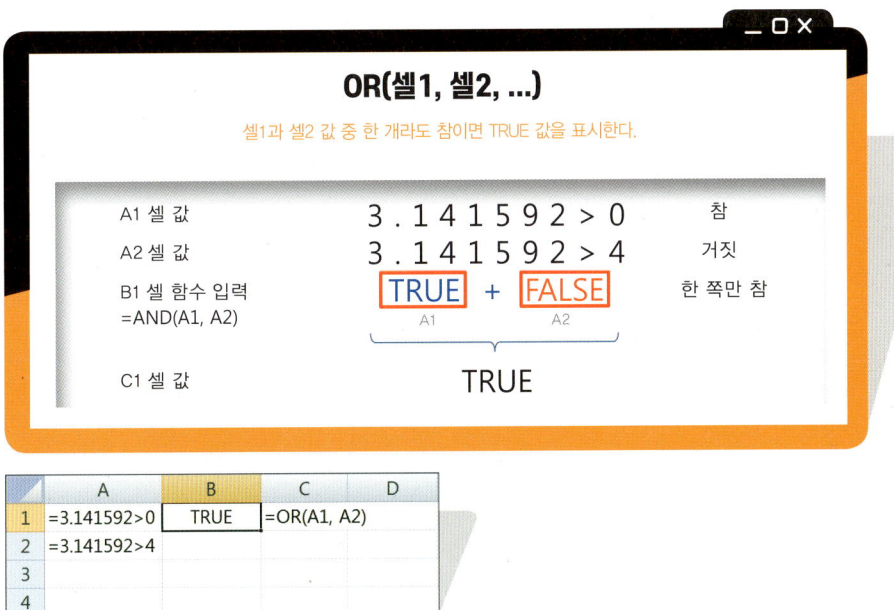

모든 조건이 거짓이어야만 OR( ) 함수 값이 거짓이 된다.

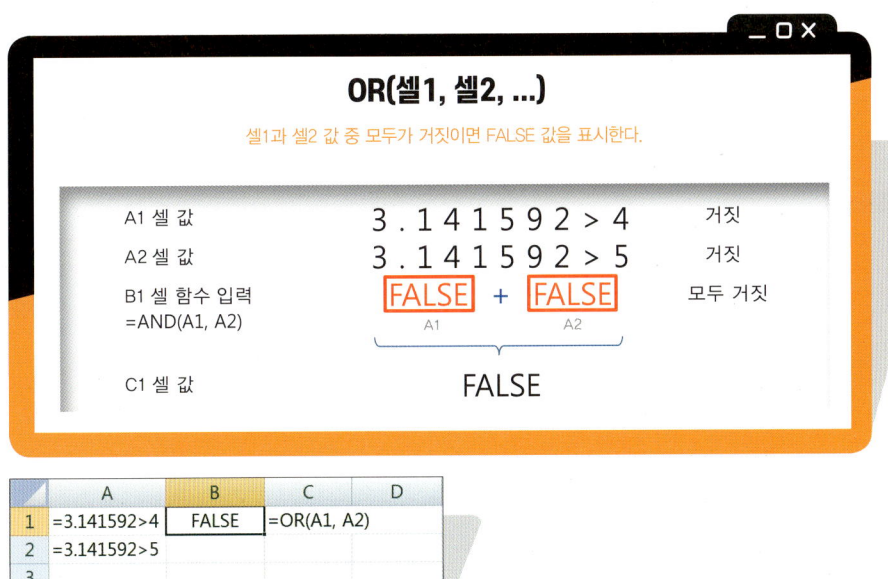

NOT( )

NOT( ) 함수는 이름 그대로 부정 함수로 부등식 기호 〈 〉와 동일한 기능을 한다. 판단 조건이 참이면 거짓을, 판단 조건이 거짓이면 참을 표시한다. '~가 아니면'의 개념이라고 보면 된다. 사용법은 단순히 괄호 안에 셀을 지정하면 된다.

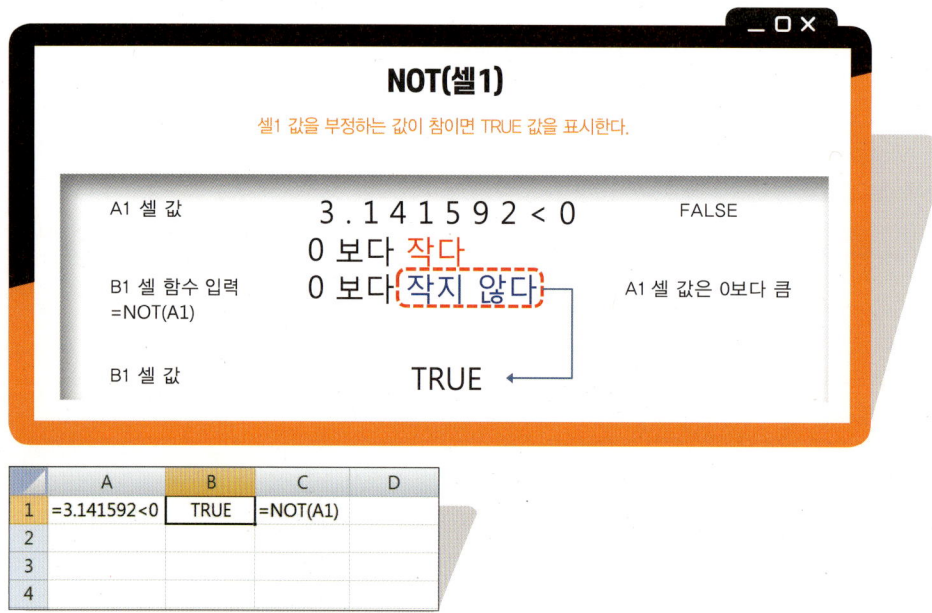

A1 셀은 '3.141592가 0보다 작다'이므로 NOT(A1)은 '3.141592가 0보다 작지 않으면'이 되므로 참이 된다. 다음과 같이 A1 셀 값을 '0보다 크다'로 바꾸면 당연히 NOT(A1) 함수 값은 반대로 거짓이 된다.

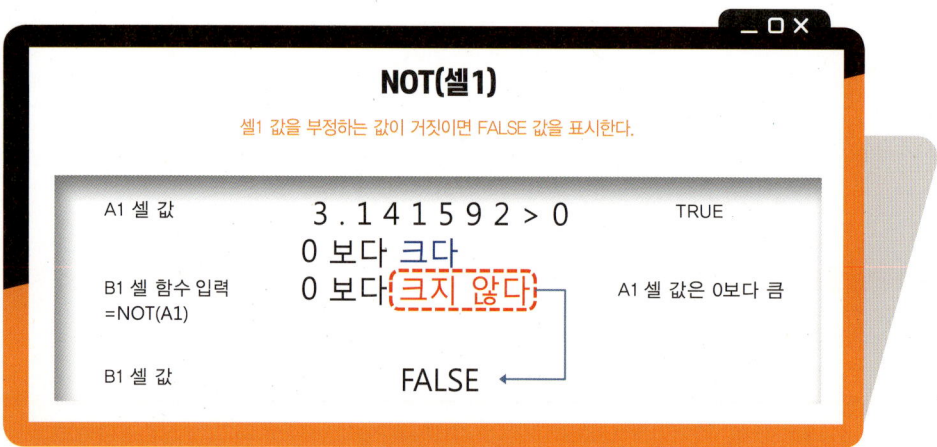

	A	B	C	D
1	=3.141592>0	FALSE	=NOT(A1)	
2				
3				
4				

실무에서는 입력의 간편함과 다른 함수와의 조합성 문제로 부등식 기호〈 〉를 쓴다. 따라서 NOT() 함수는 기능을 이해하는 정도로만 알아두면 된다.

ISERROR( )

엑셀을 사용하다보면 각종 오류 메시지를 만나게 되는데, #N/A, #VALUE!, #DIV/0!, #REF! 등이 대표적이다. 오류 메시지가 발생한 셀이 포함되면 엑셀의 어떤 수식이나 함수도 더 이상 작동하지 않기 때문에 골치 아픈 상황이 종종 발생한다. 예를 들어 다음과 같은 자료가 있다고 가정해 보자.

	A	B	C	D	E
1	0				
2	1				
3	2				
4	3				
5					
6	6	=SUM(A1:A4)			

B3 열에 =A4/A3 수식을 입력한 후 B1 열까지 채워 넣으면 #DIV/0! 에러가 발생한다.

	A	B	C	D	E
1	0	#DIV/0!	=A2/A1		
2	1	2	=A3/A2		
3	2	1.5	=A4/A3		
4	3				
5					
6	6				

에러가 발생한 B열은 엑셀 함수가 작동하지 않는다. SUM() 함수로 B열의 합계를 구해도 다음과 같이 동일하게 에러 메시지가 출력된다.

	A	B	C	D	E
1	0	#DIV/0!			
2	1	2			
3	2	1.5			
4	3	0			
5					
6	6	#DIV/0!	=SUM(B1:B4)		

ISERROR()는 이러한 오류가 발생했는지를 확인해주는 함수이다. 함수 이름은 영어로 'Is Error?'라는 문장에서 따온 것이다.

ISERROR() 함수는 지정한 셀 값이 오류인지 아닌지를 판단하는 역할만 한다. 다른 기능은 없다.

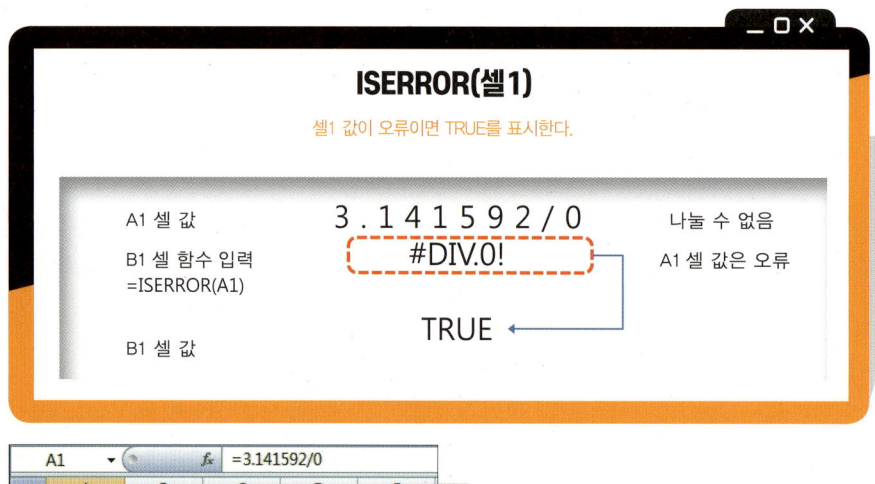

A1 셀 값이 정상이라면 반대로 FALSE 값이 표시된다.

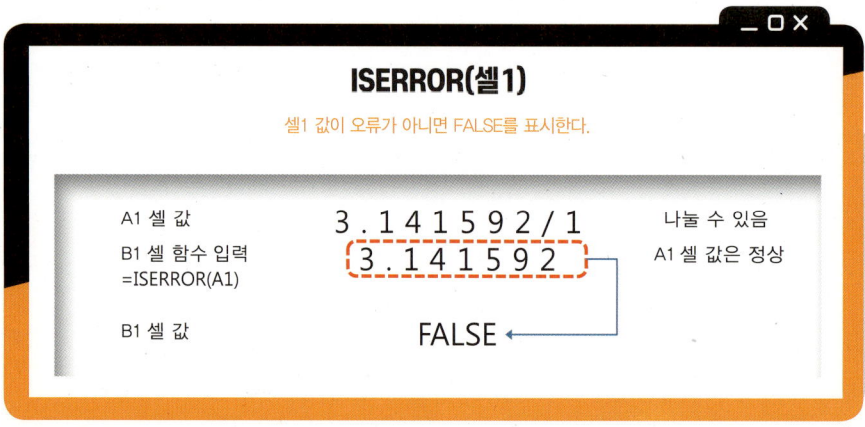

실무 활용_ 정기 모임 회비 계산

ISERROR() 함수는 오류를 무시하고 계산해야 하는 경우, 즉 다소 고난이도의 테크닉을 보조하는 용도로 쓰인다. 엑셀에 능숙한 직원이라면 VLOOKUP()이나 SEARCH() 함수를 사용하다가 자료에서 코드가 누락되거나 찾는 문자가 없어서 #N/A 또는 #VALUE! 오류 메시지를 종종 만나게 된다. 앞서도 설명했듯이 엑셀은 오류가 발생하면 모든 수식/함수가 제대로 작동하지 않는다. 이런 경우 ISERROR()는 오류를 무시하고 수식을 계산할 경우에 사용한다.

예를 들어 정기모임의 회비를 계산해야 하는 경우를 가정해보자. 이런 경우 모임 참석자와 회비 납부액만을 기재하는 경우가 대부분이고, 불참자나 전출자에 대해서는 별도로 기재하지 않는다. 따라서 VLOOKUP() 함수를 사용해서 참석자와 회비 납부액을 정리할 경우 불참자나 전출자는 #N/A 오류를 발생시키고 계산되지 않는다.

01 다음과 같은 '뽀롱뽀롱 뽀로로 정기모임 장부'가 있다고 가정해보자(예제 파일: 4-1.xlsx). 뽀로로, 크롱, 루피는 모임 창단 멤버이지만, 해리, 패티는 2005년에 로디, 통통이는 2017년에 회원에 신규로 가입했다. 크롱은 2017년은 유학으로 모임에 참석하지 못했다. 연도별로 참석자의 정기모임 회비납부액은 VLOOKUP() 함수를 활용하여 다음과 같이 입력할 수 있다.

B2 셀 = VLOOKUP(B$1, $A$7:$B$13, 2, 0)   ← B$1 : 캐릭터명 유지 위해 절대 셀 처리

B2		fx	= VLOOKUP(B$1, $A$7:$B$13, 2, 0)					
	A	B	C	D	E	F	G	H	I
1	연도	뽀로로	크롱	루피	해리	패티	로디	통통이	
2	2003년	120,000							
3	2005년								
4	2017년								
5									
6			뽀롱뽀롱 뽀로로 정기모임						
7	2003년	회비납부	2005년	회비납부	2017년	회비납부			
8	뽀로로	120,000	뽀로로	120,000	뽀로로	120,000			
9	크롱	120,000	크롱	120,000	루피	90,000			
10	루피	120,000	루피	100,000	해리	100,000			
11			해리	80,000	패티	90,000			
12			패티	110,000	로디	100,000			
13					통통이	120,000			
14									

02 2003년 다른 회원들의 납부액은 B2 셀을 채우기 핸들로 채우면 모두 입력된다.

B2		fx	= VLOOKUP(B$1, $A$7:$B$13, 2, 0)					
	A	B	C	D	E	F	G	H	I
1	연도	뽀로로	크롱	루피	해리	패티	로디	통통이	
2	2003년	120,000	120,000	120,000	#N/A	#N/A	#N/A	#N/A	
3	2005년								
4	2017년								
5									
6			뽀롱뽀롱 뽀로로 정기모임						
7	2003년	회비납부	2005년	회비납부	2017년	회비납부			
8	뽀로로	120,000	뽀로로	120,000	뽀로로	120,000			
9	크롱	120,000	크롱	120,000	루피	90,000			
10	루피	120,000	루피	100,000	해리	100,000			
11			해리	80,000	패티	90,000			
12			패티	110,000	로디	100,000			
13					통통이	120,000			
14									

03 채우기 핸들로 다시 아래로 복사하고 3행과 4행의 VLOOKUP() 함수 참조열을 다음과 같이 바꿔주면 2005년과 2017년 회비납부액도 자동 입력된다.

> 3행 $A$7:$B$13 → $C$7:$D$13
> 4행 $A$7:$B$13 → $E$7:$F$13

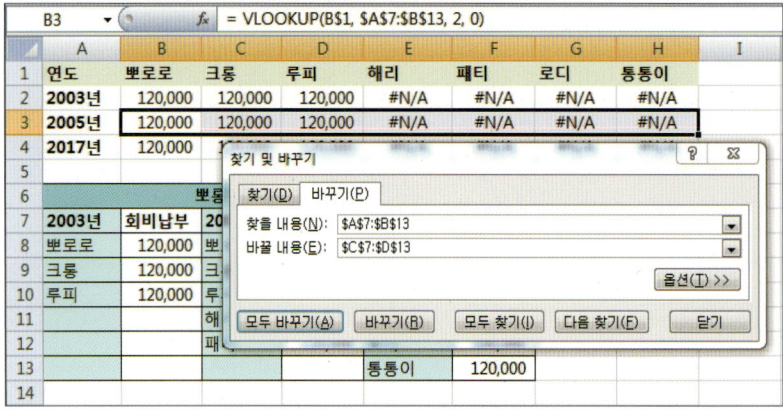

04 2003년 또는 2005년에 회원이 아니었던 해리, 패티, 로디, 통통이는 장부에 이름이 없어서 VLOOKUP() 함수가 일부 값을 찾지 못했고, 2017년에 유학 간 크롱도 장부에 이름이 없어서 값을 찾지 못했음을 알 수 있다.

연도	뽀로로	크롱	루피	해리	패티	로디	통통이
2003년	120,000	120,000	120,000	#N/A	#N/A	#N/A	#N/A
2005년	120,000	120,000	100,000	80,000	110,000	#N/A	#N/A
2017년	120,000	#N/A	90,000	100,000	90,000	100,000	120,000

= VLOOKUP(B$1, $E$7:$F$13, 2, 0)

뽀롱뽀롱 뽀로로 정기모임

2003년	회비납부	2005년	회비납부	2017년	회비납부
뽀로로	120,000	뽀로로	120,000	뽀로로	120,000
크롱	120,000	크롱	120,000	루피	90,000
루피	120,000	루피	100,000	해리	100,000
		해리	80,000	패티	90,000
		패티	110,000	로디	100,000
				통통이	120,000

05 이처럼 #N/A 오류가 발생하면 SUM() 함수로 값을 구할 수 없다. I2 셀에 SUM(B2:H2)를 입력해봤지만 #N/A 오류로 인해 계산되지 않는다.

=SUM(B2:H2)

연도	뽀로로	크롱	루피	해리	패티	로디	통통이	계
2003년	120,000	120,000	120,000	#N/A	#N/A	#N/A	#N/A	#N/A
2005년	120,000	120,000	100,000	80,000	110,000	#N/A	#N/A	
2017년	120,000	#N/A	90,000	100,000	90,000	100,000	120,000	

뽀롱뽀롱 뽀로로 정기모임

2003년	회비납부	2005년	회비납부	2017년	회비납부
뽀로로	120,000	뽀로로	120,000	뽀로로	120,000
크롱	120,000	크롱	120,000	루피	90,000
루피	120,000	루피	100,000	해리	100,000
		해리	80,000	패티	90,000
		패티	110,000	로디	100,000
				통통이	120,000

06 이런 경우 ISERROR()와 IF() 함수를 조합해서 쓰면 문제를 해결 할 수 있다. 2열 밑에 새롭게 행을 추가하고, 다음 수식을 입력해보자.

> **B3 셀** = IF(ISERROR(B2),0,B2)   ← 오류 발생하면 0, 정상이면 B2 셀 값 입력

	A	B	C	D	E	F	G	H	I
1	연도	뽀로로	크롱	루피	해리	패티	로디	통통이	계
2	2003년	120,000	120,000	120,000	#N/A	#N/A	#N/A	#N/A	#N/A
3		120,000							
4	2005년	120,000	120,000	100,000	80,000	110,000	#N/A	#N/A	
5	2017년	120,000	#N/A	90,000	100,000	90,000	100,000	120,000	
6									
7				뽀롱뽀롱 뽀로로 정기모임					
8	2003년	회비납부	2005년	회비납부	2017년	회비납부			
9	뽀로로	120,000	뽀로로	120,000	뽀로로	120,000			
10	크롱	120,000	크롱	120,000	루피	90,000			
11	루피	120,000	루피	100,000	해리	100,000			
12			해리	80,000	패티	90,000			
13			패티	110,000	로디	100,000			
14					통통이	120,000			
15									

07 채우기 핸들로 H3 셀까지 복사한 후, I3 열에 SUM() 함수로 합계를 구하면 된다.

	A	B	C	D	E	F	G	H	I
1	연도	뽀로로	크롱	루피	해리	패티	로디	통통이	계
2	2003년	120,000	120,000	120,000	#N/A	#N/A	#N/A	#N/A	#N/A
3		120,000	120,000	120,000	-	-	-	-	360,000
4	2005년	120,000	120,000	100,000	80,000	110,000	#N/A	#N/A	
5	2017년	120,000	#N/A	90,000	100,000	90,000	100,000	120,000	
6									
7				뽀롱뽀롱 뽀로로 정기모임					
8	2003년	회비납부	2005년	회비납부	2017년	회비납부			
9	뽀로로	120,000	뽀로로	120,000	뽀로로	120,000			
10	크롱	120,000	크롱	120,000	루피	90,000			
11	루피	120,000	루피	100,000	해리	100,000			
12			해리	80,000	패티	90,000			
13			패티	110,000	로디	100,000			
14					통통이	120,000			
15									

08 3열을 복사해서 4열, 5열에 끼워 넣으면 2005년과 2017년의 회비 납부액 합계도 구할 수 있다.

	A	B	C	D	E	F	G	H	I
1	연도	뽀로로	크롱	루피	해리	패티	로디	통통이	계
2	2003년	120,000	120,000	120,000	#N/A	#N/A	#N/A	#N/A	#N/A
3		120,000	120,000	120,000	-	-	-	-	360,000
4	2005년	120,000	120,000	100,000	80,000	110,000	#N/A	#N/A	
5		120,000	120,000	100,000	80,000	110,000	-	-	530,000
6	2017년	120,000	#N/A	90,000	100,000	90,000	100,000	120,000	
7		120,000	-	90,000	100,000	90,000	100,000	120,000	620,000
8									
9			뽀롱뽀롱 뽀로로 정기모임						
10	2003년	회비납부	2005년	회비납부	2017년	회비납부			
11	뽀로로	120,000	뽀로로	120,000	뽀로로	120,000			
12	크롱	120,000	크롱	120,000	루피	90,000			
13	루피	120,000	루피	100,000	해리	100,000			
14			해리	80,000	패티	90,000			
15			패티	110,000	로디	100,000			
16					통통이	120,000			
17									

이 테크닉은 상당히 편리하게 쓸 수 있기 때문에 조금 어렵더라도 반드시 익혀두는 것이 좋다. 보통 자료가 수백, 수천 이상이라면 함수를 사용하다가 셀 한 개라도 오류가 발생하면 전체 수식/함수가 작동하지 않게 된다. 그 오류가 무시해도 좋은 종류일 경우 이 테크닉을 사용하면 정상적으로 수식/함수를 사용할 수 있다.

 통계 함수, 알아두면 쓸데 많은 신비한 통계 함수

실무에서는 스프레드시트를 단순히 숫자를 계산하는 기능은 물론이고 숫자로 제시된 자료를 가공 및 분석하는 용도로도 많이 쓴다. 따라서 엑셀을 사용하고 있다면 숫자로 된 자료를 분석하는 통계 기능을 자신도 모르게 많이 사용하고 있기 마련이다. 숫자를 분석하는 함수를 이 책에서는 '통계 함수'라고 부르기로 한다. 중요한 통계 함수로는 다음과 같은 것들이 있다.

> MAX()
> MIN()
> MEDIAN()
> RANK()
> COUNT 함수군()

통계 함수는 배우기가 쉽고, 간단해서 많이 쓰이지만, 정작 실무에서 통계 함수를 능숙하게 쓰는 사람은 생각보다 많지 않다. 통계 함수는 업무효율을 높이는 데 많은 도움이 되기 때문에 실무 사례 위주로 확실히 익혀둬야 한다.

MAX( )

MAX( ) 함수는 2개 이상의 숫자 중에서 큰 쪽을 선택하는 기능을 한다. 사용법 자체는 매우 단순하다. 여러 개의 셀 또는 범위를 지정해주면 그 중에서 제일 큰 값을 고른다.

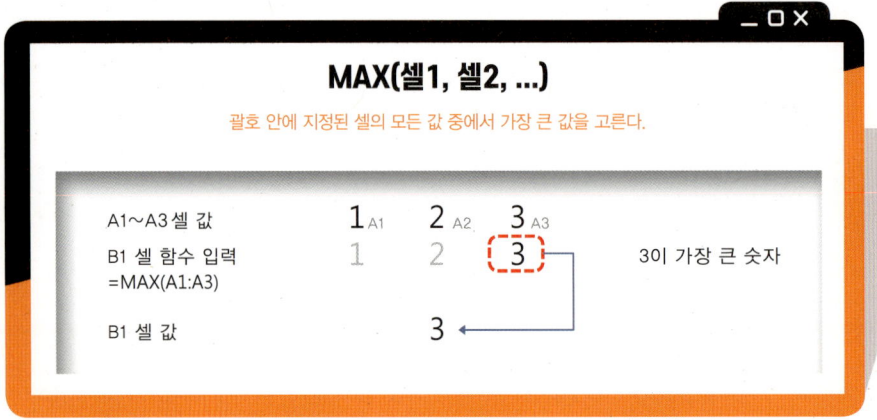

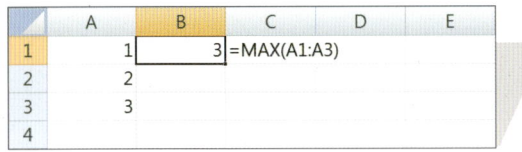

MAX() 함수의 기능은 이미 일상생활에서 매우 광범위하게 사용되고 있기 때문에 실무에서도 상당히 많이 쓴다. 하한값이 설정된 모든 종류의 비율 계산식은 MAX() 함수를 써야 한다고 보면 된다. 또한 상한값이 설정된 각종 자격조건의 경우 기준값을 넘을 경우 자격을 얻지 못하는데, 이러한 판별을 위한 조건식에도 MAX() 함수가 쓰인다.

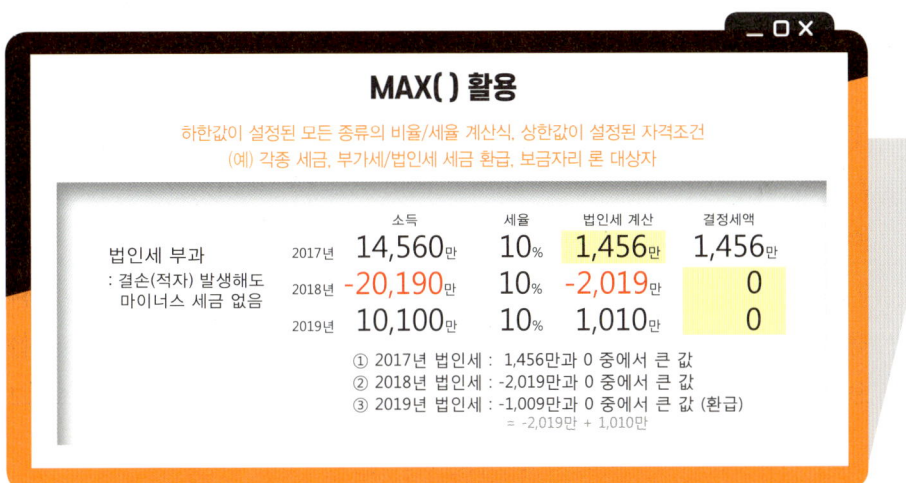

하한값이 설정된 대표적인 비율 계산식으로는 각종 세금, 부가세/법인세 세금 환급, 보금자리 론 대상자 등이 있다. 각각의 경우 MAX() 함수가 어떻게 쓰이는지 살펴보자.

법인세 부과

법인의 경우 소득이 발생하면 법인세를 부과하지만, 적자가 발생했더라도 보조금을 주지는 않는다. 즉, 소득이 없으면 세금이 없지만, 손해를 보더라도 국가로부터 돈을 받지는 못한다는 이야기가 된다. 다음과 같은 자료를 가정해보자.

(1) 흑자일 경우

2017년처럼 소득이 발생한 경우 법인세는 소득×세율로 계산된 액수(1,456만 원)를 부과한다. 적자가 발생해도 보조금을 주지는 않기 때문에 1,456만 원과 0 중에 큰 값을 선택한 것이므로 다음과 같이 MAX() 함수로 나타낼 수 있다.

> **E2 셀** = MAX(D2, 0)   1,456 > 0 이므로 결정세액은 1,456

	A	B	C	D	E
1	연도	소득	법인세율	법인세	결정세액
2	2017	14,560	10%	1,456	1,456
3	2018				
4	2019				
5					
6	* 단위: 만 원				
7					

(2) 적자일 경우

2018년 대규모 적자가 발생했다면 법인세 계산결과는 −2,019만 원이 되지만, 정부가 보조금을 주지는 않기 때문에 법인세는 0이 된다. 즉, −2,019만 원과 0 중에 큰 값인 0을 선택한 것이 된다. 즉, 국가는 ①0과 ②법인세 계산식 중에서 항상 큰 수치를 기준으로 세금을 부과한다. 하한이 0으로 설정된 경우라고 이해하면 쉽다.

> **E3 셀** = MAX(D3, 0)   ← −2,019 < 0 이므로 결정세액은 0

	A	B	C	D	E
1	연도	소득	법인세율	법인세	결정세액
2	2017	14,560	10%	1,456	1,456
3	2018	−20,190	10%	−2,019	0
4	2019				
5					
6	* 단위: 만 원				
7					

(3) 환급의 경우

만일 적자로 인해 법인세를 환급해주는 경우라면 하한은 '법인세 상계액'이 된다. 2019년 흑자 전환을 해서 2018년 마이너스 세금과 2019년 법인세를 상계 처리할 경우를 가정해보자.

구분	법인세	비고
2018년	0원	적자 − 2,019만 원
2019년	1,010만 원	
법인세 상계액	(−2,019만 원) + 1,010만 원 = −1,009만 원	

> **E4 셀** = MAX(0, C8)   ← -1,009 < 0 이므로 결정세액은 0

	A	B	C	D	E
1	연도	소득	법인세율	법인세	결정세액
2	2017	14,560	10%	1,456	1,456
3	2018	-20,190	10%	-2,019	0
4	2019	10,100	10%	1,010	0
5					
6	* 단위: 만 원				
7					
8	법인세 상계액		-1,009		
9					

등록면허세 부과할 때 최저한 세액 설정

최저한세가 운영되는 경우는 하한값이 '최저한 세액'이 되는데, 대표적인 것으로 법인을 설립할 때 납부하는 '등록면허세'가 있다. 보통 자본금의 4%를 부과하는데, 최저액이 112,500원이다. 따라서 자본금이 작아서 자본금×4% 값이 112,500원보다 작으면 등록면허세는 그냥 112,500원이 된다.

> **A2 셀** = 1,000,000
> **B2 셀** = A2 * 4%
> **C2 셀** = 112,500
> **D2 셀** = MAX(B2, C2)

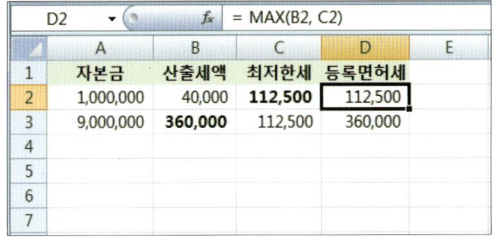

금융소득 종합과세 할 때 최대치 설정

각종 세금 감면/비과세/자격 조건 등은 기준 숫자가 특정 값을 넘으면 대상자가 되지 못한다. 즉, 기준이 되는 숫자의 '최대치'가 특정 값을 넘으면 안 된다는 이야기이므로 MAX()를 쓰면 편리하다. 금융소득 종합과세를 예로 들어보자. 금융소득은 크게 ①이자 ②배당 ③연금 ④기타 과세 금융소득(채권, 펀드, 보험 등) ⑤상기 금융소득합산 중 어떤 것이든 2,000만 원을 초과하면 금융소득 종합과세 대상이 된다. 따라서 MAX() 함수를 써서 다음과 같이 나타낼 수 있다.

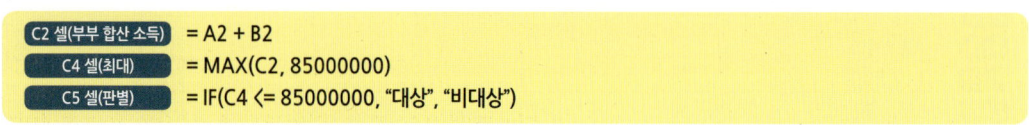

보금자리 론

맞벌이 신혼부부의 보금자리 론은 부부합산 소득 8,500만 원 이하이므로 다음과 같이 나타낼 수 있다. 남편 소득이 72,500,000원, 부인 소득이 15,000,000원 일 때 보금자리 론을 받을 수 있을지 알아보자.

- C2 셀(부부 합산 소득) = A2 + B2
- C4 셀(최대) = MAX(C2, 85000000)
- C5 셀(판별) = IF(C4 <= 85000000, "대상", "비대상")

증권사 최소 수수료

해외투자 주식에 대해서 주요 증권사는 최소 수수료 제도를 운영하고 있다. 예를 들어 어떤 증권사는 미국 주식 매매 시 수수료를 다음과 같이 받고 있다.

- 수수료 : 거래대금의 0.20% (단, 최소 수수료 $10)

'최소 수수료'라는 명칭 때문에 MIN() 함수를 써야 할 것 같지만, 하한이 설정된 비율 계산식이므로 MAX() 함수를 써야 한다. 증권사는 0.20%와 $10 중에서 높은 쪽을 기준으로 수수료를 매기기 때문이다.

구분	거래 수수료	최소 수수료
$100 매매 시	$100 * 0.20%= $0.2	$10
$1000 매매 시	$1000 * 0.20%= $2	$10
$6000 매매 시	$6000 * 0.20%= $12	$10

최저 수수료라는 명칭과는 달리 항상 높은 값이 선택됨을 알 수 있다. 따라서 엑셀로 위 증권사 미국 주식 거래 수수료는 MAX() 함수로 다음과 같이 나타낼 수 있다.

```
A4 셀(거래 대금)   = 6000
B4 셀(거래 수수료) = A4 * 0.2%
C4 셀(최저 수수료) = 10
D4 셀(실제 수수료) = MAX(B4, C4)
```

	A	B	C	D
1	거래 대금	거래 수수료	최저 수수료	실제 수수료
2	$100.00	$0.20	**$10.00**	$10.00
3	$1,000.00	$2.00	**$10.00**	$10.00
4	$6,000.00	**$12.00**	$10.00	$12.00

MIN( )

MIN() 함수는 2개 이상의 숫자 중에서 낮은 쪽을 선택하는 기능을 한다. 사용법 자체는 MAX() 함수와 동일하며 작동방식만 정 반대이다. 여러 개의 셀 또는 범위를 지정해주면 그 중에서 제일 작은 값을 고른다.

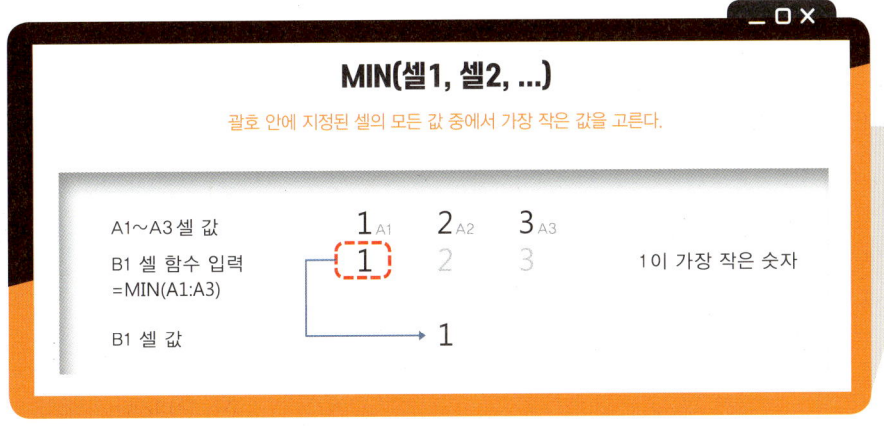

MIN() 함수는 MAX() 함수와는 정 반대로 상한값이 설정된 모든 종류의 비율 계산식에 쓰인다. 분양가 상한제, 월별 적립한도가 설정되어 있는 포인트/마일리지 제도 등이 해당된다. 그 밖에 자격을 판단할 때 최소한의 제약 조건을 확인하는 용도로도 많이 쓴다. 단, MIN() 함수는 대개 다른 함수(예: MAX)와 세트로 묶여서 사용되는 경우가 많고, MIN() 함수를 단독으로 사용하는 경우는 생각보다 많지 않다. 실무에서는 최젓값만을 판단 기준으로 삼는 경우가 많지 않기 때문이다.

MIN() 함수는 매우 간단하지만 실무에서는 꽤 사용되는 편인데, 실생활에서는 최저치라는 기준 숫자가 예상 외로 많이 쓰인다. 예를 들어 컴퓨터의 CPU 성능은 클록(Hz)으로 나타내는데, 카탈로그상 수치가 3.2GHz라면 최저치가 3.2GHz를 넘는다는 이야기가 된다.

마일리지 추가 적립

특정 업종에서 마일리지를 추가 적립해주는 신용카드가 기본 1,000원 당 1마일리지 적립, 해외사용분은 2마일을 적립(월 한도 2,500마일)해준다면, 한도와 사용액별 적립액 중 항상 적은 액수로 적립된다.

D2 셀 = MIN(B2, C2)

	A	B	C	D
1	해외사용	특별적립	적립한도	적립액
2	1,335,000	2,670	2,500	2,500
3	665,500	1,331	2,500	1,331
4				
5				
6				

과락 여부 판별

보통 시험 합격 기준은 거의 반드시라고 해도 좋을 정도로 과목별 최저 점수, 즉 '과락' 기준이 있다. 이런 경우 MIN() 함수는 매우 유용하게 쓰인다.

01 예를 들어 시험 합격 기준이 다음과 같다고 가정하자(예제 파일:4-2-2.xlsx). 국어, 영어, 수학 점수가 각각 87, 83, 46이다. 합격기준은 ①전 과목 평균 70점 이상 ②종목별 최저 40점 이상이다. 우선 첫 번째 기준을 충족하는지 알아보기 위해 평균부터 알아보아야 한다.

> **D2 셀(평균)** = AVERAGE(A2:C2)

	A	B	C	D
1	국어	영어	수학	평균
2	87	83	46	72

02 이번에는 과락여부를 판단해야 한다. SUM() + IF() 함수로 과락 여부를 판별하려면 A1/B1/C1 각 셀이 40점 이상인지 확인해야 하므로 IF() 함수를 최소 4개를 써야 한다.

> **E2 셀** = IF(A2>=40, 1, 0)
> **F2 셀** = IF(B2>=40, 1, 0)
> **G2 셀** = IF(C2>=40, 1, 0)
> **H2 셀** = IF(SUM(E2:G2)=3, "과락없음", "불합격")

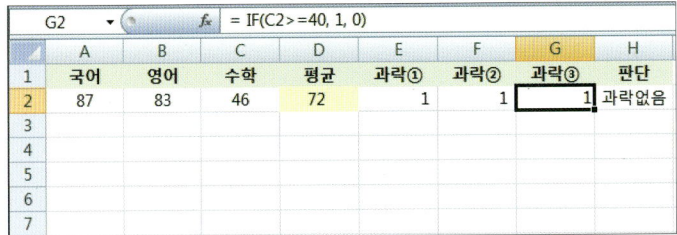

03 MIN() 함수를 쓰면 위 수식을 더 간결하게 만들 수 있다. 국/영/수 세 과목 중에 제일 낮은 점수라도 40점을 넘어야 한다는 이야기이므로, MIN() 함수를 써서 다음과 같이 바꿔 쓸 수 있다.

> **E2 셀** = IF(MIN(A2:C2)>=40, "과락없음", "불합격")

	A	B	C	D	E	F	G	H
1	국어	영어	수학	평균	판단			
2	87	83	46	72	과락없음			

E2 =IF(MIN(A2:C2)>=40, "과락없음", "불합격")

04 '국사' 또는 '생물' 등과 같이 과락 종목 숫자가 추가되더라도 MIN() 함수를 쓴 경우에는 수식을 수정하지 않아도 되기 때문에 간편하다.

F2 =IF(MIN(A2:D2)>=40, "과락없음", "불합격")

	A	B	C	D	E	F	G	H
1	국어	국사	영어	수학	평균	판단		
2	87	39	83	46	64	불합격		

(B열: 추가)

과락 판별에 사용한 MIN() 함수 테크닉은 실무에서 상당히 편리하므로 배워두면 좋다. 3장 IF() 함수 편에서도 말했듯이 실무에서 최고의 엑셀 테크닉은 IF() 함수를 효율적으로 사용하는 것이 아니라 IF() 함수를 아예 안 쓰는 것이다.

MEDIAN( )

MEDIAN() 함수는 3개 이상의 숫자 중에서 중간값을 선택하는 기능을 한다. 사용법은 MAX()나 MIN() 함수와 동일하다.

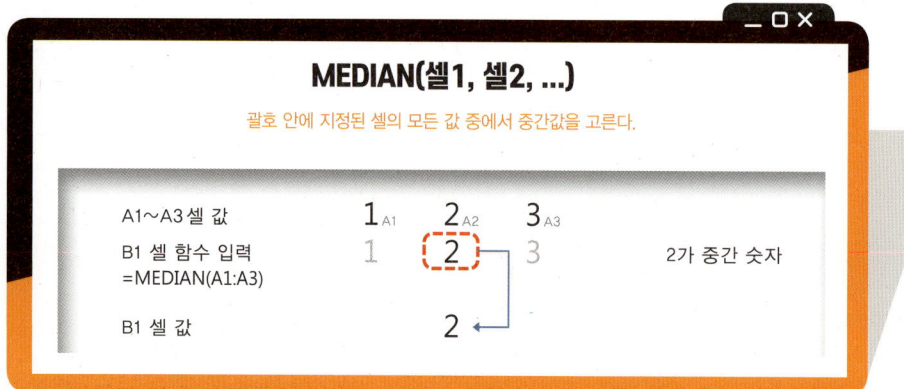

MEDIAN(셀1, 셀2, ...)
괄호 안에 지정된 셀의 모든 값 중에서 중간값을 고른다.

A1~A3 셀 값   1 A1   2 A2   3 A3
B1 셀 함수 입력   1   2   3   2가 중간 숫자
=MEDIAN(A1:A3)
B1 셀 값   2

	A	B	C	D	E
1	1	2	=MEDIAN(A1:A3)		
2	2				
3	3				
4					

MEDIAN() 함수는 기능의 특성상 최소 3개 이상의 숫자가 있을 경우에만 의미를 갖기 때문에 상한/하한 제한사항이 걸려있는 경우, 즉 3변수 함수의 특수한 경우에는 꽤 유용하게 사용할 수 있다. 통계 함수 중에서는 MAX() 함수가 가장 많이 쓰이고, 다음으로 MIN()이 많이 사용된다. MEDIAN() 함수는 극히 제한적으로만 사용된다. 솔직히 실무에서 MEDIAN() 함수를 사용하는 경우는 본 적이 없지만, 상한값과 하한값이 함께 설정된 비율 계산식에서는 매우 강력하고 편리하게 쓰일 수 있기 때문에 설명해 둔다.

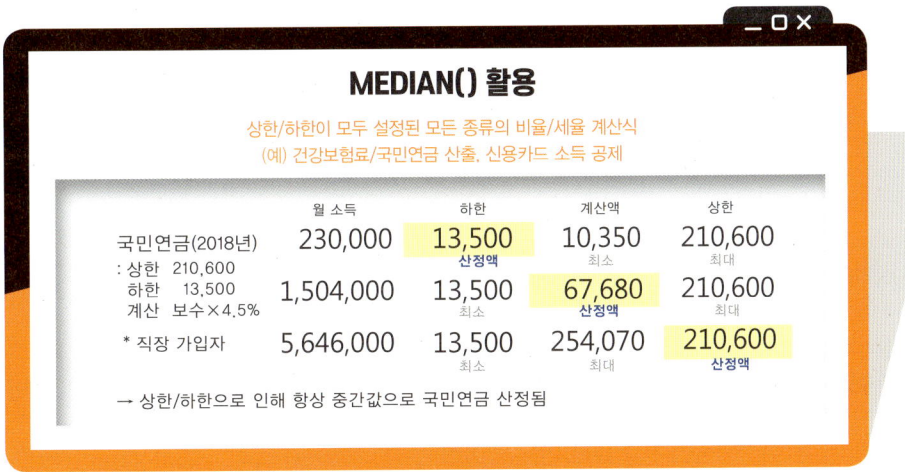

세금이나 각종 수수료 등 비율로 어떤 값을 구하는 경우는 대개 상한과 하한 중 어느 한 쪽만 제한을 설정하기 마련이다. 예를 들어 금융소득종합과세는 2,000만 원이 분리과세되는 상한이고, 신용카드 할부는 최소 5만 원이 하한이다. 하지만 복지와 관련된 각종 제도는 소득재분배라는 목적 때문에 상한/하한이 항상 함께 설정되는 특이한 구조를 가지고 있다. 국민연금, 건강보험, 실업급여, 기초연금 등은 모두 상한/하한값이 존재한다. 이런 경우에 MEDIAN() 함수는 편리하게 쓰인다.

국민연금의 경우를 예로 들어보자. 2018년 기준 국민연금은 직장 가입자에게 급여의 4.5%를 징수하는데, 가입대상자라면 인정소득 개념으로 최저 13,500원을 징수하며, 고액 연봉자라도 최대 210,600원만을 징수한다.

〈2018년 국민연금〉	
구분	직장 가입자
요율	9% (근로자 4.5%, 사업주 4.5%)
최저	13,500원 (인정소득 30만 원×4.5%)
최대	210,600원 (인정소득 468만 원×4.5%)

국민연금 징수액을 계산하는 방법은 IF(), CHOOSE() 등 여러 가지 방법이 있지만, 어느 쪽이든 좀 번거롭다.

> **월 소득** : A2
> **계산 액** : B2 = A2 * 4.5%

IF() 함수를 이용한 국민연금 납부액 계산

우선 IF() 함수로 계산해보자. IF() 함수로 국민연금 납부액을 계산하려면 월 소득액이 ①135,000원 미만일 경우 ②135,000원 이상 210,600원 이하일 경우 ③210,600원을 초과할 경우로 조건을 나누어 점검해야 한다.

> C2 셀(점검①) = IF(B2<13500, 13500, 0)
> D2 셀(점검②) = IF(AND(B2>=13500, B2<=210600), B2, 0)
> E2 셀(점검③) = IF(B2>210600, 210600, 0)
> F2 셀(결정액) = SUM(C2:E2)

	A	B	C	D	E	F
1	월 소득	계산액	점검①	점검②	점검③	결정액
2	230,000	10,350	13,500	0	0	13,500
3	1,504,000	67,680	0	67,680	0	67,680
4	5,646,000	254,070	0	0	210,600	210,600
5						
6						

F4 셀: = SUM(C4:E4)

CHOOSE() 함수를 이용한 국민연금 납부액 계산

CHOOSE() 함수로도 국민연금 납부액을 계산할 수 있는데, 역시 IF() 함수처럼 세 가지 경우 모두를 점검해야 한다.

> C2 셀(점검①) = IF(B2<13500, 1, 0)
> D2 셀(점검②) = IF(AND(B2>=13500, B2<=210600), 2, 0)
> E2 셀(점검③) = IF(B2>210600, 3, 0)
> F2 셀(결정액) = CHOOSE(SUM(C2:E2), 13500, B2, 210600)

	A	B	C	D	E	F
1	월 소득	계산액	점검①	점검②	점검③	결정액
2	230,000	10,350	1	0	0	13,500
3	1,504,000	67,680	0	2	0	67,680
4	5,646,000	254,070	0	0	3	210,600

F2 = CHOOSE(SUM(C2:E2), 13500, B2, 210600)

MEDIAN( ) 함수를 이용한 국민연금 납부액 계산

앞에서도 보았듯이 IF( ) 함수나 CHOOSE( ) 함수로는 수식을 계산하기가 상당히 까다롭다. 처음으로 돌아가서 상한/하한이 같이 설정된 비율 계산식을 잘 살펴보면 재미있는 특성이 있음을 알 수 있다.

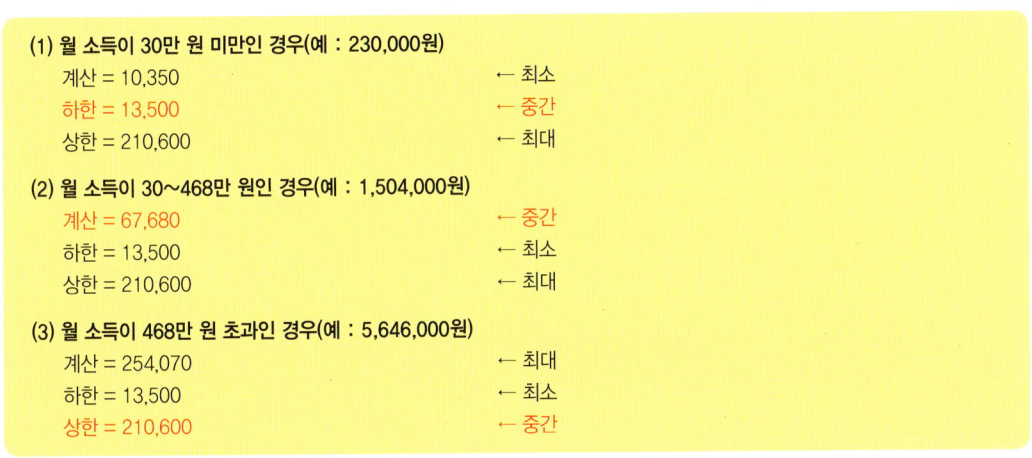

(1) 월 소득이 30만 원 미만인 경우(예 : 230,000원)
　계산 = 10,350　　　　　← 최소
　하한 = 13,500　　　　　← 중간
　상한 = 210,600　　　　← 최대

(2) 월 소득이 30~468만 원인 경우(예 : 1,504,000원)
　계산 = 67,680　　　　　← 중간
　하한 = 13,500　　　　　← 최소
　상한 = 210,600　　　　← 최대

(3) 월 소득이 468만 원 초과인 경우(예 : 5,646,000원)
　계산 = 254,070　　　　← 최대
　하한 = 13,500　　　　　← 최소
　상한 = 210,600　　　　← 중간

	A	B	C	D
1	월 소득	하한	계산액	상한
2	230,000	13,500	10,350	210,600
3	1,504,000	13,500	67,680	210,600
4	5,646,000	13,500	254,070	210,600

상한/하한이 설정된 비율 계산식은 항상 중간값이 선택됨을 알 수 있다. 따라서 MEDIAN() 함수를 사용하면 국민연금 부과액은 다음과 같이 간단히 정리할 수 있다. 믿기 힘들 정도로 수식이 간결해진다.

> **B2 셀** = MEDIAN(A2*4.5%, 13500, 210600)

	A	B	C
1	월 소득	국민연금	
2	230,000	13,500	= MEDIAN(A2*4.5%, 13500, 210600)
3	1,504,000	67,680	= MEDIAN(A3*4.5%, 13500, 210600)
4	5,646,000	210,600	= MEDIAN(A4*4.5%, 13500, 210600)
5			

MEDIAN( ) 함수를 이용한 국민건강보험 납부액 계산

국민건강보험이라면 상한과 하한이 다음과 같으므로 역시 같은 테크닉을 사용할 수 있다.

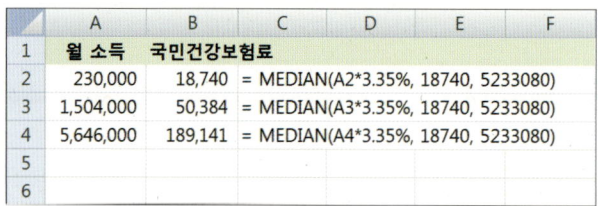

구분	직장 가입자
요율	약 6.70%(건강보험료 6.24% + 장기요양보험료 : 건강보험료×38%) 근로자 약 3.35%, 사업주 약 3.35%
최저	18,740원(인정소득 28만 원×3.35%)
최대	5,233,080원(인정소득 7810만 원×3.35%)

> **B2 셀** = MEDIAN(A2*3.35%, 18740, 5233080)

	A	B	C
1	월 소득	국민건강보험료	
2	230,000	18,740	= MEDIAN(A2*3.35%, 18740, 5233080)
3	1,504,000	50,384	= MEDIAN(A3*3.35%, 18740, 5233080)
4	5,646,000	189,141	= MEDIAN(A4*3.35%, 18740, 5233080)
5			
6			

상한/하한이 존재하는 비율 계산식에서 MEDIAN( ) 함수보다 쉽고 효율적인 방법은 없다. MEDIAN( ) 함수를 배워둬야 하는 이유이다.

RANK( )

RANK( ) 함수는 단순히 등수를 매기는 기능을 한다. 기능 자체는 매우 단순하지만 대한민국이 무한경쟁사회이다 보니 필연적으로 매우 자주 사용해야만 하는 함수이다. 시험성적, 판매실적, 영업성과, 인사평가 등 비교나 목표 달성과 관련된 모든 경우에 사용된다. 기본 기능은 물론 응용까지 모두 숙지해 둘 것을 권한다. RANK( ) 함수의 사용법은 다음과 같다.

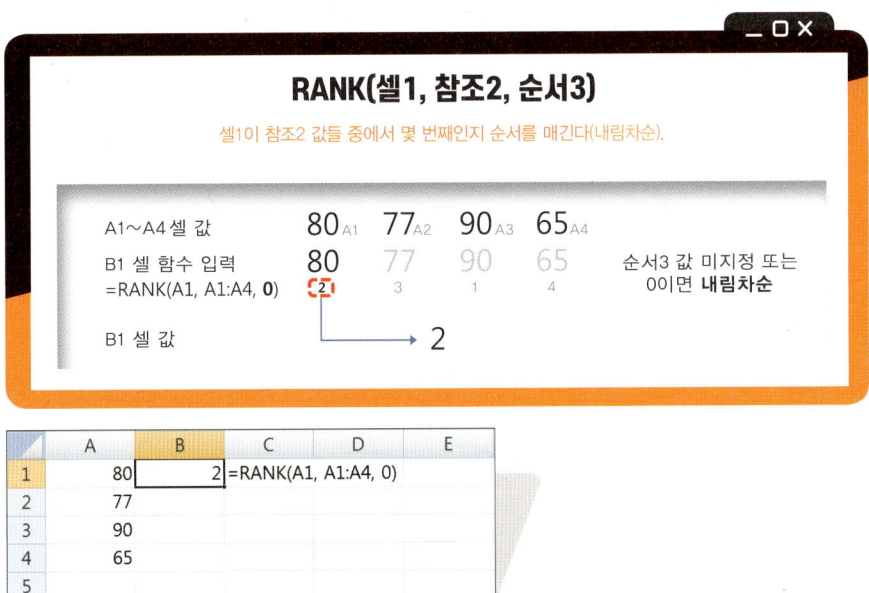

마지막의 숫자 0은 내림차순을 의미하는 옵션인데, 생략해도 된다. 다음 두 함수는 동일한 의미이다.

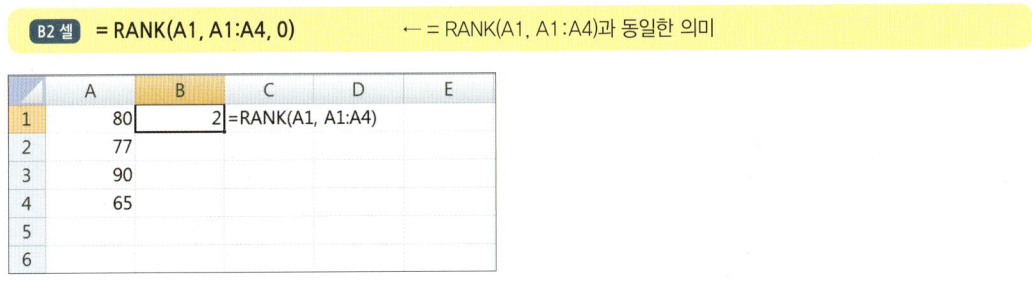

RANK() 함수의 옵션이라고 해봐야 내림차순, 오름차순 중에서 어느 쪽을 기준으로 등수를 매길 것인지 지정해주는 것뿐이다. 옵션을 생략하면 내림차순으로 등수가 매겨진다. 옵션을 1로 지정하면 오름차순이 된다.

	A	B	C	D	E
1	80	3	=RANK(A1, A1:A4, 1)		
2	77				
3	90				
4	65				
5					

RANK() 함수는 기능 자체가 단순한 등수를 매기는 것이므로 단독으로 사용되는 경우는 거의 없다. 반드시라고 해도 좋을 정도로 RANK() + 정렬 기능을 패키지로 묶어서 쓰게 된다.

실무에서는 지금까지 설명한 RANK() 함수를 이용하여 단순히 등수 매기는 기능을 사용하기는 어렵다. 모든 대상을 획일적으로 묶어서 하나의 기준으로 평가하는 경우가 거의 없기 때문이다.

A라는 백화점에 여러 개의 업체가 입점했다고 가정해보자. 여성용 의류 업체와 패스트푸드 업체, 유아용품 업체 등 업종의 특수성을 무시하고 단순히 매출액 순으로 우수/부진 업체를 평가하는 경우는 없다. 더욱이 규모가 커다란 회사는 사업목적/인원/조직/업무처리 등에 있어 서로 상이한 사업부문으로 구성되는 경우가 대부분이다. 예를 들면 삼성전자의 경우 모바일(IM), 가전, 파운드리, 디스플레이 등으로 사업부가 구분되는 식이다. 따라서 원칙적으로는 각 부문별로 나눠서 등수로 평가하며, 절대 점수보다는 각 부문별 1, 2, 3등과 같은 식으로 부문별 등수에 의미를 부여하는 경우가 많다.

변형 등수 매기기_ 동률 시

RANK() 함수의 기능은 매우 간단하므로, 단순하게 등수만 매긴다면 첫 번째 셀에 1을 입력한 다음 연속 채우기 핸들로 대체해도 상관없다. 하지만 실무에서 단순하게 등수를 매기는 경우는 많지 않다. 대개 동률이 발생했을 때 특정 값에 가중치를 부여하거나 그룹화해서 각 그룹별로 등수를 매기는 식의 변형된 등수 매기기를 쓴다. 이런 경우 채우기 핸들을 쓸 수 없다. RANK() 함수와 다른 함수를 조합해서 쓰거나 아예 다른 함수를 써야 한다.

RANK() 함수는 동률일 경우 같은 순위로 간주하고, 같은 순위를 매긴다. 하지만 실무에서는 동점일 경우에도 순위를 나누기 위한 추가 조건이 반드시 있다. 예를 들면 신입사원을 10명 뽑는데, 입사시험 점수 10위가 두 명이라고 해서 11명을 뽑지는 않는다.

01 뽀롱뽀롱 뽀로로반의 성적이 다음과 같다고 가정하고, 등수를 매겨보자(예제 파일:4-2-4-1.xlsx).

	A	B	C	D	E	F
1	이름	국어	수학	과학	총점	
2	뽀로로	92	84	91	267	
3	패티	87	90	90	267	
4	크롱	85	82	80	247	
5	해리	83	79	88	250	
6	포비	79	84	69	232	
7	에디	77	95	84	256	
8	루피	73	91	79	243	
9						
10						
11	※ 동률시 우선 순위 : 국어 → 수학 → 과학					
12						

02 뽀로로와 패티의 총점이 267점으로 동일하지만, 국어 성적이 높은 뽀로로가 1등이다. 동률까지 고려한 등수매기는 가장 쉬운 방법은 ①총점 → 국어 → 수학 → 과학 순서로 내림차순으로 정렬한 다음, ②연속 채우기 핸들로 등수를 매기는 것이다.

	A	B	C	D	E	F
1	이름	국어	수학	과학	총점	
2	뽀로로	92	84	91	267	
3	패티	87	90	90	267	
4	에디	77	95	84	256	
5	해리	83	79	88	250	
6	크롱	85	82	80	247	
7	루피	73	91	79	243	
8	포비	79	84	69	232	
9						
10						
11	※ 동률시 우선 순위 : 국어 → 수학 → 과학					
12						

03 총점 순으로 정렬한 다음, F2열에 1을 입력하고 연속 데이터 채우기로 끝까지 채우면 된다.

	A	B	C	D	E	F
1	이름	국어	수학	과학	총점	
2	뽀로로	92	84	91	267	1
3	패티	87	90	90	267	2
4	에디	77	95	84	256	3
5	해리	83	79	88	250	4
6	크롱	85	82	80	247	5
7	루피	73	91	79	243	6
8	포비	79	84	69	232	7
9						
10						
11	※ 동률시 우선 순위 : 국어 → 수학 → 과학					
12						

04 연속 채우기 핸들은 동률을 따지지 않기 때문에 동일 그룹에 대해 반드시 순위를 가려야 하는 경우에는 효과적이다. 하지만 역설적이게도 모든 조건이 동일한 동률인 경우라도 순위를 가려 버린다.

	A	B	C	D	E	F
1	이름	국어	수학	과학	총점	
2	뽀로로	92	84	91	267	1
3	패티	92	84	91	267	2
4	에디	77	95	84	256	3
5	해리	83	79	88	250	4
6	크롱	85	82	80	247	5
7	루피	73	91	79	243	6
8	포비	79	84	69	232	7
9						
10						
11	※ 동률시 우선 순위 : 국어 → 수학 → 과학					
12						

05 위 예제의 경우 뽀로로와 패티는 완전히 동률이지만 특별한 근거도 없이 등수가 가려져 버렸다. 또한 '정렬 + 채우기 핸들' 작업은 꽤 손이 많이 가는 편이어서 능률이 낮고, 2개 이상의 그룹에는 이 방법을 쓰기 어렵다. 아래와 같이 ①뽀롱뽀롱뽀로로반 성적순 정렬 → ②등수 매기기 → ③엉뚱발랄 콩순이반 성적순 정렬 → ④등수 매기기 작업을 그룹마다 해줘야 하기 때문에 너무 수고스럽다.

	A	B	C	D	E	F	G
1	소속	이름	국어	수학	과학	총점	순위
2	뽀롱뽀롱 뽀로로	뽀로로	92	84	91	267	1
3	뽀롱뽀롱 뽀로로	패티	92	84	91	267	2
4	뽀롱뽀롱 뽀로로	에디	77	95	84	256	3
5	뽀롱뽀롱 뽀로로	해리	83	79	88	250	4
6	뽀롱뽀롱 뽀로로	크롱	85	82	80	247	5
7	뽀롱뽀롱 뽀로로	루피	73	91	79	243	6
8	뽀롱뽀롱 뽀로로	포비	79	84	69	232	7
9	엉뚱발랄 콩순이	콩순이	88	77	81	246	
10	엉뚱발랄 콩순이	콩콩이	83	92	92	267	
11	엉뚱발랄 콩순이	송이	91	91	85	267	
12	엉뚱발랄 콩순이	밤이	77	98	83	258	
13	엉뚱발랄 콩순이	세요	63	79	88	230	

06 실무에서 가장 효과적인 등수 매기는 테크닉은 동률시 우선 순위에 각 단계별로 기준 숫자의 1/100 정도 가중치를 두는 것이다. 예제를 예로 들면 다음과 같이 된다.

> 총점 : × 1
> 국어 : × (1/10^2) = × 0.01
> 수학 : × (1/10^4) = × 0.0001
> 과학 : × (1/10^6) = × 0.000001

동률시 우선순위이므로 국어 가중치가 총점을 넘어서면 안 된다. 마찬가지로 수학 가중치가 국어 가중치를 넘으면 안 된다. 따라서 위처럼 1/100 정도로 가중치를 부여해서 한 열을 추가시켜주면 된다.

> **G2 셀** = F2*1 + (C2*0.01) + (D2*0.0001) + (E2*0.000001)

	A	B	C	D	E	F	G	H
1	소속	이름	국어	수학	과학	총점	가중치	순위
2	뽀롱뽀롱 뽀로로	뽀로로	92	84	91	267	267.93	1
3	뽀롱뽀롱 뽀로로	패티	92	84	91	267	267.93	1
4	뽀롱뽀롱 뽀로로	에디	77	95	84	256	256.78	3
5	뽀롱뽀롱 뽀로로	해리	83	79	88	250	250.84	4
6	뽀롱뽀롱 뽀로로	크롱	85	82	80	247	247.86	5
7	뽀롱뽀롱 뽀로로	루피	73	91	79	243	243.74	6
8	뽀롱뽀롱 뽀로로	포비	79	84	69	232	232.80	7

이상의 가중치 합계 값으로 RANK() 함수를 써서 등수를 매기면 된다. 자동 채우기 핸들의 경우와는 달리 모두 동률인 경우라면 등수가 같게 된다.

규칙적 그룹별 순위 매기기

실무에서는 일단 소속별로 분류한 다음, 소속 그룹 내에서만 등수를 매기는 그룹별 순위 매기기를 하는 경우가 대부분이다. 학년별 성적, 조직별 인사 평가, 지역별 예산 자립률 등이 대표적이며, 특히 스포츠에서는 그룹별 순위를 정말 많이 쓴다. 조별 리그, 축구의 승강제, MLB 지구별 순위 등 안 쓰는 경우를 찾기가 더 힘들다. RANK() 함수만으로는 이러한 그룹별 등수를 매길 수 없기 때문에 엑셀의 다른 함수나 기능을 활용해야 한다. 그룹별로 등수를 매기는 방법은 두 가지가 있는데, 상황에 맞게 골라 써야 한다.

01 우선 규칙적 그룹일 경우의 등수를 매겨보자. 그룹 구성원의 숫자가 비교적 작고, 규칙성을 갖는 경우를 말한다. 월드컵 축구의 조별 리그가 대표적인데, 보통 4개조 8개 그룹으로 구성된다. 이처럼 얼핏 봐도 규칙성이 있는 경우, 다음 방법을 쓰면 된다(예제 파일: 4-2-4-2.xlsx).

〈2014년 월드컵 조별리그 성적〉

	A	B	C	D	E	F	G	H	I	J
1	조	팀	경기	승	무	패	득점	실점	득실차	승점
2	A	멕시코	3	2	1	0	4	1	3	7
3		브라질	3	2	1	0	7	2	5	7
4		카메룬	3	0	0	3	1	9	-8	0
5		크로아티아	3	1	0	2	6	6	0	3
6	B	네덜란드	3	3	0	0	10	3	7	9
7		스페인	3	1	0	2	4	7	-3	3
8		칠레	3	2	0	1	5	3	2	6
9		호주	3	0	0	3	3	9	-6	0
10	C	콜롬비아	3	3	0	0	9	2	7	9
11		그리스	3	1	1	1	2	4	-2	4
12		일본	3	0	1	2	2	6	-4	1
13		코트디부아르	3	1	0	2	4	5	-1	3
14	D	우루과이	3	2	0	1	4	4	0	6
15		이탈리아	3	1	0	2	2	3	-1	3
16		잉글랜드	3	0	1	2	2	4	-2	1
17		코스타리카	3	2	1	0	4	1	3	7
18	E	스위스	3	2	0	1	7	6	1	6
19		에콰도르	3	1	1	1	3	3	0	4
20		온두라스	3	0	0	3	1	8	-7	0
21		프랑스	3	2	1	0	8	2	6	7
22	F	나이지리아	3	1	1	1	3	3	0	4
23		보스니아	3	1	0	2	4	4	0	3
24		아르헨티나	3	3	0	0	6	3	3	9
25		이란	3	0	1	2	1	4	-3	1
26	G	가나	3	1	1	2	4	6	-2	1
27		독일	3	2	1	0	7	2	5	7
28		미국	3	1	1	1	4	4	0	4
29		포르투갈	3	1	1	1	4	7	-3	4
30	H	대한민국	3	0	1	2	3	6	-3	1
31		러시아	3	0	2	1	2	3	-1	2
32		벨기에	3	3	0	0	4	1	3	9
33		알제리	3	1	1	1	6	5	1	4

02 RANK() 함수로 A조 순위를 구한다. 조별 순위를 구하는 것이니 범주가 절대참조임을 주의해야 한다.

> **K2 셀** = RANK(J2, $J$2:$J$5) ← 절대참조에 주의

	A	B	C	D	E	F	G	H	I	J	K
1	조	팀	경기	승	무	패	득점	실점	득실차	승점	순위
2	A	멕시코	3	2	1	0	4	1	3	7	1
3		브라질	3	2	1	0	7	2	5	7	1
4		카메룬	3	0	0	3	1	9	-8	0	4
5		크로아티아	3	1	0	2	6	6	0	3	3

03 K2:K5까지 블록 지정한 다음 $ 기호를 공백으로 바꾼다($ →공백).

04 K2:K5까지 블록 상태로 H조까지 채우기 핸들로 채운다.

일부만 규칙성이 없는 경우

전체적으로 보면 규칙성이 있는 듯한데, 일부만 규칙성이 없는 경우가 있다. 예를 들어 2012년에는 MLB 아메리칸 리그 동부/중부 지구가 5개팀이었는데, 서부지구는 4개팀이었고, 내셔널 리그 동부/서부가 5팀, 중부는 6팀이었다. 이런 경우, '2012년 MLB 지구별 성적'을 구하려면 해당 그룹에 모자라는 만큼 빈 행을 넣어서 모두 같은 규격으로 만든 다음 위 방법을 쓰면 된다.

01 각 지구별로 6개가 되도록 빈 행을 삽입한다(예제 파일:4-2-4-3.xlsx).

	A	B	C	D	E	F
1	지구	팀명	경기	승	패	승률
2		뉴욕Y	160	93	67	0.581
3		볼티모어	156	89	67	0.571
4	동부(A)	탬파베이	160	89	71	0.556
5		토론토	159	71	88	0.447
6						← 빈 칸 삽입(6개팀화)
7		보스턴	159	69	90	0.434
8		디트로이트	160	87	73	0.544
9		시카고 화이	160	85	75	0.531
10	중부(A)	캔자스시티	160	72	88	0.450
11		클리블랜드	158	67	91	0.424
12						← 빈 칸 삽입(6개팀화)
13		미네소타	162	66	96	0.407
14		오클랜드	158	91	67	0.576
15		텍사스	160	91	69	0.569
16	서부(A)					← 빈 칸 삽입(6개팀화)
17		LA 에인절	160	88	72	0.550
18						← 빈 칸 삽입(6개팀화)
19		시애틀M	159	73	86	0.459

02 RANK() 함수로 지구별 순위를 구한다. 삽입한 빈 칸에는 성적이 없어 에러가 난다.

> **G2 셀** = RANK(F2,$F$2:$F$7)   ← 절대참조에 주의

	A	B	C	D	E	F	G
1	지구	팀명	경기	승	패	승률	순위
2		뉴욕Y	160	93	67	0.581	1
3		볼티모어	156	89	67	0.571	2
4	동부(A)	탬파베이	160	89	71	0.556	3
5		토론토	159	71	88	0.447	4
6							#N/A
7		보스턴	159	69	90	0.434	5

03 첫 번째 지구(G2:G7)를 블록 지정한 다음 $ 기호를 공백으로 바꾼다.

04 첫 번째 지구를 블록 상태로 마지막까지 채우기 핸들로 채우면 지구별 성적을 구할 수 있다.

불규칙적 그룹별 순위 구하기

그룹별 순위를 매길 때 어떤 일관된 규칙성이 보이지 않으면 RANK() 함수로는 그룹별 순위를 매길 수 없고 IF() 함수를 써야 한다. 예를 들어 역대 월드컵 모든 조별 리그 성적을 나타낸 자료가 있다고 가정해보자. 과거에는 참가 팀의 숫자 및 조별 대진방식, 팀의 숫자가 모두 달랐기 때문에 규칙성을 전혀 찾아보기 힘들다. 그룹별 순위를 매기려면 당연하겠지만, 최소한 대회별/그룹별/성적별로 먼저 정렬해야 한다.

01 다음 예제는 규칙성이 보이지 않는 예제이다(4-2-4-4.xlsx).

	A	B	C	D	E	F	G	H	I	J	K
1	대회	조	팀	경기	승	무	패	득점	실점	득실차	승점
2	2014	A	브라질	3	2	1	0	7	2	5	7
3	2014	A	멕시코	3	2	1	0	4	1	3	7
4	2014	A	크로아티아	3	1	0	2	6	6	0	3
5	2014	A	카메룬	3	0	0	3	1	9	-8	0
6	2014	B	네덜란드	3	3	0	0	10	3	7	9
7	2014	B	칠레	3	2	0	1	5	3	2	6
8	2014	B	스페인	3	1	0	2	4	7	-3	3
9	2014	B	호주	3	0	0	3	3	9	-6	0
10	2014	C	콜롬비아	3	3	0	0	9	2	7	9
11	2014	C	그리스	3	1	1	1	2	4	-2	4
12	2014	C	코트디부아르	3	1	0	2	4	5	-1	3
13	2014	C	일본	3	0	1	2	2	6	-4	1
14	2014	D	코스타리카	3	2	1	0	4	1	3	7
15	2014	D	우루과이	3	2	0	1	4	4	0	6
16	2014	D	이탈리아	3	1	0	2	2	3	-1	3
17	2014	D	잉글랜드	3	0	1	2	2	4	-2	1

02 위 예제는 조별로 가장 윗 쪽이 A조이었다가 아래로 내려가면서 B, C, D조 순으로 바뀐다. 따라서 판별해야 할 조건은 '조가 바뀌면'이 되므로 IF() 함수로 'IF(B2=B1,1,0)' 형태로 나타낼 수 있다. L2 셀을 채우기 핸들로 끝까지 채우면 0, 1, 1, 1, 0, 1, 1, 1, 0, 1, 1, 1과 같은 패턴이 나타난다. 따라서 L열에서 0이 되는 곳이 새로운 그룹 등수 1의 시작점임을 알 수 있다.

L2 셀 = IF(B2=B1, 1, 0)   ← 위/아래 셀이 같으면 같은 조

	A	B	C	D	E	F	G	H	I	J	K	L
1	대회	조	팀	경기	승	무	패	득점	실점	득실차	승점	
2	2014	A	브라질	3	2	1	0	7	2	5	7	0
3	2014	A	멕시코	3	2	1	0	4	1	3	7	1
4	2014	A	크로아티아	3	1	0	2	6	6	0	3	1
5	2014	A	카메룬	3	0	0	3	1	9	-8	0	1
6	2014	B	네덜란드	3	3	0	0	10	3	7	9	0
7	2014	B	칠레	3	2	0	1	5	3	2	6	1
8	2014	B	스페인	3	1	0	2	4	7	-3	3	1
9	2014	B	호주	3	0	0	3	3	9	-6	0	1
10	2014	C	콜롬비아	3	3	0	0	9	2	7	9	0
11	2014	C	그리스	3	1	1	1	2	4	-2	4	1
12	2014	C	코트디부아르	3	1	0	2	4	5	-1	3	1
13	2014	C	일본	3	0	1	2	2	6	-4	1	1
14	2014	D	코스타리카	3	2	1	0	4	1	3	7	0
15	2014	D	우루과이	3	2	0	1	4	4	0	6	1
16	2014	D	이탈리아	3	1	0	2	2	3	-1	3	1
17	2014	D	잉글랜드	3	0	1	2	2	4	-2	1	1

03 M2 셀에 1을 넣어주고 다음 행은 다음과 같이 '위쪽 셀 +1'을 지정해주면 된다. 그런 다음 M3 셀을 채우기 핸들로 끝까지 복사해 넣으면 그룹별로 등수가 매겨진다.

M2 셀 = 1   ← 등수 시작이므로 1 입력
M3 셀 = IF(L3=1, M2+1, 1)   ← L3셀 1이면 +1, 0이면 1 입력

	A	B	C	D	E	F	G	H	I	J	K	L	M	N	O
1	대회	조	팀	경기	승	무	패	득점	실점	득실차	승점		순위	가중치	
2	2014	A	브라질	3	2	1	0	7	2	5	7	0	1		
3	2014	A	멕시코	3	2	1	0	4	1	3	7	1	2		
4	2014	A	크로아티아	3	1	0	2	6	6	0	3	1	3		
5	2014	A	카메룬	3	0	0	3	1	9	-8	0	1	4		
6	2014	B	네덜란드	3	3	0	0	10	3	7	9	0	1		
7	2014	B	칠레	3	2	0	1	5	3	2	6	1	2		
8	2014	B	스페인	3	1	0	2	4	7	-3	3	1	3		
9	2014	B	호주	3	0	0	3	3	9	-6	0	1	4		
10	2014	C	콜롬비아	3	3	0	0	9	2	7	9	0	1		
11	2014	C	그리스	3	1	1	1	2	4	-2	4	1	2		
12	2014	C	코트디부아르	3	1	0	2	4	5	-1	3	1	3		
13	2014	C	일본	3	0	1	2	2	6	-4	1	1	4		
14	2014	D	코스타리카	3	2	1	0	4	1	3	7	0	1		

좌측 셀이 1이면 윗 셀값 +1
L3=1
∴ M3=M2+1=1+1=2

좌측 셀이 0이면
L6=0
∴ M6=1

04 참고로 동률일 경우 우선순위에 따라서 등수를 매기려면 앞에서 소개한 동률일 때 가중치 부여방법을 병행해서 쓰면 된다. 월드컵에서 조별 리그 순위 가중치는 ①승점 ②득실차 ③다득점 ④승자승 네 가지다. 이 중 승자승은 각 팀의 대전기록을 확인해야 하므로 제외한다. 가중치 열(N열)을 추가해서 다음 수식을 입력해준 다음 채우기 핸들로 끝까지 채운다.

N2 셀 = K2*1 + J2*0.01 + H2*0.0001

N2 fx = K2* 1 + J2* 0.01 + H2* 0.0001

	A	B	C	D	E	F	G	H	I	J	K	L	M	N	O
1	대회	조	팀	경기	승	무	패	득점	실점	득실차	승점		순위	가중치	
2	2014	A	브라질	3	2	1	0	7	2	5	7	0	1	7.05	
3	2014	A	멕시코	3	2	1	0	4	1	3	7	1	2	7.03	
4	2014	A	크로아티아	3	1	0	2	6	6	0	3	1	3	3.00	
5	2014	A	카메룬	3	0	0	3	1	9	-8	0	1	4	-0.08	
6	2014	B	네덜란드	3	3	0	0	10	3	7	9	0	1	9.07	
7	2014	B	칠레	3	2	0	1	5	3	2	6	1	2	6.02	
8	2014	B	스페인	3	1	0	2	4	7	-3	3	1	3	2.97	
9	2014	B	호주	3	0	0	3	3	9	-6	0	1	4	-0.06	
10	2014	C	콜롬비아	3	3	0	0	9	2	7	9	0	1	9.07	
11	2014	C	그리스	3	1	1	1	2	4	-2	4	1	2	3.98	
12	2014	C	코트디부아르	3	1	0	2	4	5	-1	3	1	3	2.99	
13	2014	C	일본	3	0	1	2	2	6	-4	1	1	4	0.96	
14	2014	D	코스타리카	3	2	1	0	4	1	3	7	0	1	7.03	
15	2014	D	우루과이	3	2	0	1	4	4	0	6	1	2	6.00	

05 승점 대신 N2열, 즉 그룹별-가중치 기준으로 정렬한 다음, 상기 방법을 똑같이 사용하면 된다.

이 방법은 거의 모든 그룹별 순위 매기기에 사용할 수 있다는 점이 강점이지만, RANK() 함수에 비해 사용하기가 까다로운 편이다. 항상 직전 셀 값을 참조해서 +1 방식으로 계산하므로 컴퓨터의 부하가 크다. 또한 행을 추가하면 참조할 직전 셀이 없어져서 순위가 엉망이 될 수도 있기 때문에 사용할 때 주의해야 한다.

COUNT( )

실무에서는 '누가 기준을 만족시키는가' 보다 '얼마나 기준을 만족시키는가' 쪽이 훨씬 중요하다. 예를 들어 학교에서 국어 시험성적이 90점 이상인 사람이 '누구'인가보다 90점 이상이 '몇 명'인가 쪽이 훨씬 의미가 있다. 따라서 현대의 스프레드시트 프로그램은 점수를 계산하는 단순한 전자계산표를 넘어서 자료를 관리하는 데이터베이스 기능까지 용도가 확장된 상태이다. 원하는 조건이나 값이 몇 개인지 확인하는 것은 실무에서 매우 중요하고 빈번하게 수행해야 하는 작업이다.

이러한 역할을 하는 함수들 중에서 유용한 함수로 COUNT() 함수가 있다. COUNT 함수는 영어 뜻(COUNT, 수를 세다) 그대로 지정한 범위의 셀 개수를 세어주는 기능을 한다. 실무에서는 많은 경우에 효과적으로 응용할 수 있기 때문에 반드시 숙지해 두자.

이 책에서는 COUNT() 함수와 그 파생함수들, 즉 COUNTA(), COUNTIF(), COUNTBLANK(), COUNTIF(), COUNTIFS() 등을 COUNT() 계열 함수군으로 부르기로 한다. COUNT() 계열 함수군은 각종 현황이나 통계를 다룰 때는 필수 함수라고 해도 좋을 정도로 매우 중요한 함수이므로 관련 함수까지 모두 익혀둬야 한다. 추후 설명하겠지만, 실무에서는 막상 써먹을 곳이 없는 AVERAGE() 함수보다 COUNT() 사용법을 익혀두는 것이 훨씬 도움이 된다.

COUNT() 함수는 지정한 범위에서 숫자가 입력되어 있는 셀의 숫자가 몇 개인지 센다. 기본적인 사용법은 다음과 같다.

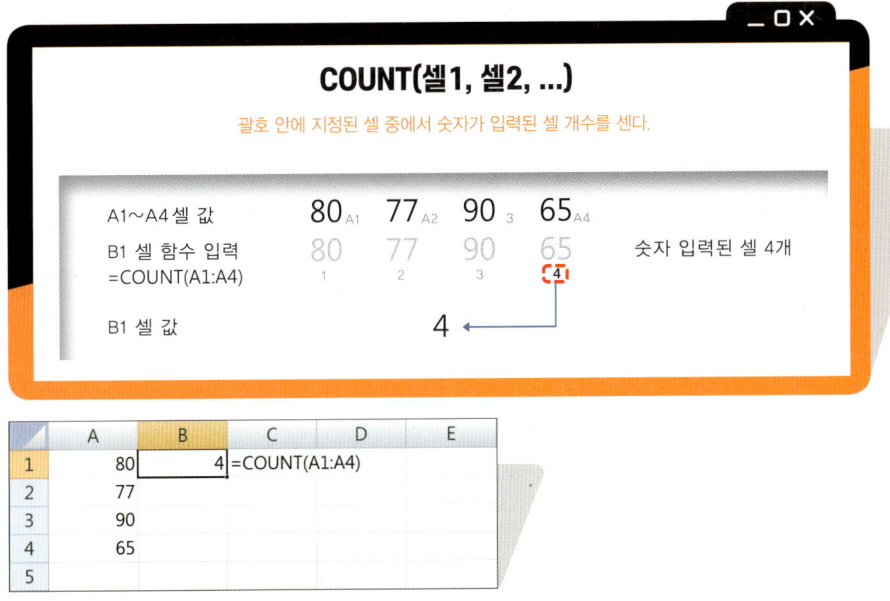

COUNT() 함수를 쓰면 SUM() 함수처럼 자료 중간에 행/열을 추가해도 수식을 수정할 필요가 없기 때문에 편리하다. 자료가 간단하다면 굳이 COUNTA() 함수를 쓸 필요도 없이 눈대중으로 세어도 대충 몇 개인지 쉽게 알 수 있다. 하지만 자료의 숫자가 20개만 되어도 눈대중으로 세기가 어려워지며, 새롭게 자료를 추가하거나 삭제하면 정확한 숫자를 세기가 힘들어진다. 이런 경우 COUNT() 함수는 행/열 추가까지 고려해서 자동으로 계산해주기 때문에 꽤 편리하다.

조심해야 할 것은 문자가 입력된 셀과 비어있는 셀은 세지 않는다는 것이다. COUNT() 함수는 오직 숫자가 입력된 셀의 숫자만을 계산해서 센다. 만일 문자가 입력된 셀이나 비어있는 셀들을 지정하면 다음과 같이 상이한 결과가 나온다.

	A	B	C	D	E
1	80	3	=COUNT(A1:A4)		
2	77				
3	가				
4	65				
5					

COUNT() 함수는 문자가 입력된 셀은 무시하므로 3이란 값이 나왔다.

	A	B	C	D	E
1	80	3	=COUNT(A1:A4)		
2	77				
3					
4	65				
5					

비어있는 셀도 마찬가지로 세지 않기 때문에 3이란 값이 나왔다. 이처럼 COUNT() 함수는 문자와 비어있는 셀은 무시하고 세지 않는다. 오직 숫자가 입력된 셀만을 다루는 함수이기 때문에 주소록처럼 숫자와 문자를 함께 다루는 경우에는 적합하지 않다. 따라서 실무에서의 활용도는 다음에 설명할 COUNTA() 함수보다 낮은 편이다.

COUNTA()

지정한 범위에서 비어있지 않은 셀 숫자가 몇 개인지 센다. 비어있지 않은 셀을 센다는 속성 때문에 숫자와 문자를 가리지 않아서 실무에서는 이쪽이 훨씬 많이 쓰인다. 기본적인 사용법은 COUNT() 함수와 동일하다.

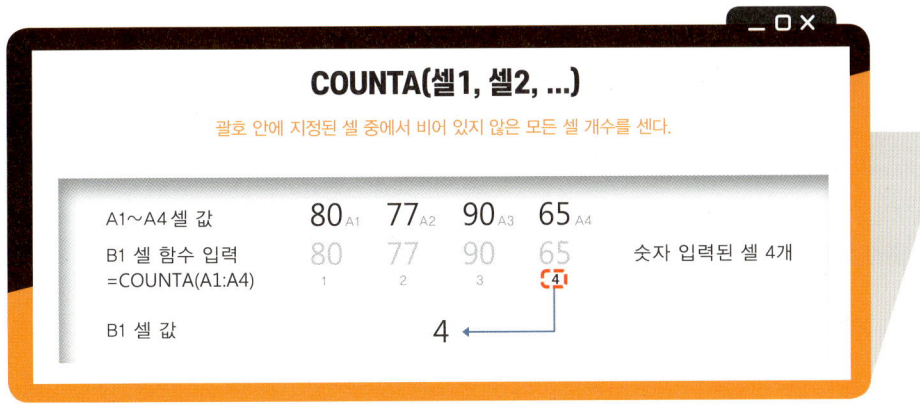

숫자만으로 구성된 셀의 숫자를 셀 경우에는 COUNT() 함수와 동일한 결과를 나타낸다. 하지만 문자가 포함된 경우에는 결과 값이 달라진다. COUNTA() 함수는 COUNT() 함수와는 달리 문자와 숫자를 구분하지 않고 비어 있지 않은 셀은 모두 세기 때문이다. 단, COUNT()와 동일하게 비어있는 셀은 세지 않는다. 실무에서는 숫자와 문자를 항상 함께 다루기 때문에 대부분의 경우에 COUNT() 함수 대신 COUNTA() 함수를 쓰게 된다.

COUNTBLANK( )

지정한 범위에서 비어있는 셀 숫자가 몇 개인지 센다. 비어있는 셀이 의미를 갖는 경우가 많지 않기 때문에 실무에서는 사용 빈도가 낮은 함수이지만 일단 설명은 해둔다. 기본적인 사용법은 COUNT( ) 함수와 동일하다.

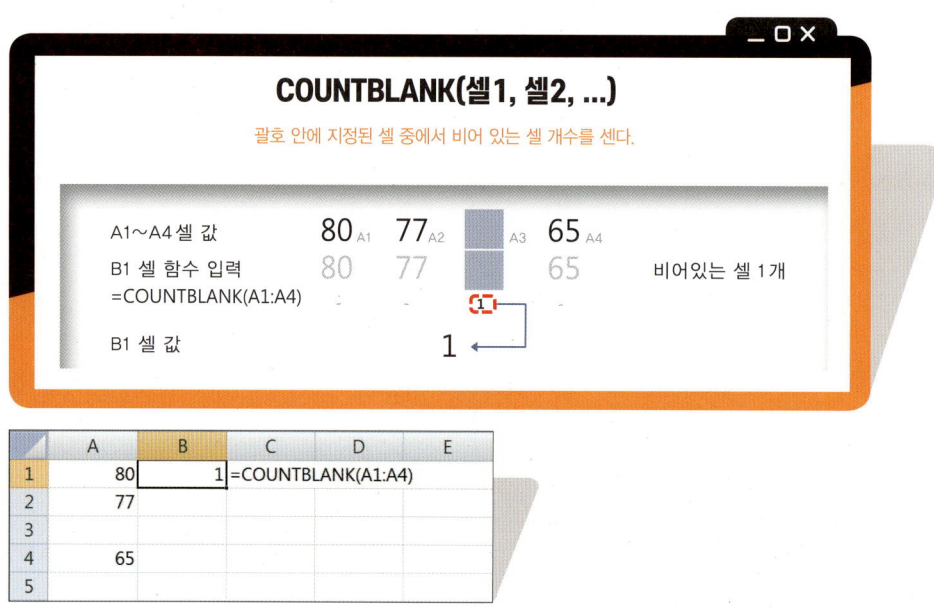

비어있는 셀이 한 개이므로 결과 값은 '1'이 된다. COUNTA( )와 COUNTBLANK( ) 합계는 지정된 범위 내 전체 셀의 숫자가 되지만 셀 범위와 COUNTA( ) 값을 알면 빈 셀의 숫자는 계산하지 않아도 알 수 있다. 따라서 COUNTBLANK( ) 함수는 실무에서 잘 안 쓰지만, 불규칙한 범위를 대상으로 비어있는 셀만 셀 경우에는 나름 쓸 만하다.

COUNTIF( )

조건에 해당하는 셀의 숫자를 센다. 조건은 1개만 지정 가능하며 다음처럼 큰 따옴표(" ")로 묶어줘야 한다.

(1) 80 이상 : " >=80 "
(2) 90 초과 : " >90 "
(3) 값이 A : " =A "

기본적인 사용법은 다음과 같다.

숫자 수식이 아닌 문자열 조건을 지정할 수도 있다.

만일 조건이 2개 이상일 경우는 COUNTIFS() 함수를 써야 한다. COUNTIF()는 매우 편리해 보이지만, 막상 실무에서 사용하기에는 좀 애매한 함수이다. 실무에서는 최소 2개 이상의 매우 복잡한 조건과 상황이 얽혀있는 경우가 많아서 한 가지 조건만 적용할 수 있는 COUNTIF() 함수로 원하는 결과를 얻어내기 어렵기 때문이다.

COUNTIFS( )

2개 이상의 조건에 해당하는 셀의 개수를 센다. 단, 이 함수는 엑셀 2007 버전 이상에서만 지원하므로 구 버전에서는 사용할 수 없다. 사용법은 COUNTIF( ) 함수와 유사하다.

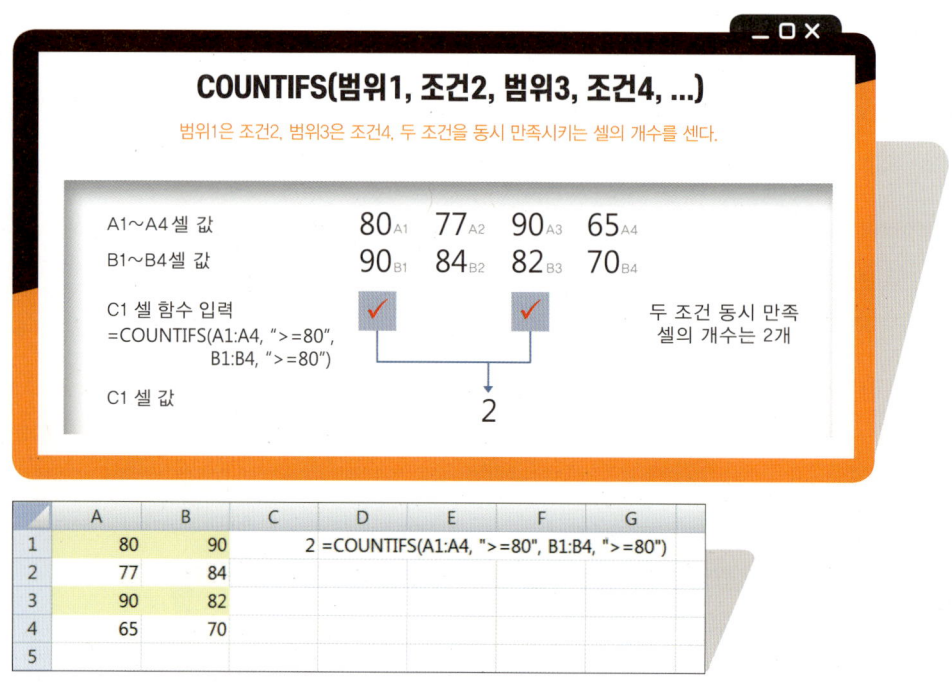

COUNTIFS( ) 함수는 같은 방식으로 계속 조건을 추가할 수 있기 때문에 다중 조건에 해당하는 셀의 개수를 구할 때 편리하긴 하다. 하지만 실무에서는 SUM( ) + IF( ) 함수 조합이 훨씬 편리하고 강력하므로 사용을 권장하지는 않는다.

COUNTIF( ) 함수로 9급 공무원 시험 과락 여부 점검

COUNT( ) 계열 함수군은 셀의 개수를 세는 기능이므로 실무에서는 제한이 있거나 가중치를 부여하는 각종 변형된 평균값을 구할 때 쓰인다. 예를 들어 9급 공무원 시험은 시험 합격 기준에 '전 종목 40점 이상'과 같은 제한 조건이 있어서 평균 점수가 커트라인을 넘겼다고 해서 합격 처리되지 않는다. 채점제 스포츠의 경우는 최대/최솟값을 제외한 나머지의 평균을 쓰기 때문에 단순 평균을 구하는 AVERAGE( ) 함수는 쓸 수 없다. 이런 경우 COUNT( ) 계열 함수군을 사용하면 편리하다.

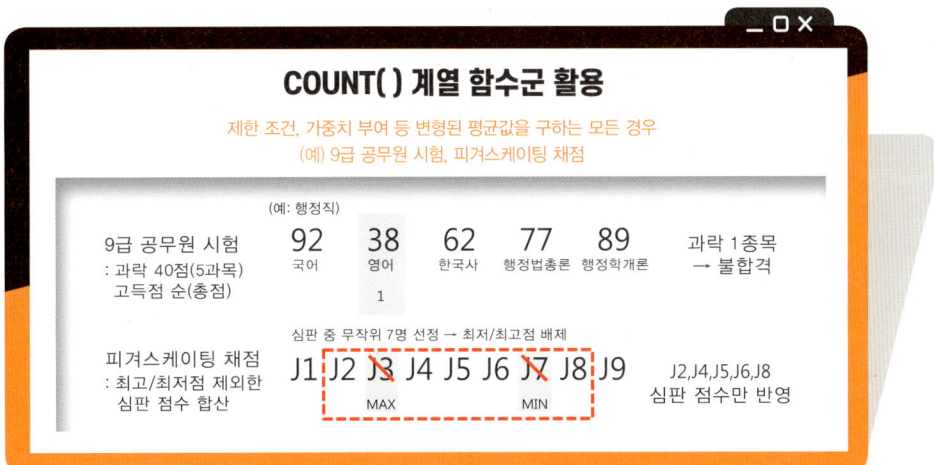

9급 공무원 시험 같은 경우는 ①5과목 최소 40점(과락), ②총점 고득점 순으로 합격자를 가린다. 과락 여부를 점검할 때와 같이 간단한 조건이라면 다음과 같이 COUNTIF() 함수를 쓰면 된다.

G2 셀   = COUNTIF(B2:F2, "<40")   ← 40보다 작은 셀의 개수를 센다.

	A	B	C	D	E	F	G	H
1	이름	국어	영어	한국사	행정법총론	행정학개론	과락	
2	뽀로로	92	38	62	77	89	1	
3	에디	88	72	46	88	76		
4	크롱	31	37	45	40	38		
5	패티	85	79	90	81	86		
6								
7								

COUNTBLANK() 함수로 국회의원 표결 불참자 파악

국회의원 법안 표결은 찬성, 반대, 기권, 불참의 네 가지 유형이 있는데, 일반적으로 공백은 법안 표결 불참을 의미한다. 법안 표결 불참자 숫자를 알고 싶다면 COUNTBLANK() 함수를 써서 공백의 숫자를 세면 된다.

C2 셀(찬성)   = COUNTIF(B2:B8, "찬성")
D2 셀(반대)   = COUNTIF(B2:B8, "반대")
E2 셀(기권)   = COUNTIF(B2:B8, "기권")
F2 셀(불참)   = COUNTBLANK(B2:B8)

	A	B	C	D	E	F	G	H
1	이름	표결	찬성	반대	기권	불참		
2	뽀로로	찬성	3	2	1	1		
3	크롱	찬성						
4	패티	반대						
5	에디							
6	포비	찬성						
7	해리	기권						
8	루피	반대						

F2 셀: = COUNTBLANK(B2:B8)

COUNTA( ) 함수로 최댓값/최솟값 제외

채점제 스포츠는 대개 최댓값/최솟값을 제외한 나머지 심판의 점수를 평균하여 점수를 계산한다. 이런 경우에 다음과 같은 형태로 COUNTA() 함수가 쓰인다.

〈심판 9명인 경우 채점〉
- B2 셀(채점) = C2 / D2   ← 인정 점수
- C2 셀(점수) = SUM(E2:M2)-MAX(E2:M2)-MIN(E2:M2)   ← 최댓값/최솟값 점수 제외
- D2 셀(심판) = COUNTA(E2:M2) - 2   ← 최댓값/최솟값 심판 제외

	A	B	C	D	E	F	G	H	I	J	K	L	M	N	O
1	이름	점수	분자	분모	J1	J2	J3	J4	J5	J6	J7	J8	J9		
2	뽀로로	9.4	66	7	10	9	10	9	8	10	9	9	10		
3	크롱	8.6	60	7	9	8	9	7	8	9	9	9	8		

D2 셀: =COUNTA(E2:M2)-2

위 예제는 COUNTA() 함수로 점수가 입력된 셀의 개수를 세서 심판 숫자를 확인한 다음, 제외되는 심판 2명 수(최대/최소)를 빼준 것이다. 단순히 심판 9명 중 2명을 제외하는 것이므로 그냥 7을 타이핑해서 써도 되지만, 실무에서는 COUNTA() 함수를 쓰는 것이 좋다. 심판의 숫자가 달라져도 수식이 바뀌지 않기 때문이다. 예를 들어 피겨스케이팅은 심판 9명의 점수 중 7명을 무작위로 선정한 다음, 다시 최댓값과 최솟값을 제외한 5명의 심판 점수로 평균을 내어 점수를 반영한다. 반면 다이빙은 심판이 5명(일반 대회) 또는 7명(국제 대회)이고, 싱크로나이즈드 스위밍은 7명(일반), 9명(국제 대회)이지만 최댓값/최솟값을 제외하는 것은 동일하다. 심판 숫자를 직접 타이핑하면 종목이 바뀔 때마다 D열의 값을 수정해야 한다. 하지만 COUNTA() 함수를 쓰면 이런 문제가 없다.

피겨스케이팅이라면 9명 중 7명을 무작위로 선정하므로, 제외되는 심판이 속한 열의 점수를 지워버리면 그만이다. COUNTA() 함수는 공백을 세지 않기 때문에 D열의 값은 자동으로 5로 바뀐다. 타이핑 방식이라면 D열에 5를 입력하고, 채우기 핸들로 D열 마지막 셀까지 값을 복사하는 작업을 추가로 해야 한다.

〈피겨스케이팅〉

	A	B	C	D	E	F	G	H	I	J	K	L	M	N	O
				D2		fx	=COUNTA(E2:M2)-2							
1	이름	점수	분자	분모	J1	J2	J3	J4	J5	J6	J7	J8	J9		
2	뽀로로	9.4	48	5	10	9	10		8	10		9	10		
3	크롱	8.6	43	5	9	8	9		8	9		9	8		
4								제외			제외				

다이빙 일반 대회라면 심판이 5명이므로 J6~J9까지를 지워버리면 된다. 역시 D열의 값은 자동으로 3으로 바뀐다.

〈다이빙 일반 대회〉

	A	B	C	D	E	F	G	H	I	J	K	L	M	N	O
				D2		fx	=COUNTA(E2:M2)-2							
1	이름	점수	분자	분모	J1	J2	J3	J4	J5						
2	뽀로로	9.4	28	3	10	9	10	9	8						
3	크롱	8.6	25	3	9	8	9	7	8						

이처럼 COUNTA() 함수를 사용한 경우는 수식을 수정할 필요가 없다. 실무에서는 소소한 수정과 변형 작업을 하느라 시간과 노력을 낭비하는 경우가 정말 많은데, 엑셀 실무에서 이런 낭비를 최소화하는 것은 대단히 중요하다. 아래 3개의 경우를 비교해보면 실무에서 얼마나 낭비가 많이 발생하는지 이해가 갈 것이다.

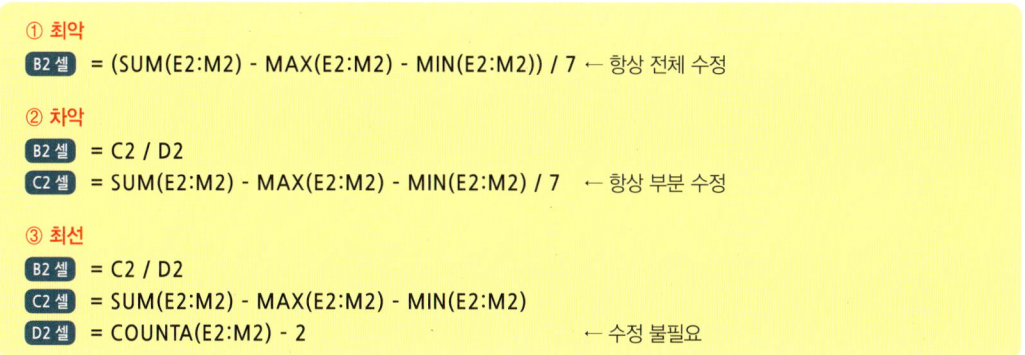

유감스럽게도 대부분의 직원들은 최악의 방식을 사용한다. ①번 방식은 종목이 바뀌면 항상 모든 수식을 수정해야 하기 때문에 소소한 수정을 끝도 없이 하게 된다. 엑셀에 아무리 능숙하다 해도 불필요한 수정을 반복하는 한 업무 속도는 느려질 수밖에 없다.

03 찾기/참조 함수 MATCH & INDEX, 엑셀계의 Ctrl+F

컴퓨터는 전기적 신호로 작동하기 때문에 각종 자료를 검색하는 속도가 매우 빠르다. 종이로 된 서류라면 원하는 자료를 찾기 위해 한 장씩 읽어가면서 뒤져야 하지만, 컴퓨터라면 '컨트롤 + F' 조합으로 빠르고 쉽게 찾을 수 있다. 엑셀에서 찾기/참조 함수로 분류할 수 있는 함수들은 CHOOSE(), VLOOKUP(), MATCH(), INDEX() 함수 등이 대표적이다. 찾기/참조 함수의 핵심인 CHOOSE()와 VLOOKUP()는 3장에서 설명했기 때문에, MATCH()와 INDEX() 함수 정도만을 설명해둔다.

실무에서 거의 쓰지 않지만 몰라도 상관없다고 하기는 애매한 계륵 같은 함수가 MATCH()와 INDEX() 함수이다. 이 두 함수는 각각의 함수 단독으로는 쓸모없고, 항상 패키지로 묶어서 써야 한다. 함수 사용법도 까다로운 데다가 IF()와 같은 필수 함수와 조합할 경우는 IF(), MATCH(), INDEX() 3개를 묶어 써야 하기 때문에 너무 복잡해서 실무에서는 잘 안 쓴다. 본인이 쓸 필요는 없지만, 남이 만들어놓은 경우 읽을 수는 있어야 하므로 소개는 해둔다.

INDEX( )

INDEX() 함수는 표에서 값을 읽어오는 함수이다. 이 함수만이라면 기능과 사용법 모두 매우 단순하다. 가로(행)와 세로(열) 숫자를 적어주면 표에서 행/열이 교차하는 곳의 값을 읽어온다.

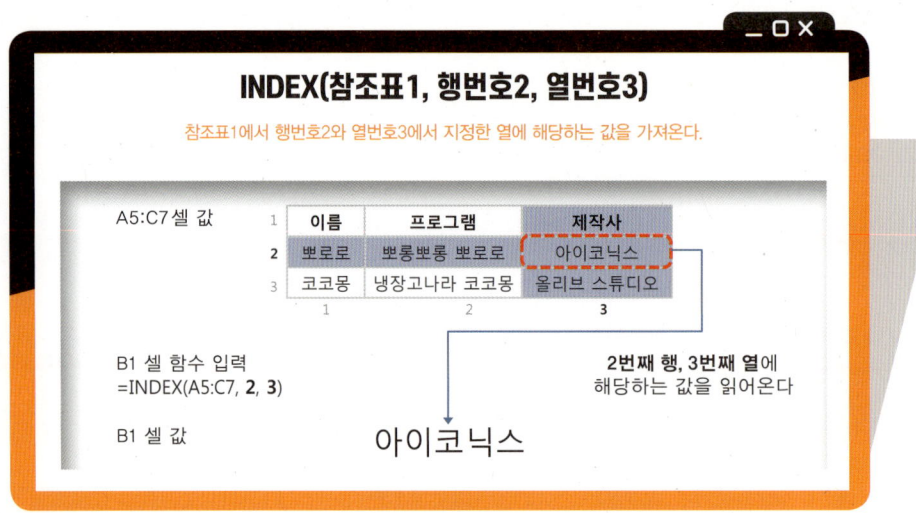

	A	B	C	D	E
1	아이코닉스	=INDEX(A5:C7, 2, 3)			
2					
3					
4					
5	이름	출연 프로그램	제작사	1	
6	뽀로로	뽀롱뽀롱 뽀로로	아이코닉스	2	
7	코코몽	냉장고나라 코코몽	올리브 스튜디오	3	
8		1	2	3	
9					

INDEX() 함수 자체만으로는 아무 짝에도 쓸모없는 이유이다. '표에서 두 번째 행, 열에서 세 번째 열 값이 무엇인가'라는 질문은 무의미하다. 하지만 '뽀로로 제작사는 어디인가?'라는 질문이라면 이야기가 달라진다. INDEX() 함수를 구성하는 요소를 다음과 같이 바꿔 써주면 유의미한 명제가 된다.

> ① 표에서 두 번째 행, 열에서 세 번째 값은 무엇인가?
> ② 뽀로로 제작사는 어디인가?
> → 뽀로로(= 두 번째 행) 제작사(= 세 번째 행)는 어디(표에서 행/열 교차 값)인가?

위 명제에서 INDEX() 함수는 '표에서 행/열 교차 값'을 읽어오는 역할만 처리하기 때문에 불완전하다. 표의 어딘가에 '뽀로로'와 '제작사'라는 키워드가 있고, '뽀로로 = 두 번째 행', '제작사 = 세 번째 행'에 있다고 위치를 알려주는 기능을 다른 함수가 보조해주면 INDEX()는 쓸 만한 함수가 된다. 이 기능을 하는 함수가 MATCH()이다.

MATCH( )

MATCH()는 키워드와 블록을 각각 지정하면 그 키워드가 블록의 몇 번째에 있는지 위치를 표시하는 함수이다. 사용법은 다음과 같다.

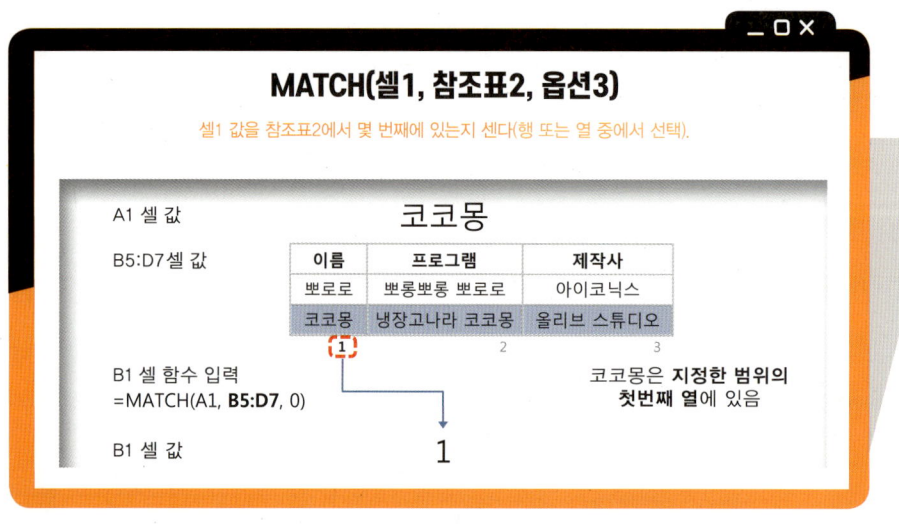

	A	B	C	D	E
1	코코몽	1	=MATCH(A1, B7:D7, 0)		
2					
3					
4					
5		이름	출연 프로그램	제작사	
6		뽀로로	뽀롱뽀롱 뽀로로	아이코닉스	
7		코코몽	냉장고나라 코코몽	올리브 스튜디오	
8		*1*	*2*	*3*	
9					

지정한 범위에서 첫 번째 열에 '코코몽'이 위치하기 때문에 MATCH() 함수 값은 1이 되었다. 참고로 MATCH() 함수도 VLOOKUP() 함수처럼 근삿값을 찾는 1이 기본 옵션으로 설정되어 있는데, 실무에서는 대부분 정확한 값을 찾는 0을 쓰면 된다.

	A	B	C	D	E
1	코코몽	3	=MATCH(A1, B5:B7, 0)		
2					
3					
4					
5		이름	출연 프로그램	제작사	
6		뽀로로	뽀롱뽀롱 뽀로로	아이코닉스	
7		코코몽	냉장고나라 코코몽	올리브 스튜디오	
8					

(Note: 열 왼쪽에 *1*, *2*, *3* 번호가 이름/뽀로로/코코몽 행 옆에 표시됨)

열을 범위로 지정해도 결과는 비슷하다. 지정한 범위에서 세 번째 행에 '코코몽'이 위치하므로 MATCH() 함수 값은 3이 되었다. 이 정도까지 설명하면 대충 감이 올 것이다. INDEX() 함수를 효과적으로 쓰려면 행/열에 각각 MATCH() 함수를 조합해서 써야 하므로 항상 함수 3개를 조합(① INDEX, ②행 MATCH, ③열 MATCH)해서 써야 한다.

MATCH( ) & INDEX( )

MATCH() & INDEX()는 표에서 가로/세로 조건에 맞는 값을 읽어올 때 쓴다.

01 예를 들어 다음과 같이 뽀롱뽀롱 뽀로로반 성적표가 있다고 가정해보자(예제 파일: 4-3.xlsx).

	A	B	C	D
1	이름	국어	산수	자연
2	뽀로로	92	84	81
3	패티	87	90	90
4	크롱	85	82	80
5	해리	83	79	88
6	포비	79	84	69
7	에디	77	95	84
8	루피	73	91	79
9				
10	패티 산수 점수			
11				

02 만일 패티의 산수 점수를 알고 싶다면, 위 표에서 이름 패티, 과목 산수인 값(90)을 찾으면 된다. 예제에서는 가로 3, 세로 3이다. 이 과정을 엑셀 함수로 나타내면 MATCH() & INDEX()가 된다. 패티는 '이름'열에 속해있으므로 MATCH("패티", A1:A8, 0) = 3이다.

	A	B	C	D
1	이름	국어	산수	자연
2	뽀로로	92	84	81
3	패티	87	90	90
4	크롱	85	82	80
5	해리	83	79	88
6	포비	79	84	69
7	에디	77	95	84
8	루피	73	91	79
9				
10	패티 산수 점수			
11				

03 산수점수는 첫 번째 행에 위치하므로 MATCH("산수", A1:D1, 0) = 3이다.

	A	B	C	D
1	이름	국어	산수	자연
2	뽀로로	92	84	81
3	패티	87	90	90
4	크롱	85	82	80
5	해리	83	79	88
6	포비	79	84	69
7	에디	77	95	84
8	루피	73	91	79
9				
10	패티 산수 점수			
11				

04 이제 패티의 산수 점수가 몇 점인지를 알아볼 차례다. 표의 범위는 A1:D8까지이고 행 3, 열 3이므로 INDEX(A1:D8, 3, 3) = 90이다. 따라서 ① + ② + ③ = INDEX(A1:D8,MATCH("패티", A1:A8,0),MATCH("산수",A1:D1,0))을 입력하면 된다.

> **C10 셀** = INDEX(A1:D8,MATCH("패티",A1:A8,0),MATCH("산수",A1:D1,0))

	A	B	C	D	E	F
1	이름	국어	산수	자연		
2	뽀로로	92	84	81		
3	패티	87	90	90		
4	크롱	85	82	80		
5	해리	83	79	88		
6	포비	79	84	69		
7	에디	77	95	84		
8	루피	73	91	79		
9						
10	패티 산수 점수		90			
11						
12	= INDEX(A1:D8,MATCH("패티",A1:A8,0),MATCH("산수",A1:D1,0))					
13						

MATCH() & INDEX()를 실무에서 쓰지 않는 이유가 납득이 갈 것이다. 각각의 함수는 크게 어렵거나 복잡하지 않지만, 실무에서 이 기능을 사용하려면 함수를 3개나 겹쳐서 써야 한다. 쓰기도 어렵거니와 너무 복잡해서 수정 및 변형도 어렵고, 다른 함수와 조합하기가 현실적으로 불가능하므로 사용을 꺼리게 된다. 참고로 상기 함수는 VLOOKUP()으로 다음과 같이 표현할 수 있다.

> **VLOOKUP("패티", A1:D8, 3, 0)**

MATCH() & INDEX() 함수에 비해 훨씬 간결하고 사용하기 쉽다. 추가된 수고라고 해봐야 "산수"가 위치한 행을 사용자가 확인해서 3이라고 지정해준 정도이다. 만일 조건이 더 복잡한 경우라면 피벗테이블과 GETPIVOTDATA() 함수 쪽이 더 강력하고 편리하다.

다중 조건 찾기 함수 비교

엑셀에서 조건에 맞는 값을 찾는 함수는 VLOOKUP(), MATCH & INDEX(), GETPIVOTDATA() 3가지가 있다. 셋을 비교하면 다음과 같다.

구분	VLOOKUP()	MATCH() & INDEX()	GETPIVOTDATA()
다중 조건 찾기	1개(열 지정시 2개)	2개	3개 이상
구성	단일 함수	3개 함수 조합	피벗테이블 조합
사용상 제약	있음	없음	없음

MATCH() & INDEX()는 어떤 의미에서는 2개의 조건에 해당하는 값을 가져오는 다중 조건의 일종이다. 솔직히 실무에서는 거의 쓸모없다. VLOOKUP()이나 GETPIVOTDATA() 쪽이 더 쓰기 쉽고 강력하기 때문이다. 각 함수를 써서 예제를 표현하면 다음과 같이 된다.

```
INDEX(범위, MATCH("패티", A1:A8), MATCH("산수", A1:D1))

VLOOKUP("패티", A1:D8, 3, 0)

GETPIVOTDATA(표, "패티", "산수")
```

보시다시피 MATCH() & INDEX() 쪽이 가장 복잡하다. VLOOKUP() 함수가 더 사용하기 쉽고, GETPIVOTDATA() 함수가 더 강력하다. MATCH() & INDEX() 함수는 여러모로 애매하다. 실무에서 누군가 MATCH() & INDEX() 함수를 사용했을 경우 읽을 수 있는 정도로만 알아두면 된다.

문자열 함수, 문제가 생겼을 때는 '문자'로 풀어보자

엑셀에는 어떤 셀에 입력된 숫자나 문자를 읽어오는 함수들이 있는데, 이 책에서는 통칭 '문자열 함수'라고 부르기로 하자. 3장 필수 함수에서 소개했던 MID()가 대표적인 문자열 함수인데, MID() 사용법이 가장 어려운 편에 속하므로 다른 문자열 함수는 오히려 배우기 쉽다.

문자열 함수들은 수식 계산에 필수적인 기능이 아니므로 스프레드시트의 본질적 기능은 아니며 사용빈도 또한 비교적 낮은 편이다. 하지만 기존 함수들과의 조합을 통해 쉽고 빠르면서도 고급스러운 기능을 구현할 수 있기 때문에 배워두면 매우 편리하다. 실무에서 유용한 엑셀의 고급 테크닉은 대부분 문자열 함수와 VLOOKUP() 함수의 조합으로 만들어진다. 문자열 함수로는 다음과 같은 것들이 있다.

```
LEFT()
RIGHT()
MID()
LEN()
CONCATENATE()   ← & 연산자와 같은 기능
SEARCH()
TEXT()
```

한 가지 기억할 것은 문자열 함수는 모든 숫자/문자/기호를 모조리 '문자'로 간주한다는 것이다. 따라서 문자열 함수를 써서 숫자를 처리하면 결과물이 설령 숫자더라도 '문자'로 간주된다. 이를테면 엑셀에서 숫자는 오른쪽 정렬이 기본 값이지만, 문자열 함수를 쓰면 왼쪽 정렬이 기본 값이 되어버린다.

LEFT( )

LEFT() 함수는 어떤 셀에 입력된 값에서 왼쪽(left)부터 세어서 정해진 자릿수만큼 글자를 가져오는 기능을 한다. 기본적인 사용법은 다음과 같다.

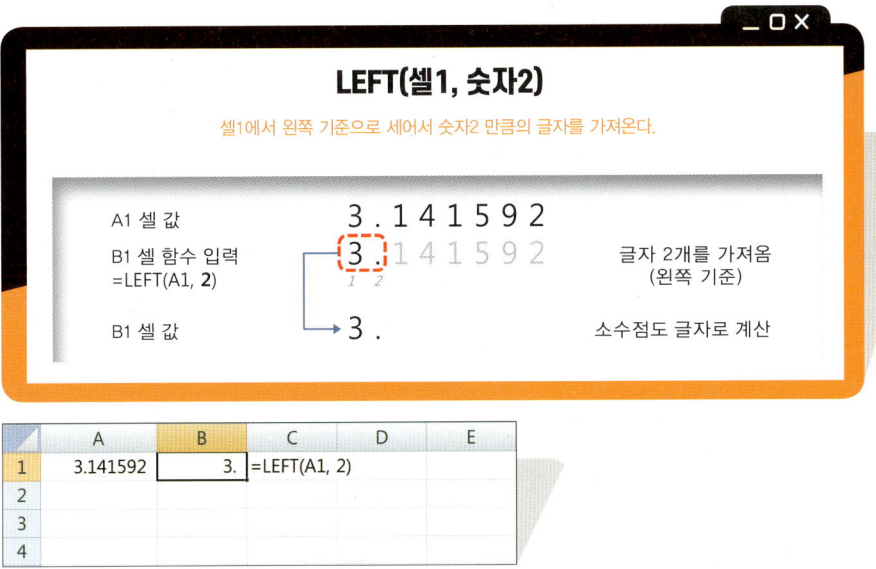

주의할 것은 모든 문자열 함수가 숫자는 물론 특수 기호인 소수점까지도 한 개의 글자로 센다는 것이다. 공백이고 소수점이고 몽땅 다 합쳐서 센다.

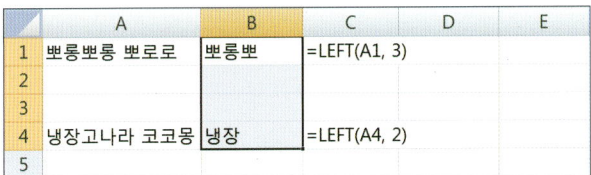

RIGHT( )

RIGHT() 함수는 LEFT() 함수와 사용법은 완전히 동일하지만 방향이 반대이다. 어떤 셀에 입력된 값에서 오른쪽(right)부터 세어서 정해진 자릿수만큼 글자를 가져온다. 사용법은 LEFT() 함수와 동일하다.

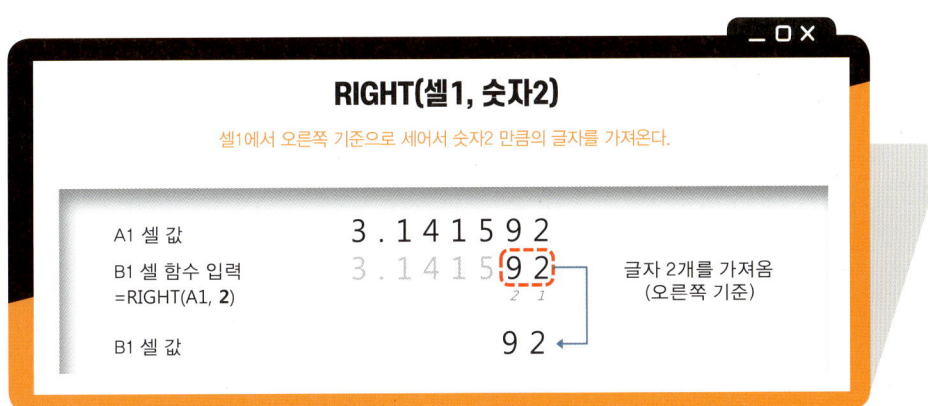

	A	B	C	D	E
1		3.141592	92	=RIGHT(A1, 2)	
2					
3					
4					

RIGHT() 함수를 쓴 결과물이 숫자(92)이지만 문자로 간주되어 왼쪽 정렬이 되었다는 것에 주목할 필요가 있다. 앞서 설명한 예제를 LEFT() 함수에서 RIGHT() 함수로 바꾸면 두 함수의 유사점과 차이점을 쉽게 알 수 있다. 함수의 사용법은 동일하고, 셀에서 값을 읽어오는 방향만 정 반대이다.

CONCATENATE( )

CONCATENATE() 함수는 영어 뜻 그대로 2개 이상의 문자열을 하나로 합쳐주는 기능을 한다. 따라서 & 연산자와 100% 동일한 역할을 하며, 사용법은 단순히 합치고 싶은 셀을 괄호 안에 나열해 주기만 하면 된다.

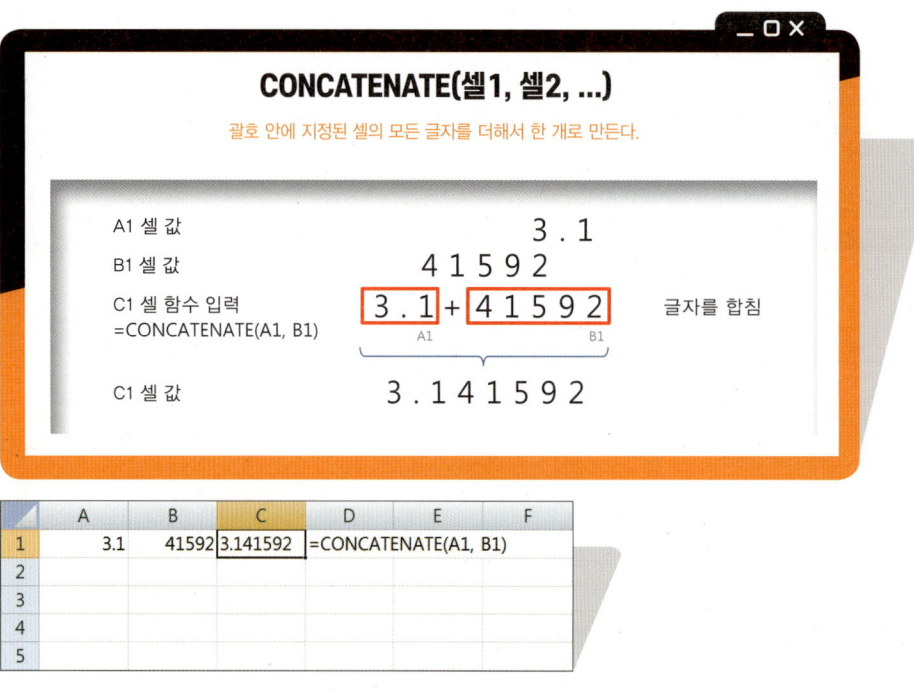

	A	B	C	D	E	F
1		3.1	41592	3.141592	=CONCATENATE(A1, B1)		
2							
3							
4							
5							

주의할 것은 괄호 안에 지정된 셀의 순서를 바꾸면 합치는 값도 앞뒤가 바뀐다는 것이다. 다음 2가지 함수의 결과는 동일하지 않다.

CONCATENATE(A1, B1) ≠ CONCATENATE(B1, A1)

	A	B	C	D	E	F
1	3.1	41592	415923.1	=CONCATENATE(B1, A1)		
2						
3						
4			3.141592	=CONCATENATE(A1, B1)		
5						

& 연산자와 동일한 기능이지만, 굳이 CONCATENATE() 함수를 설명해 두는 이유는 & 연산자보다 수정하기가 쉽다는 장점이 있기 때문이다. 다음을 비교해보자.

	A	B	C	D	E	F
1	3	3.141592	=A1&A2&A3&A4&A5&A6&A7&A8			
2	.	3.141592	=CONCATENATE(A1,A2,A3,A4,A5,A6,A7,A8)			
3	1					
4	4					
5	1					
6	5					
7	9					
8	2					

중간에 A4 셀과 A7 셀을 결합 대상에서 제외해보자. & 연산자는 문자가 차지하는 공간이 상대적으로 넓어서 작성할 때는 편하지만 막상 수정할 때는 불편하다는 사실을 쉽게 알 수 있다. &연산자의 경우 &까지 포함한 셀을 지워야 하지만 CONCATENATE() 함수는 셀만 지우면 된다. 어찌 보면 작은 차이지만 많아지면 이 역시 작업속도를 떨어뜨리는 요인이다.

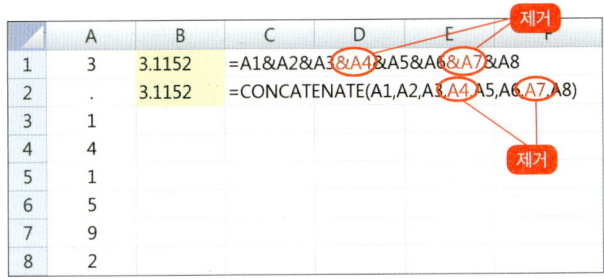

실무에서는 새로운 문서를 작성하는 경우보다 수정하거나 변형하는 업무의 비중이 압도적으로 높다. 따라서 CONCATENATE() 함수 쪽이 & 연산자보다 편리한 경우가 종종 있다.

LEN( )

LEN( ) 함수는 영어로 길이를 나타내는 length에서 유래한 것으로, 셀이 몇 개의 문자로 이루어졌는지 알려주는 기능을 한다. 다른 문자열 함수에 비하면 실무에서 사용빈도는 아주 낮은 편이지만, 재고/부품/상품 코드 등을 다룰 때 나름 편리하게 쓰이는 경우가 있어서 설명해둔다. 사용법은 매우 간단하다.

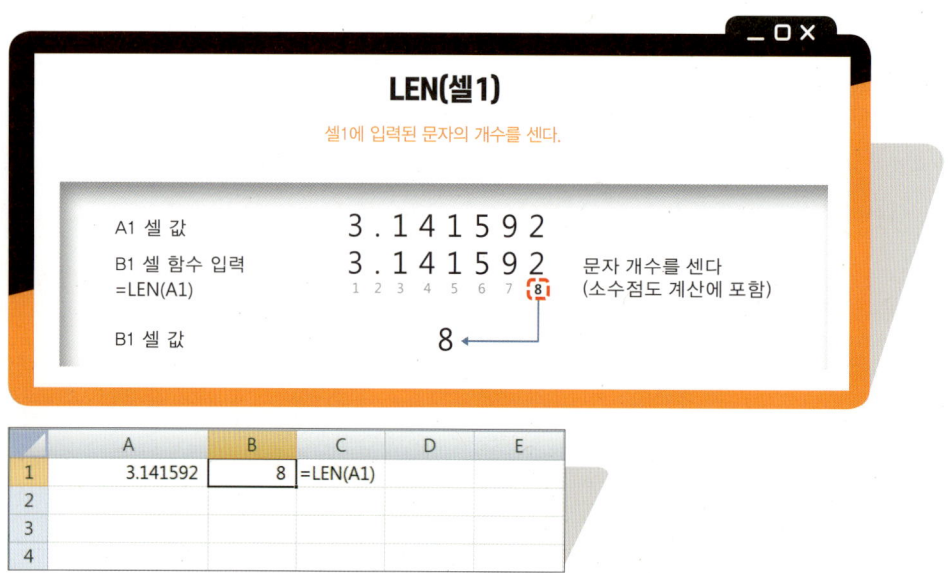

사용빈도가 낮음에도 굳이 이 함수의 사용법을 설명하는 이유는 고정 코드 분석/점검에 편리하게 쓰일 수 있기 때문이다. 실무에서는 대부분 고정 코드를 쓰는데, 각종 재고/부품/상품 코드는 일정한 자리 수가 정해져 있고, 각각의 자리 수가 특별한 의미를 갖는다. 예를 들어 주민등록번호는 13자리 숫자이며, 대개의 경우 생년월일은 연도 앞쪽 두 자리는 생략하고 월과 일만을 표시하는 6자리 숫자를 쓴다. 코드의 숫자가 어떤 때는 10자리였다가 다른 때는 8자리였다가 하는 식으로 늘었다가 줄었다가 하는 가변 코드는 관리상의 어려움으로 인해 실무에서는 잘 안 쓴다.

고정 코드	가변 코드
주민등록번호 생년월일 IP어드레스 대부분의 재고/부품/상품 코드	이메일 주소 도메인 어드레스(Domain Address)

대표적인 가변 코드로는 goolge.com 같은 영어로 구성된 인터넷 접속 주소 – 도메인 어드레스(Domain Address)가 있다. 실제로는 이것도 12자리 숫자로 구성된 IP 어드레스(고정 코드)를 사람들이 외우기 어려워서 컴퓨터 변환이라는 과정을 거쳐서 문자로 구성된 도메인 어드레스(가변 코드)로 바꾼 것이다. 실무에서는 고정 코드인 IP 어드레스를 기준으로 분석한다.

LEN() 함수는 이러한 고정 코드 형태의 재고/부품/상품 코드를 점검하거나 분석할 때 유용하게 쓰인다. 예를 들어 주민등록번호는 13자리로 구성된 숫자이므로, 12자리 숫자가 섞여있거나 하면 그건 주민등록번호가 아니라는 것을 쉽게 알 수 있다.

LEN() 함수로 도메인 어드레스 현황 정리하기

도메인 어드레스를 정리해 놓은 자료가 있을 때, 이 자료들을 최상위, 차상위 등 그룹화해서 현황을 정리해야 하는 상황이라고 가정해보자.

01 예제에서 도메인 어드레스의 'www', '.com' 등이 각 몇 개씩인지 확인해보자. 도메인 어드레스는 IP 어드레스와는 달리 길이가 들쭉날쭉하기 때문에 상당히 난감하다(예제 파일: 4-4-1.xlsx).

	A	B	C	D	E	F
1	도메인 어드레스					
2	www.google.com					
3	www.apple.com					
4	www.naver.com					
5	m.auction.co.kr					
6	facebook.com					
7						

02 일단 다음과 같은 모양으로 정리해야 현황을 파악할 수 있는데, MID()나 RIGHT() 함수로 일부 문자를 추출하려고 해도 오른쪽부터 세든 왼쪽부터 세든 매우 불규칙하여 문자열 함수를 적용하기 어렵다.

	A	B	C	D	E	F
1	도메인 어드레스					
2	www.google.com	www	google	com		
3	www.apple.com	www	apple	com		
4	www.naver.com	www	naver	com		
5	m.auction.co.kr	m	auction	co		
6	facebook.com		facebook	com		
7						

03 이처럼 글자가 불규칙한 코드를 다룰 때 LEN() 함수는 매우 유용하다. 도메인 어드레스는 마침표(.)로 구분된 가변코드이므로, SEARCH() 함수로 마침표의 위치, LEN() 함수는 전체 코드 길이를 확인하도록 다음과 같이 조합해서 쓰면 된다.

> **B2 셀** = SEARCH(".",A2)   ← 마침표 위치를 확인함 / 사용법 SEARCH() 함수 참조(221p)
> **C2 셀** = LEN(A2)   ← 문자열 길이를 확인함

	A	B	C	D	E	F
1	도메인 어드레스	마침표 위치	문자열 길이			
2	www.google.com	4	14			
3	www.apple.com					
4	www.naver.com					
5	m.auction.co.kr					
6	facebook.com					
7						

04 첫 번째 마침표는 4번째에 위치해 있고, 문자열의 길이는 총 14글자임을 알 수 있다. 따라서 마침표를 기준으로 앞쪽 3글자, 마침표, 뒷쪽 10글자를 MID() 함수로 잘라내면 된다.

> **D2 셀** = MID(A2, 1, B2-1)   ← 잘라낼 글자 수는 마침표 앞 글자까지이므로 B2-1
> **E2 셀** = MID(A2, B2+1, C2-B2)   ← 잘라내기 시작은 마침표 다음부터이므로 B2+1
> ← 잘라낼 글자 수는 마침표 다음부터 끝까지 C2-B2
> www.google.com → www + google.com (1차 추출)

	A	B	C	D	E	F
1	도메인 어드레스	마침표 위치	문자열 길이	자르기A	자르기B	
2	www.google.com	4	14	www	google.com	
3	www.apple.com					
4	www.naver.com					
5	m.auction.co.kr					
6	facebook.com					
7						

05 맨 앞쪽 마침표(.)까지 문자가 D열에 추출됐다. E열에 남아있는 google.com을 다시 쪼개려면 B/C/D/E열을 복사해서 F열에 붙여 넣으면 된다(2번째 반복). 'm.auction.co.kr'처럼 마침표가 3개인 도메인 어드레스라면 마찬가지로 F/G/H/I 열을 J열에 붙여 넣으면 된다(3번째 반복).

www.google.com → www + google.com → www + google + com (2차 추출)

	A	B	C	D	E	F	G	H	I
1	도메인 어드레스	마침표 위치	문자열 길이	자르기A	자르기B	마침표 위치	문자열 길이	자르기 A	자르기 B
2	www.google.com	4	14	www	google.com	7	10	google	com
3	www.apple.com	4	13	www	apple.com	6	9	apple	com
4	www.naver.com	4	13	www	naver.com	6	9	naver	com
5	m.auction.co.kr								
6	facebook.com								
7									

마침표를 기준으로 D/H/I열에 각각의 도메인 어드레스가 깔끔하게 분류되었음을 알 수 있다. 인터넷 엑셀 강좌를 보면 TRIM(), RIGHT(), REPT(), SUBSTITUTE() 함수를 복잡하게 조합하여 텍스트를 추출하는 방법이 소개되어 있는데, 실무에서는 설명하기 어렵고 복잡한 방법은 쓸 수도 없고 쓰지도 않는다. 그럴 바에는 위 예제처럼 똑같은 기능을 여러 번 반복하는 방법을 쓰는 것이 낫다.

SEARCH( )

실무에서 사용 빈도는 높지 않지만 가끔씩 요긴하게 쓸 수 있는 것이 SEARCH() 함수이다. SEARCH() 함수는 셀에 들어있는 어떤 문자열이 몇 번째에 위치하는지 알려주는 기능을 한다. 사용법은 다음과 같다.

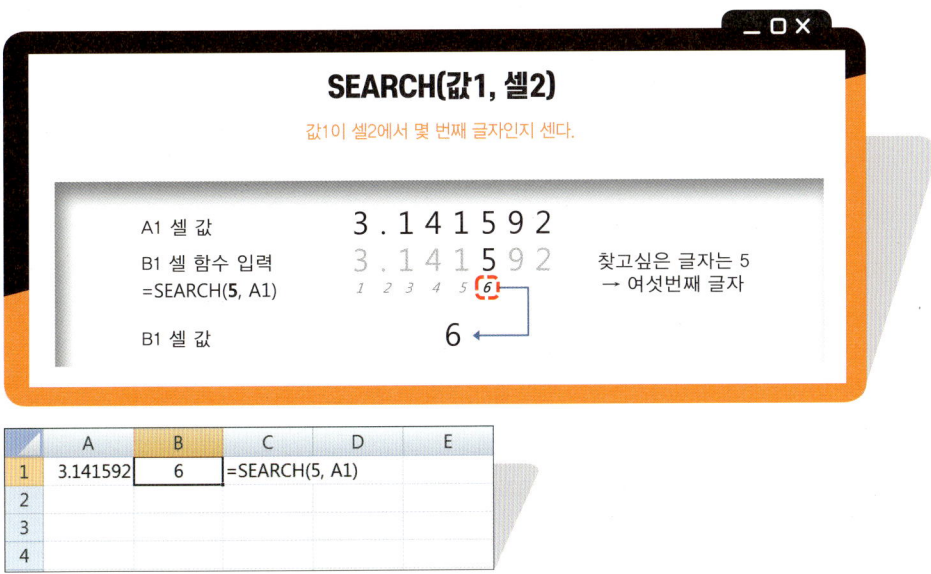

SEARCH() 함수는 기능 자체가 단순해서 단독으로 사용되는 경우는 없고 항상 다른 문자열 함수와 조합해서 쓰인다.

SEARCH() 함수는 가변 코드, 즉 글자 숫자가 일정하지 않은 코드를 다룰 때 쓴다. E메일 주소나 도메인 어드레스 같은 자료는 ①전체 글자 수가 정해져 있지 않지만, ②특정한 기호로 구분되어 있다는 특징이 있다. 외국 사람의 인명도 퍼스트 네임, 미들 네임, 라스트 네임이 마침표(.)로 구분되어 있지만, 각 네임의 길이는 일정치 않다. 이런 모든 경우에는 SEARCH() 함수와 MID() 함수 조합을 쓰게 된다.

SEARCH() + MID()로 성남시에 있는 학생 파악하기

주소는 글자 숫자가 일정하지 않은 가변 코드에 속한다. 만일 성남시에 살고 있는 학생만을 알고 싶다면 예제의 경우 뭔가 애매한 상황이 된다. '시'와 '도', '구'라는 최소한의 규칙성은 있지만, 글자 수 기준이라면 서울특별시는 5글자, 경기도는 3글자라서 맞지 않고, 공백 기준이라면 서울시는 첫 번째, 성남시는 두 번째라서 또 맞지 않게 된다. 자료가 적다면 수작업으로 세면 되지만, 수십 개 이상이 되면 대략 난감해진다. 이런 경우 SEARCH() 함수를 쓰면 해당 문자열의 위치를 정확히 알려준다.

01 예를 들어 다음과 같은 주소록이 있다고 가정하자(예제 파일: 4-4-2.xlsx).

	A	B	C	D	E	F
1	뽀로로	경기도 성남시 판교로				
2	크롱	경기도 성남시 판교로				
3	코코몽	서울특별시 금천구 가산디지털1로				
4						
5						
6						

02 우선 SEARCH() 함수를 이용해 주소 중 '성남시'라는 문자열이 몇 번째부터 시작하는지 알아보자.

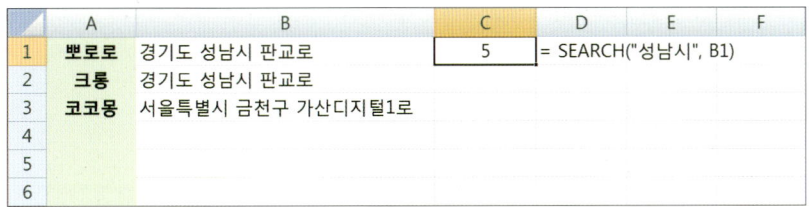

03 B1 셀에서 '성남시'라는 문자열은 5번째부터 시작함을 알 수 있다. 따라서 5번째부터 시작해서 3글자만 추출하면 되기 때문에 MID() 함수를 조합하면 된다.

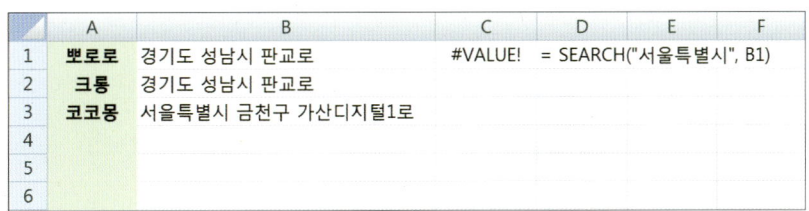

04 참고로 SEARCH() 함수는 해당 값이 셀에 없으면 오류 메시지를 내보낸다. 예제의 경우 '성남시' → '서울특별시'로 바꿔보면 B1 셀에 해당 값이 없기 때문에 #VALUE! 오류가 발생한다.

SEARCH() 함수로 E메일 주소록 정리하기

E메일 주소도 행정 주소만큼이나 규칙성이 없다. 이때도 SEARCH() 함수를 이용하면 쉽게 E메일 주소록을 정리할 수 있다.

01 E메일 주소는 @ 기호 전/후로 ID와 계정이 구분되므로, SEARCH() 함수로 @ 기호를 찾아서 앞쪽과 뒷쪽을 각각 추출하면 된다(예제 파일:4-4-3.xlsx).

> **C1 셀** = SEARCH("@",B1)

	A	B	C	D	E	F
1	뽀로로	ppororo@gmail.com	8	= SEARCH("@",B1)		
2	크롱	krong@naver.com				
3	코코몽	cocomong@daum.net				
4						
5						
6						

02 B1 셀의 8번째 글자가 @ 기호이므로, ID는 7번째까지 추출하면 된다. 따라서 ID로 추출할 글자 수는 C1 셀의 값보다 하나 작은 값, 즉 (C1 - 1)이 된다. 계정은 @ 기호 다음부터 끝까지이므로 추출할 글자 시작은 9번째부터, 즉 (C1 + 1)이 되며, 추출할 총 글자 수는 나머지 전부이므로 100이나 1000처럼 적당히 넣으면 된다.

> **D1 셀(ID)** = LEFT(B1, C1-1)
> **E1 셀(계정)** = MID(B1, C1+1, 100)

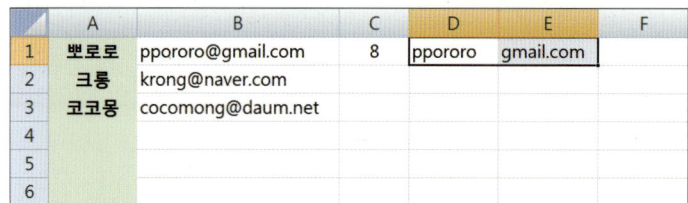

03 채우기 핸들로 죽 채워 넣으면 나머지 주소록도 쉽게 만들 수 있다.

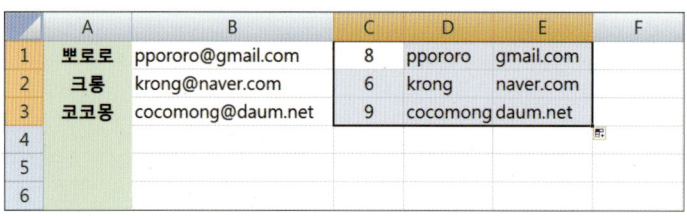

SEARCH()와 MID() 등의 문자열 함수를 조합하는 테크닉은 사용빈도가 높은 편은 아니지만, 상당히 편리하기 때문에 배워두면 좋다.

TEXT( )

TEXT() 함수는 엑셀 실무에서 그다지 많이 쓰지는 않지만 알아두면 가끔 써먹을 수 있는 함수이다. 실생활에서는 다음과 같은 형태의 표시를 간혹 보게 된다.

```
$100.92      ← 미국 달러화
1,000,000    ← 일반적 숫자
1.000.000    ← 독일식 숫자
```

TEXT() 함수는 숫자나 문자를 이처럼 원하는 형식으로 표시해주는 기능이다. 전체적으로 셀 서식과 유사하며, 문법이나 특수 기호 사용법도 기본적으로는 동일하다. 단, 표시 형태만 바꾸는 셀 서식과는 달리 셀 값을 실제로 변화시키기 때문에 사용빈도는 상대적으로 낮은 편이다. TEXT() 함수는 기본적으로 모든 숫자/문자를 문자열로 취급하므로, 표시 형식을 큰 따옴표(" ")로 묶어줘야 한다는 점에 주의해야 한다.

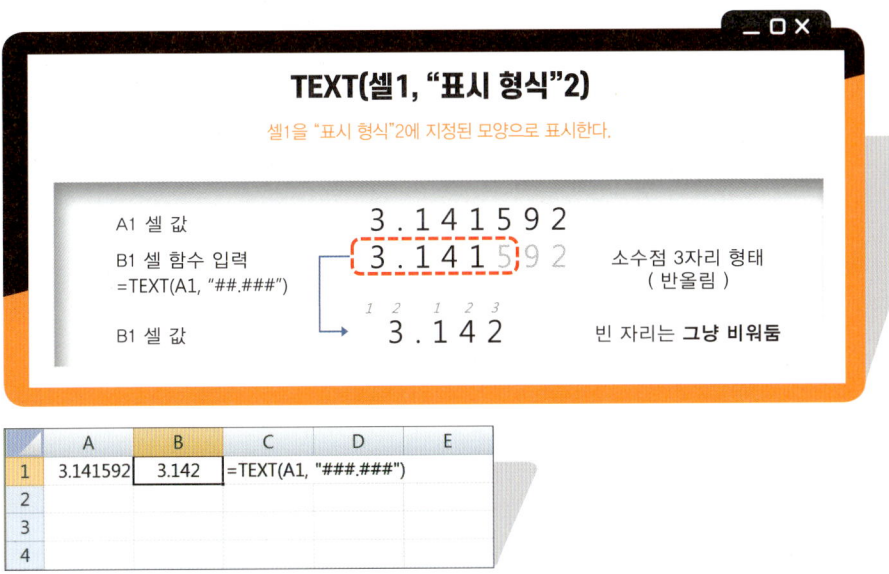

다시 강조하지만 TEXT() 함수를 쓰면 셀 값이 실제로 바뀐다. 셀 서식의 경우에는 입력된 셀 값이 3.141592로 유지되면서 화면 표시만 바뀌지만, TEXT() 함수는 셀 값 자체가 바뀌어 버린다. 예제의 경우라면 다음과 같이 소수점 3자리 문자로 바뀐다.

3.141592 → 3.142

기호 대신 0을 사용하면 다음과 같이 된다.

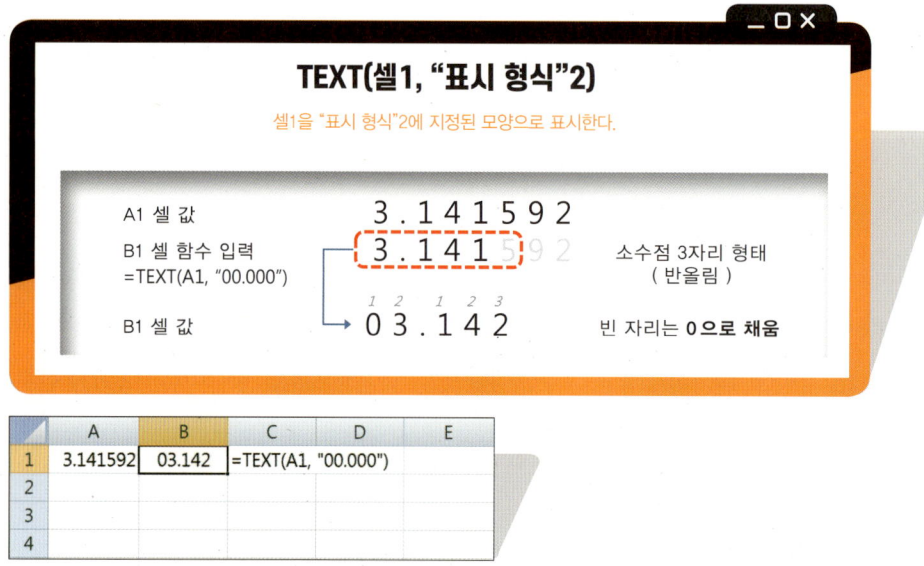

TEXT() 함수로 변환한 값은 숫자로 보여도 실제로는 문자로 인식된다. 엑셀에서 큰 따옴표로 묶어준 경우는 항상 문자를 의미하므로, TEXT() 함수를 적용한 값은 당연히 문자열이 된다.

실무에서 TEXT() 함수를 이용해서 자료를 원하는 형식으로 나타내는 경우는 많지 않다. TEXT() 함수는 그저 엑셀 자료의 시인성을 조금 높여주는 정도로만 쓴다. 만일 시인성과 대비 효과를 강조하는 보고서를 원한다면 파워포인트를 써야 한다.

TEXT() 함수는 ①숫자를 문자열로 변환하고 ②서식과 함께 값이 바뀐다는 특징을 이용하여 글자 수가 불규칙한 코드를 고정된 크기로 만들 때 쓴다. 실무에서 각종 상품 코드는 고정된 자리 수로 구성되는 것이 일반적인데, 주민등록번호, 외국인등록번호, 개인통관 고유부호는 13자리, IP 어드레스는 3자리씩 4묶음, 즉 12 자리 숫자로 구성되는 식이다. 컴퓨터는 이런 긴 코드를 사용하는데 별 문제가 없지만, 사람은 다루기 어렵기 때문에 코드 일부를 생략하거나 줄여서 표현하곤 한다. 문제는 이런 식으로 코드를 단축시켜 사용하면 실무에서 업무를 처리할 때 혼란이 생길 수 있다는 것이다.

TEXT( ) 함수로 주식 종목코드 정리하기

예를 들어 주식 종목코드는 보통 6자리 숫자로 구성되는데, 삼성전자는 '005930'이란 코드를 쓴다. 하지만 이 코드는 일반적인 경우이고, 증권사나 정부는 다른 코드를 쓰는데, 대충 알려져 있는 것만 해도 다음과 같은 3가지이다.

〈삼성전자 주식 종목코드〉
005930
A005930
KR7005930003

위 코드는 모두 삼성전자로 통용되는 코드로 유사하지만 정확하게 같은 값은 아니다. 더욱이 만일 위 종목코드를 엑셀에 잘못 입력하면 숫자로 처리되면서 앞쪽 '00'이 손상되어서 005930 → 5930 으로 표시되어 버리기도 한다. 이런 경우 TEXT() 함수를 사용하면 코드를 고정자리 수로 만들 수 있다.

01 다음과 같이 주식종목 코드 자료가 있다고 가정하자(예제 파일: 4-4-4.xlsx).

	A	B	C	D	E	F
1	주식 종목코드	종목명	변환코드			
2	5930	삼성전자				
3	5380	현대차				
4	5490	POSCO				
5	15760	한국전력				
6	1040	CJ				
7						

02 주식 종목코드는 6자리 숫자인데, 엑셀에서 코드를 숫자로 처리하면서 앞쪽 0이 모두 날아가 버렸다. 만일 주식 종목코드를 A005930과 같은 형태로 정리하고 싶다고 하면, 다음과 같이 TEXT() 함수를 사용하면 된다.

C2 셀 = TEXT(A2, "A000000")   ← A + 6자리(빈자리는 0으로 채움)

	A	B	C	D	E	F
1	주식 종목코드	종목명	변환코드			
2	5930	삼성전자	A005930	= TEXT(A2, "A000000")		
3	5380	현대차				
4	5490	POSCO				
5	15760	한국전력				
6	1040	CJ				
7						

03 만일 KR7005930003 형태로 만들고 싶으면 TEXT() 함수 단독으로 처리하기는 어렵고 & 연산자를 조합해서 써야 한다. KR7 + 종목코드 + 003 형태인데, 003은 TEXT() 함수에서 문법으로 사용하는 특수 기호인 0을 포함하고 있기 때문이다. 따라서 'KR7 + 종목코드'와 '003'을 분리해서 처리한 후 합쳐줘야 한다.

```
C2 셀   = TEXT(A2, "KR7000000")    ← KR7 + 6자리(빈자리는 0으로 채움)
D2 셀   '003                        ← 문자로 처리
E2 셀   = C2 & D2                   ← 문자를 합침
```

	A	B	C	D	E	F
1	주식 종목코드	종목명	변환①	변환②	변환 코드	
2	5930	삼성전자	KR7005930	003	KR7005930003	
3	5380	현대차				
4	5490	POSCO				
5	15760	한국전력				
6	1040	CJ				
7						

각종 코드에 사용되는 숫자/문자는 각각 의미를 갖고 있으며, 심지어 몇 번째 자리에 위치하느냐에 따라 동일한 문자가 다른 의미로 해석되기도 한다. 당연히 전산 시스템은 단축 코드를 인식하지 못하며, 담당자도 착각하거나 이해하지 못할 수도 있다. TEXT() 함수는 이런 식으로 변형된 코드를 복원시킬 때 매우 효과적이다.

05 수학 함수, 수학은 원래 필요한 만큼만 알아두면 된다

엑셀은 계산을 위한 스프레드시트 프로그램이기 때문에 수학 계산을 위한 많은 함수를 내장하고 있다. 이런 함수들을 이 책에서는 통칭 '수학 함수'라고 부르기로 한다. 재미있는 것은 수학 함수는 전자계산표, 즉 스프레드시트의 가장 본질적 기능임에도 불구하고 실무에서는 활용도가 높지 않다는 것이다. 수학 함수들 중 실무에서 사용빈도가 그나마 높은 것은 다음과 같다.

> (1) ROUND() / ROUNDUP() / ROUNDDOWN()
> (2) AVERAGE()
> (3) ABS()
> (4) SQRT()

나머지 수학 함수들은 굳이 익혀둘 것까지는 없고, 필요할 때마다 해당 기능을 찾아볼 수 있으면 충분하다.

ROUND( ) 계열 함수군

직장인이 엑셀을 능숙히 다루기 위해서 반드시 익혀야 할 함수가 바로 ROUND 함수이다. ROUND()는 지정된 소수점 조건에 따라 반올림, ROUNDUP()은 올림, ROUNDDOWN()은 버림 함수이며, 이 책에서는 'ROUND 계열 함수'라고 묶어서 지칭하겠다. 실무를 처리할 때 필수적인 함수이므로 반드시 익혀야 한다. 세 함수의 기본적인 사용법은 동일하므로 사용법은 한 개만 익히면 된다.

ROUND( )

영어로 'ROUND'는 반올림을 의미한다. 엑셀에서 ROUND() 함수는 어떤 숫자를 반올림하는 함수이다. 기본적인 사용법은 다음과 같다.

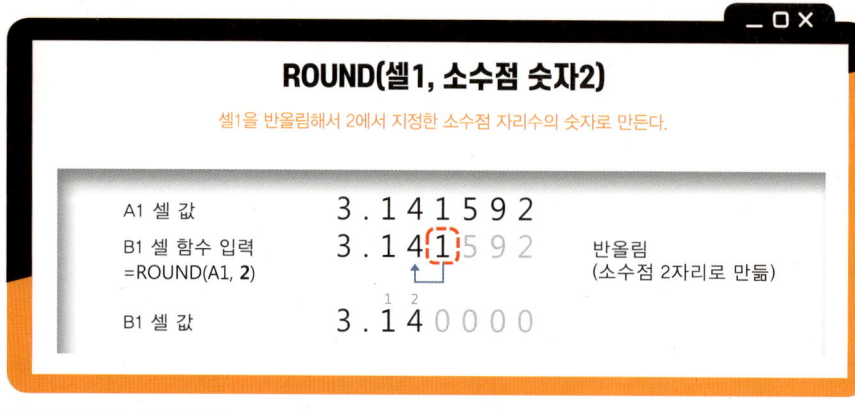

소수점 숫자2를 -1, -2, -3 등과 같이 음수로 적을 수도 있는데, 이 경우에는 소수점 반대쪽 방향 자리 수에서 반올림하게 된다. 상기 사례를 변형하여 예를 들어보면 다음과 같이 된다.

소수점 숫자2에 적힌 숫자만큼만 남긴다고 생각하면 된다. 소수점 숫자2가 2이면 반올림해서 오른쪽 2자리만 남기고, -2이면 반올림해서 왼쪽 2자리는 0으로 채운다. 마찬가지로 3이면 오른쪽 3자리, -3이면 왼쪽 3자리를 0으로 채운다.

참고로 실무에서는 소수점 숫자2에 음수를 입력하는 방법을 쓸 때는 조심해야 한다. 위 예제에서 볼 수 있듯이 역방향 반올림은 실제 값과는 완전히 다른 결과를 가져오기 때문이다. 반올림의 목적은 어디까지나 실제 값에 가장 가까운 형태의 근삿값을 구하는 것인데, 예를 들어 ROUND($A$1, -4)를 사용하면 셀 값은 0이 되어 3141.592란 숫자와 엄청나게 차이가 나게 된다. 일반적으로 소수점에 대한 반올림은 계산결과를 크게 왜곡하지는 않지만 음수를 사용한 역방향 반올림은 완전히 다른 결과를 가져와 버린다.

ROUNDUP()

소수점 아래 숫자를 올림하는 함수이다. 기본적인 사용법은 ROUND() 함수와 동일하며, 소수점 숫자2에서 올림을 한다는 점만 다르다.

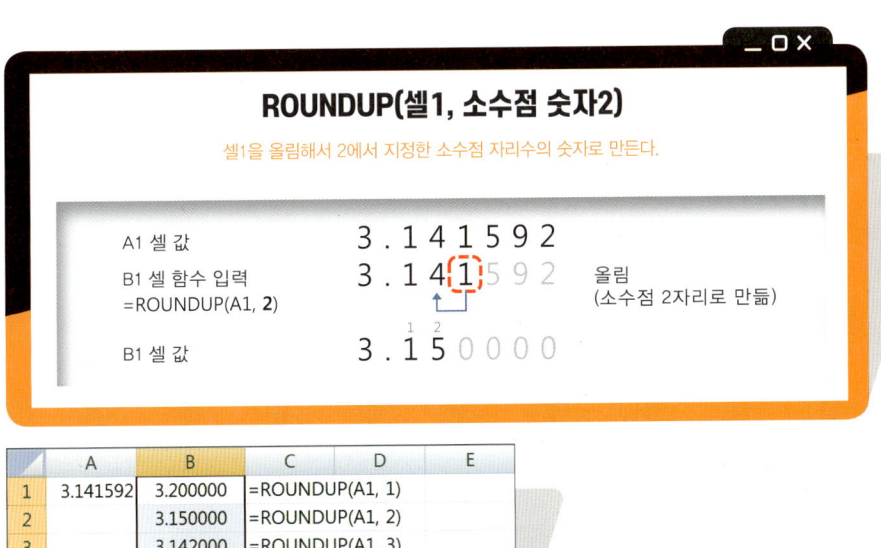

소수점 숫자2를 -1, -2, -3 등과 같이 음수로 적을 경우도 ROUND() 함수의 경우와 사용법은 동일하지만 올림이기 때문에 결과는 좀 많이 다르게 나온다.

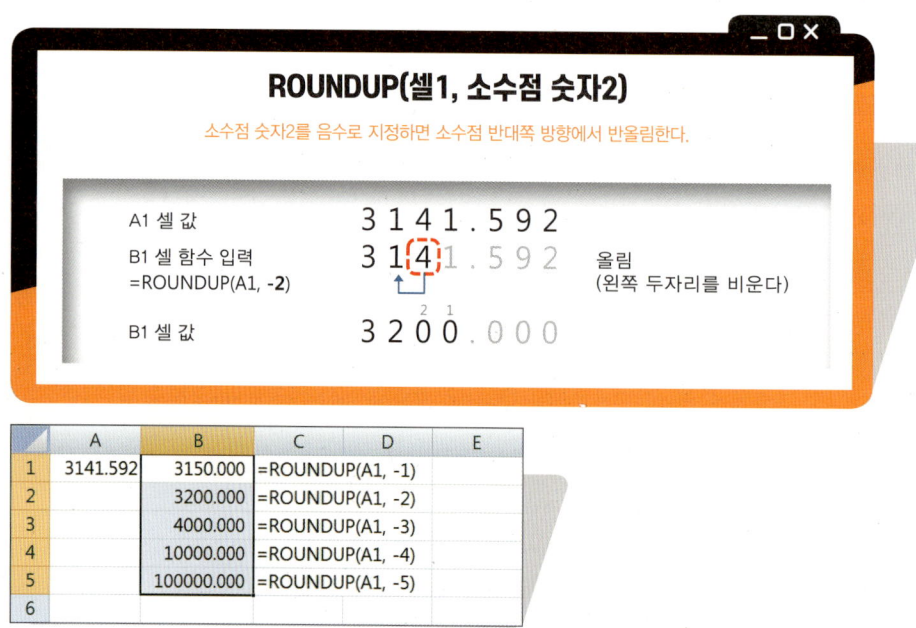

소수점 숫자2에 음수 입력방식을 실무에서 쓸 때 조심해야 하는 이유가 더 분명해진다. ROUND() 계열 함수군은 어디까지나 근삿값을 얻는 것이 목적인데, ROUNDUP() 함수에서는 지정된 자리 수에서 무조건 올림을 하다 보니 이처럼 실제 값과 너무나도 동떨어진 결과가 나와 버린다.

ROUNDDOWN( )

소수점 아래 숫자를 내림하는 함수이다. 기본적인 사용법은 ROUND() 함수와 동일하며, 소수점 숫자2에서 내림을 한다는 점만 다르다.

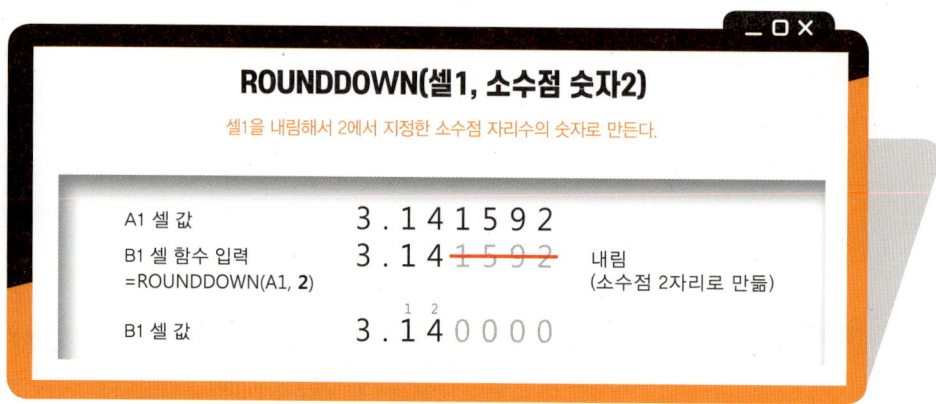

	A	B	C	D	E
1	3.141592	3.100000	=ROUNDDOWN(A1, 1)		
2		3.140000	=ROUNDDOWN(A1, 2)		
3		3.141000	=ROUNDDOWN(A1, 3)		
4		3.141500	=ROUNDDOWN(A1, 4)		
5		3.141590	=ROUNDDOWN(A1, 5)		
6					

소수점 숫자2를 -1, -2, -3 등과 같이 음수로 적을 경우도 ROUND() 함수의 경우와 사용법은 동일하지만 내림이기 때문에 결과는 비교적 유사하게 나온다.

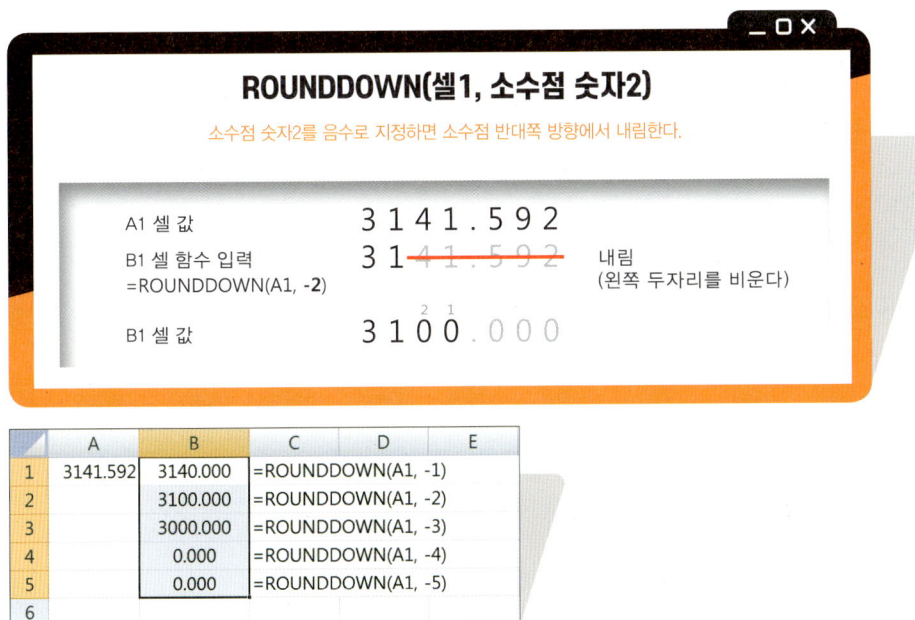

	A	B	C	D	E
1	3141.592	3140.000	=ROUNDDOWN(A1, -1)		
2		3100.000	=ROUNDDOWN(A1, -2)		
3		3000.000	=ROUNDDOWN(A1, -3)		
4		0.000	=ROUNDDOWN(A1, -4)		
5		0.000	=ROUNDDOWN(A1, -5)		
6					

ROUND( ) 계열 함수 활용

ROUND() 계열 함수군은 실무에서 매우 광범위하게 사용된다. 기준값에 비례해서 값이 결정되는 정률 방식 – 급여, 세금, 이자, 배당, 환전, 학점, 인사고과 등에 필수적으로 쓰이므로, 인원별, 개수별로 계산하는 정액 방식을 제외한 모든 경우에 쓰인다고 보아도 무방하다. 조금 더 정확히 말하자면, 비율(%)로 계산한 값을 확정하는 마무리 용도의 함수이다.

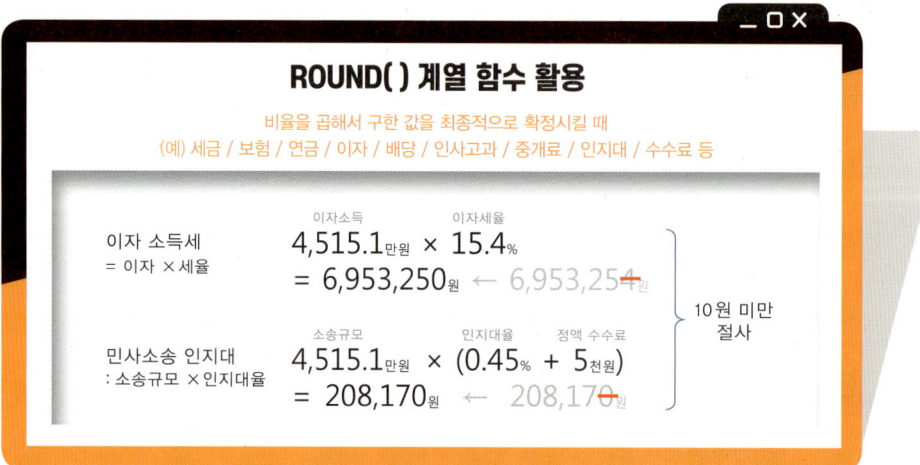

(1) 정률 계산

기준 숫자에 비례해서 일정한 비율(%)로 부과하는 방식을 말하며, 종량 성격을 띤 경우는 모두 정률 계산이라고 보면 된다. 비율(%) 부과 방식이기 때문에 숫자가 10진법으로 딱 떨어지는 경우가 드물고, 소수점이 필연적으로 발생한다. 따라서 소수점을 어떻게 처리할 것인지를 고려하여 계산값을 최종 확정시켜 줄 필요가 있다. 실무는 대부분 정률 계산에 해당하며 대표적으로 다음과 같은 것들이 있다.

> 근로소득세 · 법인세 · 재산세 등 각종 세금 / 보험료 / 연금 / 이자 / 배당 / 인지대 / 각종 수수료 / 중개료
> 마일리지 or 포인트 적립 / 해외 직구시 면세조건 / 금융소득 종합과세 / 인사고과 / 전기요금

(2) 정액 계산

1인당 8천 원, 1대 당 5천 원, 1개당 2,510원과 같은 식으로 최소 단위당 일정한 금액을 부과하는 방식이며, 계산할 때 단순히 곱셈만 하면 된다. 정액 계산에 해당하는 것들은 다음과 같은 것들이 있다.

> 영화표 / 주차요금 / 마트에서 판매하는 상품

상식적으로 생각하면 반올림인 ROUND() 함수가 가장 많이 사용될 듯하지만, 실무에서는 버림인 ROUNDDOWN() 함수가 압도적으로 많이 쓰이며, ROUNDUP() 함수가 다음으로 많이 쓰인다. ROUND() 함수는 학술적인 용도에서나 제한적으로 쓰이는 정도이다. 중요도나 사용빈도를 나열하자면 다음과 같다.

> ROUNDDOWN() - 버림   ★★★★★
> ROUNDUP() - 올림   ★★★
> ROUND() - 반올림   ★

반올림은 가장 가까운 값을 구하기 때문에 가장 정확한 것처럼 보이지만, 해석에 따라 악용될 소지가 많아 실무에서는 쓰지 않으며 써서도 안 된다. 목표 성능을 달성해야 하는 제조업에서 이런 속임수를 많이 쓰는데, 상품의 성능을 +2.00% 개선해야 할 경우를 가정해 보자.

> 〈상품 성능 개선 사례〉
> (A) +2.49%
> (B) +2.00%
> (C) +1.85%
> (D) +1.50%

	A	B	C
1	2.49%	2.00%	=ROUND(A1, 2)
2	2.00%	2.00%	=ROUND(A2, 2)
3	1.85%	2.00%	=ROUND(A3, 2)
4	1.50%	2.00%	=ROUND(A2, 2)

소수점 첫 번째 자리에서 반올림하면 (A)~(D)는 모두 성능 개선율이 +2.00%로 동일하다는 결과가 나오지만, (A)와 (D)는 커녕, (B)와 (D)조차도 동일한 성능이라고 부를 수 없을 정도로 커다란 차이가 난다. 보통 성능 개선 목표는 달성하기 매우 어렵기 때문에, 실무에서 상품 개발 담당자는 (D) 정도까지의 성능인 +1.50%만을 개선하고, 반올림이란 합법적 속임수를 써서 +2.00% 성능 개선 목표를 달성했다는 보고서를 작성하곤 한다.

이러한 방법은 명백한 편법이고 속임수이기 때문에, 문제가 될 소지가 많아서 대부분의 국가에서는 반올림에 의한 기준치를 원칙적으로 인정하지 않는다. 소비자 편익을 고려해서 각종 세금, 성능치, 급여, 법규 등 모든 경우의 기준치는 소비자에게 유리한 방향으로 버림을 원칙으로 하고 있다. 위 예제를 버림으로 계산하면 다음과 같이 된다.

	A	B	C
1	2.49%	2.00%	=ROUNDDOWN(A1, 2)
2	2.00%	2.00%	=ROUNDDOWN(A2, 2)
3	1.85%	1.00%	=ROUNDDOWN(A3, 2)
4	1.50%	1.00%	=ROUNDDOWN(A2, 2)

상품 개발 담당자가 합법적 속임수를 쓸 수 있는 여지가 아예 사라져 버렸다. 따라서 대부분의 관공서/기업에서는 ROUND() 함수는 쓰지 않으며, ROUNDDOWN() 함수와 ROUNDUP() 함수 위주로

쓴다. 실무에서 ROUND() 함수는 숫자를 조작할 필요가 없는 학술적인 목적에 한해 제한적으로 쓰일 뿐이다.

실무에서 ROUND() 함수를 쓰지 않는 이유

엑셀은 기본적으로 셀 서식에 지정된 소수점 자리 수를 기준으로 반올림하여 숫자를 표시하기 때문에 굳이 ROUND() 함수를 사용해서 소수점 자리 수를 맞춰 줄 필요가 없다. 따라서 실무에서는 ROUND() 함수를 사용하지 않는다. 다음 두 가지 경우를 비교해보자.

〈셀 서식만 지정①〉

	A	B	C
1	3.141592		
2			
3	화면 표시	실제 값	셀 서식
4	3.14	3.141592	소수점 2자리 지정
5	3.142	3.141592	소수점 3자리 지정
6	3.1416	3.141592	소수점 4자리 지정
7	3.14159	3.141592	소수점 5자리 지정

A4 셀에는 실제로는 A1 셀과 동일하게 3.141592가 입력되어 있지만, 셀 서식을 소수점 2자리로 지정해주면 소수점 3자리에서 반올림해서 3.14로 표시한다. 셀 서식을 소수점 3자리로 지정해주면 소수점 4자리에서 반올림해서 3.142로 표시한다. 단, 반올림으로 숫자를 표시하지만, 실제로 셀에 입력된 숫자는 3.141592로 동일하다.

〈ROUND()함수 사용②〉

	A	B	C
1	3.141592		
2			
3	화면 표시	실제 값	
4	3.14	3.140000	=ROUND(A1, 2)
5	3.142	3.142000	=ROUND(A1, 3)
6	3.1416	3.141600	=ROUND(A1, 4)
7	3.14159	3.141592	=ROUND(A1, 5)

A4 셀에 A1 셀과 동일한 3.141592가 입력되어 있지만 ROUND() 함수에 의해서 소수점 3자리에서 반올림되어 화면에 표시되는 3.14와 동일하게 실제 값도 3.140000로 바뀐다. 등수를 매기거나 평균을 구할 경우라도 ①번 셀 서식을 이용하는 것이 더 정확하다. 결과를 왜곡하려는 목적이 아니라면 굳이 ROUND() 함수를 쓸 필요가 없다. 다시 말하면 파워포인트나 엑셀에서 반올림을 쓴 경우는 결과를 왜곡하려는 의도를 가지고 있다고 보아도 무방하다. 다시 한 번 말하지만 실무에서 ROUND() 함수는 안 쓴다.

ROUNDUP()으로 환율 계산하기

실무에서는 ROUNDDOWN() 함수가 훨씬 많이 쓰이지만, ROUNDUP() 함수도 꽤 사용되는 편이다. 특히 금융기관에서는 ROUNDUP() 함수를 상당히 많이 쓴다. 버림과 올림은 동전의 양면과 같아서, 한 쪽에서 버림하면 반대쪽은 올림이 되기 때문이다. 대표적인 것이 환율이다.

원화를 외화로 환전할 경우, 금융기관에서는 매매 기준율의 상하 일정액을 수수료로 징수하는데, 이를 스프레드(Spread)라고 한다. 이 스프레드는 보통 현찰 매매 기준으로 ±1.75% 정도인데, 외화를 환전할 때 소비자가 부담하는 비용은 다음과 같이 된다.

> **외화 살 때** : 매매 기준율 × (100% + 1.75%)
> **외화 팔 때** : 매매 기준율 × (100% − 1.75%)

외화를 현찰이 아닌 송금하거나 받을 경우 또는 신용카드로 결제할 경우에는 전신환이라고 해서 스프레드를 ±1.00%를 적용한다.

> **외화 송금/신용카드 결제** : 매매 기준율 × (100% + 1.00%)
> **외화 송금받을 때** : 매매 기준율 × (100% − 1.00%)

참고로 환전 시 환율 우대라는 것은 이러한 스프레드를 할인해 준다는 이야기이다. 따라서 환율 우대가 90%라면, 현찰 매매 스프레드가 ±1.75% 이므로 1.75%×10%(※ 90% 우대), 즉 금융기관에서 징수하는 수수료는 0.175% 가 된다.

이처럼 외화 환전액수를 계산할 때 ROUNDUP()을 쓴다. 앞서 설명한 바와 같이 대부분의 국가는 소비자에게 유리하게 버림을 원칙으로 하기 때문에, 소비자의 상대편에 있는 금융기관 입장에서는 불리한 올림이 되기 때문이다. 따라서 금융기관은 고객이 외화를 살 때는 소수점 세 자리 아래에서 버리고, 외화를 팔 때는 소수점 세 자리 아래에서 올린다. 매매 기준율이 1$당 1077.50원, 스프레드가 1.75% 라면 다음과 같이 된다.

> **〈소비자가 외화를 살 때〉**
> 1077.50 × (100% + 1.75%)
> =1096.35625
> ≒ 1096.35

원화를 지불하는 고객 입장에서는 버림, 원화를 받는 금융기관에서는 올림이 된다.

> **〈소비자가 외화를 팔 때〉**
> 1077.50 × (100% − 1.75%)
> =1058.64375
> ≒ 1058.65

반대로 원화를 받는 고객 입장에서는 올림, 원화를 지불하는 금융기관에서는 버림이 된다. 따라서 이를 ROUND() 계열 함수로 표현하면 다음과 같다.

	A	B	C	D
1	매매 기준율	1077.50		
2	스프레드	1.75%		
3				
4		계산 값	실제 값	
5	외화 살 때	1096.35625	1096.35000	=ROUNDDOWN(B5, 2)
6	외화 팔 때	1058.64375	1058.65000	=ROUNDUP(B6, 2)
7				

각종 세금이나 이자 등의 계산에 있어서도 대동소이하다. 기본적인 계산방법은 소비자에게 유리한 방향으로 버림, 즉 정부기관이나 금융기관 입장에서는 올림을 원칙으로 하며, 이 경우 ROUNDUP() 함수를 많이 쓰게 된다.

ROUNDDOWN()으로 항공 마일리지 계산

ROUND() 계열 함수군에서 가장 많이 사용되는 것이 버림, 즉 ROUNDDOWN() 함수이다. 이를테면 대한민국 세금 규정에는 '10원 미만의 세금은 계산하지 않는다'는 조항이 있는데, 이에 근거해서 원단위는 절사하고 징수하지 않는다. 마찬가지로 건강보험이나 국민연금 등도 원단위는 청구하지 않는다.

이처럼 특정기준 미만 숫자에 대해서 버림은 실무에서 매우 광범위하게 사용되므로 ROUNDDOWN() 함수를 많이 써야 하지만, 실제로 엑셀을 사용하면서 이 기능을 적극적으로 활용하는 직원은 별로 없다. 이 함수들의 기능을 액면 그대로만 받아들여서 소수점에서 반올림하려고 하기 때문이다. 실무에서 소수점 이하의 숫자를 반올림하거나 버릴 경우가 거의 없기 때문에 이 함수들을 쓰지 않는 것이다. 대표적인 것이 신용카드 마일리지 제도이다. 항공 마일리지는 적립 기준이 1,500원 또는 1,000원 단위인데, 소수점이 아니므로 버림이란 발상을 하지 못하는 경우가 많다.

〈항공 마일리지 신용카드 적립 기준〉
(1) 1,500원당 1마일 / 스카이패스
(2) 1,000원당 1마일 / 아시아나

대한항공 제휴 신용카드의 경우 사용액 1,500원당 1마일을 적립해주는데, 대부분의 신용카드 사용자들은 십진법에 익숙하기 때문에 정확히 얼마가 적립되는지 알기 어렵다. 이런 경우에도 엑셀의 ROUNDDOWN() 함수를 이용하여 정확한 값을 구할 수 있다. 점심 식사 값을 항공 마일리지 신용카드로 100,290원 결제했다고 가정해보자.

일반적 계산법 ①

	A	B	C	D	E
1	스카이패스 신용카드	1마일 / 1500원			
2					
3	신용카드 사용액	100,290			
4	적립 마일리지	66.86	=B3/1500		
5					
6					

위와 같이 B3 값을 1,500으로 나눠서 66.86 마일이 적립된다고 계산하기 쉬운데, 마일리지를 소수점으로 적립해주는 신용카드 회사는 없다. 마일리지 적립 기준은 해당 신용카드사에서 자율적으로 정하기 때문에 소비자에게 불리하고 회사에 유리한 쪽으로 정하는 경우가 많으며, 대개 소수점 절사를 많이 쓴다. 더 정확하게 말하자면, 결제액 1건당 1,000원 미만의 금액에 대해서는 사용액으로 인정하지 않고(1차 절사), 1,500원으로 나눈 마일리지 값에서 소수점을 다시 버린다(2차 절사). 따라서 다음과 같이 된다.

실제 계산법 ②

	A	B	C	D	E
1	스카이패스 신용카드	1마일 / 1500원			
2					
3	신용카드 사용액	100,290			
4	신용카드 인정액	100,000	=ROUNDDOWN(B3, -3)		
5	1차 계산 마일리지	66.67	=B4/1500		
6	2차 계산 마일리지	66.00	=ROUNDDOWN(B5, 0)		
7					
8	적립 마일리지	66.00			
9					

①번과 ②번 계산법은 큰 차이가 없어 보이지만, 신용카드 사용액이 작아지면 이 차이는 결코 무시할 수 없다. 신용카드 사용액이 1,900원이라면 ①번 계산법으로는 절사하더라도 1마일은 적립되겠지만, ②번 계산법이라면 마일리지가 전혀 적립되지 않는다.

일반적 계산법 ①-1

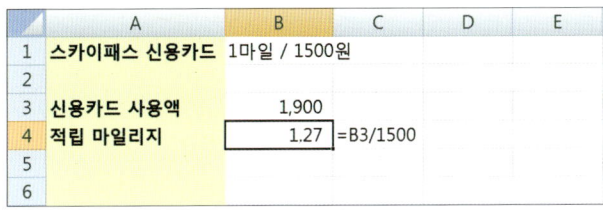

실제 계산법 ②-1

	A	B	C	D	E
1	스카이패스 신용카드	1마일 / 1500원			
2					
3	신용카드 사용액	1,900			
4	신용카드 인정액	1,000	=ROUNDDOWN(B3, -3)		
5	1차 계산 마일리지	0.67	=B4/1500		
6	2차 계산 마일리지	0.00	=ROUNDDOWN(B5, 0)		
7					
8	적립 마일리지	0.00			
9					

따라서 실제 적립되는 항공 마일리지는 예상보다 적게 적립된다. 이런 계산법은 신용카드 포인트 적립이라든가 택시미터기 요금 청구, 지하철이나 버스, KTX 요금 등에서도 유사하게 적용된다. 이처럼 버림은 우리 생활 전반에 걸쳐서 광범위하게 사용되고 있고, 실무에서 ROUNDDOWN() 함수를 사용해야 하는 경우가 대부분이다.

AVERAGE( )

영어로 'Average'는 평균을 의미하며, AVERAGE() 함수는 뜻 그대로 평균값을 구하는 함수이다. 수학 함수들 중에서는 그나마 활용도가 높은 편이지만, 실무에서 단독으로 사용되는 경우는 사실상 없다. 항상 다른 함수와의 조합 형태로 사용되는데, 많이 쓰기는 하지만 그 자체만으로 결과를 얻어내기는 어려운 애매한 위치의 함수라고 할 수 있다. 사용법도 매우 간단하다.

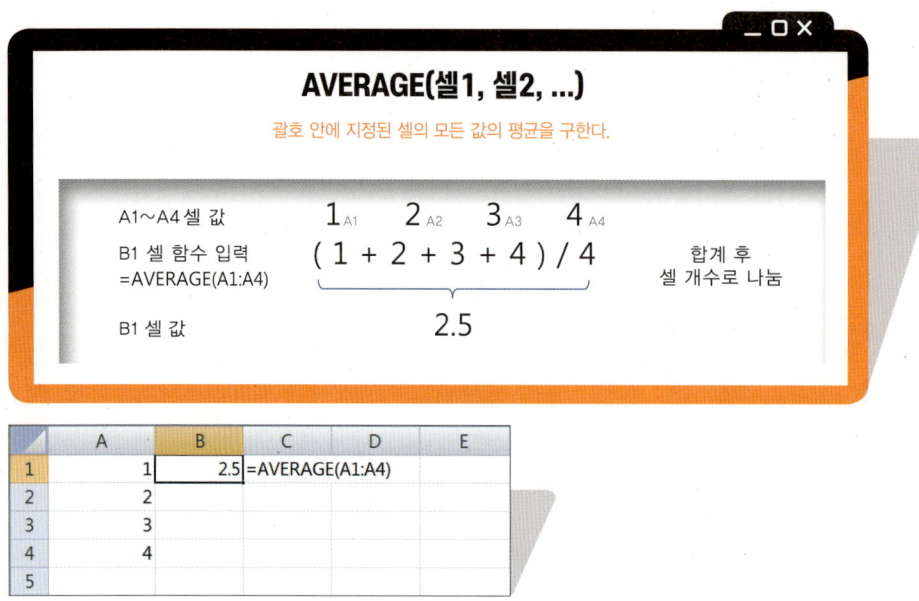

AVERAGE() 함수를 쓸 때는 비어있는 셀은 계산하지 않는다는 점에 주의해야 한다. 상기 예제에서 A3 셀 값을 지우면 다음과 같이 된다.

	A	B	C	D	E
1	1	2.3	=AVERAGE(A1:A4)		
2	2				
3					
4	4				
5					

(1 + 2 + 4) / 3 = 2.3333…

비어있는 셀을 제외하고 3으로 나눴음을 알 수 있다. 엑셀에서 0과 비어있는 셀은 완전히 다른 의미를 갖기 때문에 주의해야 한다. 0이 입력된 셀은 모든 함수에서 포함되어 계산되지만, 비어있는 셀은 대부분의 함수에서 제외된다.

AVERAGE() 함수가 실무에서 환영받지 못하는 이유는 그 자체만으로 어떤 결과 값을 구하기가 어렵기 때문이다. 우리 생활에서 아무런 제약조건 없이 단순하게 평균값만으로 뭔가를 판단하는 경우는 없다.

AVERAGE() 함수를 가장 많이 쓸 것 같은 각종 시험성적이나 스포츠의 평점조차 과목별 과락(예: 전 과목 40점 이상), 필수 과목(예: 국영수), 최고점/최저점 평가 제외 등 변형된 평균값을 사용한다. 따라서 실무에서 단순하게 평균을 구하는 AVERAGE() 함수로 할 수 있는 일은 별로 없다. 엄밀히 말해 AVERAGE() 함수보다는 풀어쓴 SUM()/COUNTA() 함수 조합이 더 편리하다.

```
AVERAGE()
= SUM / n
= SUM / COUNT()
= SUM / COUNTA()
```

ABS( )

어떤 숫자를 절댓값으로 만들어주는 함수이다. 사용법은 설명할 것도 없을 정도로 매우 간단하다. 그냥 괄호 안에 값을 넣어주면 된다. 옵션도 없고, 특별한 문법도 없다.

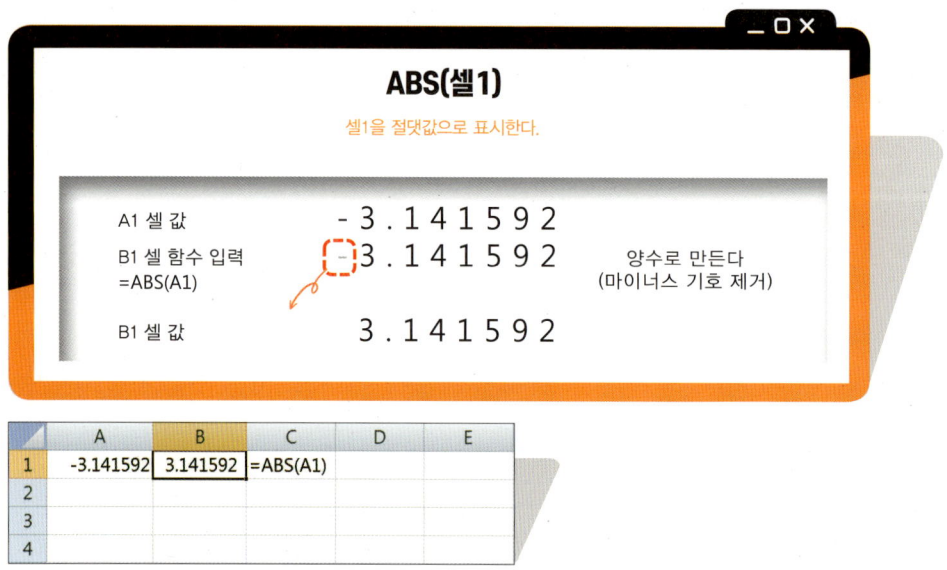

ABS()는 실무에서 많이 쓰는 함수는 아닌데, 모르면 업무 처리에 곤란을 겪기 때문에 배워두긴 해야 한다. ABS() 함수가 필요한 이유는 0이 기준이 아닌 경우가 종종 있기 때문이다. 실생활에서 음수가 잘 쓰이지 않는 이유는 기준 숫자가 대개 0이기 때문이다. 자연수 중에서 0보다 작은 수는 없기 때문에 절댓값 자체를 쓸 일이 없게 되는 것이다. 하지만 기준 숫자가 0이 아니면 자연수이더라도 계산상으로는 음수가 되는 경우가 생긴다. 이런 경우 실제로는 자연수이므로 ABS() 함수를 써서 계산해야 한다. 대표적인 것이 혈압이다.

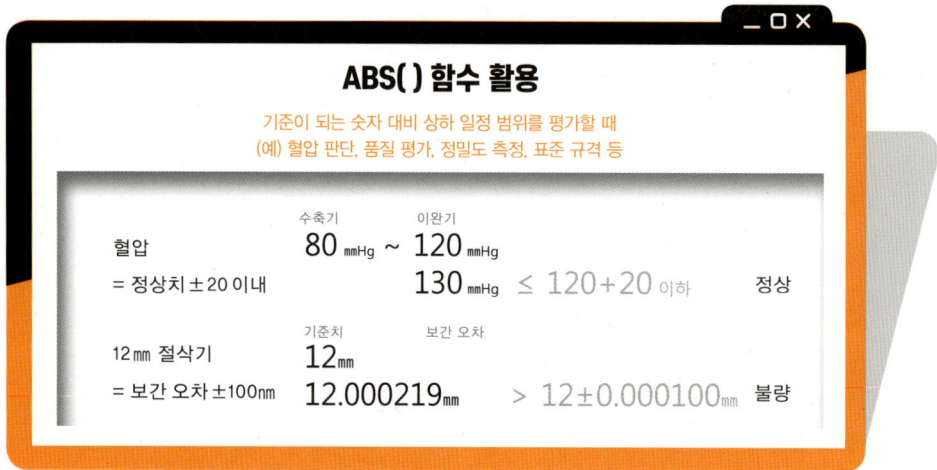

혈압은 정상 수치 기준이 120/80mmHg이다. 수축기 숫자인 120을 기준으로 하면 −20~+20 이내에 있어야만 정상이다. 초과와 미만은 모두 부적격이므로, 굳이 기준 대비 +일 경우와 −일 경우를 나눌 필요가 없다. 이처럼 품질 규격이나 허용오차 등과 같이 기준이 되는 숫자가 0이 아니고, 상하로 동일한 범위의 숫자를 다룰 때 ABS() 함수를 쓴다.

> **B2 셀** = ABS(A2-120)
> **C2 셀** = IF(B2<=20, "정상", "비정상")   ← 정상 혈압 대비 수치가 20 이하면 정상, 이상이면 비정상)

	A	B	C	D	E
1	수축기 혈압	정상 대비	판정/120±20		
2	150	30	비정상		
3	101	19	정상		
4					
5					

SQRT( )

어떤 숫자의 제곱근을 구하는 함수이다. 이 함수도 사용법을 설명할 필요조차 없을 정도로 매우 간단하다. 그냥 괄호 안에 값을 넣어주면 된다. 옵션도 없고, 특별한 문법도 없다.

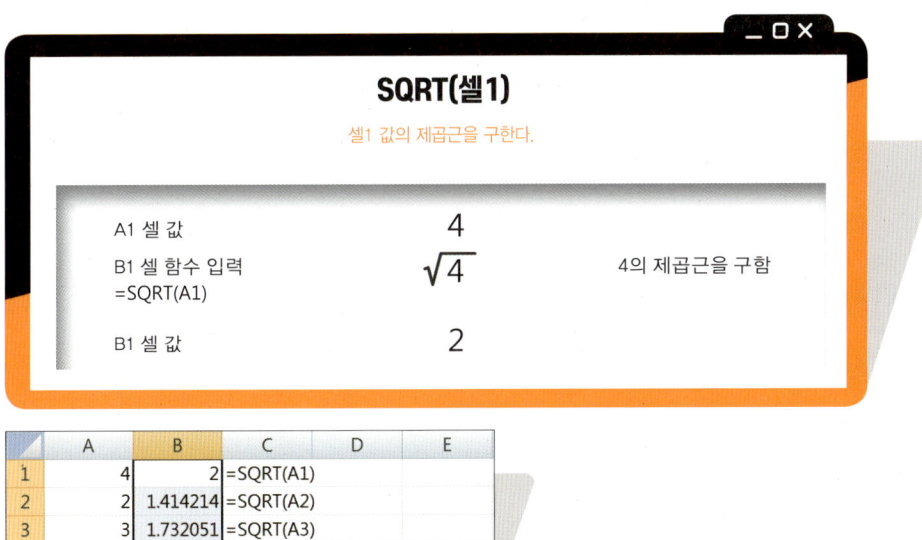

> SQRT(2) ≒ 1.414214…
> SQRT(3) ≒ 1.732051…

SQRT()도 실무에서 많이 쓰는 함수는 아니다. 실무에서 제곱근을 쓸 경우라고 해봐야 주어진 면적에 맞는 정사각형의 가로/세로 폭을 구할 때 정도인데, 이런 경우는 거의 없다. 오히려 주어진 부피에 맞는 정육면체의 가로/세로/높이를 구하는 세제곱근이 더 많이 쓰인다. SQRT() 함수보다 제곱 기호(^) 쪽이 더 편리하기 때문에 용법 정도만 알아두면 된다.

5장

실무 엑셀
경험하고 익히기

혹시라도 시도해 본 사람은 알겠지만, 엑셀 책이나 인터넷 엑셀 강좌를 읽어보더라도 실무에 적용하기는 매우 힘들다. 실무에서 엑셀을 활용하려면 쉬운 방법으로 어려운 작업을 처리해야 하는 모순적인 상황에 처하게 되는데, 이런 상황에 대한 대처방법은 아무도 이야기하지 않기 때문이다.

실무에서 업무 효율을 높이는 데 있어서 가장 중요한 것은 ①정확한 방향 설정과 ②단순한 기능/함수의 조합 테크닉이다. 앞서 언급했듯이 회사의 업무는 엑셀에 능숙한 직원만이 처리할 수 있는 수준이 아니고, 각 단계를 쪼개놓고 보면 시간을 들이면 대부분 처리할 수 있는 단순 업무의 복합 형태이다. 따라서 업무 방향을 잘못 설정하면 그 동안 투입한 시간을 낭비하게 되는데, 안타깝게도 대부분 막바지에 가서야 그 사실을 깨닫는다. 무조건 '열심히'보다 '목표 설정'부터 제대로 해야 업무 효율을 높일 수 있다는 점을 잊어서는 안 된다.

꼭 지켜야 할 업무 처리 4단계

실무에서 업무를 처리할 때는 항상 다음과 같은 4단계의 절차를 거치도록 훈련해야 한다. 보통 실무에서는 이런 단계를 모조리 생략하고 '일단 타이핑부터'라는 명청한 직무 훈련(OJT, On the Job Training) 방식을 채택하는 경향이 있다.

> 1단계: 보고서 목표 설정
> 2단계: 기능/함수 선택
> 3단계: 제한 조건 반영
> 4단계: 검증

1단계_ 보고서 목표 설정

어느 단계든 다 중요하지만, 굳이 우선순위를 가리자면 당연히 1단계인 보고서 목표 설정이 제일 중요하다. 주말 내내 특근해서 보고서를 만들었는데, 엉뚱한 방향의 보고서를 만들어서 주말 특근 자체가 헛수고가 되어버리는 경우가 정말 많다.

항상 보고서의 목표(goal)가 무엇인지부터 명확히 해야 한다. 자신이 작성할 보고서와 관련된 내용을 숙지하고 최종적으로 어떤 자료로 꾸밀 것인지를 결정하는 작업은 쓸데없는 시간낭비를 줄이는 지름길이다.

보고서의 목표 자체가 너무나 명확한 경우는 목표 설정 자체를 잘못할 가능성은 없지만, 목표에 대한 깊은 사전지식을 필요로 하는 경우가 대부분이다. 이런 경우 사전지식 습득을 소홀히 하고 '일단 타이핑부터'로 업무를 진행하면 꽤 많이 진행한 이후, 불필요한 작업이었음을 깨닫게 되는 경우가 많다.

예를 들어 호주는 입국 비자가 필요하지만, 콴타스와 같은 호주 국적기를 이용하면 비자를 항공사에서 무료로 대신 신청해준다. 호주 비자를 발급받기 위해 영어로 된 ETA 사이트에서 $20을 지불해가면서 힘겹게 신청했는데, 정작 항공기가 콴타스였더라는 식의 웃지 못 할 해프닝은 실무에서 아주 흔하게 벌어진다.

2단계_ 기능/함수 선택

목표를 구현하기 위해 필요한 기능/함수를 선택한다. 여기서 중요한 것은 언제 어느 때 어떠한 경우라도 쉽고, 간결한 방법을 최우선으로 골라야 한다는 것이다. 불필요한 추가 기능을 배제해야 함은 물론이다.

예를 들어 '지방자치단체 재정자립도' 자료가 있고, 최종 목표를 재정자립도가 60%를 넘는 단체가 몇 개인지를 구해야 한다고 가정해보자. '재정자립도 60% 이상 단체의 개수'이므로, 가장 좋은 방법은 COUNTIF() 함수이지만, 향후 확장성을 염두에 둔다면 SUM()+IF() 함수 조합이 더 좋다. 제대로 필요한 기능이나 함수만 선택해도 업무 효율이 배가된다.

3단계_ 제한 조건 반영

실무에서 가장 난관에 쉽게 부딪히는 단계가 3단계이다. 실무에서는 보통 이 단계에서 까다로운 제한 조건이 추가되기 때문이다. 예제라면 '행정구역이 시 이상'이면서 '재정자립도가 60% 이상 단체의 개수'와 같은 형태로 제한 조건이 추가되기 마련이다.

2단계에서 쉽고, 간결한 방법을 선택해야 한다는 이유를 이 단계에서 알 수 있는데, 제한조건에 해당하는 자료를 추려내기 위해서는 최소 2개 이상의 함수나 기능을 조합해서 써야 하기 때문이다. 복잡한 함수는 2개 이상을 조합해서 쓰기 어렵다.

4단계_ 검증

실무에서 가장 소홀히 하는 단계이다. 특히 엑셀에 능숙한 직원일수록 이 단계를 소홀히 하는 경향이 있다. 엑셀은 훌륭한 프로그램이지만, 전혀 오류가 없는 것은 아니다. 또한 수식/함수를 제대로 사용했다고 생각해도, 실제로는 생각지 못한 모순이나 오류로 잘못된 결과를 도출할 가능성도 있다. 따라서 최종 검증을 위한 간단한 수식을 추가해서 문제가 없는지를 점검해야 한다. 상사들 중에는 보고서에서 제일 마지막 숫자, 즉 10미만 숫자만 더해서 결과 값이 일치하는지를 확인하는 방식(수작업)으로 검증하시는 분들도 있다.

예제 01 인사고과 점수변환

- 관련 항목 : 구간/값 차등 조건식
- 관련 함수 : RANK(), VLOOKUP(), COUNTIF(), CHOOSE()
- 예제 파일 : 5-1 인사고과.xlsx

어떤 조직이든 직원들에게 인사고과를 매긴다. 일반적으로 기업체 및 관공서의 인사고과는 상사가 부하 직원을 평가하면 여러 단계의 변환과정을 거쳐서 최종 평점으로 변환되는 형태를 띤다. 그 과정이 결코 만만치 않을 뿐더러, 정확하게 계산해야 자칫 인사고과가 잘못돼 억울하게 불이익을 당하는 사람이 생기지 않는다.

인사고과 점수변환에는 단연 엑셀만한 무기가 없다. 다만 엑셀로 업무를 처리할 때 앞에서 소개한 업무 처리 4단계를 준수해야 한다. 이 예제뿐만 아니라 다른 예제들도 다 마찬가지이다.

1단계_ 보고서 목표 설정, 직원 간 순위 매기기

인사고과 점수를 변환하는 이유는 무엇일까? 단순하게 인사고과 점수를 주거나 인사고과 점수를 평점으로 변환하는 것이 목적이라 생각할 수도 있지만 진짜 목표는 따로 있다. 바로 '직원 간 순위 매기기'이다. 인사고과 점수를 주거나 평점으로 변환하는 것은 결국 다 직원 간 순위 매기기를 위한 사전 작업에 불과하다. 결국 인사고과는 직원들 간에 우열을 가리는 것이 목적이므로, 보고서의 전체적인 흐름도 그에 맞춰서 꾸며야 한다.

인사고과를 절대 평가로 진행할 것인지, 상대 평가로 진행할 것인지도 결정해야만 한다. 절대 평가는 동률이 발생할 수 있기 때문에 상대 평가로 진행한다. 예를 들어 실무에서 '80점 이상자 전원 합격' 같은 선발 방식은 없으며, 대개 '80점 이상자 중 상위 20명'과 같은 형태로 인원을 선발한다.

〈인사평가 예제〉

	A	B	C	D	E	F	G	H
1	이름	직급	평가점수	평점				
2	홍길동	대리	73					
3	홍길현	대리	81					
4	임꺽정	대리	69					
5	일지매	사원	96					
6	장길산	과장	94					
7	전우치	과장	85					
8								
9								

2단계_ 기능/함수 선택, RANK( ), VLOOKUP( )

예제의 경우 평가점수를 그대로 인정해서 평점을 부여할 것인지, 등수를 매긴 다음 등수별로 별도로 책정된 점수를 배점할 것인지에 따라서 대응이 달라진다. 평가점수를 그대로 인정한다면 VLOOKUP( ) 함수의 근삿값 옵션을 쓰면 된다.

01 점수 구간별로 다음과 같이 평점을 부여한다고 가정해보자.

점수 구분	평점
0 ~ 30점 미만	D
30 ~ 50점 미만	C
50 ~ 75점 미만	B
75 ~ 90점 미만	A
90점 이상	S

02 점수/값을 할당하는 데는 VLOOKUP( ) 함수가 제격이다. D2 셀에 '= VLOOKUP(C2,$A$9:$B$14, 2,1)'를 입력해보자. 그런 다음 채우기 핸들로 D7 셀까지 채우면 된다.

> **점수/값 할당 : VLOOKUP( )**
> **D2 셀** = VLOOKUP(C2,$A$9:$B$14,2,1)
> → 구간/값 대응이므로 근삿값 옵션 1
> → C2 셀 값(73)을 $A$9:$B$14 범위
> → 2번째 열에서 근삿값으로 찾음

	A	B	C	D
1	이름	직급	평가점수	평점
2	홍길동	대리	73	B
3	홍길현	대리	81	A
4	임꺽정	대리	69	B
5	일지매	사원	96	S
6	장길산	과장	94	S
7	전우치	과장	85	A
8				
9	점수	평점		
10	0	D		
11	30	C		
12	50	B		
13	75	A		
14	90	S		

03 솔직히 실무에서 인사고과를 이렇게 매기는 경우는 없다. 이 예제는 평가점수에 따라서 평점을 부여하는 절대평가이므로, 모든 직원이 인사고과 S를 받는 경우도 생길 수 있다. 따라서 대부분의 회사에서는 등수를 매긴 후 등수별로 별도로 책정된 점수를 배점하는 2단 변환 방식을 쓴다. 순위 매기기이므로 RANK() 함수를 사용한다.

> **순위 매기기 : RANK()**
> **D2 셀** = RANK(C2, $C$2:$C$7)

	A	B	C	D
1	이름	직급	평가점수	등수
2	홍길동	대리	73	5
3	홍길현	대리	81	4
4	임꺽정	대리	69	6
5	일지매	사원	96	1
6	장길산	과장	94	2
7	전우치	과장	85	3

04 등수별로 배점을 다르게 할 때는 VLOOKUP() 함수를 쓴다. 1등부터 6등까지 차례로 S, A, B, C, D, E를 부여한다고 가정하면 다음과 같이 된다.

> **점수/값 할당 : VLOOKUP()**
> **E2 셀** = VLOOKUP(D2,$A$9:$B$15,2,0)
>
> → 1:1 대응이므로 옵션은 0
> → D2 셀 값(5)을 $A$9:$B$15 범위
> → 2번째 열에서 일치하는 값으로 찾음

	A	B	C	D	E
1	이름	직급	평가점수	등수	평점
2	홍길동	대리	73	5	D
3	홍길현	대리	81	4	C
4	임꺽정	대리	69	6	E
5	일지매	사원	96	1	S
6	장길산	과장	94	2	A
7	전우치	과장	85	3	B
8					
9	점수	평점			
10	1	S			
11	2	A			
12	3	B			
13	4	C			
14	5	D			
15	6	E			

3단계_ 제한 조건 반영, COUNTIF( ), CHOOSE( )

일반적으로 인사고과는 동일 직급을 대상으로 평가를 진행한다. 따라서 인사고과는 동일 직급간에 등수를 매겨 평가하며, 같은 직급 간 인원이 몇 명인가에 따라서 평점도 달라지기 마련이다. 상기 예제의 경우 대리가 3명, 사원이 1명, 과장이 2명인데, 사원 직급은 1명이므로 무조건 1등이기 때문에 이런 경우는 비교대상이 없어서 평점을 B로 부여하기 마련이다. 마찬가지로 상대평가에서는 2명이면 1등은 A, 2등은 C를 부여한다(동률 미인정). 3명이면 1등 A, 2등 B, 3등 C가 된다.

01 직급별로 등수를 다시 매길 수 있도록 순위를 그룹별로 수정해준다. 범위는 직급별로 따로 설정해주어야 한다.

D2 셀 = RANK(C2,$C$2:$C$4)	← $C$2:$C$4까지 범위에서 C2 셀 순위를 매긴다	대리
D3 셀 = RANK(C3,$C$2:$C$4)	← $C$2:$C$4까지 범위에서 C3 셀 순위를 매긴다	
D4 셀 = RANK(C4,$C$2:$C$4)	← $C$2:$C$4까지 범위에서 C4 셀 순위를 매긴다	
D5 셀 = RANK(C5,$C$5:$C$5)	← $C$5:$C$5까지 범위에서 C5 셀 순위를 매긴다	사원
D6 셀 = RANK(C6,$C$6:$C$7)	← $C$6:$C$7까지 범위에서 C6 셀 순위를 매긴다	과장
D7 셀 = RANK(C7,$C$6:$C$7)	← $C$6:$C$7까지 범위에서 C7 셀 순위를 매긴다	

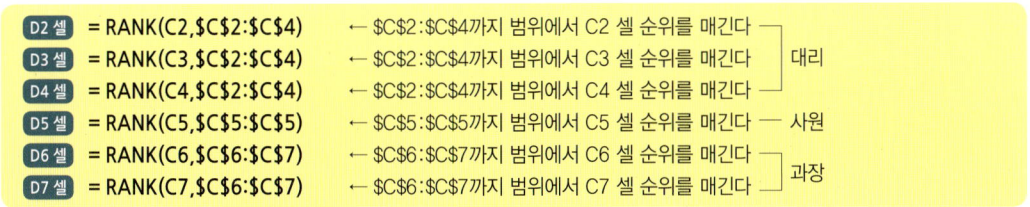

02 인원수에 따라서 평점이 달라지므로, 인원수별 평점표를 각각 만든다.

	A	B	C	D	E	F
1	이름	직급	평가점수	등수		
2	홍길동	대리	73	2		
3	홍길현	대리	81	1		
4	임꺽정	대리	69	3		
5	일지매	사원	96	1		
6	장길산	과장	94	1		
7	전우치	과장	85	2		
8						
9	점수	평점	점수	평점	점수	평점
10	1	B	1	A	1	A
11			2	C	2	B
12					3	C
13						

03 직급별 인원수에 따라서 수식/함수가 다르게 적용(다중 분기)되므로 동일 직급자가 몇 명인지 확인해야 한다. 조건에 맞는 셀의 개수를 세는 것이므로 COUNTIF() 함수를 쓰면 된다. E2 셀을 입력하고 채우기 핸들로 채우면 된다.

〈직급별 인원 확인〉
- **E2 셀** = COUNTIF($B$2:$B$7, B2)   ← $B$2:$B$7까지 범위에서 B2(대리) 개수를 센다
- **E3 셀** = COUNTIF($B$2:$B$7, B3)   ← $B$2:$B$7까지 범위에서 B3(대리) 개수를 센다

	A	B	C	D	E	F
1	이름	직급	평가점수	등수	직급 인원	
2	홍길동	대리	73	2	3	
3	홍길현	대리	81	1	3	
4	임꺽정	대리	69	3	3	
5	일지매	사원	96	1	1	
6	장길산	과장	94	1	2	
7	전우치	과장	85	2	2	
8						
9	점수	평점	점수	평점	점수	평점
10	1	B	1	A	1	A
11			2	C	2	B
12					3	C
13						

04 인원수별로 VLOOKUP() 함수가 참조할 범위를 3개의 열에 나눠서 각각 입력해준다.

〈인원별 평점〉
- **F2 셀** = VLOOKUP(D2,$A$9:$B$10,2,0)   ← 인원 1명: 평점표 $A$9:$B$10 참조
- **G2 셀** = VLOOKUP(D2,$C$9:$D$11,2,0)   ← 인원 2명: 평점표 $C$9:$D$11 참조
- **H2 셀** = VLOOKUP(D2,$E$9:$F$12,2,0)   ← 인원 3명: 평점표 $E$9:$F$12 참조

	A	B	C	D	E	F	G	H
1	이름	직급	평가점수	등수	직급 인원	1명	2명	3명
2	홍길동	대리	73	2	3	#N/A	C	B
3	홍길현	대리	81	1	3			
4	임꺽정	대리	69	3	3			
5	일지매	사원	96	1	1			
6	장길산	과장	94	1	2			
7	전우치	과장	85	2	2			
8								
9	점수	평점	점수	평점	점수	평점		
10	1	B	1	A	1	A		
11			2	C	2	B		
12					3	C		
13								

D2 셀 값이 2인데 2등에 대한 점수가 없으므로 #N/A 에러

05 다중 분기 조건이므로 직급인원수에 따라서 F열/G열/H열 중에서 선택하도록 다음과 같이 CHOOSE() 함수를 사용하면 된다.

> 〈인원수별 평점 분기〉
> **I2 셀** = CHOOSE(E2,F2,G2,H2) ← 직급인원(E2, 값 3)에 따라서 수식 선택(H2)
> **I5 셀** = CHOOSE(E5,F5,G5,H5) ← 직급인원(E2, 값 1)에 따라서 수식 선택(F5)
> ...

	A	B	C	D	E	F	G	H	I	J
1	이름	직급	평가점수	등수	직급 인원	1명	2명	3명	평점	
2	홍길동	대리	73	2	3	#N/A	C	B	B	
3	홍길현	대리	81	1	3	B	A	A	A	
4	임꺽정	대리	69	3	3	#N/A	#N/A	C	C	
5	일지매	사원	96	1	1	B	A	A	B	
6	장길산	과장	94	1	2	B	A	A	A	
7	전우치	과장	85	2	2	#N/A	C	B	C	
8										
9	점수	평점	점수	평점	점수	평점				
10	1	B	1	A	1	A				
11			2	C	2	B				
12					3	C				
13										

4단계_ 검증

이 예제는 인원수가 8명이지만, 인사고과를 평가하는 작업은 대개 수십 명 이상을 대상으로 하기 마련이다. 작성한 수식이 제대로 작동하는지 점검할 필요가 있는데, 이 작업을 소홀히 하면 수식/함수에 오류가 있을 때 후폭풍이 엄청나게 커진다. 매우 귀찮고 싫은 일이지만 검증은 반드시 해야 한다.

상기 예제의 경우 최종 목표가 I열이므로 해당 열을 집중 점검한다. 보통 #N/A와 같은 오류가 발생했는지 여부를 보고, 다음으로 아래쪽부터 위쪽 방향으로 몇 개 셀을 무작위로 선택해서 등수, 직급인원, 평점이 맞는지를 확인하면 된다.

예제 02 배기량별 자동차세 계산

- 관련 항목 : 유형별 자동차세 산출
- 관련 함수 : IF(), SUM(), VLOOKUP(), CHOOSE(), MIN(), ROUNDDOWN()
- 예제 파일 : 5-2 자동차세.xlsx

대한민국에서 자동차세는 배기량에 따라 다르게 부여하는 종량제와 일정 구간을 넘으면 할증하는 누진세, 영업용에 대해서는 정액제, 화물용에 대해서는 중량에 따른 종량제와 연식에 따른 할인제도 등을 복합적으로 적용하고 있다. 대한민국 자동차세의 기본적인 구조는 다음과 같다.

〈승용차〉

영업용		비 영업용	
배기량	cc당 세액	배기량	cc당 세액
1,000cc 이하	18원	1,000cc 이하	80원
1,600cc 이하	18원	1,600cc 이하	140원
2,000cc 이하	19원	1,600cc 초과	200원
2,500cc 이하	19원	–	–
2,500cc 초과	24원	–	–

〈승합차〉

구분	영업용	비 영업용
고속버스	100,000원	–
대형전세버스	70,000원	–
소형전세버스	50,000원	–
대형일반버스	42,000원	115,000원
소형일반버스	25,000원	65,000원

〈화물차〉

화물 적재량	영업용	비 영업용
1,000kg 이하	6,600원	28,500원
2,000kg 이하	9,600원	34,500원
3,000kg 이하	13,500원	48,000원
4,000kg 이하	18,000원	63,000원
5,000kg 이하	22,500원	79,500원
8,000kg 이하	36,000원	130,500원
10,000kg 이하	45,000원	157,500원

〈특수자동차〉

구분	영업용	비 영업용
대형특수자동차	36,000원	157,500원
소형특수자동차	13,500원	58,500원

〈삼륜이하 소형자동차〉

구분	영업용	비 영업용
삼륜 이하 소형자동차	3,300원	18,000원

〈연식 할인〉

3년차부터 1년당 5%씩 할인(최대 50%)

구분	할인율	구분	할인율
1~2년	할인 없음(0%)	8년	30%
3년	5%	9년	35%
4년	10%	10년	40%
5년	15%	11년	45%
6년	20%	12년	50%
7년	25%		

매우 복잡해보이지만, 기본적인 원리는 인사고과 예제와 완전히 동일하다. 다음과 같은 자동차세 예제가 있다고 가정해보자.

	A	B	C	D	E	F
1	자동차명	배기량	등록년	유형	구분①	구분②
2	레이	998	2010	승용	비영업용	
3	벤츠E200	1,991	2018	승용	비영업용	
4	벤츠E200d	1,950	2018	승용	비영업용	
5	야마하 NMAX	125	2017	삼륜	비영업용	
6	카니발 09	2,199	2018	승용	비영업용	
7	카니발 11	2,199	2018	승합	영업용	
8	카운티	3,933	2015	승합	영업용	소형전세
9	포터	2,497	2017	화물	영업용	1,000
10	스타렉스	2,497	2013	승합	비영업용	
11						
12						

1단계_ 보고서 목표 설정, 유형별 자동차세 산출

이번 보고서의 목표는 '유형별 자동차세 산출'이 될 것이다. 배기량이나 화물적재량별 세금이 얼마인가가 아니다. 유형에 따라서 승용/승합/화물/특수/3륜 이하까지 5종, 영업용/비영업용 2종, 배기량/화물적재량/분류 형태에 따라서 다시 나눠지지만, 가장 큰 줄기는 유형별로 자동차세가 다르게 책정된다는 것이다. 배기량/화물적재량은 하위 분류 기준에 불과하므로 이쪽을 먼저 떠올려서는 안 된다.

2단계_ 기능/함수 선택, IF( ), SUM( ), VLOOKUP( ), CHOOSE( )

유형별 자동차세는 여러 가지 복잡한 유형에 따라서 적용이 달라지는 전형적인 다중 조건 분기 형태이다. 따라서 CHOOSE() 함수를 사용하는 것이 가장 편리하다. 자동차 분류별로 5종, 영업용/비영업용으로 2종이므로 5×2=10, 유형별로 나열하면 다음과 같이 10개 코드가 된다.

코드 구분	자동차 종류	코드 구분	자동차 종류
1	승용차 비영업용	6	승용차 영업용
2	승합차 비영업용	7	승합차 영업용
3	화물차 비영업용	8	화물차 영업용
4	특수자동차 비영업용	9	특수자동차 영업용
5	삼륜 이하 비영업용	10	삼륜 이하 영업용

01 자동차 유형을 코드 형태로 분류될 수 있도록 SUM()+IF() 함수로 모양을 만들어준다. 다음과 같이 IF(D2="승용", 1, 0) 형태의 조건식을 G열에 입력해준다.

> **G2 셀** = IF(D2="승용", 1, 0)

	A	B	C	D	E	F	G	H	I	J	K	L	M
1	자동차명	배기량	등록년	유형	구분①	구분②	승용						
2	레이	998	2010	승용	비영업용		1						
3	벤츠E200	1,991	2018	승용	비영업용								
4	벤츠E200d	1,950	2018	승용	비영업용								
5	야마하 NMAX	125	2017	삼륜	비영업용								
6	카니발 09	2,199	2018	승용	비영업용								
7	카니발 11	2,199	2018	승합	영업용								
8	카운티	3,933	2015	승합	영업용	소형전세							
9	포터	2,497	2017	화물	영업용	1,000							
10	스타렉스	2,497	2013	승합	비영업용								

02 H열 이후에도 승합, 화물, 특수, 삼륜 이하 조건식을 연속으로 입력해주는데, 값을 2/3/4/5로 하나씩 늘려준다. 1~5까지 번호를 만들기 위해서이다.

> **H2 셀** = IF(D2="승합", 2, 0)
> **I2 셀** = IF(D2="화물", 3, 0)
> **J2 셀** = IF(D2="특수", 4, 0)
> **K2 셀** = IF(D2="삼륜", 5, 0)

03 영업용/비영업용을 구분하기 위한 IF() 함수를 L열에 다음과 같이 입력해준다.

> **L2 셀** = IF(E2="영업용",5,0)

	A	B	C	D	E	F	G	H	I	J	K	L	M
1	자동차명	배기량	등록년	유형	구분①	구분②	승용	승합	화물	특수	삼륜	영업	
2	레이	998	2010	승용	비영업용		1	0	0	0	0	0	
3	벤츠E200	1,991	2018	승용	비영업용								
4	벤츠E200d	1,950	2018	승용	비영업용								
5	야마하 NMAX	125	2017	삼륜	비영업용								
6	카니발 09	2,199	2018	승용	비영업용								
7	카니발 11	2,199	2018	승합	영업용								
8	카운티	3,933	2015	승합	영업용	소형전세							
9	포터	2,497	2017	화물	영업용	1,000							
10	스타렉스	2,497	2013	승합	비영업용								

04 G:K열의 값이 1~5이므로 차종분류가 비영업용이면 1~5, 영업용일 경우에는 5를 더해서 6~10을 만들기 위한 목적이다. SUM() 함수로 G열~L열까지 더해서 1~10 범위가 되도록 만들어 준다.

05 10가지 자동차를 유형별로 분류해주는 사전 작업은 끝났다. 유형 분류 후 자동차세 계산은 구간/값 대응 형태이므로 VLOOKUP() 함수를 쓰면 된다. 유형은 10개이지만 대부분의 키워드가 겹치지 않으면서 영업용/비영업용 2개 유형이기 때문에 키워드 표는 간략히 만들어도 된다. 그런 다음 G2:M2를 블록 설정한 후 채우기 핸들로 아래를 채우면 사전 작업은 완료된다.

	A	B	C	D	E	F	G	H	I	J	K	L	M	N
1	자동차명	배기량	등록년	유형	구분①	구분②	승용	승합	화물	특수	삼륜	영업	계	
2	레이	998	2010	승용	비영업용		1	0	0	0	0	0	1	
3	벤츠E200	1,991	2018	승용	비영업용		1	0	0	0	0	0	1	
4	벤츠E200d	1,950	2018	승용	비영업용		1	0	0	0	0	0	1	
5	야마하 NMAX	125	2017	삼륜	비영업용		0	0	0	0	5	0	5	
6	카니발 09	2,199	2018	승용	비영업용		1	0	0	0	0	0	1	
7	카니발 11	2,199	2018	승합	영업용		0	2	0	0	0	5	7	
8	카운티	3,933	2015	승합	영업용	소형전세	0	2	0	0	0	5	7	
9	포터	2,497	2017	화물	영업용	1,000	0	0	3	0	0	5	8	
10	스타렉스	2,497	2013	승합	비영업용		0	2	0	0	0	0	2	
11														
12														
13	배기량	영업용	비영업용											
14	0	18	80											
15	1000	18	140											
16	1600	19	200											
17	2000	19												
18	2500	24												
19	고속	100,000												
20	대형전세	70,000												
21	소형전세	50,000												
22	대형일반	42,000	115,000		키워드 표									
23	소형일반	25,000	65,000											
24	대형특수	36,000	157,500											
25	소형특수	13,500	58,500											
26	삼륜	3,300	18,000											
27														
28	적재량	영업용	비영업용											
29	0	6,600	28,500											
30	1000	9,600	34,500											
31	2000	13,500	48,000											
32	3000	18,000	63,000											
33	4000	22,500	79,500											
34	5000	36,000	130,500											
35	8000	45,000	157,500											
36														

06 가로방향으로 너무 열이 많아서 시각적으로 불편하다면 G:L열까지는 안보이도록 숨기거나 줄여도 된다. 다음으로는 CHOOSE() 함수에 각 번호별로 할당할 계산식을 N열부터 차례로 입력해주면 된다. 우선 N2셀에 승용차 비영업용부터 입력해보자.

> ① 승용차 비영업용(N열)
>
> **N2 셀** = VLOOKUP(B2, $A$13:$C$26, 3, 1) * B2
>
> → 배기량 세제이므로 구간/값 대응하는 근삿값
> → 키워드 표의 3번째 열(C열)에서 값을 읽어옴
> → B2 셀(배기량) 근삿값인 cc별 세금(80원)을 배기량에 곱함

	A	B	C	D	E	F	M	N	O	P	Q	R	S
	N2		fx	= VLOOKUP(B2, $A$13:$C$26, 3, 1) * B2									
1	자동차명	배기량	등록년	유형	구분①	구분②	계	①	②	③	④	⑤	⑥
2	레이	998	2010	승용	비영업용		1	79,840					
3	벤츠E200	1,991	2018	승용	비영업용		1						
4	벤츠E200d	1,950	2018	승용	비영업용		1						
5	야마하 NMAX	125	2017	삼륜	비영업용		5						
6	카니발 09	2,199	2018	승용	비영업용		1						
7	카니발 11	2,199	2018	승합	영업용		7						
8	카운티	3,933	2015	승합	영업용	소형전세	7						
9	포터	2,497	2017	화물	영업용	1,000	8						
10	스타렉스	2,497	2013	승합	비영업용		2						
11													

07 마찬가지로 ②~⑩번까지 수식을 입력해준다. 조심할 것은 두 가지 뿐인데, 배기량과 화물적재량을 구분하기 위해 3번과 8번 화물차는 참조범위가 다르다는 것과 6~10번까지는 영업용이므로 3번째 열 대신 2번째 열에서 값을 찾는다는 것뿐이다. 대부분 유사한 계산식임을 알 수 있다.

구분	셀 주소	수식	비고
② 승합차 비영업용	O2	= VLOOKUP(F2, $A$13:$C$26, 3, 0)	배기량 세제가 아니므로 1:1 대응 값을 찾음
③ 화물차 비영업용	P2	= VLOOKUP(F2, $A$28:$C$35, 3, 1)	화물적재량 세제이므로 구간/값 대응 근삿값을 찾음
④ 특수자동차 비영업용	Q2	= VLOOKUP(F2, $A$13:$C$26, 3, 0)	
⑤ 삼륜 이하 비영업용	R2	= VLOOKUP(F2, $A$13:$C$26, 3, 0)	
⑥ 승용차 영업용	S2	= VLOOKUP(B2, $A$13:$C$26, 2, 1) * B2	• 배기량 세제이므로 구간/값 대응 근삿값을 찾음 • 키워드 표의 2번째 열(C열)에서 값을 읽어옴 • B2 셀(배기량) 근삿값인 cc별 세금(18원)을 배기량에 곱함
⑦ 승합차 영업용	T2	= VLOOKUP(F2, $A$13:$C$26, 2, 0)	
⑧ 화물차 영업용	U2	= VLOOKUP(F2, $A$28:$C$35, 2, 1)	화물적재량 세제이므로 구간/값 대응 근삿값을 찾음
⑨ 특수자동차 영업용	V2	= VLOOKUP(F2, $A$13:$C$26, 2, 0)	
⑩ 삼륜 이하 영업용	W2	= VLOOKUP(F2, $A$13:$C$26, 2, 0)	

08 앞에서 다중 분기 조건을 위한 수식을 다 만들어놓았기 때문에, 정작 CHOOSE() 함수부분은 매우 간단하다.

X2 셀 = CHOOSE(M2,N2,O2,P2,Q2,R2,S2,T2,U2,V2,W2)

	A	B	C	D	E	F	M	N	O	P	Q	R	S	T	U	V	W	X	Y
1	자동차명	배기량	등록년	유형	구분①	구분②	계	①	②	③	④	⑤	⑥	⑦	⑧	⑨	⑩	자동차세	
2	레이	998	2010	승용	비영업용		1	79,840	80	28,500	80	80	17,964	18	6,600	18	18	79,840	
3	벤츠E200	1,991	2018	승용	비영업용		1												
4	벤츠E200d	1,950	2018	승용	비영업용		1												
5	야마하 NMAX	125	2017	삼륜	비영업용		5												
6	카니발 09	2,199	2018	승용	비영업용		1												
7	카니발 11	2,199	2018	승합	영업용		7												
8	카운티	3,933	2015	승합	영업용	소형전세	7												
9	포터	2,497	2017	화물	영업용	1,000	8												
10	스타렉스	2,497	2013	승합	비영업용		2												

	A	B	C
13	배기량	영업용	비영업용
14	0	18	80
15	1000	18	140
16	1600	19	200
17	2000	19	
18	2500	24	
19	고속	100,000	
20	대형전세	70,000	
21	소형전세	50,000	
22	대형일반	42,000	115,000
23	소형일반	25,000	65,000
24	대형특수	36,000	157,500
25	소형특수	13,500	58,500
26	삼륜	3,300	18,000

	A	B	C
28	적재량	영업용	비영업용
29	0	6,600	28,500
30	1000	9,300	34,500
31	2000	13,500	48,000
32	3000	18,000	63,000
33	4000	22,500	79,500
34	5000	36,000	130,500
35	8000	45,000	157,500

09 마찬가지로 N:W열까지는 CHOOSE() 함수를 사용하기 위한 x열의 보조 열이므로 안 보이게 숨겨도 된다.

3단계_ 제한 조건 반영, MIN( ), ROUNDDOWN( )

자동차세에는 등록한지 3년 이상 경과한 차량에 대해 1년당 5%씩 할인해주는 연식 할인 제도가 있다(최대 50%). 그리고 교육세 명목으로 자동차세의 30%를 추가로 부과하며, 원칙적으로는 상/하반기로 나누어 부과한다. 이상의 세 가지 제약 조건을 추가로 반영해주어야 한다.

실제로는 자동차세 장기보유 할인은 등록한 연도의 월까지 따져서 계산하지만, 여기서는 계산상의 편의를 위해 연도를 임의로 설정하고 계산한다. 만일 2018년 12월이 기준이라면 2016년 12월 이전에 등록된 차량부터 할인이 적용되는 것이므로, (2017 – 등록 년) 값이 0보다 클 경우에는 '×5%', 0보다 작을 경우는 '0'으로 처리하면 된다. 단, 최대 할인이 50%이므로, 50%와 계산 값 중에서 작은 값을 선택하도록 MIN() 함수를 사용해야 한다.

01 우선 장기 보유 할인율부터 알아보자.

> **〈장기 보유 할인〉**
> **Y2 셀** = IF((2017 - C2) >0, (2017 - C2)*5%, 0)   ← 등록 3년 이상 경과 차량 × 5% 할인
> **Z2 셀** = MIN(50%, Y2)   ← 최대 할인 50%

	A	B	C	D	E	F	M	X	Y	Z	AA
1	자동차명	배기량	등록년	유형	구분①	구분②	계	자동차세	할인①	할인②	
2	레이	998	2010	승용	비영업용		1	79,840	35%	35%	
3	벤츠E200	1,991	2018	승용	비영업용		1				
4	벤츠E200d	1,950	2018	승용	비영업용		1				
5	야마하 NMAX	125	2017	삼륜	비영업용		5				
6	카니발 09	2,199	2018	승용	비영업용		1				
7	카니발 11	2,199	2018	승합	영업용		7				
8	카운티	3,933	2015	승합	영업용	소형전세	7				
9	포터	2,497	2017	화물	영업용	1,000	8				
10	스타렉스	2,497	2013	승합	비영업용		2				
11											

02 자동차세는 상반기와 하반기로 나누어 각각 부과한다. 굳이 이 제도를 언급하는 이유는 대한민국 세법이 10원 미만 금액에 대해서 징수하지 않기 때문인데, 상반기와 하반기 각각에 대해서 모두 10원 미만 금액에 대해서는 징수하지 않는다. 따라서 ROUNDDOWN() 함수를 쓰면 된다.

> **〈상/하반기 구분〉**
> **AA2 셀** = X2 * (100%-Z2) / 2   ← 할인 반영 후 상/하반기 구분
>
> **〈10원 미만 절사〉**
> **AB2 셀** = ROUNDDOWN(AA2, -1) * 2   ← 10원 미만 절사 후 연간으로 계산

	A	B	C	D	E	F	M	X	Y	Z	AA	AB	AC
1	자동차명	배기량	등록년	유형	구분①	구분②	계	자동차세	할인①	할인②	반기	절사×2	
2	레이	998	2010	승용	비영업용		1	79,840	35%	35%	25,948	51,880	
3	벤츠E200	1,991	2018	승용	비영업용		1						
4	벤츠E200d	1,950	2018	승용	비영업용		1						
5	야마하 NMAX	125	2017	삼륜	비영업용		5						
6	카니발 09	2,199	2018	승용	비영업용		1						
7	카니발 11	2,199	2018	승합	영업용		7						
8	카운티	3,933	2015	승합	영업용	소형전세	7						
9	포터	2,497	2017	화물	영업용	1,000	8						
10	스타렉스	2,497	2013	승합	비영업용		2						
11													

03 교육세는 자동차세의 30%를 부과하며, 마찬가지로 상/하반기로 나누어 부과한다. 10원 미만은 당연히 절사한다.

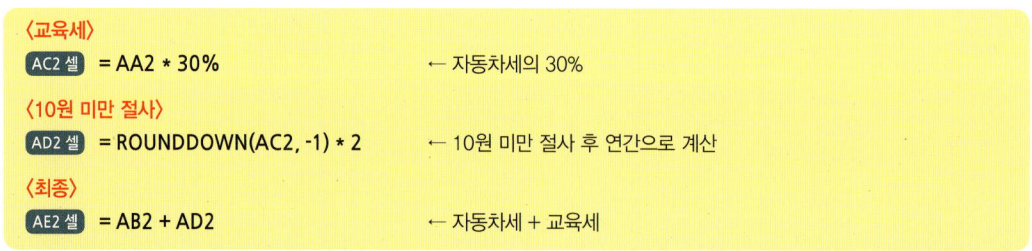

〈교육세〉
AC2 셀 = AA2 * 30% ← 자동차세의 30%

〈10원 미만 절사〉
AD2 셀 = ROUNDDOWN(AC2, -1) * 2 ← 10원 미만 절사 후 연간으로 계산

〈최종〉
AE2 셀 = AB2 + AD2 ← 자동차세 + 교육세

04 길었던 자동차세 계산 절차가 모두 끝났다. 최종 마무리가 되기까지 좀 장황하고 복잡하지만, 정작 각 단계는 매우 간단한 함수의 연속임을 알 수 있다. 나머지 자료에 대해서는 채우기 핸들로 끝까지 채우면 자동으로 모든 차종의 자동차세가 계산된다(N2 셀부터 AE2 셀까지 블록 지정한 후 AE10 셀까지 채우기).

4단계_ 검증

단계가 길고 복잡하기 때문에 검증이 어려울 것 같지만, 이런 종류는 오히려 쉽게 검증할 수 있다. 화물이나 특수차종 같은 빈도수가 적은 차종의 자동차세와 승용차 한 두 개 정도만 제대로 계산되었는지만 확인하면 된다. 첫 번째 행의 산식과 이후 모든 행의 산식이 동일하기 때문에, 일부만 추출해서 점검해도 전체적으로 큰 문제는 없다. 참고로 인터넷 포털이나 홈페이지 등에서 제공하는 자동차세 계산기를 이용해도 되지만, 국세청과 같은 공식 기관의 것이 아니면 신뢰하기 어렵다는 문제가 있어서 권장하지는 않는다.

예제 03: 20XX년 근로소득세 연말정산

- 관련 항목 : 복합 구간/값 차등 조건식
- 관련 함수 : VLOOKUP(), ROUNDDOWN()
- 예제 파일 : 5-3 연말정산.xlsx

근로소득세 연말정산은 세율과 각종 공제조건으로 인해 계산하기 복잡해서 대개 국세청에서 제공하는 근로소득세 계산기를 이용한다. 이러한 근로소득세 연말정산도 엑셀로 계산할 수 있다. 굳이 이런 복잡한 계산은 전산화하거나 전용 소프트웨어를 사용하는 경우가 많기 때문에 필요성에 의구심을 가질 수 있지만, 실무에서 필요한 모든 작업을 전산화할 수는 없기 때문에 엑셀로 해당 기능을 구현할 수 있다면 많은 도움이 된다.

참고로 근로소득세 연말정산을 엑셀로 처리할 수 있다면 유사한 법인세나 개인사업자의 소득 신고는 물론 모든 종류의 공제/혜택 제도 등에 모두 활용할 수 있다. 엑셀로 근로소득세 연말정산을 해보자.

1단계_ 보고서 목표 설정, 20XX년 근로소득세 연말정산

이번 경우에는 보고서의 목표는 '20XX년 근로소득세 연말정산'이라는 타이틀에 나와 있듯이 너무나도 명확하기 때문에 방향을 잘못 설정할 우려는 없지만, '20XX년'이란 수식어에 대해서는 주목해야 한다. 근로소득세 연말정산은 매년 세법이 조금씩 바뀌기 때문에 매년 수식을 수정해야 한다는 의미를 내포하고 있다. 따라서 이 사항을 염두에 두고 보고서를 만들어야 한다. 근로자 연간 근로소득이 다음과 같다고 가정하자.

(주)활빈당 급여 현황

	A	B	C
1	이름	직급	연봉
2	홍상직	사장	100,108,000
3	홍인형	부장	69,254,000
4	홍길현	과장	58,345,300
5	홍길동	대리	38,881,000
6	마숙	사원	24,051,000
7	차돌바위	사원	24,051,000
8	백운장군	사원	23,991,000
9	덥석부리	사원	23,991,000
10	곱단이	사원	23,991,000
11	돌순이	사원	23,991,000
12			

2단계_ 기능/함수 선택, VLOOKUP( )

20XX년 근로소득세 연말정산을 하려면 기본적으로 근로소득에 대한 세금을 부과하는 체계 정도는 알아야 보고서를 만들 수 있다. 근로소득세에 대해서 살펴보면 크게 누진세율과 소득공제, 세액공제가 골격을 이루고 있다. 쉽게 말하자면 근로소득이 많을수록 세율이 올라가며, 세금을 부과하지 않거나, 세금을 깎아준다는 이야기이다.

> ⓐ **누진세율** : 근로소득이 많을수록 세율이 높아짐
> ⓑ **소득공제** : 세금을 부과하지 않는 금액
> ⓒ **세액공제** : 세금을 부과하지만 깎아주는 금액

01 나머지 조건들은 이 체계에서 벗어나지 않으므로 ⓐ~ⓒ까지 3개의 열을 추가하여 다음 예제와 같이 기본적인 보고서의 골격을 만들면 된다. 세법이 매년 바뀌기 때문에 이 서식을 기본 골격으로 다른 조건을 확대해나가는 것이 기본적인 보고서 작성방향이다.

	A	B	C	D	E	F	G
1	이름	직급	연봉	세율	소득공제	세액공제	
2	홍상직	사장	100,108,000				
3	홍인형	부장	69,254,000				
4	홍길현	과장	58,345,300				
5	홍길동	대리	38,881,000				
6	마숙	사원	24,051,000				
7	차돌바위	사원	24,051,000				
8	백운장군	사원	23,991,000				
9	덥석부리	사원	23,991,000				
10	곱단이	사원	23,991,000				
11	돌순이	사원	23,991,000				
12							

02 근로소득세율은 근로소득에 따라서 다른 세율이 적용되는 누진세율이므로 구간/값 조건식이다. 따라서 VLOOKUP( ) 함수의 근삿값 옵션을 쓰면 된다. 여기서는 2018년 근로소득세율을 기준으로 한다.

2018년 근로소득세율

과세표준	세율	비고
1,200만 원 이하	6%	
1,200만 원 초과 ~ 4,600만 원 이하	15%	
4,600만 원 초과 ~ 8,800만 원 이하	24%	구간 초과분에 대해서만 누진세율 적용
8,800만 원 초과 ~ 1억 5천만 원 이하	35%	
1억 5천만 원 초과 ~ 5억 원 이하	38%	
5억 원 초과	40%	

누진세율은 원칙적으로 구간을 초과한 금액에 대해서만 누진하므로, 각 소득 구간별 금액에 대해 다른 세율을 적용해서 계산해야 한다. 개인소득이 4,500만 원이면 1,200만 원까지는 6% 세율, 초과한 나머지 3,300만 원 대해서는 15% 세율을 적용한다.

(표) 개인 소득에 따른 세금 계산식

소득 기준	세금 계산식
1,200만 원	(1,200만 원×6%)
4,600만 원	(1,200만 원×6%) + (3,400만 원×15%)
8,800만 원	(1,200만 원×6%) + (3,400만 원×15%) + (4,200만 원×24%)
1억 5천만 원	(1,200만 원×6%) + (3,400만 원×15%) + (4,200만 원×24%) + (6,200만 원×35%)
5억 원	(1,200만 원×6%) + (3,400만 원×15%) + (4,200만 원×24%) + (6,200만 원×35%) + (3억 5천만 원×3 8%)
10억 원	(1,200만×6%) + (3,400만×15%) + (4,200만×24%) + (6,200만×35%) + (3억 5천만 원×38%) + (5억 원×40%)

소득에 따라서 계산식이 달라지는 다중분기 조건이므로 CHOOSE() 함수를 사용해서 케이스별로 계산식을 다르게 하면 된다. 하지만 구간별로 다항식을 푸는 수식이 번거롭기 때문에 실무에서는 상대적으로 간편한 VLOOKUP() 함수와 구간별 공제액 방식을 선호한다. 단, 이 방식은 구간의 숫자가 적은 경우에만 해당되므로, 구간이 많으면 어쩔 수 없이 CHOOSE() 함수를 써야 한다.

구간별 공제방식

구간별 세율이 다른 다항식은 다음과 같이 상위 세율로 계산하고 과다 계산된 금액을 빼주는 형태로 변형할 수 있다. 만일 근로소득이 3,300만 원, 4,500만 원이라면 소득 기준 구간이 같아 과다 계산액도 동일하다. 따라서 구간별 과다 계산액을 미리 계산해놓고, 할증 세금에서 빼는 방식을 쓰면 계산식이 매우 간단해진다.

소득 기준	공제 방식	비고
1,200만 원	1,200만 원×6%	1,200만 원×6%
4,600만 원	4,600만 원 할증 세금 − 1,200만 원까지 과다 계산액	(4,600만 원×15%) − {1,200만×(15−6%)}
8,800만 원	8,800만 원 할증 세금 − 4,600만 원까지 과다 계산액	(8,800만 원×24%) − {4,600만 원×(24−15%) + 1,200만 원×(15−6%)}
1억 5천만 원	1억 5천만 원 할증 세금 − 8,800만 원까지 과다 계산액	(1.5억 원×35%) − {8,800만 원×(35−24%) + 4,600만 원×(24−15%) + 1,200만 원×(15−6%)}
5억 원	5억 원 할증 세금 − 1억 5천만 원까지 과다 계산액	(5억 원×38%) − {1.5억 원×(38−35%) + 8,800만 원×(35−24%) + 4,600만 원×(24−15%) + 1,200만 원×(15−6%)}
10억 원	10억 원 할증 세금 − 5억 원까지 과다 계산액	(10억 원×40%) − {5억 원×(40−38%) + 1억 5천만 원×(38−35%) + 8,800만 원×(35−24%) + 4,600만 원×(24−15%) + 1,200만 원×(15−6%)}

다만, 구간별 과다 계산액 공제를 위한 다항식을 일일이 풀려면 귀찮기 때문에 다음과 같이 VLOOKUP() 함수의 키워드 표를 만들어서 변형하면 편리하다.

과세표준	세율	세율별 차액	
0	6%		
12,000,000	15%	1,080,000	← 1,200만 원×(15−6%)
46,000,000	24%	4,140,000	← 4,600만 원×(24−15%)
88,000,000	35%	9,680,000	← 8,800만 원×(35−24%)
150,000,000	38%	4,500,000	← 1억 5천만 원×(38−35%)
500,000,000	40%	10,000,000	← 5억 원×(40−38%)

C7 셀: =A7*(B7-B6)

03 위 표를 보면 과다 계산액은 C열의 세로방향 합계임을 알 수 있다. 따라서 다음과 같이 수식을 만들어서 채우기 핸들로 채워주면 구간별 과다 계산액을 구할 수 있다. 우선 D3 셀에 '=SUM($C$2:C3)' 수식을 입력하고, 채우기 핸들로 아래까지 복사해 넣으면 구간별 과다계산액을 모두 구할 수 있다.

D3 셀 = SUM($C$2:C3)   ← C2 셀부터 더해야 하므로 절대 셀로 처리

과세표준	세율	세율별 차액	과다계산액	
0	6%			
12,000,000	15%	1,080,000	1,080,000	← 1,200만 원까지
46,000,000	24%	4,140,000	5,220,000	← 4,600만 원까지
88,000,000	35%	9,680,000	14,900,000	← 8,800만 원까지
150,000,000	38%	4,500,000	19,400,000	← 1억 5천만 원까지
500,000,000	40%	10,000,000	29,400,000	← 5억 원까지

04 과다 계산된 액수를 제외하기 위한 누진공제액은 이상과 같다. VLOOKUP() 함수를 사용하기 위한 키워드 표를 활용하기 때문에 누진세율의 공제액을 구할 때 아주 편리하면서도 효율적인 테크닉이다.

누진공제액을 구하는데 사용했던 키워드 표를 VLOOKUP()을 사용하기 위한 형태로 변형하면 된다. 주의해야 할 것은 구간의 기준 값은 아래쪽 세율이 적용되므로 과세표준 +1을 해주어야 한다는 것이다. 예를 들어 1,200만 원의 세율은 6%이므로, 키워드 표는 1,200만 원+1원 형태가 되어야 1,200만 원에 6% 세율이 적용된다.

	A	B	C	D	E	F
1	이름	직급	연봉	세율	소득공제	세액공제
2	홍상직	사장	100,108,000			
3	홍인형	부장	69,254,000			
4	홍길현	과장	58,345,300			
5	홍길동	대리	38,881,000			
6	마숙	사원	24,051,000			
7	차돌바위	사원	24,051,000			
8	백운장군	사원	23,991,000			
9	덥석부리	사원	23,991,000			
10	곱단이	사원	23,991,000			
11	돌순이	사원	23,991,000			
12						
13						
14	과세표준	세율	누진공제			
15	0	6%				
16	12,000,001	15%	-1,080,000			
17	46,000,001	24%	-5,220,000			
18	88,000,001	35%	-14,900,000			
19	150,000,001	38%	-19,400,000			
20	500,000,001	40%	-29,400,000			
21						

05 세율은 VLOOKUP( ) 함수의 근삿값 옵션으로 아주 쉽게 구할 수 있다.

> **D2 셀** = VLOOKUP(C2, $A$14:$C$20, 2, 1)

	A	B	C	D	E	F
1	이름	직급	연봉	세율	소득공제	세액공제
2	홍상직	사장	100,108,000	35%		
3	홍인형	부장	69,254,000			
4	홍길현	과장	58,345,300			
5	홍길동	대리	38,881,000			
6	마숙	사원	24,051,000			
7	차돌바위	사원	24,051,000			
8	백운장군	사원	23,991,000			
9	덥석부리	사원	23,991,000			
10	곱단이	사원	23,991,000			
11	돌순이	사원	23,991,000			
12						
13						
14	과세표준	세율	누진공제			
15	0	6%				
16	12,000,001	15%	-1,080,000			
17	46,000,001	24%	-5,220,000			
18	88,000,001	35%	-14,900,000			
19	150,000,001	38%	-19,400,000			
20	500,000,001	40%	-29,400,000			
21						

06 기본 세액공제는 누진공제 액수이므로 같은 방식으로 구하면 된다.

> **F2 셀** = VLOOKUP(C2, $A$14:$C$20, 3, 1)

	A	B	C	D	E	F	G
1	이름	직급	연봉	세율	소득공제	세액공제	
2	홍상직	사장	100,108,000	35%		-14,900,000	
3	홍인형	부장	69,254,000				
4	홍길현	과장	58,345,300				
5	홍길동	대리	38,881,000				
6	마숙	사원	24,051,000				
7	차돌바위	사원	24,051,000				
8	백운장군	사원	23,991,000				
9	덥석부리	사원	23,991,000				
10	곱단이	사원	23,991,000				
11	돌순이	사원	23,991,000				
12							
13							
14	과세표준	세율	누진공제				
15	0	6%					
16	12,000,001	15%	-1,080,000				
17	46,000,001	24%	-5,220,000				
18	88,000,001	35%	-14,900,000				
19	150,000,001	38%	-19,400,000				
20	500,000,001	40%	-29,400,000				
21							

07 근로소득세는 '근로소득 × 세율 − 세액공제액'이므로 기본적인 정산금액은 다음과 같이 구할 수 있다.

> **G2 셀** = C2 * D2 + F2

	A	B	C	D	E	F	G	H
1	이름	직급	연봉	세율	소득공제	세액공제		
2	홍상직	사장	100,108,000	35%		-14,900,000	20,137,800	
3	홍인형	부장	69,254,000					
4	홍길현	과장	58,345,300					
5	홍길동	대리	38,881,000					
6	마숙	사원	24,051,000					
7	차돌바위	사원	24,051,000					
8	백운장군	사원	23,991,000					
9	덥석부리	사원	23,991,000					
10	곱단이	사원	23,991,000					
11	돌순이	사원	23,991,000					
12								

근로소득세 연말정산 골격은 이것으로 완료이다. 연말정산은 부양가족숫자나 신용카드 사용금액, 기부금, 보험료 등의 각종 소득공제/세액공제 제도가 있지만, 결국 그 조건은 모두 소득공제와 세액공제의 하위 조건이기 때문이다.

TIP   바뀌는 항목 vs 바뀌지 않는 항목 배치

연말정산 기본 틀에서도 알 수 있듯이 실무에서는 바뀌지 않는 항목을 왼쪽, 바뀌거나 추가되는 항목을 오른쪽에 배치하는 것이 매우 중요하다. 보고서 서식을 일정하게 유지하기 위해서는 바뀌지 않는 항목을 왼쪽에 배치하는 것이 유리하다.

〈좌: 상위 항목, 우: 하위 항목 배치〉

	A	B	C	D	E	F	G
1	계	항목1	항목2	항목3	항목4		
2							
3							
4							
5		하위 항목을 추가해도					
6		상위 항목은 바뀌지 않는다.					
7							
8							
9							
10							
11							

좋음

〈좌: 하위 항목, 우: 상위 항목 배치〉

	A	B	C	D	E	F	G
1	항목1	항목2	항목3	항목4	계		
2							
3							
4							
5		하위 항목을 추가하면					
6		상위 항목이 밀려난다.					
7							
8							
9							
10							
11							

나쁨

3단계_ 제한 조건 반영, ROUNDDOWN( )

근로소득세는 모든 급여에 대해서 부과되는 것이 아니다. 비과세 급여항목에 대해서는 세금을 부과하지 않는다. 보통 연간 급여에는 이런 비과세 항목까지 다 포함된 상태이므로, 이 금액은 세금 부과 대상에서 제외해주어야 한다. 이처럼 세금 부과 대상에서 제외하는 것을 '소득공제'라고 부른다.

01 세금을 부과할 때 소득공제 금액을 제외하도록 G2 열의 수식을 수정해준다.

> G2 셀 = (C2 - E2) * D2 + F2

	A	B	C	D	E	F	G	H	I
1	이름	직급	연봉	세율	소득공제	세액공제	근로소득세		
2	홍상직	사장	100,108,000	35%		-14,900,000	20,137,800		
3	홍인형	부장	69,254,000						
4	홍길현	과장	58,345,300						
5	홍길동	대리	38,881,000						
6	마숙	사원	24,051,000						
7	차돌바위	사원	24,051,000						
8	백운장군	사원	23,991,000						
9	덥석부리	사원	23,991,000						
10	곱단이	사원	23,991,000						
11	돌순이	사원	23,991,000						
12									

02 기본 골격은 다 끝났고, 다음은 매년 바뀌는 세법을 반영하는 소득공제/세액공제의 하부 항목만 추가하면 된다. 소득공제와 세액공제의 하위 항목을 넉넉히 우측에 추가시키고, E열과 F열의 합으로 표현해준다.

> E2 셀 = SUM(I2:R2)   ← 소득공제 항목 10개쯤 추가
> F2 셀 = SUM(S2:AL2) ← 세액공제 항목 20개쯤 추가

	A	B	C	D	E	F	G	H I J K L P Q R	S T U V W AH AI AJ AK AL
1	이름	직급	연봉	세율	소득공제	세액공제	근로소득세		
2	홍상직	사장	100,108,000	35%		-14,900,000	20,137,800		
3	홍인형	부장	69,254,000						
4	홍길현	과장	58,345,300						
5	홍길동	대리	38,881,000					소득공제 하위 항목 구간(10개)	세액 공제 하위 항목 구간 (20개)
6	마숙	사원	24,051,000						
7	차돌바위	사원	24,051,000						
8	백운장군	사원	23,991,000						
9	덥석부리	사원	23,991,000						
10	곱단이	사원	23,991,000						
11	돌순이	사원	23,991,000						
12									

03 소득공제와 세액공제 각 항목은 각각 시트를 따로 만들어줘야 하며, 수십 가지 이상이므로 지면관계상 모두 설명하긴 어렵기 때문에 여기서는 부양가족 한 가지 항목만 시험 삼아 만들어보기로 한다.

근로소득세 소득공제는 무제한이 아니고 2,500만 원이 한도이다. 따라서 소득공제 항목별 합계와 2,500만 원 중 항상 작은 값을 선택하게 된다. MIN() 함수를 쓰면 된다.

> **E2 셀** = MIN(25000000, SUM(I2:R2))

04 부양가족 소득공제는 1인 당 150만 원을 공제해주며 한도는 없다. 따라서 I열에는 '부양가족 수×150만'을 해주면 되므로 별도로 '부양가족'이란 이름으로 시트를 하나 만든다.

05 부양가족 시트를 만든 다음 기본 시트에는 다음과 같은 수식을 입력한다.

> **I2 셀** = 부양가족!C2 * 1500000

06 근로소득세 연말정산은 10원 미만 금액에 대해서는 절사하고 부과하지 않는다. 따라서 ROUNDDOWN() 함수로 근로소득세 항목을 다음과 같이 수정해준다.

> **G2 셀** = ROUNDDOWN((C2 - E2) * D2 + F2, -1)

	A	B	C	D	E	F	G	H	I	J	K	L	P
1	이름	직급	연봉	세율	소득공제	세액공제	근로소득세		부양가족	소득2	소득	소득	소득
2	홍상직	사장	100,108,000	35%	6000000	-14,900,000	18,037,800		6,000,000				
3	홍인형	부장	69,254,000										
4	홍길현	과장	58,345,300										
5	홍길동	대리	38,881,000										
6	마숙	사원	24,051,000										
7	차돌바위	사원	24,051,000										
8	백운장군	사원	23,991,000										
9	덥석부리	사원	23,991,000										
10	곱단이	사원	23,991,000										
11	돌순이	사원	23,991,000										
12													

4단계_ 검증

근로소득 연말정산은 국세청 홈택스 홈페이지나 인터넷 포털에서 계산기를 제공하므로 검증이 매우 쉽다. 연말정산 계산기 결과와 상기 엑셀 계산식과 값이 일치하는지를 확인하면 된다.

주택용 전기요금 계산하기

- **관련 항목** : 복합 구간/값 차등 조건식
- **관련 함수** : VLOOKUP(), SUM(), ROUNDDOWN(), ROUND(), MAX()
- **예제 파일** : 5-4 전기요금.xlsx

우리나라 전기요금은 ①기본요금, ②전기사용량에 따른 전력량 요금, ③부가가치세, ④전력산업 기반기금으로 구성되는데, 일반용/주택용/교육용/산업용/농사용 등으로 구분해서 다른 요금체계를 적용한다. 주택용은 고압/저압의 2종류로 나뉘며, 3단계의 누진제가 적용된다. 주택용 전기요금을 엑셀로 계산해보자. 참고로 누진세율이 적용되는 근로소득세, 법인세도 주택용 전기요금과 계산방식이 대동소이하다.

1단계_ 보고서 목표 설정, 전기사용량에 따른 주택용 전기요금 예상

특정한 자료가 사전에 주어진 것이 아니므로 목표는 '전기사용량에 따른 주택용 전기요금 예상'이 될 것이다. 따라서 전기사용량을 입력하면 주택용 전기요금이 얼마인지를 계산할 수 있도록 수식을 구성해야 한다. 주택용은 고압/저압으로 나뉘므로, 보고서도 각각의 유형에 해당하는 결과를 도출할 수 있도록 2가지로 구성한다.

	A	B	C	D	E	F	G
1	유형	사용량	예상				
2	저압						
3	고압						
4							
5							

2단계_ 기능/함수 선택, VLOOKUP( ), SUM( )

주택용 전기요금은 기본요금과 전력량 요금에 모두 누진제가 적용된다. 또한 한국전력과의 전기 사용 계약에 따라서 주택용 고압/저압으로 나뉘는데, 누진제 구간은 같지만 기본요금과 전력량 요금에 적용되는 요금이 서로 다르다.

〈주택용 저압〉

기본요금(원/호)		전력량 요금(원/KW)	
200kWh 이하	910	처음 200kWh까지	93.3
201~400kWh 이하	1,600	다음 200kWh까지	187.9
400kWh 초과	7,300	400kWh 초과	280.6
		1,000kWh 초과	709.5

〈주택용 고압〉

기본요금(원/호)		전력량 요금(원/KW)	
200kWh 이하	730	처음 200kWh까지	78.3
201~400kWh 이하	1,260	다음 200kWh까지	147.9
400kWh 초과	6,060	400kWh 초과	215.6
		1,000kWh 초과	574.6

01 구간에 따라서 값이 달라지는 구간/값 조건식이므로 VLOOKUP() 함수의 근삿값 옵션을 쓰면 된다. 주택용 저압/고압은 동일한 누진제 구간을 사용하므로 키워드 표는 다음과 같이 간단하게 만들 수 있다. 단, 3장에서 설명했듯이 VLOOKUP() 함수의 근삿값 옵션은 항상 이하/초과에 주의해야 한다. 예를 들어 주택용 저압 200kWh는 200kWh 이하이므로 93.3원, 400kWh도 187.9원, 1,000kWh도 280.6원이 적용된다. 따라서 키워드 표는 0, 201, 401, 1001로 구성해야 한다. 그리고 기본요금은 3단계, 전력량은 4단계로 누진 구간이 서로 다르기 때문에, 하나의 표로 만들 때는 기본요금을 3단계 → 4단계로 만들어줘야 한다는 것이다. 1,000kWh 초과 구간 기본요금은 400kWh와 동일하므로 7,300을 입력해주면 된다.

	A	B	C	D	E
1	유형	사용량	예상		
2	저압				
3	고압				
4					
5					
6	전력	저압(기)	저압(전)	고압(기)	고압(전)
7	0	910	93.3	730	78.3
8	201	1,600	187.9	1,260	147.3
9	401	7,300	280.6	6,060	215.6
10	1,001	7,300	709.5	6,060	574.6
11					

실제 구간 +1로 설정

4단계로 만든다.

02 앞서 설명한대로 주택용 전기요금은 기본요금, 전력량 요금, 부가가치세, 전력산업기반기금으로 구성되므로, 각각의 항목을 E:H열까지 만들어준다. 기본요금은 전력량 구간에 해당하는 값을 읽어오면 되기 때문에 VLOOKUP() 함수의 근삿값 옵션을 쓰면 된다.

> **E2 셀** = VLOOKUP(B2, $A$6:$E$10, 2, 1)   ← 저압 기본요금

	A	B	C	D	E	F	G	H	I
1	유형	사용량	예상		기본	전력량	부가세	전력기	
2	저압				910				
3	고압								
4									
5									
6	전력	저압(기)	저압(전)	고압(기)	고압(전)				
7	0	910	93.3	730	78.3				
8	201	1,600	187.9	1,260	147.3				
9	401	7,300	280.6	6,060	215.6				
10	1,001	7,300	709.5	6,060	574.6				
11									

03 전력량 요금은 기본요금과는 달리 구간별로 요율을 달리 적용한다. 예를 들어 주택용 저압으로 322kWh를 사용했다면, 200kWh까지는 kWh당 93.3원, 201~322kWh 구간은 187.9원을 적용한다.

전력량	요율(원)
저압 122kWh	(122×93.3)
저압 322kWh	(200×93.3) + (122×187.9)
저압 572kWh	(200×93.3) + (200×187.9) + (172×280.6)

근로소득세의 경우와 동일하게 사용량에 따라서 계산식이 바뀌는 형태임을 알 수 있다. 다중 분기 조건식이므로 원칙적으로는 CHOOSE() 함수를 사용해야 하지만, 전기요금 구간은 겨우 4개(~200, 200~400, 400~600, 1000~)뿐이므로 VLOOKUP() 함수와 구간별 공제방식이 더 간편하다(예제03. 근로소득세 계산방식과 동일).

구간 구분(저압)	과다 계산액(원)	비고
200kWh까지	0	과다 없음
400kWh까지	18,920	200×(187.9−93.3)
1,000kWh까지	56,000	400×(280.6−187.9) + 200×(187.9−93.3)
1,000kWh 초과	484,900	1000×(709.5−280.6) + 400×(280.6−187.9) + 200×(187.9−93.3)

	A	B	C	D	E	F	G	H
1	전력	저압(기)	저압(전)	고압(기)	고압(전)	저/구간차액	저/과다액	
2	0	910	93.3	730	78.3			
3	200	1,600	187.9	1,260	147.3	18,920	18,920	← 200kWH까지
4	400	7,300	280.6	6,060	215.6	37,080	56,000	← 400kWH까지
5	1,000	7,300	709.5	6,060	574.6	428,900	484,900	← 1,000kWH까지
6								

G5 셀: =SUM($F$2:F5)

고압일 때도 같은 방식으로 계산하면 된다.

구간 구분(고압)	과다 계산액(원)	비고
200kWh까지	0	공제 없음
400kWh까지	13,800	200×(147.3-78.3)
1,000kWh까지	41,120	400×(215.6-147.3) + 200×(215.6-78.3)
1,000kWh 초과	400,120	1000×(574.6-215.6) + 400×(215.6-147.3) + 200×(147.3-78.3)

04 다음과 같이 저압/고압일 때 공제액을 키워드 표에 입력해주면 된다.

	A	B	C	D	E	F	G	H	I
1	유형	사용량	예상		기본	전력량	부가세	전력기금	
2	저압				910				
3	고압								
4									
5									
6	전력	저압(기)	저압(전)	고압(기)	고압(전)	저압공제	고압공제		
7	0	910	93.3	730	78.3	0	0		
8	201	1,600	187.9	1,260	147.3	-18,920	-13,800		
9	401	7,300	280.6	6,060	215.6	-56,000	-41,120		
10	1,001	7,300	709.5	6,060	574.6	-484,900	-400,120		
11									

05 전력량 요금은 VLOOKUP() 함수의 근삿값 옵션을 사용해서 할증 기준으로 값을 구한 다음, 공제액을 더해주면 된다.

전력량 요금 = 할증요금 + 공제액

- **J2 셀** = B2*VLOOKUP(B2,$A$6:$G$10,3,1)   ← 사용량 × 할증요금
- **K2 셀** = VLOOKUP(B2,$A$6:$G$10,6,1)   ← 공제액
- **F2 셀** = SUM(J2:K2)   ← 전력량 요금

사용량이 322kWh라면 다음과 같이 된다.

	A	B	C	D	E	F	G	H	I	J	K
1	유형	사용량	예상		기본	전력량	부가세	전력기금		할증	공제액
2	저압	322			1,600	41,584				60,504	- 18,920
3	고압										
4											
5											
6	전력	저압(기)	저압(전)	고압(기)	고압(전)	저압공제	고압공제				
7	0	910	93.3	730	78.3	0	0				
8	201	1,600	187.9	1,260	147.3	-18,920	-13,800				
9	401	7,300	280.6	6,060	215.6	-56,000	-41,120				
10	1,001	7,300	709.5	6,060	574.6	-484,900	-400,120				
11											

06 주택용 고압인 경우는 VLOOKUP() 함수에서 찾아오는 열만 바뀐다.

- **E3 셀** = VLOOKUP(B3, $A$6:$E$10, 4, 1)   ← 표에서 4번째 열(D열)
- **J3 셀** = B2 * VLOOKUP(B2, $A$6:$G$10, 5, 1)   ← 표에서 5번째 열(E열)
- **K3 셀** = VLOOKUP(B2, $A$6:$G$10, 7, 1)   ← 표에서 6번째 열(G열)

	A	B	C	D	E	F	G	H	I	J	K
1	유형	사용량	예상		기본	전력량	부가세	전력기금		할증	공제액
2	저압	322			1,600	41,584				60,504	- 18,920
3	고압	322			1,260	33,631				47,431	- 13,800
4											
5											
6	전력	저압(기)	저압(전)	고압(기)	고압(전)	저압공제	고압공제				
7	0	910	93.3	730	78.3	0	0				
8	201	1,600	187.9	1,260	147.3	-18,920	-13,800				
9	401	7,300	280.6	6,060	215.6	-56,000	-41,120				
10	1,001	7,300	709.5	6,060	574.6	-484,900	-400,120				
11											

07 부가가치세는 기본요금 + 전력량 요금의 10%이고, 전력산업기반기금은 기본요금 + 전력량 요금의 3.7%이다. 따라서 전기요금은 기본요금 + 전력량 요금 + 부가가치세 + 전력산업기반기금의 합계를 구하면 된다.

- **G2 셀** = SUM(E2:F2) * 10%   ← 부가가치세
- **H2 셀** = SUM(E2:F2) * 3.7%   ← 전력산업기반기금
- **C2 셀** = SUM(E2:H2)   ← 전기요금 예상액

C2			f_x	= SUM(E2:H2)							
	A	B	C	D	E	F	G	H	I	J	K
1	유형	사용량	예상		기본	전력량	부가세	전력기금		할증	공제액
2	저압	322	49,100		1,600	41,584	4,318	1,598		60,504	- 18,920
3	고압	322	39,671		1,260	33,631	3,489	1,291		47,431	- 13,800
4											
5											
6	전력	저압(기)	저압(전)	고압(기)	고압(전)	저압공제	고압공제				
7	0	910	93.3	730	78.3	0	0				
8	201	1,600	187.9	1,260	147.3	-18,920	-13,800				
9	401	7,300	280.6	6,060	215.6	-56,000	-41,120				
10	1,001	7,300	709.5	6,060	574.6	-484,900	-400,120				
11											

3단계_ 제한 조건 반영, ROUNDDOWN( ), ROUND( ), MAX( )

기본요금과 전력량 요금은 1원 미만, 전력산업기반기금은 10원 미만은 절사하고 반영하지 않는다. 반면 부가가치세는 1원 미만 단위에 대해서 반올림을 적용한다. 계산 값을 확정시키기 위해 ROUND( ) 함수와 ROUNDDOWN( ) 함수를 적용해주면 되는데, 한 개의 셀에 함수를 연속 입력하면 복잡하기 때문에 다음과 같이 셀을 옆으로 옮기고, ROUNDDOWN( ) 함수를 쓰는 것이 좋다.

01 E2부터 K2셀을 블럭 설정하고 잘라낸 다음 옆으로 옮겨 붙인다(잘라내기→붙여넣기).

	A	B	C	D	E	F	G	H	I	J	K	L	M	N	O	P	Q	R
1	유형	사용량	예상									기본	전력량	부가세	전력기금		할증	공제액
2	저압	322	49,100									1,600	41,584	4,318	1,598		60,504 -	18,920
3	고압	322	39,671									1,260	33,631	3,489	1,291		47,431 -	13,800
4																		
5																		
6	전력	저압(기)	저압(전)	고압(기)	고압(전)	저압공제	고압공제											
7	0	910	93.3	730	78.3	0	0											
8	201	1,600	187.9	1,260	147.3	-18,920	-13,800											
9	401	7,300	280.6	6,060	215.6	-56,000	-41,120											
10	1,001	7,300	709.5	6,060	574.6	-484,900	-400,120											
11																		

ROUNDDOWN( ) 계열 함수로 값을 최종 확정시킬 때는 별도 셀에 수식을 입력한다.

02 비어 있는 셀에 원래의 항목을 입력해 놓는다.

	A	B	C	D	E	F	G	H	I	J	K	L	M	N	O	P	Q	R
1	유형	사용량	예상		기본	전력량	부가세	전력기금		할증	공제액	기본	전력량	부가세	전력기금		할증	공제액
2	저압	322	49,100									1,600	41,584	4,318	1,598		60,504 -	18,920
3	고압	322	39,671									1,260	33,631	3,489	1,291		47,431 -	13,800
4																		
5																		
6	전력	저압(기)	저압(전)	고압(기)	고압(전)	저압공제	고압공제											
7	0	910	93.3	730	78.3	0	0											
8	201	1,600	187.9	1,260	147.3	-18,920	-13,800											
9	401	7,300	280.6	6,060	215.6	-56,000	-41,120											
10	1,001	7,300	709.5	6,060	574.6	-484,900	-400,120											
11																		

03 이처럼 별도의 셀을 사용하는 이유는 ①같은 셀에 2개 이상의 함수를 입력하면 셀이 복잡해서 수정/변형이 어렵고, ②이미 입력된 수식이 달라도(고압/저압) 상관없이 적용할 수 있기 때문이다. 다음 기본요금 수식을 비교해보면 차이를 쉽게 알 수 있다.

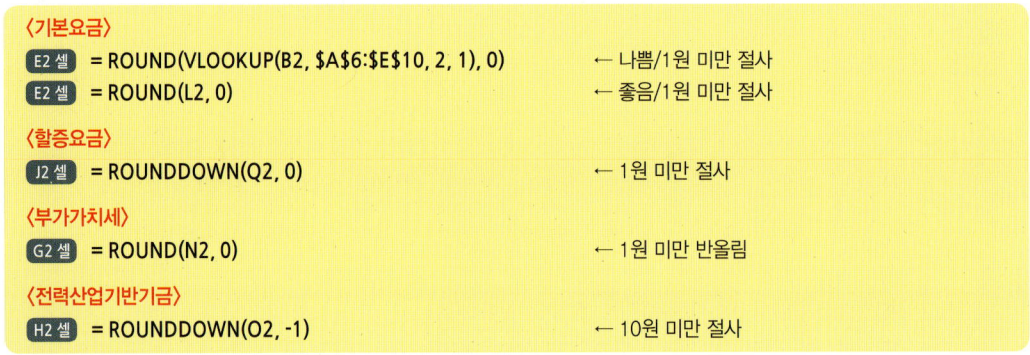

최종적인 전기요금도 10원 미만은 절사하고 반영하지 않으므로 역시 ROUNDDOWN() 함수를 적용해준다.

C2 셀 = ROUNDDOWN(SUM(E2:H2), -1)

	A	B	C	D	E	F	G	H	I	J	K	L	M	N	O	P	Q	R
1	유형	사용량	예상		기본	전력량	부가세	전력기금		할증	공제액	기본	전력량	부가세	전력기금		할증	공제액
2	저압	322	49,090		1,600	41,584	4,318	1,590		60,503	-18920	1,600	41,584	4,318	1,598		60,504	-18,920
3	고압	322	39,660		1,260	33,631	3,489	1,290		47,430	-13800	1,260	33,631	3,489	1,291		47,431	-13,800
4																		
5																		
6	전력	저압(기)	저압(전)	고압(기)	고압(전)	저압공제	고압공제											
7	0	910	93.3	730	78.3	0	0											
8	201	1,600	187.9	1,260	147.3	-18,920	-13,800											
9	401	7,300	280.6	6,060	215.6	-56,000	-41,120											
10	1,001	7,300	709.5	6,060	574.6	-484,900	-400,120											
11																		

04 주택용 전기요금은 '필수사용량 보장공제'라고 해서 월 200kWh 이하로 전기를 사용할 경우, 주택용 저압은 4,000원, 주택용 고압은 2,500원을 추가로 공제해주는 제도가 있다. 이 제한조건은 단순해보이지만 실제로는 좀 복잡하다.

> ① 사용량 200kWh 이하 + 저압 : 4,000원 할인
> ② 사용량 200kWh 이하 + 고압 : 2,500원 할인
> ③ 기본요금 + 전력량 요금 최저 1,000원
> ④ 부가가치세/전력산업기반기금은 상기 할인반영 후 계산

200kWh 이하를 사용할 경우 저압/고압에 따라 별도의 할인이 추가되는 개념이므로, 다음과 같이 0~200kWh 구간에 할인을 추가시켜 준다.

	A	B	C	D	E	F	G	H	I	J	K
1	유형	사용량	예상		기본	전력량	부가세	전력기금		할증	공제액
2	저압	322	49,090		1,600	41,584	4,318	1,590		60,503	-18920
3	고압	322	39,660		1,260	33,631	3,489	1,290		47,430	-13800
4											
5											
6	전력	저압(기)	저압(전)	고압(기)	고압(전)	저압공제	고압공제				
7	0	910	93.3	730	78.3	-4,000	-2,500	← 추가			
8	201	1,600	187.9	1,260	147.3	-18,920	-13,800				
9	401	7,300	280.6	6,060	215.6	-56,000	-41,120				
10	1,001	7,300	709.5	6,060	574.6	-484,900	-400,120				
11											

05 위 키워드 표를 사용하면 ①②④번은 해결된다. ③번은 소량 사용 시 기본요금 + 전력량 요금 합계금액과 1천원 중 항상 큰 값을 선택한다는 개념이므로, MAX() 함수를 쓰면 된다. 따라서 전력량의 수식을 다음과 같이 수정해준다.

〈최저 요금 반영〉
F2 셀 = MAX(1000-E2, SUM(J2:K2))   ← 기본요금 + 전력량 요금 최저값 1천 원

	A	B	C	D	E	F	G	H	I	J	K
1	유형	사용량	예상		기본	전력량	부가세	전력기금		할증	공제액
2	저압	322	49,090		1,600	41,583	4,318	1,590		60,503	-18920
3	고압	322	39,660		1,260	33,630	3,489	1,290		47,430	-13800
4											
5											
6	전력	저압(기)	저압(전)	고압(기)	고압(전)	저압공제	고압공제				
7	0	910	93.3	730	78.3	-4,000	-2,500				
8	201	1,600	187.9	1,260	147.3	-18,920	-13,800				
9	401	7,300	280.6	6,060	215.6	-56,000	-41,120				
10	1,001	7,300	709.5	6,060	574.6	-484,900	-400,120				
11											

06 지금까지 설명한 주택용 전기요금은 계절 할증 제도가 적용되는 7~8월, 12~2월에는 기준인데, 3~6월과 9~11월은 1,000kWh 초과 구간이 없다. 따라서 8월과 9월 똑같이 1,000kWh 이상을 사용했을 경우 전기요금이 달라진다. 이런 비 할증 계절에 대한 반영은 매우 간단하다. 현재 시트를 복사해서 비 할증 구간 시트로 만들고, 1,001kWh 구간을 지워버리면 된다.

〈비 할증 구간 반영〉

	A	B	C	D	E	F	G	H	I	J	K
1	유형	사용	예상		기본	전력량	부가세	전력기금		할증	공제액
2	저압	1,100	295,560		7,300	252,660	25,996	9,610		308,660	- 56,000
3	고압	1,100	229,780		6,060	196,040	20,210	7,470		237,160	- 41,120
4											
5											
6	전력	저압	저압(전)	고압	고압	저압공제	고압공				
7	0	910	93.3	730	78.3	-4,000	-2,500				
8	201	1,600	187.9	1,260	147.3	-18,920	-13,800				
9	401	7,300	280.6	6,060	215.6	-56,000	-41,120				
10						←지워버린다					
11											

그 밖에 복지할인, 대가족(5인 이상), 출산가구, 3자녀 이상 가구, 생명 유지 장치 등에 따라 추가 할인을 해준다. 이런 할인 제도는 단순한 비율 할인인 경우가 대부분이므로 전기요금 예상치(C열)에 반영하여 계산해주면 된다. 상세 설명은 생략한다.

4단계_ 검증

주택용 전기요금처럼 외부에서 별도로 계산기가 제공되는 경우는 검증이 매우 쉽다. 한국전력 홈페이지에서 전기요금계산기(http://cyber.kepco.co.kr/ckepco/front/jsp/CY/J/A/CYJAPP000.jsp)를 찾아 상기 엑셀 계산식과 값이 일치하는지를 확인하면 된다. 200kWh, 400kWh, 1,000kWh 등 구간별 기준이 되는 대표 값 몇 개만 검증한다.

〈한국전력 전기요금계산기〉

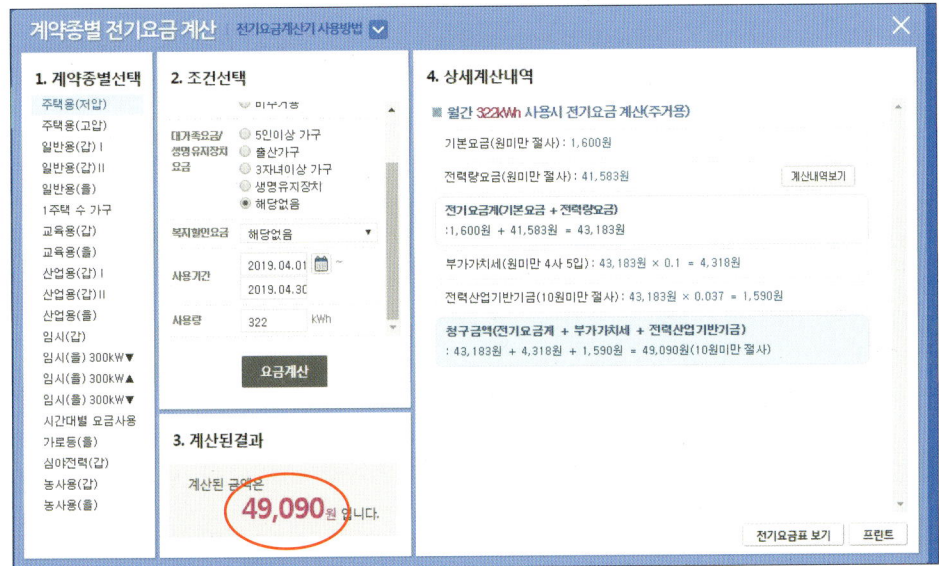

예제 05 법인세 계산하기

- 관련 항목 : 복합 구간/값 차등 조건식
- 관련 함수 : VLOOKUP(), SUM(), ROUNDDOWN()
- 예제 파일 : 5-5 법인세.xlsx

법인세는 근로소득세, 주택용 전기요금과 함께 누진세율이 적용되는 대표적인 조세이다. 세금 계산 자체는 오히려 단순하며, 각종 회계 관련 처리나 공제제도 쪽이 오히려 훨씬 더 복잡하고 어렵다. 특히 법인세를 구성하는 하부 세금 구조는 각각을 하나의 파트로 따로 분류시켜서 설명해야 할 만큼 복잡하며, 그 세금들을 최종적으로 합산해 부과하는 것이 법인세이다. 기업 소득에 따라서 엑셀로 법인세를 구해보자.

1단계_ 보고서 목표 설정, 법인세 계산

보고서의 목표는 당연히 '법인세 계산'이다. 앞서도 이야기했듯이 법인세 자체는 너무나 명확하기 때문에 잘못된 방향으로 나아갈 여지가 없다. 다만, 앞서 말한 대로 법인세는 하부 구조가 매우 복잡하고 방대하기 때문에, 향후에 그런 요소를 반영할 사전 준비를 미리 반영해두는 자세가 필요하다. 골격을 이루는 요소는 좌측에 배치하고, 추가될 요소를 위해 우측을 예비로 남겨둔다.

2단계_ 기능/함수 선택, VLOOKUP( ), SUM( )

법인세는 누진세율을 적용하며, 다음과 같은 세율 구조를 가지고 있다.

〈법인세율〉

과세표준	세율	비고
2억 원 이하	10%	
2억 원 초과 ~ 200억 원 이하	20%	구간 초과분에 대해서만 누진세율 적용
200억 원 초과 ~ 3,000억 원 이하	22%	
3,000억 원 초과	25%	

누진세율은 원칙적으로 구간을 초과한 금액에 대해서만 누진한다. 즉, 법인소득이 3억 원이라면 2억까지는 10% 세율, 초과한 나머지 1억 원에 대해서는 20% 세율을 부과한다는 이야기이다.

〈법인소득에 따른 세금 계산식〉

법인소득액	세금
1억 원	(1억 원×10%)
2억 원	(2억 원×10%) + (1억 원×20%)
203억 원	(2억 원×10%) + (198억 원×20%) + (3억 원×22%)
3,003억 원	(2억 원×10%) + (198억 원×20%) + (2,800억 원×22%) + (3억 원×25%)

즉, 소득에 따라서 계산식이 달라지는 다중분기 조건이다. 구간이 겨우 4개뿐이므로 근로소득세의 경우처럼 VLOOKUP( ) 함수의 근삿값 옵션을 써서 상위구간 세율로 계산하고 과다 계산된 금액을 빼준다(예제03. 근로소득세 계산방식과 동일).

법인소득액	공제액(과다계산액)	비고
1억 원	0원	공제 없음
2억 원	2천만 원	2억 원×(20%−10%)
203억 원	4억 2천만 원	200억 원×(22%−20%) + 2억 원×(20%−10%)
3,003억 원	94억 2천만 원	3,000억 원×(25%−22%)} + 200억 원×(22%−20%) + 2억 원×(20%−10%)

	A	B	C	D
1	과세표준	세율	세율별 차액	과다계산액
2	0	10%	0	
3	200,000,000	20%	20,000,000	20,000,000 ← 2억 원까지
4	20,000,000,000	22%	400,000,000	420,000,000 ← 200억 원까지
5	300,000,000,000	25%	9,000,000,000	9,420,000,000 ← 300억 원까지

D5 fx =SUM($C$2:C5)

01 우선 VLOOKUP() 함수의 근삿값 옵션을 쓸 수 있도록 키워드 표를 만든다. 주의할 것은 각 구간별 기준금액인 2억 원, 200억 원, 3,000억 원은 상위 세율에 포함되므로, '구간 값+1'을 해서 하위 세율에 포함되도록 만들어주어야 한다는 점이다.

〈잘못된 키워드 표〉

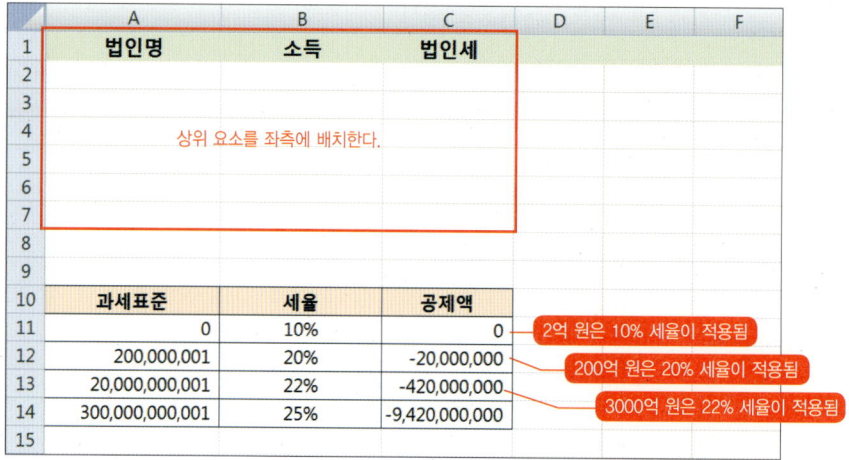

〈옳은 키워드 표〉

02 법인세는 VLOOKUP()의 근삿값 옵션을 써서 계산한 다음, 공제액을 더해주면 된다.

```
E2 셀  = B2 * VLOOKUP(B2,$A$10:$C$14, 2, 1)   ← 소득×할증세율
F2 셀  = VLOOKUP(B2,$A$10:$C$14,3,1)          ← 공제액
C2 셀  = SUM(E2:F2)                            ← 법인세
```

	A	B	C	D	E	F	G
1	법인명	소득	법인세		할증세금	공제액	
2	(주)활빈당	2,212,345,679	422,469,136		442,469,136	-20,000,000	
3	(주)청석골	112,345,789	11,234,579		11,234,579	0	
4	(주)로빈훗	301,812,345,789	66,033,086,447		75,453,086,447	-9,420,000,000	
5							
6							
7							
8							
9							
10	과세표준	세율	공제액				
11	0	10%	0				
12	200,000,001	20%	-20,000,000				
13	20,000,000,001	22%	-420,000,000				
14	300,000,000,001	25%	-9,420,000,000				
15							

3단계_ 제한 조건 반영, ROUNDDOWN( )

법인세는 1원 미만은 징수하지 않는다. 따라서 ROUNDDOWN() 함수를 쓰면 되는데, 같은 셀 안에 함수를 중복으로 입력하면 복잡하므로, 현재 입력된 수식은 우측으로 옮겨주고, 다음과 같이 입력해준다.

01 법인세, 할증세금, 공제액 셀을 잘라내서 오른쪽으로 옮긴다. C1 셀은 원래대로 법인세 항목으로 둔다.

	A	B	C	D	E	F	G	H
1	법인명	소득	법인세		법인세		할증세금	공제액
2	(주)활빈당	2,212,345,679			422,469,136		442,469,136	-20,000,000
3	(주)청석골	112,345,789			11,234,579		11,234,579	0
4	(주)로빈훗	301,812,345,789			66,033,086,447		75,453,086,447	-9,420,000,000
5								
6								
7								
8								
9								
10	과세표준	세율	공제액					
11	0	10%	0					
12	200,000,001	20%	-20,000,000					
13	20,000,000,001	22%	-420,000,000					
14	300,000,000,001	25%	-9,420,000,000					
15								

> ROUND()계열 함수로 값을 최종 확정시킬 때는 별도 셀에 수식을 입력한다.

02 법인세를 ROUNDDOWN() 함수로 1원 미만은 절사한다.

> **C2 셀** `= ROUNDDOWN(E2, 0)`   ← 1원 미만 절사

	A	B	C	D	E	F	G
1	법인명	소득	법인세		법인세	할증세금	공제액
2	(주)활빈당	2,212,345,679	422,469,135		422,469,136	442,469,136	-20,000,000
3	(주)청석골	112,345,789	11,234,578		11,234,579	11,234,579	0
4	(주)로빈훗	301,812,345,789	66,033,086,447		66,033,086,447	75,453,086,447	-9,420,000,000
5							
6							
7							
8							
9							
10	과세표준	세율	공제액				
11	0	10%	0				
12	200,000,001	20%	-20,000,000				
13	20,000,000,001	22%	-420,000,000				
14	300,000,000,001	25%	-9,420,000,000				
15							

법인세도 근로소득세와 마찬가지로 소득공제 및 세액공제 제도가 있다. 이러한 제한조건을 모두 반영하기에는 지면이 부족하므로, 여기에서는 예제 정도만 반영한다. 중요한 것은 기본 서식은 최대한 유지해야 하면서 내용을 추가하는 형태로 보고서를 작성해야 한다는 것이다.

03 소득 공제는 세금을 부과하지 않는 것이므로, 법인 비과세 소득이나 소득 공제 조건에 해당하는 금액은 아예 세금 계산할 때 빼줘야 한다. 예를 들어 조례특례제한법에 해당되는 소득공제 금액이 있다면 다음과 같이 수정해준다.

> **B2:B4 셀** H열로 복사한다. B열은 항목을 '과세표준'으로 입력해 구분한다.
> **I열** '조세특례제한' 항목을 만들고 해당 금액을 입력한다.
> **B2 셀** `= SUM(H2:I2)`

	A	B	C	D	E	F	G	H	I	J
1	법인명	과세표준	법인세		법인세	할증세금	공제액	소득	조세특례제한	
2	(주)활빈당	2,088,888,890	397,777,778		397,777,778	417,777,778	-20,000,000	2,212,345,679	-123,456,789	
3	(주)청석골	112,345,789	11,234,578		11,234,579	11,234,579	0	112,345,789	0	
4	(주)로빈훗	301,812,345,789	66,033,086,447		66,033,086,447	75,453,086,447	-9,420,000,000	301,812,345,789	0	
5										
6										
7										
8										
9										
10	과세표준	세율	공제액							
11	0	10%	0							
12	200,000,001	20%	-20,000,000							
13	20,000,000,001	22%	-420,000,000							
14	300,000,000,001	25%	-9,420,000,000							
15										

04 세액 공제는 확정된 세금에서 할인해주는 것이므로, G열의 공제액 금액에 새로운 항목을 추가시키는 형태로 수정해주면 된다. 예를 들어 해외에서 이미 납부한 세금이 있다면 국내에서는 이중과세가 되지 않도록 세액공제를 해준다. 이를 반영하려면 소득공제 항목을 추가로 입력할 수 있도록 미리 예비영역을 확보해두고, 멀찍하게 AA열쯤에 해당 항목을 만든 다음, G열을 해당 항목의 합계로 수정해준다.

> `G2:GB4열` AA열에 동일 수식 입력하고 항목을 '기본공제'로 한다.
> `AB열` '해외납부'라는 항목 해당 금액을 입력한다.
> `G2 셀` = SUM(AA2:AB2)

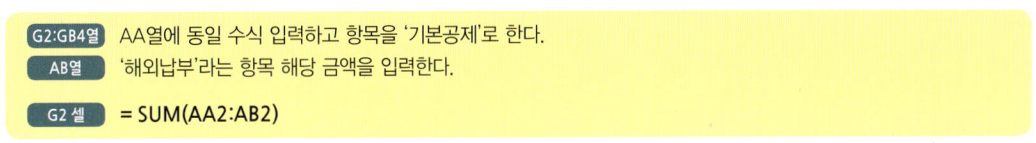

4단계_ 검증

인터넷에서 찾을 수 있는 법인세 계산기 등을 활용하여 수식이 제대로 작동하고 있는지를 확인해주면 된다.

예제 06

20XX년 근로소득세 원천징수

- 관련 항목 : 구간/값 조건식
- 관련 함수 : VLOOKUP()
- 예제 파일 : 5-6 원천징수.xlsx

우리나라는 회사가 직원 급여에서 근로소득세를 원천징수한 다음, 연말에 소득/세액공제를 해서 추가로 징수하거나 기 납부한 세금을 환급해주는 구조를 갖고 있다. 회사에서 직원 급여에 따라서 근로소득세를 원천징수하는 작업도 엑셀로 처리할 수 있다. 근로소득에 따라 근로소득세를 원천징수하는 작업 자체가 까다롭기 때문에, 국세청에서는 다음과 같은 근로소득 간이세액표를 hwp나 xls 포맷으로 배포한다.

〈2018년 근로소득 간이세액표〉

	A	B	C	D	E	F	G	H	I	J	K
1	근로소득 간이세액표(제189조 제1항 관련)											
2											
3	월급여액(천원)		공제대상가족의 수								
4	[비과세 및 학자금 제외]		1	2	3	4	5	6	7	8	9
197	1,950	1,960	18,210	13,710	5,600	2,230	-	-	-	-	-
198	1,960	1,970	18,420	13,920	5,800	2,430	-	-	-	-	-
199	1,970	1,980	18,630	14,130	6,000	2,630	-	-	-	-	-
200	1,980	1,990	18,880	14,330	6,200	2,820	-	-	-	-	-
201	1,990	2,000	19,200	14,540	6,400	3,020	-	-	-	-	-
202	2,000	2,010	19,520	14,750	6,600	3,220	-	-	-	-	-
203	2,010	2,020	19,850	14,950	6,800	3,420	-	-	-	-	-
204	2,020	2,030	20,170	15,160	6,990	3,620	-	-	-	-	-
205	2,030	2,040	20,490	15,370	7,190	3,820	-	-	-	-	-
206	2,040	2,050	20,810	15,570	7,390	4,020	-	-	-	-	-
207	2,050	2,060	21,130	15,780	7,590	4,210	-	-	-	-	-
208	2,060	2,070	21,450	15,990	7,790	4,410	1,040	-	-	-	-
209	2,070	2,080	21,770	16,190	7,990	4,610	1,240	-	-	-	-
210	2,080	2,090	22,090	16,400	8,180	4,810	1,430	-	-	-	-
211	2,090	2,100	22,420	16,600	8,380	5,010	1,630	-	-	-	-
212	2,100	2,110	22,740	16,810	8,580	5,210	1,830	-	-	-	-
213	2,110	2,120	23,060	17,020	8,780	5,400	2,030	-	-	-	-
214	2,120	2,130	23,380	17,220	8,980	5,600	2,230	-	-	-	-
215	2,130	2,140	23,700	17,430	9,180	5,800	2,430	-	-	-	-
216	2,140	2,150	24,020	17,640	9,380	6,000	2,630	-	-	-	-
217	2,150	2,160	24,340	17,840	9,570	6,200	2,820	-	-	-	-
218	2,160	2,170	24,660	18,050	9,770	6,400	3,020	-	-	-	-
219	2,170	2,180	24,990	18,260	9,970	6,600	3,220	-	-	-	-
220	2,180	2,190	25,310	18,460	10,170	6,790	3,420	-	-	-	-
221	2,190	2,200	25,630	18,670	10,370	6,990	3,620	-	-	-	-
222	2,200	2,210	25,950	18,950	10,570	7,190	3,820	-	-	-	-
223	2,210	2,220	26,270	19,270	10,760	7,390	4,010	-	-	-	-
224	2,220	2,230	26,590	19,590	10,960	7,590	4,210	-	-	-	-

회사는 상기 근로소득 간이세액표를 바탕으로 월 급여액과 가족 수를 고려하여 원천징수 금액을 공제한 다음 급여를 지급한다. 참고로 이 표는 국세청 홈택스 홈페이지에서 다운로드 받을 수 있으며 총 659행×13열로 구성되어 있다. 이 표만 있으면 자동으로 급여별 원천징수 금액을 계산해서 입력할 수 있다.

1단계_ 보고서 목표 설정, 월 급여 원천 징수액 계산

보고서의 목표는 '월 급여 원천 징수액 계산'이 된다. 중요한 것은 '월 급여'인데, 원천징수는 연간이 아닌 월간 단위로 진행하기 때문이다. 따라서 예제 급여 현황은 연간소득 기준으로 정리되어 있기 때문에 다음과 같이 월간 기준으로 바꿔줘야 된다.

다음과 같은 급여 현황 자료가 있다고 가정해보자. 월 급여는 연봉은 12개월로 나누면 산출할 수 있다.

《(주)활빈당 급여 현황》

	A	B	C	D
1	이름	직급	부양가족	연봉
2	홍상직	사장	4	100,108,000
3	홍인형	부장	2	69,254,000
4	홍길현	과장	3	58,345,300
5	홍길동	대리	1	38,881,000
6	마숙	사원	2	24,051,000
7	차돌바위	사원	2	24,051,000
8	백운장군	사원	3	23,991,000
9	덥석부리	사원	1	23,991,000
10	곱단이	사원	2	23,991,000
11	돌순이	사원	1	23,991,000

〈월 급여〉 E2 셀 = D2/12

	A	B	C	D	E
1	이름	직급	부양가족	연봉	월 급여
2	홍상직	사장	4	100,108,000	8,342,333
3	홍인형	부장	2	69,254,000	
4	홍길현	과장	3	58,345,300	
5	홍길동	대리	1	38,881,000	
6	마숙	사원	2	24,051,000	
7	차돌바위	사원	2	24,051,000	
8	백운장군	사원	3	23,991,000	
9	덥석부리	사원	1	23,991,000	
10	곱단이	사원	2	23,991,000	
11	돌순이	사원	1	23,991,000	

2단계_ 기능/함수 선택, VLOOKUP( )

근로소득 간이세액표에서 근로자의 월 급여액(천 원)과 공제대상 가족 수에 해당하는 값을 읽어오는 것이므로, 아주 기초적인 구간/값 대응 형태임을 알 수 있다. VLOOKUP( ) 함수의 근삿값 옵션을 쓰면 된다.

01 우선 근로소득 간이세액표의 월 급여액이 천 원 형태로 되어있기 때문에 급여현황과 기준이 동일하도록 E열을 1,000원 단위로 만들어준다.

> **E2 셀** = D2/12/1000

	A	B	C	D	E	F	G	H
1	이름	직급	부양가족	연봉	월 급여			
2	홍상직	사장	4	100,108,000	8,342			
3	홍인형	부장	2	69,254,000				
4	홍길현	과장	3	58,345,300				
5	홍길동	대리	1	38,881,000				
6	마숙	사원	2	24,051,000				
7	차돌바위	사원	2	24,051,000				
8	백운장군	사원	3	23,991,000				
9	덥석부리	사원	1	23,991,000				
10	곱단이	사원	2	23,991,000				
11	돌순이	사원	1	23,991,000				
12								

02 근로소득 간이세액표는 '세액표'라는 시트에 있다고 가정한다. 첫 번째 열이 월 소득, 세 번째 열부터 공제가족 수이므로, 키워드 표를 새롭게 만들 필요 없이 그냥 쓰면 된다. 공제가족 수는 1명일 때 C열(3번째), 2명일 때 D열(4번째)이므로, '부양가족+2' 형태임을 알 수 있다. 따라서 다음과 같이 VLOOKUP( ) 함수를 입력해준다.

> **F2 셀** = VLOOKUP(E2, 세액표!$A:$M, C2+2, 1)   ← 근삿값 옵션

	A	B	C	D	E	F	G	H
1	이름	직급	부양가족	연봉	월 급여	원천징수		
2	홍상직	사장	4	100,108,000	8,342	855,480		
3	홍인형	부장	2	69,254,000				
4	홍길현	과장	3	58,345,300				
5	홍길동	대리	1	38,881,000				
6	마숙	사원	2	24,051,000				
7	차돌바위	사원	2	24,051,000				
8	백운장군	사원	3	23,991,000				
9	덥석부리	사원	1	23,991,000				
10	곱단이	사원	2	23,991,000				
11	돌순이	사원	1	23,991,000				
12								

03 VLOOKUP() 함수가 해당하는 원천 징수액을 자동으로 찾아와서 입력했다. 나머지 직원들의 원천 징수액을 구하고 싶다면 채우기 핸들로 복사해 넣으면 된다. 직원 수가 설령 수천 명이더라도 문제없다.

	A	B	C	D	E	F
1	이름	직급	부양가족	연봉	월 급여	원천징수
2	홍상직	사장	4	100,108,000	8,342	855,480
3	홍인형	부장	2	69,254,000	5,771	427,730
4	홍길현	과장	3	58,345,300	4,862	234,790
5	홍길동	대리	1	38,881,000	3,240	110,430
6	마숙	사원	2	24,051,000	2,004	14,750
7	차돌바위	사원	2	24,051,000	2,004	14,750
8	백운장군	사원	3	23,991,000	1,999	6,400
9	덥석부리	사원	1	23,991,000	1,999	19,200
10	곱단이	사원	2	23,991,000	1,999	14,540
11	돌순이	사원	1	23,991,000	1,999	19,200

VLOOKUP() 함수는 매우 강력한 기능이지만, 막상 사용하면 어처구니 없을 정도로 간단하다. 이 정도 업무라면 전산화나 전용 소프트웨어 같은 건 필요도 없다. 혹시라도 월 급여액과 근로소득 간이세액표를 대조해가면서 수작업으로 원천징수 세금을 찾았다면 애도를 표한다.

3단계_ 제한 조건 반영, 비과세 항목 제외

근로소득 간이세액표 좌상단을 보면 '비과세 및 학자금 제외'라는 항목이 있다. 대한민국 세법에는 다음 사항에 대해서는 비과세로 처리하기 때문에 당연히 원천징수도 하지 않는다. 따라서 이 금액은 월 급여 원천 징수액을 계산할 때 제외되어야 한다.

ⓐ 일직/숙직료, 여비, 자가운전보조금
ⓑ 식사대
ⓒ 출산 및 보육수당
ⓓ 학자금
ⓔ 육아휴직급여 外
ⓕ 연장근로수당
ⓖ 4대 보험료

01 비과세 항목을 소득에서 제거해주어야 하므로, D열을 통째로 H열에 복사한다. G열을 비워두고 H열에 복사하는 이유는 과세 전과 후를 보다 시각적으로 구분해주기 위해서이다.

	A	B	C	D	E	F	G	H	I
1	이름	직급	부양가족	연봉	월 급여	원천징수		연봉	
2	홍상직	사장	4	100,108,000	8,342	855,480		100,108,000	
3	홍인형	부장	2	69,254,000	5,771	427,730		69,254,000	
4	홍길현	과장	3	58,345,300	4,862	234,790		58,345,300	
5	홍길동	대리	1	38,881,000	3,240	110,430		38,881,000	
6	마숙	사원	2	24,051,000	2,004	14,750		24,051,000	
7	차돌바위	사원	2	24,051,000	2,004	14,750		24,051,000	
8	백운장군	사원	3	23,991,000	1,999	6,400		23,991,000	
9	덥석부리	사원	1	23,991,000	1,999	19,200		23,991,000	
10	곱단이	사원	2	23,991,000	1,999	14,540		23,991,000	
11	돌순이	사원	1	23,991,000	1,999	19,200		23,991,000	
12									

02 I열에 비과세 급여 항목을 만들어주고, D열을 H열과 I열의 차액으로 수식을 바꾼다.

> **D2 셀** = H2 - I2   ← 채우기 핸들로 끝까지 복사

	A	B	C	D	E	F	G	H	I	J
1	이름	직급	부양가족	연봉	월 급여	원천징수		연봉	비과세	
2	홍상직	사장	4	100,108,000	8,342	855,480		100,108,000		
3	홍인형	부장	2	69,254,000	5,771	427,730		69,254,000		
4	홍길현	과장	3	58,345,300	4,862	234,790		58,345,300		
5	홍길동	대리	1	38,881,000	3,240	110,430		38,881,000		
6	마숙	사원	2	24,051,000	2,004	14,750		24,051,000		
7	차돌바위	사원	2	24,051,000	2,004	14,750		24,051,000		
8	백운장군	사원	3	23,991,000	1,999	6,400		23,991,000		
9	덥석부리	사원	1	23,991,000	1,999	19,200		23,991,000		
10	곱단이	사원	2	23,991,000	1,999	14,540		23,991,000		
11	돌순이	사원	1	23,991,000	1,999	19,200		23,991,000		
12										
13										

03 만일 자가운전 보조금(비과세)으로 연간 240만 원을 지급받았다면 연봉에서 제외되므로 원천징수 금액도 변경된다.

	A	B	C	D	E	F	G	H	I	J
1	이름	직급	부양가족	연봉	월 급여	원천징수		연봉	비과세	
2	홍상직	사장	4	97,708,000	8,142	813,120		100,108,000	2,400,000	
3	홍인형	부장	2	69,254,000	5,771	427,730		69,254,000		
4	홍길현	과장	3	58,345,300	4,862	234,790		58,345,300		
5	홍길동	대리	1	38,881,000	3,240	110,430		38,881,000		
6	마숙	사원	2	24,051,000	2,004	14,750		24,051,000		
7	차돌바위	사원	2	24,051,000	2,004	14,750		24,051,000		
8	백운장군	사원	3	23,991,000	1,999	6,400		23,991,000		
9	덥석부리	사원	1	23,991,000	1,999	19,200		23,991,000		
10	곱단이	사원	2	23,991,000	1,999	14,540		23,991,000		
11	돌순이	사원	1	23,991,000	1,999	19,200		23,991,000		
12										
13										

참고로 D열 앞쪽에 열을 삽입하지 않고 H열 이후에 새롭게 자료를 입력한 것은 기존 서식을 유지하기 위해서이다. 실무에서는 서식은 그대로이지만 조건/내용만 변경되는 경우가 많은데, 서식 부분은 가급적 수정하지 않고 뒷부분에 자료를 추가시키는 형태가 전체적인 업무 효율 향상에 도움이 된다.

ⓐ~ⓖ까지 각각의 항목에는 비과세에 대한 제한조건이 존재한다. 예를 들면 자가운전보조금은 근로자가 회사업무 관련으로 자신의 차량을 이용했을 때 월 20만 원 이내 금액이라는 식이다. 하지만 이런 예외 조항 적용여부를 따지는 것은 별개의 이야기이므로 여기서는 생략했다.

4단계_ 검증

이런 경우의 검증은 정말 간단하다. 예제 몇 개를 근로소득 간이세액표에서 찾아서 일치하는지 살펴보면 된다. VLOOKUP() 함수의 기능이 강력하기 때문에 검증을 소홀히 하기 쉬운데, 경영진 회의나 CEO 결재본 같은 중요 자료에 대해 현장에서 오류를 발견하는 참사를 피하고 싶으면 반드시 검증해야 한다.

	A	B	C	D	E	F	G	H	I	J	K
1					근로소득 간이세액표(제189조 제1항 관련)						
2											
3	월급여액(천원)					공제대상가족의 수					
4	[비과세 및 학자금 제외]		1	2	3	4	5	6	7	8	9
548	7,920	7,940	986,360	936,840	796,650	766,650	736,650	706,650	676,650	646,650	616,650
549	7,940	7,960	990,900	941,360	800,880	770,880	740,880	710,880	680,880	650,880	620,880
550	7,960	7,980	995,430	945,870	805,100	775,100	745,100	715,100	685,100	655,100	625,100
551	7,980	8,000	999,970	950,380	809,320	779,320	749,320	719,320	689,320	659,320	629,320
552	8,000	8,020	1,004,500	954,890	813,550	783,550	753,550	723,550	693,550	663,550	633,550
553	8,020	8,040	1,009,040	959,400	817,770	787,770	757,770	727,770	697,770	667,770	637,770
554	8,040	8,060	1,013,580	963,920	822,000	792,000	762,000	732,000	702,000	672,000	642,000
555	8,060	8,080	1,018,110	968,430	826,220	796,220	766,220	736,220	706,220	676,220	646,220
556	8,080	8,100	1,022,650	972,940	830,440	800,440	770,440	740,440	710,440	680,440	650,440
557	8,100	8,120	1,027,180	977,450	834,670	804,670	774,670	744,670	714,670	684,670	654,670
558	8,120	8,140	1,031,720	981,960	838,890	808,890	778,890	748,890	718,890	688,890	658,890
559	8,140	8,160	1,036,260	986,480	843,120	813,120	783,120	753,120	723,120	693,120	663,120
560	8,160	8,180	1,040,790	990,990	847,340	817,340	787,340	757,340	727,340	697,340	667,340
561	8,180	8,200	1,045,330	995,500	851,560	821,560	791,560	761,560	731,560	701,560	671,560
562	8,200	8,220	1,049,860	1,000,010	855,790	825,790	795,790	765,790	735,790	705,790	675,790
563	8,220	8,240	1,054,400	1,004,520	860,010	830,010	800,010	770,010	740,010	710,010	680,010
564	8,240	8,260	1,058,940	1,009,040	864,240	834,240	804,240	774,240	744,240	714,240	684,240

예제 07 주식종목별 시가분석

- 관련 항목 : 구간/값 조건식
- 관련 함수 : VLOOKUP()
- 예제 파일 : 5-7 주식분석.xlsx

주식의 가격변동이나 환율추이 같은 자료는 워낙 자료가 방대하고 복잡해서 증권사에서 제공하는 HTS나 포탈의 금융 사이트에서 제공하는 정보에 의존하기 마련이다. 따라서 수동적으로 제공되는 자료에만 의존하고, 체계적인 분석이나 자료의 2차 가공은 도외시되는 경향이 있다. 엑셀로 이런 자료들을 원하는 형태로 분석하거나 2차 가공할 수 있다. 우리나라 증시에 상장된 주식종목별 시가분석을 예제로 들어본다. 다음은 국내 금융 홈페이지에서 제공하는 주식 가격 정보이다.

〈국내 증시 전종목 시세〉

	A	B	C	D	E	F	G	H	I	J	K	L	M	N	O	P
1	종목코드	종목명	현재가	대비	등락율(%)	매도호가	매수호가	거래량(주)	거래대금(원)	시가	고가	저가	액면가	통화구분	상장주식수(주)	상장시가총액(원)
2	060310	3S	2,410	-145	5.68	2,420	2,410	239,178	597,295,975	2,620	2,620	2,410	500	원(KRW)	44,395,878	106,994,065,980
3	095570	AJ네트웍스	5,250	-400	7.08	5,250	5,240	106,662	563,936,750	5,500	5,560	4,975	1,000	원(KRW)	46,822,295	245,817,048,750
4	068400	AJ렌터카	12,850	-550	4.10	12,900	12,850	494,066	6,330,001,900	12,550	13,250	12,400	500	원(KRW)	22,146,300	284,579,955,000
5	006840	AK홀딩스	49,900	-2,900	5.49	50,000	49,900	62,491	3,153,086,150	51,300	52,300	49,600	5,000	원(KRW)	13,247,561	661,053,293,900
6	054620	APS홀딩스	4,440	-325	6.82	4,440	4,430	162,284	726,459,775	4,425	4,695	4,320	500	원(KRW)	20,394,221	90,550,341,240
7	265520	AP시스템	20,750	-1,950	8.59	20,800	20,750	355,655	7,635,471,250	21,300	22,200	20,750	500	원(KRW)	14,099,511	292,564,853,250
8	211270	AP위성	6,750	-800	10.60	6,810	6,750	167,688	1,152,397,690	7,100	7,490	6,610	500	원(KRW)	15,014,804	101,349,927,000
9	027410	BGF	8,130	-550	6.34	8,220	8,130	460,504	3,845,574,290	8,500	8,670	8,130	1,000	원(KRW)	95,369,179	775,351,425,270
10	282330	BGF리테일	205,000	-5,000	2.38	205,500	205,000	52,778	10,889,337,500	209,500	214,500	196,500	1,000	원(KRW)	17,283,906	3,543,200,730,000
11	138930	BNK금융지주	8,210	-410	4.76	8,210	8,200	1,286,711	10,628,074,120	8,380	8,520	8,130	5,000	원(KRW)	325,935,246	2,675,928,369,660
12	001460	BYC	252,500	-2,500	0.98	253,000	252,500	485	121,894,500	253,000	254,000	249,500	5,000	원(KRW)	624,615	157,715,287,500
13	001465	BYC우	123,000	0	0.00	123,500	123,000	553	65,095,500	121,500	123,500	114,000	5,000	원(KRW)	215,385	26,492,355,000
14	001040	CJ	117,500	-8,500	6.75	119,000	117,500	242,323	28,969,603,000	121,500	123,000	117,500	5,000	원(KRW)	29,176,998	3,428,297,265,000
15	079160	CJ CGV	42,550	-2,350	5.23	42,650	42,550	254,742	10,934,656,300	43,200	44,000	42,100	500	원(KRW)	21,161,313	900,413,868,150
16	035760	CJ ENM	238,000	-7,600	3.09	238,400	237,900	112,611	26,930,626,200	246,000	246,000	235,600	5,000	원(KRW)	21,926,384	5,218,479,392,000
17	000120	CJ대한통운	140,000	-8,000	5.41	141,500	140,000	112,513	16,089,093,000	144,500	146,500	139,500	5,000	원(KRW)	22,812,344	3,193,728,160,000
18	011150	CJ씨푸드	2,470	-215	8.01	2,485	2,470	297,305	749,170,025	2,600	2,610	2,465	500	원(KRW)	35,930,773	88,749,009,310
19	011155	CJ씨푸드1우	27,200	-700	2.51	27,200	26,400	2,021	54,805,300	27,500	27,800	26,350	500	원(KRW)	200,000	5,440,000,000
20	001045	CJ우	57,000	-1,300	2.23	57,000	56,100	2,660	150,891,700	58,000	58,000	55,700	5,000	원(KRW)	2,260,223	128,832,711,000
21	097950	CJ제일제당	312,000	-13,000	4.00	313,500	312,000	64,661	20,305,883,500	315,500	321,500	308,000	5,000	원(KRW)	15,054,186	4,696,906,032,000
22	097955	CJ제일제당 우	118,500	-5,000	4.05	118,500	117,500	8,195	974,368,500	123,000	123,000	116,500	5,000	원(KRW)	1,327,433	157,300,810,500
23	051500	CJ프레시웨이	27,850	-1,100	3.80	27,850	27,750	54,956	1,522,558,400	27,250	28,650	27,250	1,000	원(KRW)	11,871,586	330,623,670,100
24	037560	CJ헬로	9,010	-490	5.16	9,030	9,010	246,927	2,272,535,580	9,300	9,430	9,010	2,500	원(KRW)	77,446,865	697,796,253,650
25	058820	CMG제약	4,950	-20	0.40	4,950	4,935	2,625,939	13,037,974,170	4,840	5,150	4,760	500	원(KRW)	108,887,244	538,991,857,800

참고로 상기 예제의 원본은 xls 포맷으로 KOSPI, KOSDAQ, KONEX를 포함하여 총 2,336 종목의 주식 정보이다. 당일은 물론 과거의 특정 날짜 종가별로 조회하는 것도 가능하다. 이 자료를 바탕으로 삼성전자를 포함하여 몇 개 종목의 날짜별 주가흐름을 분석한다고 가정하자.

1단계_ 보고서 목표 설정 설정, 종목별 주가 조회

특정 종목의 날짜별 주가흐름을 분석하기 위해서는 '날짜별/종목별 주가'를 추출해야 한다. 상기 예제 자료는 날짜별로 전 종목이 조회되는 형태이므로, 날짜는 변수가 아니다. 따라서 이 보고서의 목적은 '종목별 주가 조회'를 하는 것이다. 특정종목을 지정하지 않고 삼성전자를 포함하여 몇 개 종목이든 어떤 종목이든 상관없이 필요할 때마다 종목을 바꿀 수 있어야 한다.

〈종목별 주가 조회〉

	A	B	C	D	E	F	G
1	종목코드	종목명	181011				
2	005930	삼성전자					
3							
4							
5							
6							
7							

2단계_ 기능/함수 선택, VLOOKUP( )

위 예제는 1개의 행이 1개의 값을 갖는 1:1 대응 형태이므로, 특정 키워드를 대상으로 해당 값을 찾는 VLOOKUP() 함수를 쓰면 된다. 단, 상장종목은 폐지되기도 하고, 분할/합병 등을 통해서 회사가 쪼개지거나 합쳐지기도 하며, 사명을 바꾸기도 한다. 심지어는 '현대차' '현대자동차' 'HMC' 처럼 동일한 의미임에도 불구하고 다른 이름을 쓰기도 한다. 따라서 종목별 주가 조회 기준이 되는 키워드는 한글로 된 '종목명' 보다는 '종목코드' 쪽이 키워드로 적합하다.

01 예제의 삼성전자 시세가 181011이란 시트에 있다고 가정해보자. 삼성전자라면 종목코드가 005930이고, 키워드에 해당하는 값으로 '주가'는 키워드 표에서 3열에 있다. 따라서 다음과 같이 작성하면 된다.

> **C2 셀** = VLOOKUP(A2,'181011'!$A:$P,3,0)

	A	B	C	D	E	F	G
1	종목코드	종목명	181011				
2	005930	삼성전자	43,100				
3							
4							
5							
6							
7							

C2 셀 수식 입력줄: = VLOOKUP(A2,'181011'!$A:$P,3,0)

02 어이없을 정도로 간단하게 삼성전자 주가를 찾아왔다. 만일 현대자동차의 주가를 추가로 알고 싶으면 A3셀에 현대자동차 종목코드(005380)를 입력한 다음 C2셀을 C3셀에 복사하면 된다. 똑같은 방식으로 종목을 100개를 추가해도 전혀 문제없다.

> **C2 셀** = VLOOKUP(A2,'181011'!$A:$P,3,0)
> **C3 셀** = VLOOKUP(A3,'181011'!$A:$P,3,0)

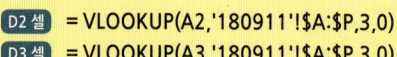

03 만일 18/09/11 날짜에 해당 종목 주가를 알고 싶다면, 상기 주가 자료를 가져온 홈페이지에서 해당 날짜의 자료를 가져온 다음, 180911이라는 시트를 새로 만들고 붙여 넣는다. 다음 작업은 상기 설명의 반복이다. 키워드 표 참조시트만 180911로 바뀔 뿐이다.

> **D2 셀** = VLOOKUP(A2,'180911'!$A:$P,3,0)
> **D3 셀** = VLOOKUP(A3,'180911'!$A:$P,3,0)

3단계_ 조건 변경

이번 예제는 조건을 제한하기보다는 변경이 필요하다. 예를 들어 주가 대신 거래량을 알고 싶다면 거래량은 H열에 있기 때문에 VLOOKUP() 함수의 찾는 열값을 3 → 8로 바꿔주면 된다.

01 주가 대신 거래량을 알고 싶다면 바꾸기 기능을 이용해 ,3, → ,8, 형태로 바꿔준다. 숫자 앞에 콤마를 사용한 이유는 정확하게 바꾸기 위해 바꿀 숫자 전/후에 특수문자를 포함시켜준 것이다.

〈거래량으로 변경〉

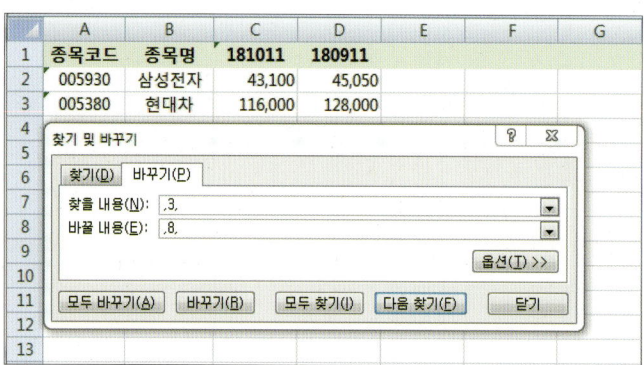

02 해당 날짜의 주가 대신 거래량으로 자료가 바뀌었다.

	A	B	C	D	E	F	G
	D2		fx	= VLOOKUP(A2,'180911'!$A:$P,8,0)			
1	종목코드	종목명	181011	180911			
2	005930	삼성전자	19,324,537	9,865,790			
3	005380	현대차	701,523	514,468			
4							
5							
6							
7							

마찬가지 형태로 소스 자료에 포함된 내용이라면 종목이든 거래량이든 주가든 원하는 대로 모조리 바꿀 수 있고, 종목 추가나 삭제도 자유롭다. 값이 1:1 대응하는 형태라면 어떤 것이라도 같은 방식으로 사용할 수 있다.

4단계_ 검증

예제의 경우 180911 시트의 거래량을 정확히 찾아왔음을 알 수 있다. VLOOKUP() 함수의 수식은 모든 셀이 동일하므로 검증은 시트 당 한 개의 셀만 확인하면 된다. 마찬가지로 181011 시트도 확인해야 한다.

⟨180911 시트⟩

	A	B	C	D	E	F	G	H	I	J
1	종목코드	종목명	현재가	대비	등락률(%)	매도호가	매수호가	거래량(주)	거래대금(원)	시가
863	02826K	삼성물산우B	77,100	200	0.26	77,200	77,100	2,031	156,429,300	76,900
864	207940	삼성바이오로직스	466,500	4,000	0.86	466,500	466,000	73,668	34,267,646,500	463,000
865	032830	삼성생명	92,000	-600	0.65	92,100	92,000	134,993	12,427,404,900	92,000
866	018260	삼성에스디에스	243,000	1,000	0.41	243,000	242,000	91,191	22,127,135,500	241,000
867	028050	삼성엔지니	16,800	-100	0.59	16,800	16,750	1,169,958	19,747,701,400	16,950
868	009150	삼성전기	153,000	0	0.00	153,000	152,500	1,151,449	173,862,167,434	153,500
869	009155	삼성전기우	55,200	-100	0.18	55,200	55,000	10,579	577,898,300	55,400
870	005930	삼성전자	45,050	-450	0.99	45,100	45,050	9,865,790	447,167,292,954	45,550
871	005935	삼성전자우	36,050	-350	0.96	36,050	36,000	1,022,169	36,951,157,900	36,150
872	001360	삼성제약	3,260	45	1.40	3,260	3,255	496,936	1,587,831,480	3,210
873	010140	삼성중공업	7,510	-30	0.40	7,510	7,500	1,391,895	10,470,847,730	7,500
874	010145	삼성중공우	46,900	-250	0.53	46,900	46,850	736	34,412,700	47,150
875	016360	삼성증권	31,400	-300	0.95	31,450	31,400	206,831	6,509,500,800	31,700

VLOOKUP() 함수의 1:1 대응 값 찾기 기능은 막강한 반면, 모든 셀이 같은 수식이므로 입력 오류가 발생하면 모든 값이 다 틀려버린다. 따라서 검증은 아무리 강조해도 지나치지 않는다. 제대로 값을 찾아온 것이 맞는지 확인해야 한다. 특히 소스 자료가 1:1 대응처럼 보이지만 실제로는 1:1이 아닌 경우가 있기 때문에 소스 자료의 형태도 점검을 잊어서는 안 된다.

예제 08 의장대 선발

- 관련 항목 : 최저/최고값 설정된 조건식
- 관련 함수 : MEDIAN(), IF(), SUM(), RANK()
- 예제 파일 : 5-8 의장대.xlsx

군대 의장대는 업무의 특성상 신체조건을 엄격히 규제해서 선발한다. 최근 육군 의장대 지원을 위한 자격은 다음과 같다.

① **연령** : 18 ~ 28세
② **신장** : 180 ~ 190cm
③ **체중** : 65 ~ 90kg

인원이 몇 명 안 된다면 수작업으로 선별해도 상관없지만, 인원이 많다면 각각의 조건을 육안으로 확인하는 것도 매우 힘든 일이다. 이처럼 범위로 구성된 자격 조건은 생각보다 많은데, 육/해/공군 장교는 17~21세 또는 20~27세 연령 제한이 있고, 부사관 지원 자격은 더 복합적이다. 그 중에서 의장대 지원 자격이 제일 까다로운 편이다. 다음과 같은 예제가 있다고 할 때, 육군 의장대 지원 자격을 엑셀로 점검해보자.

〈육군 의장대 지원자〉

	A	B	C	D	E	F	G	H	I	J
1	이름	연령	신장	체중						
2	홍길동	26	173	58						
3	홍길현	28	181	91						
4	임꺽정	31	163	51						
5	일지매	33	196	88						
6	장길산	24	194	79						
7	전우치	19	185	85						
8										
9										

1단계_ 보고서 목표 설정, 지원 자격 동시 만족 점검

육군 의장대 지원 자격은 생각보다 좀 복잡한 편인데, 조건이 연령/신장/체중 모두 일정한 범위 내에 있어야 하기 때문이다. 보고서의 목표는 '지원 자격 동시 만족 점검'이 될 것이다. 개별적인 조건을 만족시켜도 어느 한 개라도 미달이면 불합격이기 때문이다.

2단계_ 기능/함수 선택, MEDIAN( ), IF( ), SUM( )

육군 의장대 지원 자격은 연령/신장/체중 모두 일정한 범위 내에 있어야 한다는 공통점이 있다. 언뜻 보기에는 복잡해 보이지만 국민연금이나 건강보험처럼 보험료 상한과 하한이 동시에 존재하는 경우의 조건식과 원리는 동일하다. 연령/신장/체중의 상한/하한이 설정되어 있다고 보면 된다.

01 MEDIAN( ) 함수를 써서 연령/신장/체중의 중간 값을 구한다.

> **E2 셀** = MEDIAN(B2, 18, 28)   ← 연령 중간 값
> **F2 셀** = MEDIAN(C2, 180, 190)   ← 신장 중간 값
> **G2 셀** = MEDIAN(D2, 65, 90)   ← 체중 중간 값

	A	B	C	D	E	F	G	H	I	J
1	이름	연령	신장	체중	연령 중간	신장 중간	체중 중간			
2	홍길동	26	173	58	26	180	65			
3	홍길현	28	181	91						
4	임꺽정	31	163	51						
5	일지매	33	196	88						
6	장길산	24	194	79						
7	전우치	19	185	85						
8										

02 각 중간 값이 연령/신장/체중과 일치하면 범위 내에 있는 것이므로 합격조건이다. 따라서 B:D열까지 IF( ) 함수로 확인한다.

> **H2 셀** = IF(E2 = B2, 1, 0)   ← 연령 중간 값 확인
> **I2 셀** = IF(F2 = C2, 1, 0)   ← 신장 중간 값 확인
> **J2 셀** = IF(G2 = D2, 1, 0)   ← 연령 중간 값 확인

	A	B	C	D	E	F	G	H	I	J	K
1	이름	연령	신장	체중	연령 중간	신장 중간	체중 중간	연령확인	신장확인	체중확인	
2	홍길동	26	173	58	26	180	65	1	0	0	
3	홍길현	28	181	91							
4	임꺽정	31	163	51							
5	일지매	33	196	88							
6	장길산	24	194	79							
7	전우치	19	185	85							
8											

03 지원 자격을 모두 동시에 만족시켜야하므로, H:J열까지 합계가 3이면 합격이다.

> **K2 셀** = SUM(H2:J2)
> **L2 셀** = IF(K2 = 3, "합격", "불합격")

	A	B	C	D	E	F	G	H	I	J	K	L	M
1	이름	연령	신장	체중	연령 중간	신장 중간	체중 중간	연령확	신장확	체중확	계	판정	
2	홍길동	26	173	58	26	180	65	1	0	0	1	불합격	
3	홍길현	28	181	91									
4	임꺽정	31	163	51									
5	일지매	33	196	88									
6	장길산	24	194	79									
7	전우치	19	185	85									
8													

3단계_ 제한 조건 반영, RANK( )

육군 의장병 지원자는 당연히 현역병 입영대상이면서 신체조건에 문제가 없는 자일 것이다. 하지만 신체조건에 아무런 문제가 없어도 지원을 제한하는 대상과 면접 평가 시 우대 조건이 있다.

구분	내용
지원 제한 대상	범죄조회 결과 기소유예 이상 경력이 있는 자
	수사 또는 재판 중에 있는 사람
	처분 미상으로 통보된 사람
면접 평가 시 우대 조건	무도단증 소지자

01 지원 제한 대상은 다른 조건이 모두 합격이라도 불합격으로 처리하는 최우선 조항이며, 면접 평가 시 우대는 동일 조건일 때 적용하는 조건부 조항이다. 거창하게 이야기했지만, 단순하게 생각하면 지원 제한 대상은 '지원 제한 대상이 아닌 자'라는 합격조건이 하나 더 추가된다고 보면 된다. 따라서 J열 옆에 열을 하나 추가하고, '제한' 항목으로 만든다. 그런 다음 SUM() 함수를 수정하고 IF() 판별식을 3 → 4로 바꿔주면 된다.

> **L2 셀** = SUM(H2:K2)
> **M2 셀** = IF(L2 = 4, "합격", "불합격")

	A	B	C	D	E	F	G	H	I	J	K	L	M	N
1	이름	연령	신장	체중	연령 중간	신장 중간	체중 중간	연령확	신장확	체중확	제한	계	판정	
2	홍길동	26	173	58	26	180	65	1	0	0	1	2	불합격	
3	홍길현	28	181	91										
4	임꺽정	31	163	51										
5	일지매	33	196	88										
6	장길산	24	194	79										
7	전우치	19	185	85										
8														

02 K열에 제한조건에 해당이 없을 때만 1을 입력해주면, H:J열 합계가 4인 사람만 '합격'으로 처리된다.

	A	B	C	D	E	F	G	H	I	J	K	L	M
1	이름	연령	신장	체중	연령	중간신장	중간체중	중간 연령확	신장확	체중확	제한	계	판정
2	홍길동	26	173	58	26	180	65	1	0	0	1	2	불합격
3	홍길현	28	181	91	28	181	90	1	1	0		2	불합격
4	임꺽정	31	163	51	28	180	65	0	0	0		0	불합격
5	일지매	33	196	88	28	190	88	0	0	1		1	불합격
6	장길산	24	194	79	24	190	79	1	0	1	1	3	불합격
7	전우치	19	185	85	19	185	85	1	1	1	1	4	합격
8													

03 우대조건은 합격에 영향을 미치는 조건이 아니므로 소수를 쓰면 된다. J열 옆에 열을 추가시키고 '무도단증 소지자'라면 0.5를 부여해주면 된다. 판정의 IF() 함수는 4이상(>=4)으로 바꿔준다.

> **N2 셀** = IF(M2 >= 4, "합격", "불합격")

	A	B	C	D	E	F	G	H	I	J	K	L	M	N
1	이름	연령	신장	체중	연령	중간신장	중간체중	중간 연령확	신장확	체중확	유단	제한	계	판정
2	홍길동	26	173	58	26	180	65	1	0	0		1	2	불합격
3	홍길현	28	181	91	28	181	90	1	1	0			2	불합격
4	임꺽정	31	163	51	28	180	65	0	0	0			0	불합격
5	일지매	33	196	88	28	190	88	0	0	1			1	불합격
6	장길산	24	194	79	24	190	79	1	0	1		1	3	불합격
7	전우치	19	185	85	19	185	85	1	1	1	0.5	1	4.5	합격

04 동점자가 있을 경우는 RANK() 함수로 M열, 즉 합계의 내림차순으로 순위를 매기면 된다. 4.5인 사람이 4.0인 사람보다 상위에 위치하므로 등수 순으로 선발할 경우 우대조건을 만족시키는 사람이 우선순위가 된다.

> **O2 셀** = RANK(M2, $M$2:$M$7)

	A	B	C	D	E	F	G	H	I	J	K	L	M	N	O
1	이름	연령	신장	체중	연령	중간신장	중간체중	중간 연령확	신장확	체중확	유단	제한	계	판정	순위
2	홍길동	26	173	58	26	180	65	1	0	0		1	2	불합격	3
3	홍길현	28	181	91	28	181	90	1	1	0			2	불합격	3
4	임꺽정	31	163	51	28	180	65	0	0	0			0	불합격	6
5	일지매	33	196	88	28	190	88	0	0	1			1	불합격	5
6	장길산	24	194	79	24	190	79	1	0	1		1	3	불합격	2
7	전우치	19	185	85	19	185	85	1	1	1	0.5	1	4.5	합격	1

참고로 지원 제한 대상이나 면접 평가 시 우대 같은 경우는 개별 신원조회를 하거나 이력서에 기재된 특기사항을 보고 판단하는 형태이므로, 실무에서 전산자료 형태로 정리되어 제공되는 경우는 거의 없다. 합격자 한정으로 신원조회를 진행하는 것이 일반적이며, 상식적으로 지원자 전원에

대해서 신원조회를 진행하는 것은 비효율적이기 때문이다. 따라서 이런 제한조건들은 함수를 사용해서 판별하기보다는 상기 예제처럼 기존 수식/함수에 수작업 영역을 혼합하여 사용하는 경우가 많다.

4단계_ 검증

합격자와 불합격자를 각각 몇 개 선택하여 큰 문제가 없는지를 점검하면 된다. 위 예제의 경우는 4개 조건을 모두 만족시켜야 하는 경우이므로, 검증하기는 매우 쉬운 편이다. 만일 수식이 잘못 되었다면 합격자/불합격자 예제 한 두 개만 점검해도 오류 발생 여부를 확인할 수 있다.

예제 09 20XX년 국민연금 보험료 계산하기

- 관련 항목 : 최저/최고값 설정된 조건식
- 관련 함수 : MEDIAN(), IF(), ROUNDDOWN()
- 예제 파일 : 5-9 국민연금.xlsx

국민연금은 준조세 성격으로 운영되는 사회보장제도로 원칙적으로 전 국민에게 가입을 강제하고 있다. 국민연금 보험료를 계산한다고 하면 보통 직장가입자의 급여 4.5%를 떠올리는데, 막상 계산하려면 내용은 생각보다 복잡해진다.

실제로 국민연금을 부과하려면 시시콜콜한 요소까지 다 반영해서 계산해야 한다. 이런 계산을 도저히 못하는 사람들을 위해 '4대 보험 계산기'를 제공하기도 한다. 엑셀로 직접 국민연금 보험료를 계산해보자.

1단계_ 보고서 목표 설정, 20XX년 국민연금 보험료 계산

보고서의 목표는 간단해 보이지만 매우 복잡한 '20XX년 국민연금 보험료 계산'이다. 역시 목표가 매우 단순 명료한 경우에는 기준과 조건이 까다로운 경우가 많기 때문에, 여러 가지 제약 조건을 잘 파악하는 것이 중요하다. 그 밖에 주목할 것은 역시 20XX년이란 숫자이다. 4대 보험은 물가인상률을 고려해 매년 기준과 제도가 조금씩 바뀐다. 따라서 향후에 바뀌거나 추가될 부분을 사전에 고려해서 보고서를 작성해야 수정작업을 최소화 할 수 있다.

	A	B	C
1	이름	연봉	국민연금
2	홍상직	100,108,000	
3			
4			
5			
6			

2단계_ 기능/함수 선택, MEDIAN( ), IF( )

국민연금 가입조건을 살펴보면 ①연령 제한 ②가입형태 4종 ③보험료율 2종의 형태로 구분됨을 알 수 있다. 이 중에서 '①연령 제한'은 최우선 조건으로 대상이 아닐 경우 ②와 ③ 조건에 해당되어도 국민연금 가입대상이 아니므로 단독 조건이다. 반면 '③보험료율'은 사업장 가입자일 경우는 근로자는 4.5%, 그 밖의 가입자는 9.0%가 되므로, '②가입형태'의 종속 조건이다.

01 국민연금 계산을 위해 반드시 필요한 요소를 넣으면 다음과 같은 형태가 된다.

	A	B	C	D	E	F	G	H	I	J
1	이름	연봉	국민연금	연령	가입구분	소득월액	보험료율			
2	홍상직	100,108,000								
3										
4										
5										
6										

02 국민연금은 만 18세 이상 60세 미만의 국민/국내거주 외국인이 가입대상이다. 따라서 가입대상자는 18~59 사이의 어떤 값이 될 것이므로, 상한/하한이 동시에 설정된 조건식이므로 MEDIAN() 과 IF() 함수를 쓰면 된다. 만일 D2 셀 값이 중간 값이라면 1, 중간 값이 아니라면 0으로 처리해 준다.

> **H2 셀** = IF(MEDIAN(D2, 18, 59) = D2, 1, 0)

	A	B	C	D	E	F	G	H	I	J
1	이름	연봉	국민연금	연령	가입구분	소득월액	보험료율	연령점검		
2	홍상직	100,108,000		57				1		
3										
4										
5										
6										

D2 값이 중간 값이 아닐 경우 0으로 처리하면 ②가입형태와 ③보험료율조건에 해당되더라도 G2 셀을 곱하면 전체 값을 0으로 만들 수 있기 때문이다. 만일 D2 값이 중간 값이면 ×1이 되므로 계산식대로 결과가 나오게 된다.

03 가입자의 형태와 보험료율은 상호 관련이 있기 때문에 함께 처리한다. 가입자 형태는 모두 4 개이지만, 원칙적으로 보험료율은 9.0%이고 '사업장가입자'일 경우에만 4.5%(근로자)가 된다. 따라서 단순한 IF() 함수로 다음과 같이 만들어준다.

> **G2 셀** = IF(E2="사업장가입자", 4.5%, 9%)

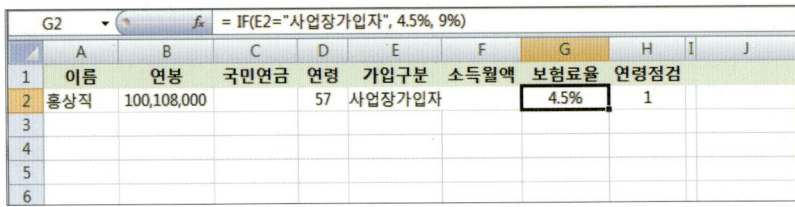

	A	B	C	D	E	F	G	H	I	J
1	이름	연봉	국민연금	연령	가입구분	소득월액	보험료율	연령점검		
2	홍상직	100,108,000		57	사업장가입자		4.5%	1		
3										
4										
5										
6										

04 소득월액은 연봉에서 비과세 소득을 제외한 금액을 12개월로 나눠주면 된다. 다음과 같이 J열에 비과세 소득 열을 추가시켜 주면 소득월액이 나온다.

> **F2 셀** = (B2 - J2) / 12

	A	B	C	D	E	F	G	H	I	J
1	이름	연봉	국민연금	연령	가입구분	소득월액	보험료율	연령점검		비과세소득
2	홍상직	100,108,000		57	사업장가입자	8,142,333	4.5%	1		2,400,000
3										
4										
5										
6										

05 국민연금은 인정 소득월액이 월 최저 30만 원, 최고 468만 원이므로 상한/하한이 있는 비율 계산식이다. 따라서 다음과 같이 MEDIAN() 함수를 추가로 조합해줘야 한다.

> **F2 셀** = MEDIAN((B2-J2)/12, 300000, 4680000)

	F2	▼	fx	= MEDIAN((B2-J2)/12, 300000, 4680000)					
	A	B	C	D	E	F	G	H	I	J
1	이름	연봉	국민연금	연령	가입구분	소득월액	보험료율	연령점검		비과세소득
2	홍상직	100,108,000		57	사업장가입자	4,680,000	4.5%	1		2,400,000
3										
4										
5										
6										

06 국민연금은 '소득월액 × 보험료율 × 연령점검'으로 계산하면 된다. 연령점검(H열)을 곱해주면 가입대상 연령이 아닐 경우에는 H2 셀 값이 0이 되므로, 국민연금 보험료 전체가 0이 되도록 만들어주는 테크닉이다.

> **C2 셀** = F2 * G2 * H2

	C2	▼	fx	= F2 * G2 * H2					
	A	B	C	D	E	F	G	H	I	J
1	이름	연봉	국민연금	연령	가입구분	소득월액	보험료율	연령점검		비과세소득
2	홍상직	100,108,000	210,600	57	사업장가입자	4,680,000	4.5%	1		2,400,000
3										
4										
5										
6										

07 연령을 60세로 수정하면 가입대상이 아니므로 국민연금이 '0'이 나온다.

	C2	▼	fx	= F2 * G2 * H2					
	A	B	C	D	E	F	G	H	I	J
1	이름	연봉	국민연금	연령	가입구분	소득월액	보험료율	연령점검		비과세소득
2	홍상직	100,108,000	0	60	사업장가입자	4,680,000	4.5%	0		2,400,000
3										
4										
5										
6										

3단계_ 제한 조건 반영, ROUNDDOWN( )

국민연금은 10원 미만의 금액에 대해서는 부과하지 않는다. 따라서 ROUNDDOWN( ) 함수를 사용하여 다음과 같이 절사 처리한다.

`C2 셀` = ROUNDDOWN(F2 * G2 * H2, -1)

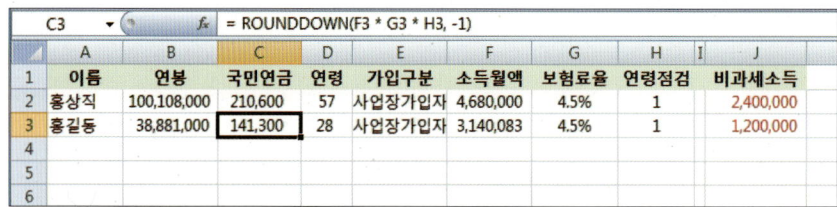

4단계_ 검증

국민건강보험공단 홈페이지에서 4대 보험료 간편 계산기를 통해서 산출된 보험료와 비교해서 점검하면 된다. 상한/하한 값이 존재하는 비율 계산식이므로, 금액을 각각의 경우에 맞게끔 바꿔가면서 점검하는 것이 좋다.

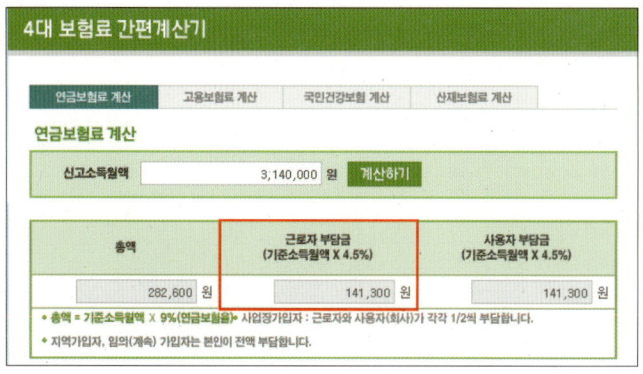

예제 10
9급 공무원 시험 합격자 선정

- 관련 항목 : 최저값만 설정된 조건식
- 관련 함수 : SUM(), IF(), MIN(), MAX(), RANK(), COUNTIF(), OR()
- 예제 파일 : 5-10 공무원.xlsx

각종 시험 합격자는 단순하게 성적순으로 선발하지 않는다. 보통 필기/면접/체력시험을 거치는데, 필기시험조차도 생각보다 복잡한 선발절차를 갖기 때문에 단순하게 '과락'과 총점만 염두에 두고 커트라인을 계산해서는 안 된다. 예를 들어 9급 공무원 시험은 과목이 5개이므로 대학 수학능력시험 대비 간단해보여도 실제로는 다양한 조건에 따라서 합격자를 선별한다. 대표적인 시험인 9급 공무원 합격자 여부를 판단하는 보고서를 만들어보자.

1단계_ 보고서 목표 설정, 9급 공무원 시험 합격자 선정

보고서 목표는 타이틀대로 '9급 공무원 시험 합격자 선정'이 된다. 이처럼 목표가 명확한 경우는 대개 목표 자체를 잘못 설정할 가능성은 별로 없지만, 목표에 대한 사전 지식과 이해가 필요한 경우가 대부분이다. 일단 9급 공무원 시험 과목 및 합격조건은 세간의 인상과는 달리 꽤 복잡하다.

(표) 9급 공무원 시험 과목 및 합격 조건

시험 구분	대상	평가방법
필기 시험	지원자 모두	공통 – 국어, 영어, 한국사 (각 20문제) 선택 – 직렬별 5~6개 중 2개 선택 (각 20문제) 과락 – 전 과목 40점 이상 전 과목 총 득점순
면접	필기시험 합격자	평가 – 5개 항목 상(우수) / 중(보통) / 하(미흡)로 평가 • 면접위원 3명 / 미흡 – 불합격 • 위원 과반수가 5개중 2개를 하(미흡)로 평가 • 위원 과반수가 동일항목에 대해 하(미흡)로 평가
신체검사	면접시험 합격자	

필기시험의 세부 내역도 복잡한데, 공통과목의 경우는 점수가 그대로 반영되지만 선택과목은 조정점수로 변환된 수치가 반영되는 상대평가이다. 조정점수 적용공식은 다음과 같다.

$$\text{조정점수} = \frac{\text{응시자의 점수} - \text{응시자가 선택한 과목의 평균점}}{\text{응시자가 선택한 과목 점수의 표준 편차}} \times 10 + 50$$

※ 단, 마이너스 점수는 0점으로 처리

조정점수의 특성상 소수점으로 나오기 때문에 동점이 잘 나오지 않는 구조이다. 하지만 동점이 나오더라도 9급 공무원 시험은 전원 합격으로 처리하므로 동점일 경우 합격자를 선별하는 우선순위는 생각할 필요가 없다.

2단계_ 기능/함수 선택, SUM( ), IF( ), MIN( ), MAX( ), RANK( )

보고서의 목적은 9급 공무원 시험 합격자를 골라내는 것이므로, 점수를 입력하면 합격 여부가 판별되는 형태로 구성해야 한다. 만일 점수가 별도의 파일로 제공된다면 수험번호를 키워드로 삼아서 VLOOKUP( ) 함수로 과목별 점수를 불러오면 되며, 제공되지 않는다면 제공될 경우를 고려해서 서식을 미리 만들어 놓아야 한다. 반드시 필요한 항목은 다음과 같다. 참고로 이름은 수험번호가 있으면 사실 필요 없는 항목이지만, 상사용 보고서를 만들 경우에 필요하므로 관행적으로 만들어둔다.

번호	항목	비고
①	수험번호	합격자 식별
②	이름	
③	총점	합격자는 총득점 순
④	순위	합격자는 총득점 순
⑤	공통과목 점수	40점 이상
⑥	선택과목 점수	40점 이상

자료에 앞서 서식을 만드는 것이므로 향후 자료가 늘어나거나 변경될 경우 수정을 최소화하기 위한 레이아웃으로 구성해야 한다. 일반 행정직이라면 선택과목은 행정법총론, 행정학개론, 사회, 과학, 수학 중 2개가 되므로 다음과 같이 작성한다.

〈좋은 사례〉

	A	B	C	D	E	F	G	H	I	J	K	L
1							예비영역					
2												
3	수험번호	이름	총점	순위	국어	영어	한국사	행/총론	행/개론	사회	과학	수학
4												
5												
6												
7	사전 확보 영역		좌측 배치					우측 배치				
8												
9												
10												
11												
12												
13												
14												

위 예제는 자료가 미확정인 상태에서 서식을 미리 잡아놓는 기본적인 방향이라고 보면 된다. 실무에서는 가로 방향은 바뀌지 않는 항목이 좌측, 바뀌거나 바뀔 수 있는 항목을 우측으로 배치하고, 세로 방향은 상단에 최소한의 예비공간을 확보해둔다. 이 경우라면 ①수험번호/이름, ②총점/공통과목, ③선택과목 순서대로 배치해야 한다. 만일 선택과목을 좌측에 배치하면 향후 선택과목이 추가되거나 내용이 바뀌면 전체 서식이 바뀌므로 불필요한 수정작업을 해야 한다.

〈나쁜 사례 ①〉

상단의 예비영역은 제목이나 공통분모/분자로 계산하기 위한 수치를 입력하기 위해 확보해두는 것이다. 선택과목은 조정점수로 변환해야 하는데, 실무에서는 별 생각 없이 공통분모/분자로 사용되는 응시생 전체 평균과 표준편차를 최 하단에 배치하는 직원이 많다. 이렇게 배치하면 수험자가 추가될 때마다 값이 아래로 밀리면서 수식이 바뀌어버리므로 역시 불필요한 수정작업이 발생한다.

〈나쁜 사례 ②〉

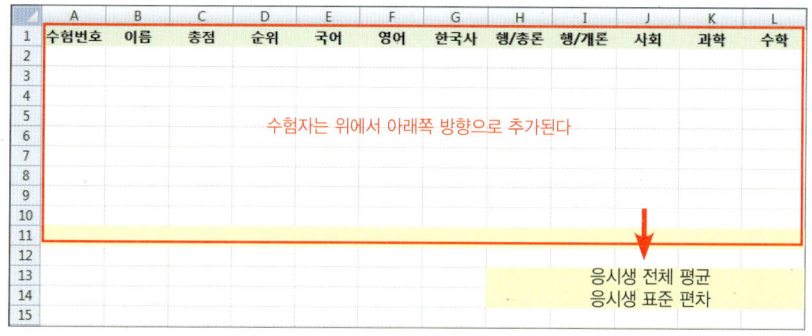

사전 레이아웃 작업은 불필요한 수정작업을 줄여서 전체적인 업무능률을 향상시키는데 많은 도움이 되므로 신경 써야 한다. 다시 한 번 강조해두지만 '일단 타이핑부터'는 최악의 업무방식이다.

01 9급 공무원 시험 필기시험 합격자는 ①공통과목 3개 점수와 선택과목 2개의 조정점수 합산 성적순, ②전 과목 40점 이상 조건이므로, SUM() 함수를 써서 다음과 같이 작성하면 된다.

> C4 셀(총점) = SUM(E4:L4)

	A	B	C	D	E	F	G	H	I	J	K	L
1							①전체 평균					
2							②표준편차					
3	수험번호	이름	총점	순위	국어	영어	한국사	행/총론	행/개론	사회	과학	수학
4	123456	홍상직	0									
5	123457	홍인형										
6	123458	홍길현										
7	123459	홍길동										
8	12345A	마숙										
9	12345B	차돌바위										
10	12345C	백운장군										
11												

02 총 득점은 조정점수 기준으로 합산하므로 처음 확보한 선택과목 영역은 조정점수 영역이 된다. 따라서 M부터 Q열에 원 점수 영역을 추가해준다. 조정점수와 구분하기 위해 원 점수 영역 제목에는 '를 붙여두었다.

〈조정점수〉

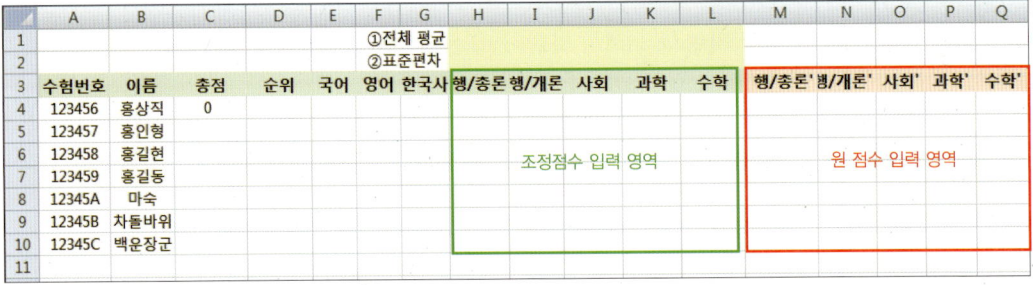

03 과락조건은 조정점수가 아닌 원 점수를 기준으로 적용된다. 따라서 MIN()과 IF() 함수를 이용하여 공통과목과 선택과목 과락 여부를 다음과 같이 간단히 작성할 수 있다. 공통과목과 선택과목을 다른 색깔로 구분해도 좋다.

> R4 셀 = IF(MIN(E4:G4)>=40, 1, 0) ← 공통과목 최솟값이 40점 이상
> S4 셀 = IF(MIN(M4:Q4)>=40, 1, 0) ← 선택과목 최솟값이 40점 이상

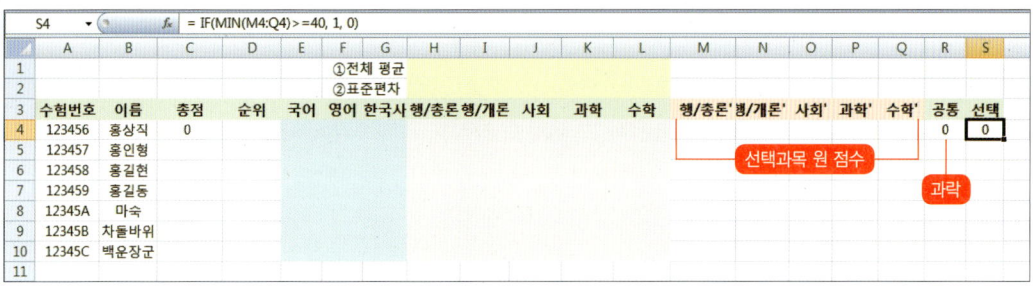

04 합격자가 되기 위해서는 총점이 얼마이든 R:S열의 합계가 반드시 2이어야 한다(과락 조건). 따라서 총점을 다음과 같은 조건식으로 수정해준다. 과락을 0점으로 처리하는 이유는 "불합격"과 같이 텍스트로 처리하면 순위를 매길 수 없기 때문이다.

> **C4 셀** = IF((R4+S4)=2, SUM(E4:L4), 0)   ← 과락이면 0점 처리

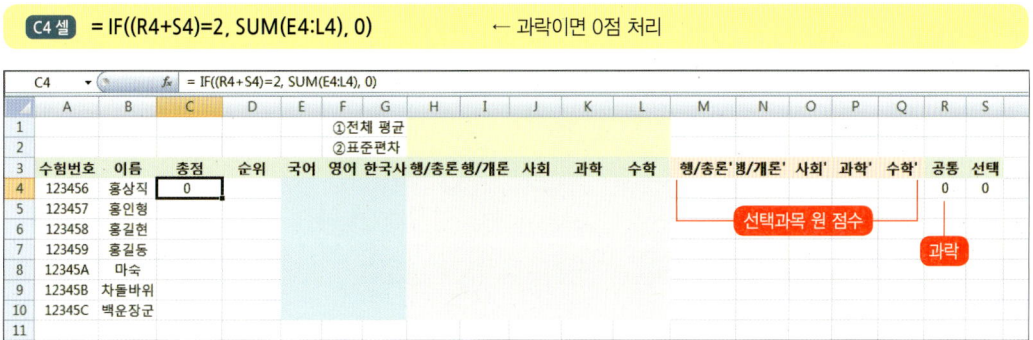

05 보통 응시생의 선택과목 전체 평균과 표준편차를 직접 구하는 경우는 없고, 별도의 값으로 주어지기 마련이다. 따라서 다음과 같이 선택과목의 조정점수를 입력하기 위한 셀 영역을 설정해준다.

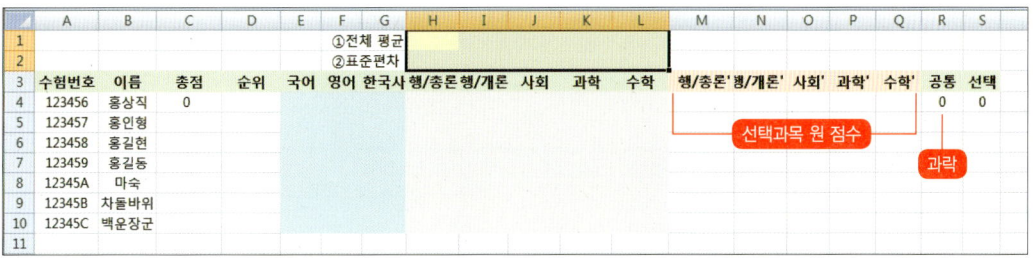

06 조정점수 계산식은 덧셈과 뺄셈이 들어있기 때문에 사전 점검이 반드시 필요하다. 주의할 것은 응시생 전체 평균과 표준편차는 항상 계산되어야 하므로 행 방향(세로)으로 절대 셀 처리($)를 해줘야 한다는 것이다. 선택 과목(가로)에 따라서 전체 평균/표준편차 값은 바뀌지만, 수험자(세로)별로 값이 바뀌지 않기 때문이다.

조정점수 계산식을 입력한 다음, 극단적인 상황일 경우의 점수(100점, 40점, 0점)를 사전에 시뮬레이션 해본다. 과락 조건이 있기 때문에 과락이 아닌 최저점인 40점도 점검해야 한다. 전체 평균이 70점(H1 셀), 표준편차가 10(H2 셀)이라고 임의로 가정하고 행정법 총론의 조정점수 계산식을 H4 셀에 입력한다.

H4 셀 = ((M4 -H$1) / H$2) * 10 + 50 ← 조정점수 계산식

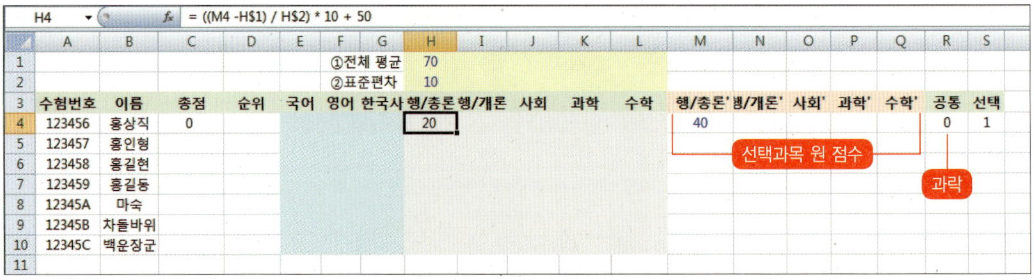

조정점수 계산식은 이론상으로는 0보다 작아질 수 있기 때문에 최저점이 0 이상이 되도록 MAX() 함수와 함께 사용하게 된다(항상 높은 값 선택). MAX() 함수를 사용하지 않으면 원 점수가 0점일 때 조정점수가 −20점이 나온다.

〈100점〉

	A	B	C	D	E	F	G	H	I	J	K	L	M	N	O	P	Q	R	S
1						①전체 평균		70											
2						②표준편차		10											
3	수험번호	이름	총점	순위	국어	영어	한국사	행/총론	행/개론	사회	과학	수학	행/총론'	행/개론'	사회'	과학'	수학'	공통	선택
4	123456	홍상직	0					80					100					0	1
5	123457	홍인형																	
6	123458	홍길현																	
7	123459	홍길동																	
8	12345A	마숙																	
9	12345B	차돌바위																	
10	12345C	백운장군																	
11																			

〈40점〉

	A	B	C	D	E	F	G	H	I	J	K	L	M	N	O	P	Q	R	S
1						①전체 평균		70											
2						②표준편차		10											
3	수험번호	이름	총점	순위	국어	영어	한국사	행/총론	행/개론	사회	과학	수학	행/총론'	행/개론'	사회'	과학'	수학'	공통	선택
4	123456	홍상직	0					20					40					0	1
5	123457	홍인형																	
6	123458	홍길현																	
7	123459	홍길동																	
8	12345A	마숙																	
9	12345B	차돌바위																	
10	12345C	백운장군																	
11																			

〈0점〉

	A	B	C	D	E	F	G	H	I	J	K	L	M	N	O	P	Q	R	S
1						①전체 평균		70											
2						②표준편차		10											
3	수험번호	이름	총점	순위	국어	영어	한국사	행/총론	행/개론	사회	과학	수학	행/총론'	행/개론'	사회'	과학'	수학'	공통	선택
4	123456	홍상직	0					-20					0					0	0
5	123457	홍인형																	
6	123458	홍길현																	
7	123459	홍길동																	
8	12345A	마숙																	
9	12345B	차돌바위																	
10	12345C	백운장군																	
11																			

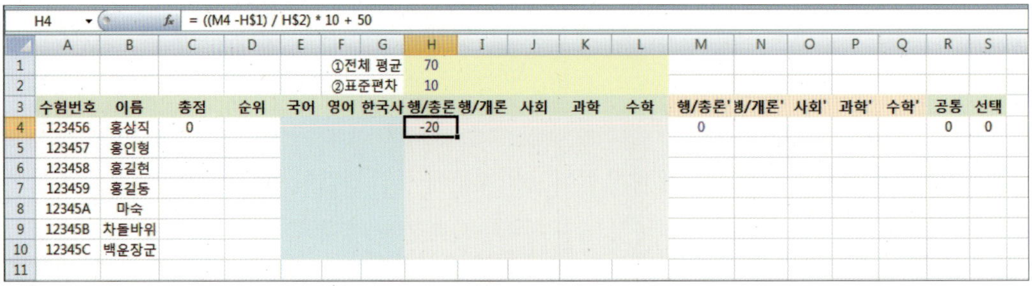

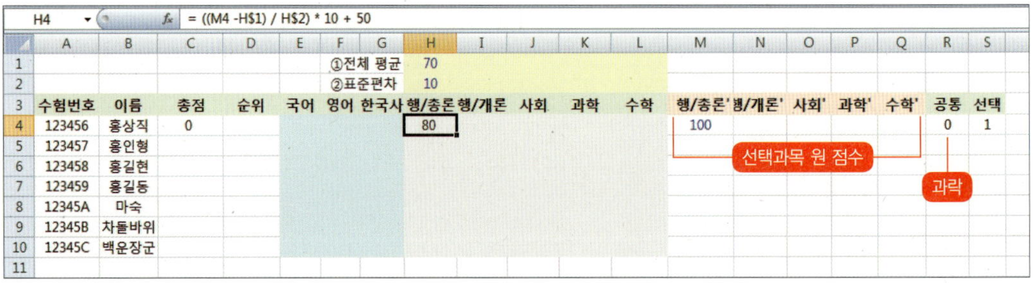

07 어떤 경우든 시험점수에서 마이너스 점수를 반영하는 경우는 없다. 9급 공무원 시험에서도 조정점수가 마이너스이면 0점으로 처리한다. 따라서 0과 조정점수 중 항상 큰 값을 선택하는 경우이므로 MAX() 함수를 써서 최소 점수가 0이 되도록 수식을 수정해준다.

H4 셀 = MAX(0, ((M4 -H$1) / H$2) * 10 + 50)   ← 최저점수 항상 0점 처리

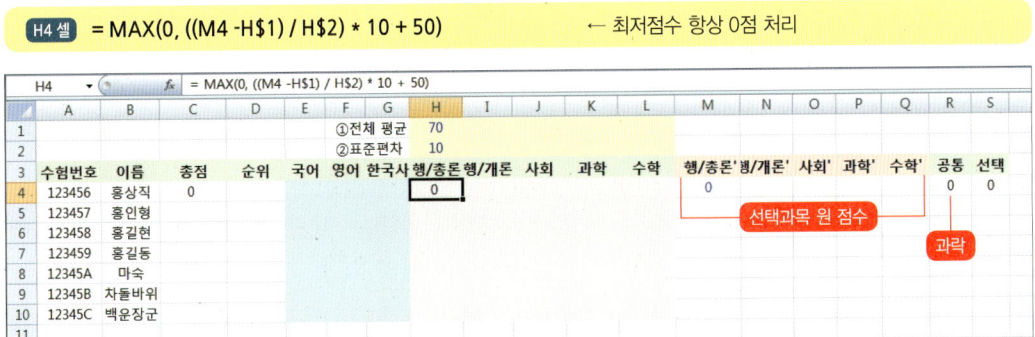

08 예제로 모든 점수를 극단적(100점, 40점, 0점)으로 입력해서 다시 한 번 점검한다.

〈100점〉

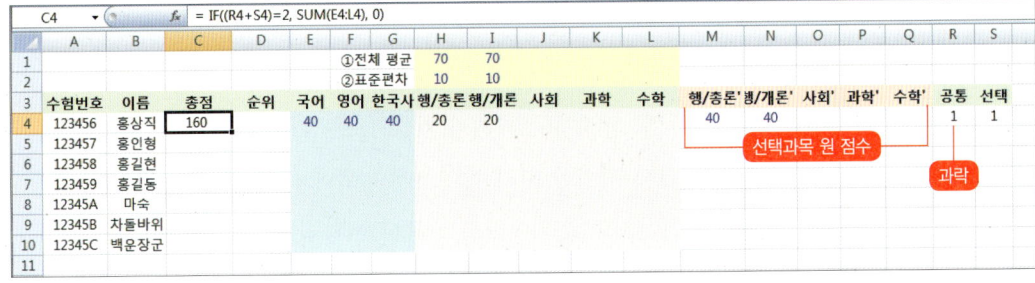

〈40점〉

⟨0점⟩

	A	B	C	D	E	F	G	H	I	J	K	L	M	N	O	P	Q	R	S
1						①전체 평균		70	70										
2						②표준편차		10	10										
3	수험번호	이름	총점	순위	국어	영어	한국사	행/총론	행/개론	사회	과학	수학	행/총론	병/개론	사회	과학	수학	공통	선택
4	123456	홍상직	0		0	0	0	0	0				0	0				0	0
5	123457	홍인형																	
6	123458	홍길현																	
7	123459	홍길동																	
8	12345A	마숙																	
9	12345B	차돌바위																	
10	12345C	백운장군																	

선택과목 원 점수 / 과락

09 총 득점 순위로 합격자를 선발하므로 RANK() 함수로 순위를 매겨주면 필기시험에 대한 선별 작업은 끝난다. 예제 파일에 시험응시자들의 성적이 입력되어 있다. 전체평균과 표준편차는 모두 70과 10으로 가정했다. 총점과 조정점수, 과락여부 셀을 각각 채우기 핸들로 채운 다음 순위를 구하면 된다.

D4 셀 = RANK(C4,$C$4:$C$10)

	A	B	C	D	E	F	G	H	I	J	K	L	M	N	O	P	Q	R	S
1						①전체 평균		70	70	70	70	70							
2						②표준편차		10	10	10	10	10							
3	수험번호	이름	총점	순위	국어	영어	한국사	행/총론	행/개론	사회	과학	수학	행/총론	병/개론	사회	과학	수학	공통	선택
4	123456	홍상직	340	1	100	40	100	80	20	0	0	0	100	40				1	1
5	123457	홍인형	310	4	90	50	70	0	0	70	30	0			90	50		1	1
6	123458	홍길현	330	2	80	60	90	0	60	40	0	0			80	60		1	1
7	123459	홍길동	0	6	70	70	60	50	10	0	0	0	70	30				1	0
8	12345A	마숙	320	3	60	80	80	40	60	0	0	0	60	80				1	1
9	12345B	차돌바위	0	6	50	90	50	0	0	0	19	70				39	90	1	0
10	12345C	백운장군	310	4	40	100	70	20	80	0	0	0	40	100				1	1

선택과목 원 점수 / 과락

3단계_ 제한 조건 반영, COUNTIF( ), OR( )

9급 공무원 시험에서 면접은 필기시험 합격자에 한해서 치러지므로 필기시험과는 다른 별도의 시트로 만들어야 한다. 면접시험은 앞서 설명한 바와 같이 5개 항목에 대해 상(우수)/중(보통)/하(미흡)로 평가하는데, 필기시험과 마찬가지로 순위이므로 중요하게 다뤄야 할 부분은 미흡, 즉 불합격 조건이다. 면접 불합격 조건이 조금 헷갈리게 적혀있어서 표로 정리하면 다음과 같이 된다.

> ⓐ 위원 과반수가 5개 항목 중 2개를 하(미흡)로 평가
> → 면접위원 2명 이상이 2개 항목 이상 '하'
> ⓑ 위원 과반수가 동일항목에 대해 하(미흡)로 평가
> → 평가항목 당 2명 이상 '하'

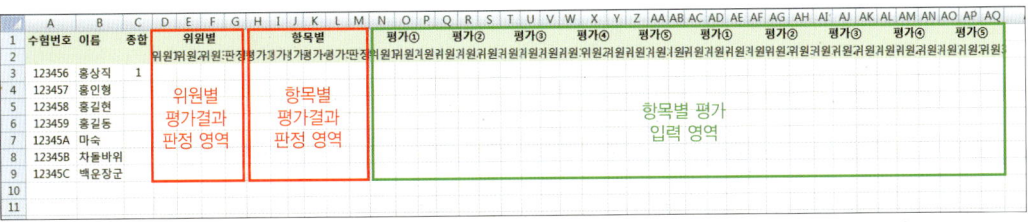

위원별로 '하'의 개수를 세어서 2개 이상인 사람이 2~3명이면 불합격이다. 그리고 평가항목별로 '하'의 개수를 세어서 2~3개이면 불합격이다. 따라서 다음과 같이 위원별 4열(위원 3명+판정), 항목별 6열(항목 5개+판정), 항목별 평가 입력 15열(항목 5개×3명) 레이아웃을 잡아준다.

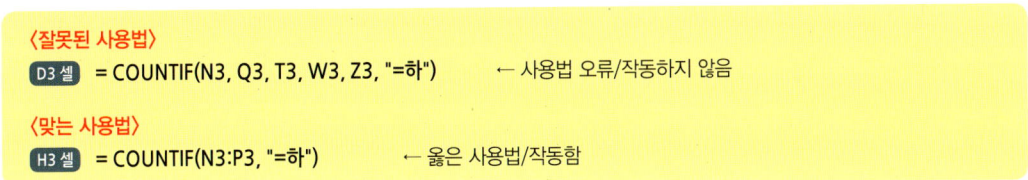

조건에 맞는 셀(="하")의 개수를 세야하므로 COUNTIF() 함수를 쓰면 될 것 같지만, COUNTIF() 함수는 개별 셀 단위는 대응하지 않아서 쓸 수 없다. 따라서 SUM()+IF() 함수를 써야 한다.

〈잘못된 사용법〉
D3 셀 = COUNTIF(N3, Q3, T3, W3, Z3, "=하") ← 사용법 오류/작동하지 않음

〈맞는 사용법〉
H3 셀 = COUNTIF(N3:P3, "=하") ← 옳은 사용법/작동함

01 우측에 15개 열 입력영역을 추가로 만들어서 다음과 같은 함수를 입력하고 채우기 핸들로 복사해 넣는다.

AC3 셀 = IF(N3="하", 1, 0)

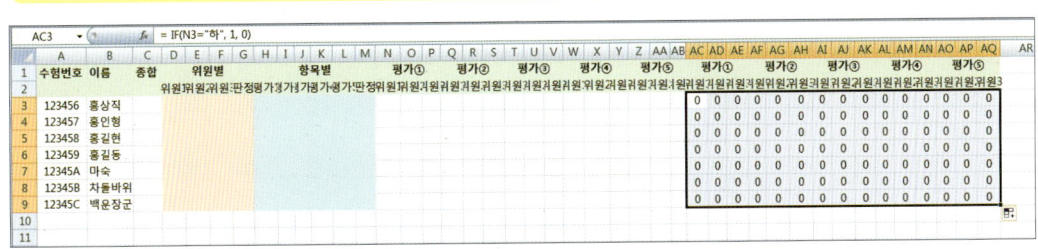

02 이제 N3:AB3까지 면접별 평가에 '하'가 입력되면 1:1 대응되는 AC3:AQ9 영역 값은 1이 된다. 따라서 위원별/항목별로 '하'의 개수는 단순한 SUM() 함수로 구할 수 있다. AC:AQ열은 단순히 '하'의 개수를 세기 위한 참조 셀이므로 숨기거나 줄여버리면 된다.

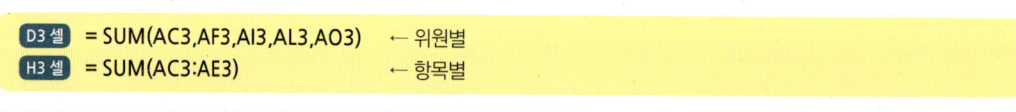

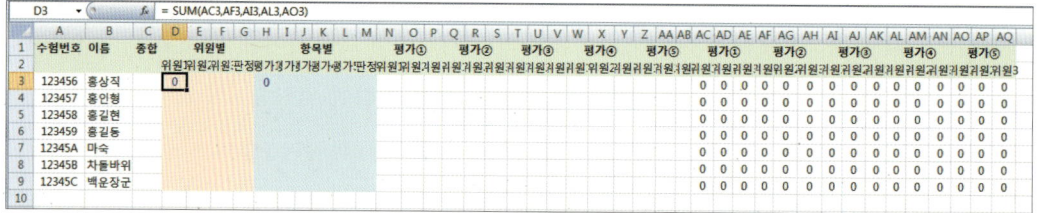

03 위원별 위원1~3은 셀의 간격이 동일하므로 채우기 핸들로 복사해 넣고, 항목별 평가1~5는 간격이 다르기 때문에 각각 수식을 입력해준다.

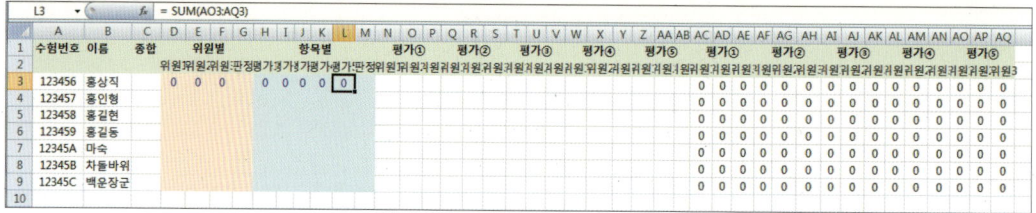

04 위원별 조건은 위원 2명 이상이 2개 이상 '하'를 주면 불합격이므로, 각 셀 값이 2보다 큰 셀의 개수를 세면 된다. 이번에는 범위 구간이므로 다음과 같이 COUNTIF() 함수를 쓸 수 있다.

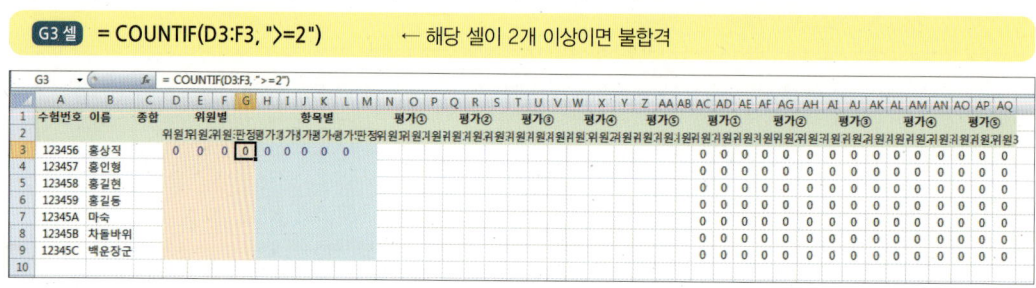

05 항목별 조건은 평가항목 당 위원 2명 이상이 '하'를 주면 불합격이므로, 각 셀 값이 2보다 큰 셀의 개수를 세면된다. 역시 범위 구간이므로 다음과 같이 COUNTIF() 함수를 쓸 수 있다.

> **M3 셀** = COUNTIF(H3:L3, ">=2")   ← 해당 셀이 한 개라도 있으면 불합격

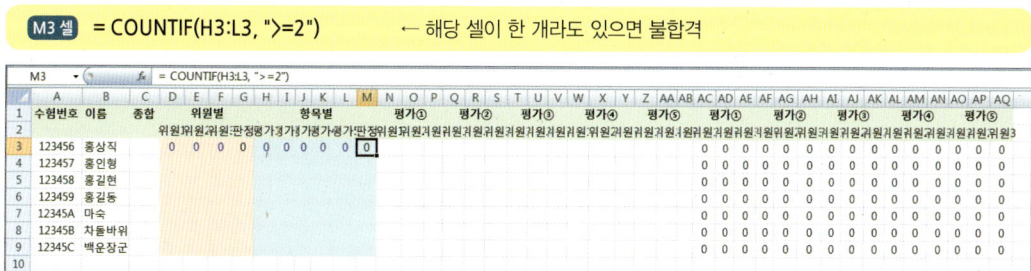

06 따라서 ①G3 셀 값이 2 이상, 또는 ②M3 셀 값이 1 이상이면 불합격이다. 따라서 다음과 같이 판정식을 입력할 수 있다.

> **C3 셀** = IF(OR(G3 >=2, M3>=1), 0, 1)   ← 불합격자 0점 처리

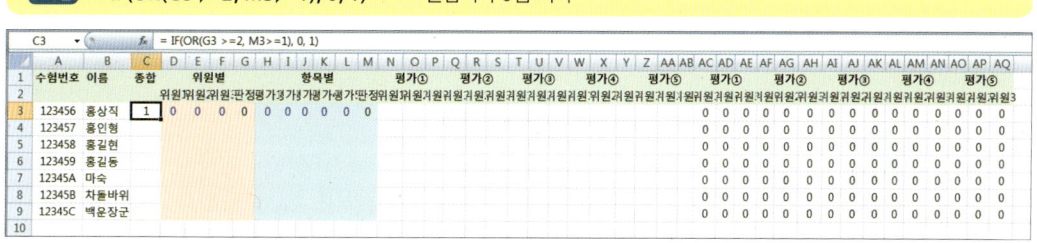

07 N3:AB3까지 상/중/하 임의로 값을 입력해서 함수가 제대로 작동하는지 테스트해본다.

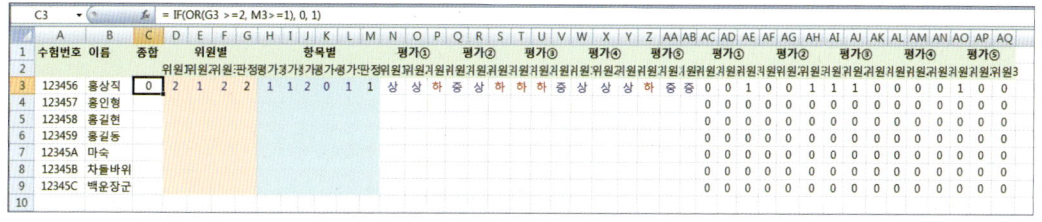

상기 예제를 보면 ①위원별 불합격 조건과 ②항목별 불합격 조건이 모두 해당되어 불합격 처리되고 있음을 알 수 있다. 면접 합격자를 대상으로 3차 신체검사가 남아있지만, 이쪽은 단순하게 업무를 수행 할 수 없는 결격사유를 점검하는 것이므로 생략한다.

4단계_ 검증

앞서 (2)번과 (3번) 항목에서 검증과정을 함께 담았기 때문에 별도의 검증은 필요 없다

색인

ㄱ
값 복사 70

ㄷ
다중 조건 처리 공식 123
더블 클릭 채우기 49
등호(=) 160

ㅂ
바꾸기 75
부등식(〈 〉) 162
부등호(〉 또는 〈) 164

ㅅ
상대 셀 참조 34
서식만 채우기 49
서식 없이 채우기 49
셀 서식 55

ㅇ
아포스트로피(') 41
여러 개 셀 지정해 채우기 47
연결 연산자(&) 91
연속 데이터 채우기 46

ㅈ
절대 셀 참조 34
제곱기호(^) 85
조건별 셀 서식 60
조건 연산 124

ㅊ
채우기 핸들 44

ㅎ
회계 서식 버튼 69

A
ABS( ) 241
AND( ) 114, 165
AVERAGE( ) 240

C
CHOOSE( ) 126, 186, 251, 255
CONCATENATE( ) 216
COUNT( ) 199
COUNTA( ) 200
COUNTIFS( ) 204
COUNTBLANK( ) 202
COUNTIF( ) 110, 202, 251, 314

I
IF( ) 113, 186, 255, 299, 303, 308
INDEX( ) 208
ISERROR( ) 169

L
LEFT( ) 214
LEN( ) 218

M
MATCH( ) 209
MATCH( ) & INDEX( ) 211
MAX( ) 176, 278, 308
MEDIAN( ) 184, 187, 299, 303
MID( ) 135
MIN( ) 181, 260, 308

N
NOT( ) 168

O
OR( ) 167, 314

R
RANK( ) 38, 188, 249, 300, 308
RIGHT( ) 215
ROUND( ) 229, 278
ROUNDDOWN( ) 232, 260, 269, 278, 285, 306
ROUNDUP( ) 231

S
SEARCH( ) 221
SEARCH( ) + MID( ) 222
SQRT( ) 243
SUM( ) 100, 255, 273, 283, 299, 308
SUM( ) + IF( ) 110
SUM( ) + IF( ) + CHOOSE( ) 129

T
TEXT( ) 56, 225

V
VLOOKUP( ) 140, 249, 255, 264, 273, 283, 290, 295